高等院校财经类专业系列教材（互联网+应用型）

市场营销理论与应用

主　编　杨柏欢　丁　阳　李亚子
副主编　冯居君　李　蒙

扫码申请更多资源

 南京大学出版社

图书在版编目(CIP)数据

市场营销理论与应用/杨柏欢,丁阳,李亚子主编.
—南京:南京大学出版社,2020.7
ISBN 978-7-305-23258-9

Ⅰ.①市… Ⅱ.①杨…②丁…③李… Ⅲ.①市场营销学—教材 Ⅳ.①F713.50

中国版本图书馆 CIP 数据核字(2020)第 079829 号

出版发行	南京大学出版社
社　　址	南京市汉口路 22 号　　邮编　210093
出 版 人	金鑫荣
书　　名	市场营销理论与应用
主　　编	杨柏欢　丁　阳　李亚子
责任编辑	武　坦　　　　　编辑热线　025-83592315
助理编辑	于丽娟
照　　排	南京开卷文化传媒有限公司
印　　刷	南京人民印刷厂有限责任公司
开　　本	787×1092　1/16　印张 17.5　字数 448 千
版　　次	2020 年 7 月第 1 版　2020 年 7 月第 1 次印刷
ISBN	978-7-305-23258-9
定　　价	44.00 元

网　　址:http://www.njupco.com
官方微博:http://weibo.com/njupco
微信服务号:njuyuexue
销售咨询热线:(025)83594756

* 版权所有,侵权必究
* 凡购买南大版图书,如有印装质量问题,请与所购
　图书销售部门联系调换

前 言

世间万千,营销为先。越来越多的政府、企业、个人发现,营销已经成为组织或个人迈向成功的必要之路。人生就是一个营销过程,快乐的人生就是一个成功的营销案例。营销大师菲利·普科特说:"市场营销是我们一代人的核心思维方式。"

随着我国消费经济时代的来临,"大众创新、万众创业"战略的实施,"一带一路"倡议的推出,掌握现代营销理论及其技术的人才炙手可热,对营销人才的需求长期以来雄踞人才需求榜榜首。从近年来大学生就业信息得知,大学生毕业后相当多的人从事的第一份职业就是市场营销或是与市场相关的商务活动。大学生面临的这种就业态势导致大学生迫切需要在校期间就要深入了解和学习市场营销的相关知识,洞悉市场竞争规律,掌握营销战略、策略和技能。

移动互联网时代、信息技术的革命,颠覆了传统的营销。互联网思维正在冲击着传统的营销观念、手段、方法,云技术、物联网、区块链、新媒体、直播营销、大数据、智能营销等新营销技术风起云涌。营销活动必须在深度认知顾客的基础上,紧跟技术创新的步伐,与时俱进。现代管理学之父彼得·德鲁克认为企业的目的只有一个,那就是创造顾客,有且只有两个基本职能,即营销和创新。

本书的编写顺应了新经济时代营销人才的需求,着眼于培养符合市场需求的应用型人才,注重市场营销理论的应用性与企业实战性相统一。本书可作为应用型大学的本、专科学生市场营销课程教材,也可以作为商科类院校、转型学院、培训机构、企业营销员职业培训的教材,还也可以作为同类教学的参考用书。

教材编写思路

以应用型人才培养为目标,以混合式教学和泛在教学为核心思想,以项目、任务教学为主线,将数字化资源(见二维码)、蓝墨云班课等现代智能教学工具融入教材,书本与在线资源的相得益彰,内容的迭代更新与即时更新相结合,打造特色鲜明的应用型市场营销学课程教材。

主要特色

(1) 以编写应用型教材为出发点,将传统章节结构体系改为项目任务体例,设计四大项目10项任务;每项任务前设置知识目标、能力目标、任务驱动、任务导图等应用导学,任务完成后设置应知应会考核、任务评价标准、任务成果汇报等应用活动。

(2) 明确教学目标,以真实工作任务驱动教学活动的开展,确定任务的组织实施过程、任务的质量标准、任务参考(标杆)作品,学习结束后以团队进行任务汇报、团队间相互交流完成教学活动,将优秀的学生作品更新为标杆,形成以任务驱动式教学的闭环。

(3) 交互式学习,书中通过扫描二维码、加入蓝墨云班课等方式建立超链接,完成多媒体学习、发帖讨论、提供资讯、参与活动、完成作业、学习检测、教学管理,形成内容众创。

(4) 运用思维导图,将知识结构图形化、项目任务流程化,同时保持现有知识体系的完整性。

(5) 强化互联网+思维，互联网时代媒体膨胀、信息爆炸、受众注意力稀缺，通过趣味、利益、互动、个性方式调动学生的学习积极性，链接可视化资源。

本书由杨柏欢、丁阳、李亚子担任主编，冯居君、李蒙担任副主编。在编写过程中，参阅了大量相关资料，引用了许多专家和学者的相关研究成果，并得到南京大学出版社的鼎力相助，在此一并表示感谢。

由于编者水平有限，书中难免有疏漏和不妥之处，恳请专家、读者批评指正。

杨柏欢

2020 年 5 月

目 录

市场营销学"项目+任务教学法"的实施 ·· 1
  情景创设 ··· 1
  项目实施 ··· 1
  项目+任务导图 ··· 2

项目 1 识别顾客价值 ·· 3
  项目导入 ··· 3
  项目导图 ··· 3
  任务 1 树立现代营销思维 ·· 4
    导入案例 海岛卖鞋 ··· 5
    1.1 理解市场营销及其核心概念 ·· 6
    1.2 明确市场营销管理过程及任务 ·· 16
    1.3 营销观念的演变 ·· 19
    1.4 创建营销组织 ·· 27
    知识小结 ··· 31
    关键术语 ··· 31
  任务 2 市场营销环境分析 ·· 32
    导入案例 苏宁的互联网转型 ··· 33
    2.1 市场营销环境及其特征 ·· 34
    2.2 宏观市场营销环境分析 ·· 36
    2.3 微观市场营销环境分析 ·· 50
    2.4 评价企业市场营销环境 ·· 55
    知识小结 ··· 57
    关键术语 ··· 58
  任务 3 购买者行为分析 ·· 59
    导入案例 消费者行为 VS 营销战略 ··· 60
    3.1 消费者购买行为分析 ·· 61
    3.2 组织购买行为分析 ·· 80
    知识小结 ··· 93
    关键术语 ··· 93
  任务 4 搜集营销信息 ·· 94
    导入案例 数据与经验之争 ··· 95

4.1　市场营销信息系统 ··· 96
4.2　大数据营销与信息检索 ·· 98
4.3　开展市场营销调研 ··· 104
4.4　撰写市场调研报告 ··· 113
知识小结 ·· 117
关键术语 ·· 118

项目 2　选定价值顾客 ··· 119

项目导入 ·· 119
项目导图 ·· 119
任务 5　明确竞争战略 ·· 120
导入案例　百年争霸 ··· 121
5.1　竞争者分析 ··· 122
5.2　市场竞争战略基本类型 ··· 128
5.3　设计竞争战略 ··· 133
知识小结 ·· 138
关键术语 ·· 139
任务 6　目标市场营销战略 ··· 140
导入案例　ZARA 的 STP 营销 ··· 141
6.1　市场细分 ··· 142
6.2　目标市场及其模式 ··· 153
6.3　市场定位 ··· 157
知识小结 ·· 164
关键术语 ·· 165

项目 3　创造顾客价值 ··· 166

项目导入 ·· 166
项目导图 ·· 166
任务 7　产品策略 ·· 167
导入案例　江小白：一瓶有创意的小酒 ····························· 168
7.1　产品的整体概念及产品分类 ···································· 169
7.2　产品组合策略 ··· 173
7.3　产品生命周期及新产品开发 ···································· 177
7.4　新产品开发策略 ·· 183
7.5　产品包装策略 ··· 187
7.6　品牌策略 ··· 190
知识小结 ·· 199
关键术语 ·· 200
任务 8　价格策略 ·· 201

导入案例 一个杯子到底能卖多少钱?	202
8.1 影响定价的因素	203
8.2 定价的方法	207
8.3 定价策略	211
8.4 价格调整策略	215
8.5 互联网时代的定价	218
知识小结	220
关键术语	221

项目 4 传递顾客价值 ··· 222

项目导入 ··· 222

项目导图 ··· 222

任务 9 渠道策略 ··· 223

导入案例 Argos 的全渠道实践	224
9.1 分销渠道概述	225
9.2 分销渠道设计	228
9.3 中间商	234
9.4 分销渠道管理	238
知识小结	241
关键术语	242

任务 10 促销传播策略 ··· 243

导入案例 "双 11"购物狂欢节	244
10.1 促销的实质是传播沟通	245
10.2 广告策略	248
10.3 营业推广策略	253
10.4 人员推销策略	257
10.5 公共关系策略	260
10.6 新媒体营销策略	264
知识小结	270
关键术语	270

参考文献 ··· 271

市场营销学"项目＋任务教学法"的实施

情景创设

成立"项目团队"(情景创设)：

作为消费者,我们经历着形形色色的营销,现在我们开始站在经营者的角度,学习营销理论、开展营销实践,对市场营销进行新的认知。

学生以4~8人小组为单位构成一个"项目团队",可以是一个创业项目的构建,也可以对周围的某个真实组织的仿真运营,还可以是我们耳熟能详的知名企业的模拟。"公司"(项目团队)经营领域和业务范围可以依据小组成员兴趣而定。学生将获得的知识运用在企业中进行案例研讨、方案设计、实践竞赛、角色扮演、情景模拟等,

在真实的市场营销情景中开展针对性的任务操练,突出社会一线营销能力的培养和应用。

项目实施

1. 教师向"项目团队"下达应完成的"项目＋任务"

教师根据各单元的学习目标,向"项目团队"下达应完成的"项目＋任务",学生在教学活动中完成"四大项目,10个任务"。项目1:识别顾客价值;项目2:选定价值顾客;项目3:创造顾客价值;项目4:传递顾客价值。每单元的"项目＋任务"既相对独立,又与其他单元相互衔接,浑然一体。

2. "项目团队"实施"项目＋任务"

老师将项目任务布置后,学生项目任务的完成主要在课堂之外进行。学生通过自主学习,相互讨论、分工协作、按计划不断搜集信息,完成案例研究与方案设计任务,进而完成项目任务。课堂内主要进行必要的理论知识的学习及各个项目小组的成果展示、汇报交流、模拟演练、对抗及评价。

3. 项目的交流与评价

首先,由各小组派代表在规定的时间内汇报项目成果和执行情况;其次,由其他组成员就项目实施过程中存在的问题进行提问,汇报小组成员答疑;最后,由教师与考核小组就各组活动的组织表现、完成质量、成果展示效果三方面进行评分。

4. 形成成果

当本书所有的"项目＋任务"完成后,就相当于对营销管理的主要工作环节都进行了一次系统有序的真实演练。学生将所有的实训分项报告综合起来即形成相对完整的两大报

告：市场营销方案报告、案例研究报告。

现在，让我们开始精彩的营销之旅。

项目＋任务导图

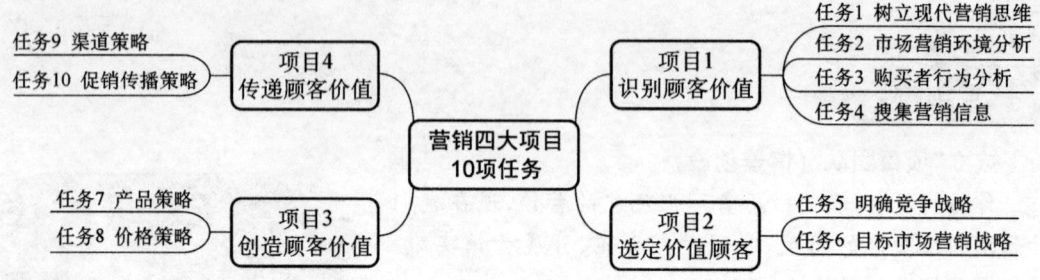

 加入《市场营销学——理论与实务》云班课，班课号：2296027
更多实时更新课程资源、互动教学，期待你的表现。

项目 1　识别顾客价值

项目导入

今天的市场营销正处于一个超速发展、全面供过于求的时代,面对变幻莫测的市场环境及其消费需求,我们需要学会拥有一双"慧眼"发现和识别市场价值。识别顾客价值的过程是企业在不断获取营销信息的基础上,对顾客价值认知、发掘的过程,也是企业不断适应营销环境的过程。围绕着这个过程我们有4项任务。

任务1:树立现代营销思维。学会运用现代营销思想进行案例分析,明确"项目团队"的营销理念及未来营销任务。

任务2:市场营销环境分析。理解市场营销环境特征、市场营销环境的主要因素,运用SWOT分析法分析"企业"的营销环境。

任务3:购买者行为分析。

任务4:搜集营销信息。掌握营销信息的来源,开展市场调查、撰写调查报告。

项目导图

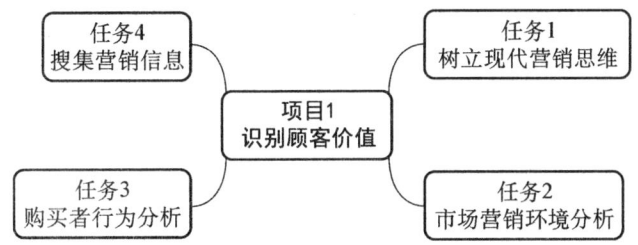

学生通过本项目的学习,树立以顾客为核心的现代营销思维,掌握顾客和环境分析、市场调查的方法,以此发现和分析市场营销机会,初步确定"企业"未来的市场营销方向。

任务1 树立现代营销思维

📖 知识目标

1. 理解市场营销的内涵及其核心概念;
2. 掌握市场营销观念的演变过程;
3. 明确营销管理的流程及任务;
4. 了解营销组织的类型。

🎯 能力目标

1. 学会以现代营销观念解读"企业"的营销行为,判断、分析组织所秉持的营销思想;
2. 能够识别"企业"的客户价值,初步知晓组织未来所面临的营销任务;
3. 学会构建"企业"的营销组织。

📋 任务驱动

市场每天都在演绎着不同的营销故事,一些企业倒掉了,一些企业迅速成长。所谓"内行看门道,外行看热闹",如何来解读这些故事,打造属于我们"公司"(项目团队)的未来营销的思维?让我们带着任务开始学习吧!

项目团队任务:组建"公司"(项目团队)

↳ 1. 任务内容:

(1) 根据前文中"情景创设"的要求,全班同学自由组合4~8人/组,组建"公司"(项目团队)。注意小组成员在知识、技能、性格方面要进行适当搭配和互补。拍摄展现团队风采的视频或者照片进行课堂展示。

(2) 撰写800字左右的"公司"简介:团队的名称(Logo)、组织结构、团队拟经营领域、使命及愿景、文化(口号)、合作伙伴等;初步确定(项目团队)目标客户群体,判断市场需求情况;确定"公司"(项目团队)经营理念,说明"公司"应该用怎样的思想赢得顾客。

(3) 各项目团队通过课堂汇报、交流、答疑,开展任务成果竞赛。

↳ 2. 任务目的:

学会创建营销型组织,制定公司战略、营销指导思想。

↳ 3. 任务的组织与实施:

(1) 学生以4~8人小组为单位构成一个"项目团队",选择一个经营项目,可以是一个创业项目的构建,也可以对周围的某个真实组织的仿真运营,还可以是我们耳熟能详的知名企业的模拟;

(2)组长负责,明确每个人的分工与职责;

(3)项目实施采取"课内+课外"的方式进行,即团队组成分工、讨论和方案形成在课外完成,成果展示安排在课内;

(4)小组讨论,明确新建"公司"(项目团队)的经营业务、经营要素;

(5)制作团队风采PPT,准备课堂汇报;

(6)课堂汇报、成果竞赛、点评、打分,教师总结。

4. 任务质量要求、参考作品:

《组建营销团队》质量要求评价标准
团队风采视频
扫码查看完整思维导图

任务导图

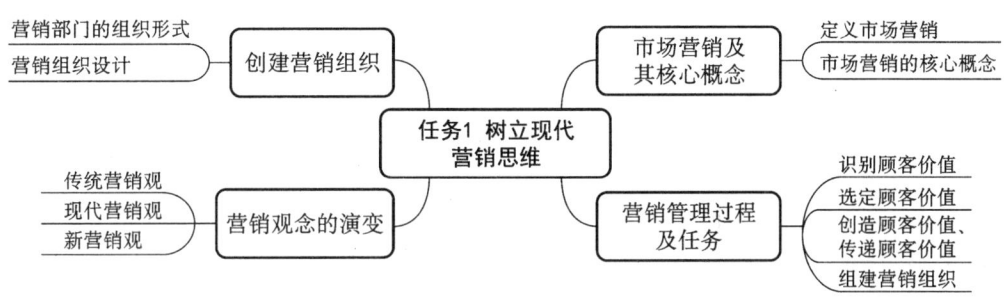

导入案例

海岛卖鞋

某国某制鞋企业老板一直思考着企业进一步发展问题。制鞋行业在该国已相当成熟,竞争异常激烈。为了扩大市场,公司从上到下想了不少办法,可总是收效甚微。

就在老板一筹莫展之际,某天,该公司的财务科长向老板请婚假。老板欣然答应了他的请求,当问起婚礼筹备情况时,财务科长说他打算去某国海岛旅行结婚。该老板顿时灵机一动,便嘱托财务科长在度假的同时顺便考察一下该岛鞋业市场。

财务科长携妻子来到这个海岛,旅游之余,牢记老板的嘱托,四处打听该海岛的鞋业市场的情况。令人奇怪的是:他们所到的旅游区内竟然没有一家卖鞋的商铺;更令人惊讶的是:财务科长观察到当地土著居民都不穿鞋。于是,财务科长向老板汇报说:"这个地方连买鞋的都找不到,根本不存在什么鞋业市场。"听了财务科长的汇报,老板心里嘀咕,是不是财务科长市场意识不够敏锐?为了慎重起见,他又找来一名销售经理,安排的任务是:去海岛考察当地的鞋业市场,评估公司鞋业出口的可能性。老板希望用销售人员对市场的敏感来更准确地把握海岛鞋业市场。大约过了一个星期,销售经理十分兴奋地向老板汇报说:他走遍了海岛,发现这里的人几乎都没有鞋,海岛鞋业市场潜力很大,是难得的机会。

面对两种见解,老板也犹豫了,于是他主动征求营销总监的意见。这位营销总监又对该岛进行了一次更深入的调查,得出了以下几点结论:首先调查居民不穿鞋的原因:长期以来,由于海岛自然条件好,到处都是沙地和草地,而且一年四季都比较暖和,岛内居民就养成了打赤脚的习惯;进一步调查发现:岛内居民由于长期赤脚,缺乏保护,大部分人都患有脚疾,穿鞋对他们有好处;由于遗传特征和长期生活习惯不同,海岛居民的脚部特征和内陆居民有很大不同,所以需要根据海岛人脚部特征重新设计生产适合海岛人的鞋。公司应在海岛开展公益及宣传活动,以培养海岛居民穿鞋的习惯,确立公司的鞋业领导者地位。另外,当地居民虽无支付能力,岛上却盛产一种口味极其独特的水果,预计这种水果在其他地方销售前景相当好,可以通过公共关系手段与海岛政府协商取得该种水果的独家代理权,以解决海岛人缺乏购买能力的问题。

案例讨论:
1. 财务科长和销售经理为什么得出不同的结论,说明他们分别有怎样的经营观念?
2. 评价营销总监提出的营销方案。假如你是营销总监,你还会对该公司提出哪些建议?

1.1 理解市场营销及其核心概念

市场营销不仅是当代企业在迅速变化的市场环境和日趋激烈竞争中求生存、求发展的管理利器,而且已逐渐成为我们这一代人的一种核心思维方式。营销不仅可以用在传统意义的商务买卖活动中,其理论、方法和技巧,还广泛应用于企业和各种非营利组织(学校、医院、警察部门、博物馆、交响乐团等),并逐渐应用于社会经济生活的各个方面。其实,生活中的每个人都是业务员:小米集团CEO雷军亲自主持每次的新产品发布会来推销产品,产品需要营销;世界首富比尔·盖茨七天跑五个国家,每天五场演讲介绍他的基金,慈善需要营销;美国总统在全国各地对公众演讲推销自己,为自己拉选票,政治也需要营销;恋人们为了俘获对方的心,精心打扮,展现自己最好的一面,爱情也需要营销……

> **名人名言:**
> 　　市场营销是我们一代人的一种核心思维方式,极大地激发了律师、医师、管理人员、博物馆长、政治官员及经济发展专家的丰富想象力。
> ——菲利普·科特勒

现代市场营销的核心意识是以顾客为中心开展经营活动。

成功的企业都有一个相同点:非常重视以顾客为中心的市场营销。彼得·德鲁克说:现代企业最重要的职能只有两个,一个是创新,再一个就是营销。一些著名的公司(如通用电气公司、西尔斯公司、宝洁公司、中国平安、格力集团等)较早认识到了市场营销的重要性,这些公司对自己的目标客户需要非常热情。沃尔玛多年来一直恪守的两个信条,一是"顾客就是老板",另一是"顾客永远是对的"。如今,运用互联网思维开展营销创新的企业(如阿里巴巴、亚马逊、Facebook、三只松鼠网店、小米公司、跳动字节公司等)尤其注重大数据营销、客户体验和各种社会化媒体的互动式营销。

应用案例

宝洁：拥抱互联网品牌营销策划

1.1.1 定义市场营销

1. 市场营销的含义

营销就是和顾客做生意。任何一家企业都知道，市场很重要，营销很重要。企业离开市场营销，产品就只能躺在仓库里，实现不了其价值。市场营销是企业生产经营活动的起点，也是终点。所有的顾客都会感到，市场营销正在越来越强烈地影响着他们对产品的选择，每当看到广告的时候就会计算，如果自己买这一产品需要付出多少广告费，但购买的时候又抑制不住地选择了广告多一些的产品，似乎这样更令人放心些。

市场营销就在我们的身边，大多数人都认为自己知道什么是市场营销，企业销售员会告诉你，市场营销就是推销；消费者会告诉你市场营销就是广告，就是各种各样的促销活动、小礼品等。但这些理解是片面的，虽然它们都是市场营销的组成部分，但并不是全部，而且还不是比较重要的组成部分。

> **名人名言：**
> 可以设想，某些推销工作总是需要的。然而，营销的目的就是要使推销成为多余。营销的目的在于深刻地认识和了解顾客，从而使产品或服务完全适合顾客的需要而形成产品自我销售。
> ——彼得·德鲁克

许多消费者甚至把市场营销看作商家设计的圈套，是一些唯利是图的人在幕后操作、欺骗、诱惑消费者吃亏上当的艺术。真正的营销是艰苦劳动的结果，绝不是拍脑门的产物，它需要大量的投入，需要建立在扎实的市场调研、环境分析基础之上，进行系统的方案设计与执行。判断一项营销策划、沟通、创意是否成功的标准是市场，尤其是目标市场的反映，而不是其他任何东西。市场营销不仅是"卖"的科学和技巧，它也是"买"的科学和技巧。任何一个企业和个人都既是卖方也是买方，我们把主动寻求交易的一方称为市场营销者。

2. 营销大师对市场营销下的定义

市场营销一词来自英文 Marketing，它作为一种经济活动时，被译为市场营销；而作为一个学科名词时，被译为市场营销学或行销学、运销学。我国学术理论界较普遍的看法是将其译为市场营销学。

市场营销自产生以来，随着理论与实践的发展，国内外营销学者从不同角度对市场营销下过上百种定义。20 世纪初韦尔达认为：制造过程结束后开始的一切行为都称之为市场营销；美国著名市场营销学专家麦肯锡把市场营销定义为：一种社会经济活动过程，其目的在于满足顾客需要，实现企业目标。

一般我们比较认同菲利普·科特勒的观点："**市场营销是个人和群体通过创造并同他人**

交换产品和价值满足需求和欲望的一种社会和管理过程。"从这个定义中,可以归纳出市场营销概念的三个要点:

(1) 市场营销的最终目标是"满足需求和欲望"。

(2) 市场营销的核心是"交换",交换过程是一个主动、积极地寻找机会,满足双方需求和欲望的社会过程和管理过程。

(3) 交换过程能否顺利进行,取决于企业创造的产品和价值满足顾客需求的程度和交换过程的管理水平。

营销人物

菲利普·科特勒

菲利普·科特勒(Philip Kotler),生于 1931 年,是现代营销集大成者,被誉为"现代营销学之父",现任西北大学凯洛格管理学院终身教授,是西北大学凯洛格管理学院国际市场学 S.C.强生荣誉教授,具有麻省理工学院的博士、哈佛大学博士后及苏黎世大学等 8 所大学的荣誉博士学位。现任美国管理科学联合市场营销学会主席,美国市场营销协会理事,营销科学学会托管人,管理分析中心主任,杨克罗维奇咨询委员会成员,哥白尼咨询委员会成员。除此以外,他还是许多美国和外国大公司在营销战略和计划、营销组织、整合营销的顾问。同时,他还是将近 20 本著作的作者,为《哈佛商业评论》《加州管理杂志》《管理科学》等第一流杂志撰写了 100 多篇论文。

科特勒博士见证了美国 40 年经济的起伏坎坷、衰落跌宕和繁荣兴旺的历史,从而成就了完整的营销理论,培养了一代又一代美国大型公司的企业家。他多次获得美国国家级勋章和褒奖,包括"保尔·D.康弗斯奖""斯图尔特·亨特森·布赖特奖""杰出的营销学教育工作者奖""营销卓越贡献奖""查尔斯·库利奇奖"。他是美国营销协会(AMA)第一届"营销教育者奖"的获得者,也是至今唯一获得过三次《营销杂志》年度最佳论文奖——阿尔法·卡帕·普西奖(Alpha Kappa Psi Award)的得主。1995 年,科特勒获得国际销售和营销管理者组织颁发的"营销教育者奖"。

(资料来源:http://wiki.mbalib.com/wiki/菲利普·科特勒)

3. AMA 对市场营销下的定义

美国市场营销协会(American Marketing Association,AMA)是一个由致力于营销实践、教学与研究的人士所组成的非营利性专业组织,以"捕捉最新市场营销动态,发布最新市场营销研究成果"为宗旨,其所发布的市场营销定义一般代表了同一时代多数学者认同的观点,因此往往作为标准定义出现在教科书中。

美国市场营销协会(AMA)定义委员会 1960 年将市场营销定义为:"市场营销是引导产品及服务,由生产者流向消费者之企业活动。"这个定义表明市场营销活动是在产品生产活动结束时开始的,中间经过一系列经营销售活动,当商品转到用户手中就结束了,因而把企业营销活动仅限于流通领域的狭窄范围,而不是包括企业经营的全过程。这个传统的定义,实质上是把市场作为企业生产和经营的终点,把市场营销等同于销售、推销或促销宣传。

AMA 定义委员会 1985 年首次修正为:"**市场营销是关于构思、货物和劳务的观念、定价、促销和分销的策划与实施过程,旨在导致符合个人和组织目标的交换。**"这一定义比前面的定义更为全面和完善,表现为:① 产品概念扩大了;② 强调了交换过程;③ 突出了市场营销执行的 4P 架构。

AMA 定义委员会 2004 年再次修正为:"市场营销既是一种组织职能,也是为了自身及利益相关者的利益而创造、传播、传递客户价值,管理客户关系的一系列过程。"该定义较之前定义而言发生了很大的变化,不论在表述的重点还是在着眼点上都有了创新。具体表现在三个方面:① 着眼于顾客;② 肯定了市场营销的特质;③ 继续肯定了市场营销是一个过程。

2013 年 7 月 AMA 对市场营销的最新定义是:营销是创造、传播、传递和交换对顾客、客户、合作伙伴乃至整个社会有价值的产品和服务的一系列活动、机制和过程。

课堂互动:推销与营销的区别　　头脑风暴:怎样实现让推销成为多余?

1.1.2　市场营销的核心概念

营销既是企业活动的一个重要组成部分,也是社会系统的一个子系统,有它自身的系统结构、流程和要素,这些要素构成了营销的核心概念,如图 1-1 所示。

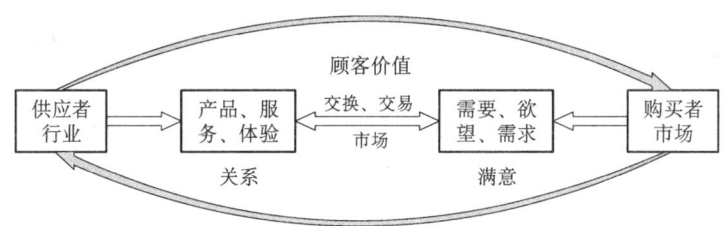

图 1-1　营销核心概念

1. 市场

市场是营销的舞台,坚实而又广阔的市场是营销活动得以繁荣发展的基石。对市场的认识与理解是一种观念,观念的落后与认识的偏差是导致许多企业及其营销活动失败的原因。

(1) 市场的多角度理解。

① 传统市场的概念。传统市场是指我们通常所理解的狭义的有形市场的概念,即商品交换的场所。在日常生活中,人们习惯将市场看作是买卖的场所,如集市、商场、纺织品批发市场等。这是一个时空(时间和空间)市场概念。我国古代有关"日中为市,致天下之民,聚天下之货,交易而退,各得其所"(《易·系辞下》)的记载,就是对这种在一定时间和地点进行商品交易的市场描述。互联网时代的市场呈现虚拟化、时空扩张、量能暴增的特点。

② 经济学中市场的概念。经济学中市场是指买卖双方商品交换及其交换关系的总和,主要指买卖双方、买方与买方、卖方与卖方、买卖双方各自与中间商、中间商与中间商之间,商品在流通领域中进行交换时发生的关系。例如,"我们的产品打进了北京市场",意思就是说,我们在北京有了业务关系,发生了商品买卖。

③ 营销学中市场的概念。营销学中市场是指某种商品的有效需求和潜在需求的总和，即"哪里有需要，哪里就有市场"。有效需求是指在一定时期、一定价格水平下，消费者愿意并且能够购买的商品量。潜在市场是指在一定时期、一定价格水平下，消费者有购买的意愿但暂无支付能力，或有支付能力但暂无购买意愿，而将来在一定条件下可能产生支付能力或购买意愿的商品需求量。

购买者集合形成市场，供应者集合构成行业。

(2) 市场的构成要素。

针对营销学的市场概念而言，市场包含三个主要因素：有某种需要的人、为满足这种需要的购买能力和购买欲望（见图1-2）。

图1-2 市场的构成要素

市场的这三个要素是相互制约、缺一不可的，只有将三者结合起来才能构成现实的市场，才能决定市场的规模和容量。例如，一个国家或地区人口众多，但收入很低，购买力有限，则不能构成容量很大的市场；又如，购买力虽然很大，但人口很少，也不能成为很大的市场。只有人口既多，购买力又高，才能成为一个有潜力的大市场。但是，如果产品不适合需要，不能引起人们的消费欲望，对销售者来说，仍然不能成为现实的市场。所以，市场是上述三个因素的统一。

(3) 市场的类型。

消费者市场是指所有为了消费而购买商品和接受服务的个人和家庭所构成的市场。它是现代市场营销理论研究的主要对象。

组织者市场是指工商企业、政府部门和其他机构、团体为生产、转卖或集团消费的目的而购买产品、服务而构成的市场，包括生产者市场、中间商市场、政府市场、非营利组织市场等。

2. 需要、欲望与需求

需要与欲望都是用来表示心理状态的概念。虽然人们在生活中经常不加区别地使用这两个概念，但在市场营销学中，它们却是作为行为科学范畴的概念来理解和应用的。

需要是指人们因为某种欠缺没有得到满足时的心理感觉状态。欲望是指想得到某种更为具体的东西以满足或部分满足某种需要的特定愿望。比如，我们饿了会有一些生理反应：需要——吃，此时有的人会想要一碗面条，有的人却想要炒菜米饭，这就是欲望。

需要是抽象的概念，它存在于人类自身和所处的社会环境中；欲望是具体的概念，必须同具体的东西相联系。需要是笼统的概念，马斯洛将其概括为五个层次，即生理的需要、安全的需要、社交的需要、尊重的需要和自我实现的需要；而欲望是丰富的，它与具体的产品相联系。需要是相对稳定的，在相当长的时间里会有几种需要，是人们的主要需要；而欲望则是趋于变换，会经常在多种选择之间跳跃。需要是不能由市场营销者创造的，也很少受到市场营销者的影响；而欲望则会受到广告、推销和相关群体的较大影响。市场营销者不能创造需要，但可以引导欲望。

对个人而言，需要和欲望是产生行为的原动力。行为学家认为，人们感受到的最匮乏的需要，一般就是产生其行为的根本原因。因此，研究人的需要与欲望，并设法通过恰当的产品满足这种需要和欲望,对市场营销至关重要,也是市场营销的起点。

需求是经济学概念。需求是指针对特定目标的具有购买能力(支付能力)的欲望。应该注意的是,现在没有需求并不等于将来没有需求。在市场营销中,我们把暂时没有购买力或购买欲望不强的情况称之为潜在需求。随着购买力和购买欲望的提高,潜在需求会逐渐转变为(有效)需求。

(1) 市场营销管理实质上是需求管理。

在营销实践中,企业营销管理人员不仅要善于发现和满足消费者需求,而且要借助管理职能,采取不同的营销措施和策略去应付各种需求状态。市场营销管理的任务,就是为促进企业目标的实现而调节需求的水平、时机和性质,其实质是需求管理。根据需求水平、时间和性质的不同,市场营销管理的任务也有所不同。

① 负需求。当绝大多数人对某个产品感到厌恶,甚至愿意出钱回避它的情况下,市场营销管理的任务是"改变市场营销"。

② 无需求。无需求是指目标市场对产品毫无兴趣或漠不关心的需求状况,如消费者陌生或不熟悉的新产品,或与消费者传统观念、习惯相抵触的产品。对于无需求,市场营销管理的任务是"刺激市场营销"。

③ 潜伏需求。潜伏需求是指现有产品或劳务尚不能满足的、隐而不现的需求状况,如人们对无害香烟、节能汽车和癌症特效药品的需求。对于潜伏需求,市场营销管理的任务是"开发市场营销"。

④ 下降需求。下降需求是指市场对一个或几个产品的需求呈下降趋势的需求状况,如产品进入饱和期后期,市场需求开始下降。对于下降需求,市场营销管理的任务是"重振市场营销"。

⑤ 不规则需求。不规则需求是指市场对某些产品或服务的需求在不同季节、不同时期,甚至一天内的不同钟点呈现出很大波动的需求状况。对于不规则需求,市场营销管理的任务是"协调市场营销"。

⑥ 充分需求。充分需求是指市场某种产品或服务的需求水平和时间与预期的需求水平和时间相一致的需求状况,即供求平衡状况。对于充分需求,市场营销管理的任务是"维持市场营销"。

⑦ 过量需求。过量需求是指市场对某种产品或服务的需求水平超过了企业所能供给和愿意供给水平的需求状况,即供给小于需求的状况。对于过量需求,市场营销管理的任务是"降低市场营销"。

⑧ 有害需求。有害需求是指市场对某些有害物品或服务的需求,如消费者对烟、酒、毒品、色情电影和书刊等的需求。对于有害需求,市场营销管理的任务是"反市场营销"。

(2) 需求管理新途径——创造需求。

在市场营销实践中,企业不仅可以适应需求,而且可以创造需求,即改变人们的价值观念和生活方式。企业的产品投顾客所好,仅是适应需求;若改变顾客所好,则是创造需求。日本龟甲万公司采取免费赠送的方法,改变了美国人的消费习惯,成功地开拓了原来不知酱油为何物的美国市场。创造需求的途径是多方面的。

① 设计生活方式。

现代企业通过主动参与新生活方式设计来创造需求。日本人设计出卡拉 OK 的娱乐形式,使消费者从被动参与变为主动参与,从听音乐变为"大家一起唱"。卡拉 OK 的魅力几乎征服了所有年龄层次和所有国家的消费者,旋风般流行于世界娱乐市场。这就是企业主动设计新生活方式的结果,它为企业带来了创新产品、开拓市场的新机会。

应用案例

万能的"淘宝"

生活中,我们总有许多琐碎的事。这时我们很容易陷入迷茫,自己办不了,找朋友帮忙,既不好意思,朋友也未必办得了。偶尔我们还会需要一些奇奇怪怪的物件,上哪儿买?现在好了,当我们不知道如何解决一个问题的时候,上"淘宝"成为越来越多人的选择,万能的"淘宝"由此得名,在"万能的淘宝",只有你想不到,没有你买不着。这是"淘宝"最大的魅力所在:聚集了最活跃、最具创造力的店主,服务着无数特色、长尾市场的消费者。在这里,"灵魂卖家"与"孤独买家"能够找到彼此,分别收获着创业梦想和生活中的小确幸。这是一个更有力量,也更有温度的舞台。越来越多的创新、创业和创意在"淘宝"上融合,越来越多的商家利用"淘宝"提供工具和资源,创造着新品类与新供给,满足着正在崛起的新消费和新需求。

(资料来源:钱旭潮,王龙.市场营销管理.第4版.北京机械工业出版社,2016.)

② 把握全新机会。

一些企业总结现代市场营销实践经验,提出了创造需求的新观念,其核心是指市场营销活动不仅仅限于适应、刺激需求,还在于能否生产出对产品的需要。全新机会是指目前不存在的潜伏需求,通过企业营销努力开发出新产品后才形成的需求。

应用案例

乔布斯说:"消费者并不知道自己需要什么,直到我们拿出自己的产品,他们就发现,这是我要的东西。"

在无线通信的时代,大家都喜欢用诺基亚手机。因为它可以满足用户的基本沟通需求,让大家不用见面,直接打电话发短信也能聊天。那是个诺基亚统治手机世界的世代,当时的诺基亚有上百款机型,而且每年都会推出数十款机型满足各类消费者不同的需求。整个世界都觉得消费者们不会对手机有任何新的需求了。

但当乔布斯身穿黑色高领衫站在旧金山莫斯康展览中心的舞台上,从牛仔裤兜里掏出第一代 iPhone 时,世界上每一个看发布会的人都会惊讶地发现,原来自己对手机的需求还远未被满足。苹果的推出不仅迅速终结了当年诺基亚在手机市场的主导地位,而且还改变了很多,它也是世界上第一部名副其实的智能手机。苹果智能手机重新定义了智能手机,重新定义了通信行业,重新定义了消费产品,重新定义了互联网。

世界上的三个苹果影响了我们人类社会的进程。那就是夏娃吃掉的那个、砸在牛顿头上的那个,还有就是乔布斯咬了一口的那个。这三个苹果的关键都是一种创造的力量,尤其是创造了需求的力量。

③ 营造市场空间。

企业推广产品，通过有预期目标的营销活动，人为地使市场供不应求或大量需求的局面。这种营销计划的制订与实施，不但是一种战术技巧，而且还可以起到创造需求的作用。

所谓的饥饿营销就是指商品供应商通过某些手段或是把控造成产品的短缺，以此来吊足消费者的胃口，让其购买欲望无限放大，以期达到调控供求关系、制造供不应求的假象，从而产生较高的销售量、售价以及利润的目的。2012年8月23日，小米手机1S首轮开放购买正式开始，官方给出的告示是20万台小米1S手机已经在29分36秒全部都被抢购一空，截止到2012年10月10日，小米手机的销售量已经超过了500万台，而这500多万手机销量达成一共花了不到十个月的时间，这对于一个刚成立两年多的手机公司来说不能不说是一个奇迹。

3. 营销供给——产品、服务和体验

人们在日常生活中需要各种商品来满足自己的多种需要和欲望，我们从广义上对商品（Goods）的定义是：任何能满足人类某种需要或欲望而进行交换的东西都是商品。

商品这个词在人们心目中的印象是一个实物，如手表、相机或饮料等，一般用商品和服务这两个词来区分实体商品和无形商品。但在考虑实体商品时，其重要性不仅在于拥有它们，更在于使用它们来满足我们的欲望。我们买保险柜并不是为了观赏，而是因为它可以为我们提供安全、保险、防盗等服务功能。

服务（Service）是一种无形产品，它是将人力和机械的使用应用于人与物的结果，如医院里的全身健康检查、儿童钢琴知识教育、汽车驾驶技能培训等。

当购买者购买一个商品时，实际上是购买该商品所提供的利益和满意程度。比如说，在具有相同的报时功能的手表中，为什么有的消费者偏爱价格高昂的劳力士手表？因为它除了基本的报时功能外，还是消费者身份的象征。这种由产品、特定图像和符号组合起来表达的承诺，能够帮助消费者对有形产品和无形产品做出购买的判断。在很多情况下，符号和图像能使消费者更真实地把握到无形产品。

人们不是为了商品的实体而买商品，商品实体是利益的"壳"。营销者的任务是推销商品实体中所包含的"核"——利益或服务。

聪明的营销人员超越了其所卖产品和服务的具体属性。通过策划一些产品和服务，为顾客创造品牌体验。例如，迪斯尼世界是一种体验；在香格里拉饭店也是一种体验。当咖啡被当作普通的产品卖时，一磅可买300元；当咖啡被包装为商品时，一杯就可以卖10~20元；当其加入了服务，在咖啡店里出售，一杯要几十元；但如能让咖啡成为一种香醇与美好的体验，一杯就可以卖到上百元甚至几百元。

知识链接

营销对象

营销对象指的是市场营销的客体，可用于交换的对象是什么。菲利普·科特勒指出，营销对象有十项，包括产品、服务、事件、体验、人物、地点、产权、组织、信息、观念。

（1）产品。有形产品是满足人们生存需要的最基本的物质资料，是市场营销最基本的

客体对象,在全社会商品交换中占有绝对比重。每种产品都有自身的生产、消费特点与规律,营销者应该以总体的营销理论和方法为指导,结合所经营产品的特点开展具体的营销工作。

(2) 服务。服务是具有无形特征却能够给人带来利益或满足的可供有偿转让的活动。随着服务经济的发展,服务消费成为社会消费的重要组成部分,与信息技术、知识经济、全球化、消费的人文化有关的新兴服务产业(如信息产业、计算机产业、管理咨询产业、投资理财产业、医疗保健产业、环境保护产业、旅游产业等)更是飞速发展。

(3) 事件。事件营销是近年来十分流行的一种公关传播与市场推广手段,集新闻效应、广告效应、公共关系、形象传播、客户关系于一体,为新产品推介、品牌展示创造机会,成为一种快速提升品牌知名度与美誉度的营销手段。尤其是互联网的飞速发展给事件迅速传播提供了平台。通过网络,可以更轻松地进行关乎企业和产品的宣传推介并引起关注,但也要防范负面事件的网络发酵而形成的巨大影响。

(4) 体验。企业通过营造特定的活动氛围让顾客获得真实消费感受的营销方式即为体验营销。它既适用于有形产品,也适用于服务产品。海尔公司就是体验营销的成功实践者,如海尔将其各类家电产品配合成套,布置在家庭式卖场中,营造出一个真实的家庭消费环境,使顾客置身其中犹如回到家里,从而增强顾客在真实消费环境中的感受,激发起购买欲望。

(5) 人物。作为营销对象的人物最早是社会精英一族。通过职业营销人士的策划、包装、管理,包括艺术家、体育明星、职业经理人、知名专家、政客在内的人士逐渐提高其社会声望,形成品牌,产生名人效应。

(6) 地点。以地点为对象的营销是通过将某一地理区域(包括国家、城市、乡村、景点等)作为营销对象向顾客传递其特色、价值、竞争优势的活动,旨在树立该区域的形象,吸引顾客进入该区域从事投资、生产经营、旅游等活动,近年来迅速兴起的城市营销就是以地点为对象的营销。

(7) 产权。产权是指人们对所拥有财产的无形权利,可以用以交换,因而也就存在营销机会。例如,房地产中介机构、证券公司、基金公司等都是以财产权作为营销对象的专业营销机构。

(8) 组织。能成为营销对象的组织分为两类:一类是营利性组织,是企业营销的重要目标之一。通过营销活动,企业既可对所生产销售的产品或服务进行营销,也可打造良好的企业形象。另一类是非营利性组织,包括政府、公立学校、军队、政党、各类事业组织。通过营销活动,可使组织的观念更好地为社会所接受,从而在社会公众心中树立起良好的形象,以利于这些组织业务活动的开展。

(9) 信息。信息是一种特殊的产品,也可以像其他产品一样进行生产和营销,它可以作为服务产品的一个特例。

(10) 观念。观念是一种无形产品。观念营销者既可以是营利性组织,也可以是非营利性组织,通过营销活动,可将其组织使命、经营宗旨或产品创新观念传递给目标受众,使社会更好地理解和接受组织的行为或产品,从而达到组织目标。

此外,随着社会经济的发展,可能出现新的营销对象,营销客体对象的内涵会不断发展。可以认为,市场营销已深入社会生活的每一个角落,特别是在竞争性的领域,营销发挥着不可替代的作用。

（资料来源：胡文静.现代市场营销.重庆：重庆大学出版社，2015.）

4. 交换与交易

需要和欲望只是市场营销活动的序幕，只有通过交换，营销活动才真正发生。交换是提供某种东西作为回报而与他人换取所需要东西的行为，它需要满足以下五个条件：

第一，至少要有交换双方；第二，每一方都要有对方所需要的有价值的东西；第三，每一方都要具有沟通信息和传送交换物的能力；第四，每一方都可以自由地接受或拒绝对方的交换条件；第五，每一方都认为同对方的交换是合适或称心的。

如果存在上述条件，交换就有可能。市场营销的中心就是促成交换。交换的第五个条件是非常重要的，它是现代市场营销的一种境界，即通过创造性的市场营销，交换双方能够双赢。

在市场营销学中，我们把交换看作是由甲方寻找乙方、交换信息、协议磋商等活动组成的一个过程，而不是一个事件。如果达成协议，则称之为达成了一笔交易，它是交换的一个组成部分。一项交易至少要涉及如下内容：至少两件以上有价值的事物（包括货币）、双方同意的条件、时间和地点，以及用以保证交易执行的必需的法律条款。

5. 价值、满意与关系

顾客在进行购买决策时，每个人心中都有一杆秤。

顾客价值理论是指，顾客所能感知到的利得与其在获取产品或服务中所付出的成本进行权衡后对产品或服务效用的整体评价。价值实质上是一个人的自我心理感受，消费者通常根据这种对产品价值的主观评价和支付的费用来做出购买决定。

菲利普·科特勒将顾客价值诠释为顾客让渡价值，是指顾客总价值与顾客总成本之间的差额。顾客总价值是指顾客购买某一产品或服务所期望获得的一组利益，包括产品价值、服务价值、人员价值和形象价值等。顾客总成本是指顾客购买某一产品所耗费的时间、精神、体力以及所支付的货币资金等，因此顾客总成本包括货币成本、时间成本、精神成本以及体力成本等，如图1-3所示。

一般情况下，消费者在购买产品时总想把有关成本降到最低限度，而同时又想从中获得更多的实际利益，以使自己的需要获得最大限度的满足。因此，顾客在选购产品中，往往从价值和成本两方面进行比较分析，从中选择出价值最高、成本最低，即顾客让渡价值最大的产品作为优先选购的对象。

营销工作者了解顾客让渡价值的重要意义在于，它能够提醒企业想方设法向顾客提供比竞争对手具有更多顾客让渡价值的产品，吸引

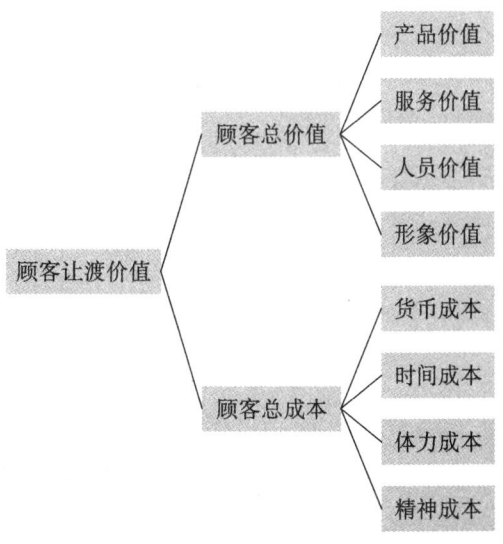

图1-3 顾客让渡价值构成

更多的潜在顾客购买其产品。企业要做的工作至少有两个方面：一是通过改进产品、服务、人员与形象，提高产品的总价值；二是通过降低生产与销售成本，减少顾客购买产品的时间、精神与体力的耗费，从而降低货币成本与非货币成本。

顾客满意是现代市场营销的核心，现代市场营销就是围绕顾客需要的满足（即顾客满意）而展开的。

顾客满意是指一个人对一种产品感知到的效果或效能与他的期望值比较后，所形成的愉悦或失望的感觉状态。顾客的期望值主要是来自顾客过去的购买经验、朋友和伙伴的种种言论及企业的承诺。如果效果或效能低于期望值，顾客就会不满意；如果效果或效能和期望值相当，顾客就会满意；如果效果或效能超过期望值，顾客就会非常满意或欣喜。

企业为什么要追求顾客满意呢？原因有两个：① 顾客是企业利润的源泉，如果没有顾客，企业也就失去了存在的意义；② 顾客满意度直接关系到顾客的忠诚度，只有顾客满意了，才会忠诚于本企业更久，才会重复购买本企业的产品，还会转化为"粉丝用户"，向人们宣扬使用该产品的美好体验。

关系营销是企业与关键成员建立长期满意的关系，以保持长期的业务和绩效的活动过程，关键成员即所有与公司利益攸关者，包括顾客、员工、供应商、分销商、零售商、广告代理人、大科学家及其他人所形成的网络。关系营销的本质有以下几点：① 双向沟通；② 合作；③ 双赢；④ 亲密（情感满足）；⑤ 控制（维护价值链）。

思维拓展

割草男孩

一个替人割草打工的男孩打电话给一位陈太太："你需不需要割草工？"陈太太回答说："不需要了，我已有了割草工。"

男孩说："我会帮你拔掉花丛中的杂草。"

陈太太回答："我的割草工也做了。"

男孩又说："我会帮你把草和走道的四周割齐。"

陈太太说："我请的那个人也已做了，谢谢你，我不需要新的割草工人。"男孩便挂了电话。

此时男孩的室友问他："你不是就在陈太太那割草打工吗？为什么还要打这个电话！"

男孩说："我只想知道我做得有多么好！"

启示：只有不断探寻顾客的评价，你才有可能知道自己的长处和短处。不要萧规曹随，凡事想清楚事出何因，多问几个"为什么"。

（资料来源：伍应环，刘秀.市场营销理论与实务.北京：北京理工大学出版社，2019.）

1.2 明确市场营销管理过程及任务

营销就是通过为客户创造价值建立可获利的客户关系，同时获取价值作为回报的过程。营销管理过程，也就是组织为实现其任务和目标而发现、分析、选择和利用市场机会的管理过程。图1-4展示了营销过程的模式：四大项目、10项任务具体任务。

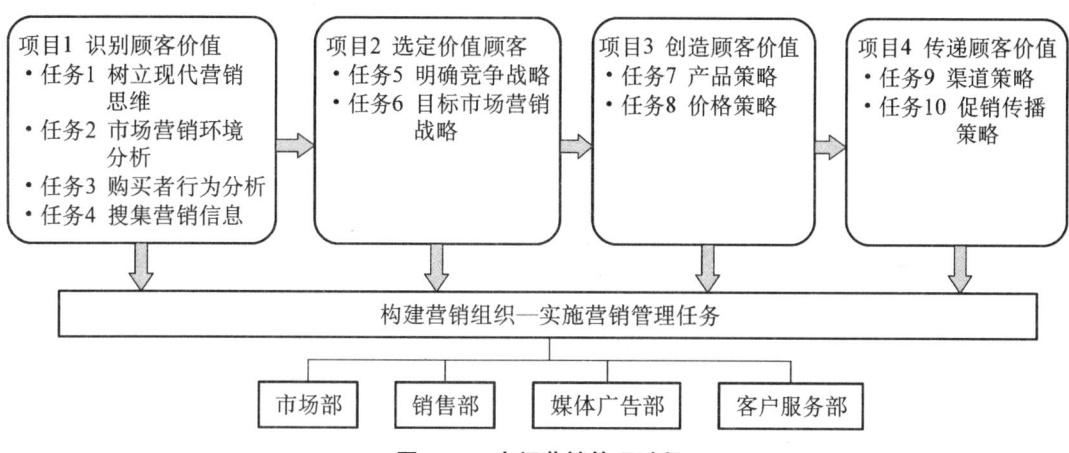

图1-4 市场营销管理过程

1.2.1 识别顾客价值

本教材通过"项目1：识别顾客价值"，要求公司首先要树立正确的营销观念，挖掘顾客价值，在对市场营销环境进行分析的基础上，发现商业机会、规避商业风险，及时获取各种营销决策的各种信息，用以分析市场、指导未来营销活动的开展。该项目下设四项具体任务：① 树立现代营销思维；② 市场营销环境分析；③ 购买者行为分析；④ 搜集营销信息。

1.2.2 选定价值顾客

本教材通过"项目2：选定价值顾客"明确目标市场及其定位。该项目下设两项任务：① 竞争者分析、明确竞争战略；② 目标市场营销战略。选定价值顾客就是要在市场供求中准确选定企业的目标顾客。从供给方分析，谁是我们的竞争对手，市场供给群体的竞争态势，我们的竞争地位，并以此制定竞争战略；从需求方分析，谁是我们的顾客。通过市场细分和目标市场选择确定为什么样的客户服务，如何为目标客户提供最好的服务。通过区别化营销和市场定位实现。营销人员要找到一种价值主张，表述公司将向顾客传递怎样的价值来赢得目标客户。

1.2.3 创造顾客价值、传递顾客价值

本教材通过"项目3：创造顾客价值""项目4：传递顾客价值"制定企业的营销实施方案。这两个项目涉及4项任务：① 产品策略；② 价格策略；③ 渠道策略；④ 促销传播策略。

市场营销组合理论是企业创造与传递顾客价值的一整套营销实施方案与手段。企业从事市场营销活动，需要综合利用自身可以控制的因素与协调外部环境因素，从而有效地影响市场，实现企业的目标，这些因素和手段的总称我们称之为市场营销组合。营销组合伴随着企业实践的发展和学者深入研究，出现了不同的内容，包括4P组合、6P组合、7P组合、10P组合、4C组合、4R组合等。

1. 4P组合

杰罗姆·麦卡锡（E. Jerome McCarthy）于1960年在其《基础营销》（*Basic Marketing*）

一书中第一次将企业的营销要素归结四个基本策略的组合,即著名的"4Ps"理论:产品(Product)、价格(Price)、渠道(Place)、促销(Promotion),由于这四个词的英文字头都是 P,再加上策略(Strategy),所以简称为"4Ps"。麦肯锡认为企业从事市场营销活动,一方面要考虑企业的各种外部环境,另一方面要制定市场营销组合策略,通过策略的实施适应环境,满足目标市场的需要,实现企业的目标。4P 组合至今仍然是影响最为深远,最为基础的策略组合,也是本教材营销组合的核心内容。

2. 6P 组合

1984 年,菲利普·科特勒提出大市场营销理论,称为"6Ps",即在原来的 4P 组合的基础上,增加两个 P:"政治力量"(Political Power)、"公共关系"(Public Relations)。他认为现在的公司还必须掌握另外两种技能,一是政治权力,就是说,公司必须懂得怎样与其他国家打交道,必须了解其他国家的政治状况,才能有效地向其他国家推销产品;二是公共关系,营销人员必须懂得公共关系,知道如何在公众中树立产品的良好形象。

3. 7P 组合

1981 年布姆斯(Booms)和比特纳(Bitner)将 3 个 P(人员、过程、物质环境)增加到了原有的 4P(产品、价格、促销、渠道)营销组合中,即包括产品、价格、渠道、促销、人员、有形展示和服务过程等 7 个要素。人员(People):所有的人都直接或间接地被卷入某种服务的消费过程中,这是 7P 营销组合很重要的一个观点。知识工作者、白领雇员、管理人员以及部分消费者将额外的价值增加到了既有的社会总产品或服务的供给中,这部分价值往往非常显著。过程(Process):服务通过一定的程序、机制以及活动得以实现的过程(亦即消费者服务流程),是市场营销战略的一个关键要素。物质环境(Physical Evidence):包括环境、便利工具和有效引导,可解释为商品与服务本身的展示,亦即使所促销的东西更加贴近顾客。有形展示的重要性在于顾客能从中得到可触及的线索,去体认你所提供的服务质量。因此,最好的服务是将无法触及的东西变成有形的服务。

4. 10P 组合

1986 年菲利普·科特勒又进一步提出在"6Ps"基础上再加上战略性的"4Ps":市场研究——探究(Probing),市场划分——细分(Partitioning),选定目标市场——优先(Prioritizing),定位(Positioning)。

5. 4C 组合

1990 年,罗伯特·劳特朋提出了 4C 理论,向 4P 理论发起挑战,他认为在营销时需持有的理念应是"请注意消费者"而不是传统的"消费者请注意"。① 瞄准消费者需求(Consumer's Need)。首先要了解、研究、分析消费者的需要与欲求,而不是先考虑企业能生产什么产品。② 消费者所愿意支付的成本(Cost)。首先了解消费者满足需要与欲求愿意付出多少钱(成本),而不是先给产品定价,即向消费者要多少钱。③ 消费者的便利性(Convenience)。首先考虑顾客购物等交易过程如何给顾客方便,而不是先考虑销售渠道的选择和策略。④ 与消费者沟通(Communication)。以消费者为中心实施营销沟通是十分重要的,通过互动、沟通等方式,将企业内外营销不断进行整合,把顾客和企业双方的利益无形地整合在一起。

6. 4R 组合

2001 年美国学者艾略特·艾登伯格和唐·舒尔茨在 4C 营销理论的基础上提出了 4R

理论。第一，关联(Relevancy)，即认为企业与顾客是一个命运共同体。建立并发展与顾客之间的长期关系是企业经营的核心理念和最重要的内容。第二，反映(Respond)，在相互影响的市场中，对经营者来说最现实的问题不在于如何控制、制订和实施计划，而在于如何站在顾客的角度及时地倾听和从推测性商业模式转移成为高度回应需求的商业模式。第三，关系(Relation)，在企业与客户的关系发生了本质性变化的市场环境中，抢占市场的关键已转变为与顾客建立长期而稳固的关系。与此相适应产生了五个转向：从一次性交易转向强调建立长期友好合作关系；从着眼于短期利益转向重视长期利益；从顾客被动适应企业单一销售转向顾客主动参与到生产过程中来；从相互的利益冲突转向共同的和谐发展；从管理营销组合转向管理企业与顾客的互动关系。第四，回报(Return)，任何交易与合作关系的巩固和发展，都是经济利益问题。因此，一定的合理回报既是正确处理营销活动中各种矛盾的出发点，也是营销的落脚点。4R营销理论以关系营销为核心，注重企业和客户关系的长期互动，重在建立顾客忠诚。它既从厂商的利益出发又兼顾消费者的需求，是一个更为实际、有效的营销制胜术。

应用案例

一夜爆红的"抖音之城"！西安，你还有多少魅力"抖"不完

1.2.4　组建营销组织

四大项目10项任务具体任务的实施，体现了现代营销价值探索、价值创造、价值传播、价值传递的经营理念。而上述营销活动的实现必须借助于营销组织及其营销人员，我们将在1.4部分学习构建营销组织。

1.3　营销观念的演变

所谓营销观念，是指导企业经营活动的理念或指导思想，并由其来统括企业的一切经营活动，也就是企业的经营哲学，是在开展市场营销活动中，处理企业、顾客和社会三者利益方面所持的态度、思想和观念。实际上是企业开展经营活动时，对市场的一种认知，是指导企业经营活动的理念。随着生产力水平的不断提高，市场供求关系的变化，市场竞争的激化，以及市场营销管理从粗放到细化、由低级向高级的发展，企业经营的指导思想也在相应地发展演变。营销观念的变化大体经历了以下几个阶段。

1.3.1　传统营销观念

1. 生产观念

生产观念是一种最古老的营销观念，在西方盛行于19世纪末20世纪初。当时，资本主义国家处于工业化初期，市场需求旺盛，但产品供应量少且价格偏高，企业只要提高产量、降低成本便可获得丰厚的利润。因此，企业的中心问题就是扩大生产价廉物美的产品，而不必

过多关注市场上的需求差异。在这种情况下,生产观念被众多企业所接受。生产观念认为,消费者总是喜爱可以随处买到和价格低廉的产品,企业的经营重点是努力提高生产效率,增加产量,降低成本,扩大分销范围,生产出让消费者买得到和买得起的产品。生产观念是一种"以产定销"的经营指导思想,它在以下两种情况下显得有效:

第一,市场商品需求超过供给,卖方竞争较弱,买方争购,选择余地不大;第二,产品成本和售价太高,只要提高效率,降低成本,从而降低售价,就能扩大销路。

显而易见,生产观念是一种重生产、轻市场的观念。在物资紧缺的年代也许能给企业带来丰厚的利润,但是随着生产的发展、市场供求形势的变化,这种观念也必然会使企业陷入困境。

应用案例

福特公司的"T型车"

从19世纪末到20世纪初的最初十年,汽车生产规模很小,作为奢侈品,只有少数富人才买得起。亨利·福特最早意识到在合理的价格上生产和出售汽车的潜在价值。随着世界上第一条汽车生产流水装配线在福特汽车上使用,汽车的生产方式发生了革命性的改变。它带动了汽车产量的不断上升及汽车价格的不断下降。福特T型车在1909年的价格为900美元,到1914年降到了440美元,1916年降到了360美元。销售量从1909年的5.8万辆直线上升到1916年的73万辆。在此过程中,福特运用低价策略占领了市场。

2. 产品观念

产品观念背景产生相比于上一阶段,社会生活水平已有了较大幅度的提高,消费者已不再仅仅满足于产品的基本功能,而是开始追求产品在功能、质量和特点等方面的差异性。因此,如何比其他竞争对手在上述方面为消费者提供更优质的产品就成了企业的当务之急。在产品供给不太紧张或稍微宽裕的情况下,这种观念常常成为一些企业经营的指导思想。在20世纪30年代以前,不少西方企业广泛奉行这一观念。

产品观念认为,产品销售情况不好是因为产品不好,消费者喜欢质优、性能好和有特色的产品,因此企业只要致力于制造出好的产品,就不愁挣不到钱。"酒香不怕巷子深"是产品观念的形象说明。这种观念是在市场商品供不应求的"卖方市场"形势下形成的,最容易导致"市场营销近视症",即不适当地把注意力放在产品上,而不是放在市场需要上。产品观念仍然是从自我出发,孤芳自赏,使产品改良和创新处于"闭门造车"的状态。

应用案例

NeXT计算机公司和杜邦公司的新型纤维

NeXT计算机公司在1993年投资2亿美元生产计算机、生产1万台后便停产了。它的产品特征是带有高保真音响和CD-ROM,甚至包含桌面操作系统。然而,谁是感兴趣的顾客? 产品定位却是不清楚的。因此,产品观念把市场看作是生产过程的终点,而不是生产过程的起点;忽视了市场需求的多样性和动态性,过分重视产品而忽视顾客需求。当某些产品出现供过于求或不适销对路而产生积压时,却不知为什么销不出去,最终导致"市场营销近视症"。

杜邦公司在1972年发明了一种具有钢的硬度,而重量只是钢的1/5的新型纤维,杜邦公司的经理们设想了大量的用途和一个10亿美元的大市场。然而这一刻的到来比杜邦公司所预料的时间要长得多。因此,只致力于大量生产或精工制造而忽视市场需求的最终结果是产品被市场冷落,使经营者陷入困境。

(资料来源:MBA智库百科)

3. 推销观念

推销观念,也称销售观念,它产生于20世纪三四十年代。推销观念产生于资本主义国家由"卖方市场"向"买方市场"的过渡阶段。推销观念认为,消费者通常表现出一种购买惰性或抗拒心理,如果听其自然的话,消费者一般不会足量购买某一企业的产品;因此,企业必须积极做好推销工作和促销工作,以刺激消费者大量购买本企业的产品。由生产观念、产品观念转变为推销观念,是企业经营哲学的一大变化。但是,这种变化仍然没有摆脱"以生产为中心""以产定销"的范畴,所不同的只是生产观念是等客上门,而推销观念是加强对产品的宣传、推广和促销。

1.3.2 现代营销观念

1. 市场营销观

市场营销观是现代营销观念的基础。

市场营销观念产生于20世纪50年代,随着科学技术水平的提升,西方各国企业更加重视研究和开发,产品技术不断创新,新产品竞相上市。此外,大量军工企业转向民用产品的生产,使社会产品供应量迅速增加,为消费者提供了更多的选择;同时,消费者收入水平大大提高,其需求也更为多样化和多变化。市场上大部分产品出现了供大于求的局面,市场竞争日益激烈,企业的营销管理活动变得格外复杂。不少企业虽然经过大力推销,但销量仍未有大的起色,以致影响到企业的生存与发展。在这种情况下,许多企业逐渐领悟到企业的生产不能仅以自己为标准,而必须考虑市场环境的变化,考虑消费者的需求,只有这样,企业在市场中才能取得竞争的优势。

市场营销观念是一种以消费者需要和欲望为导向的市场营销管理哲学,它以整体营销为手段,来取得消费者的满意,从而实现企业的长期利益。具体表现为:"顾客需要什么,我们就生产什么""哪里有消费者,哪里就有市场"。市场营销观念变"制造产品并设法销售出去"为"发现需求并设法满足";不再是"推销已经生产出来的产品",而是"制造能够销售出去的产品"。在这种观念下,企业的做法是:以消费者需求为中心,切实掌握目标消费者的需要和欲望;确定目标市场;集中企业的一切资源和力量,设计、生产适销对路的产品,安排适当的市场营销组合,采取比竞争者更有效的策略,满足消费者的需求,取得应有的盈利。

营销观念与推销观念的根本不同点在于:推销观念以现有产品(即卖主)为中心,以推销和促销为手段来刺激销售,从而达到扩大销售的目的;市场营销观念则是以企业目标顾客(即买主)及其需要为中心,并且以集中企业的一切资源和力量、适当安排市场营销组合为手段,从而达到满足目标顾客的需要,扩大销售,实现企业目标的目的。可见,**市场营销观念是一种以顾客的需要和欲望为导向的经营哲学**,是企业经营思想的一次重大飞跃,它要求企业的营销管理活动贯彻"顾客至上"的原则,将管理重心放在发现和了解目标顾客的需要,使顾客满意,从而实现企业目标。

从推销观念到市场营销观念的转变,是企业经营思想上的一次质的飞跃,是新旧市场观念的分水岭,是一场"营销革命"。就其作用而言,人们又经常将其与资本主义的"工业革命"相媲美,称为市场营销学界的"哥白尼太阳中心说"。前几种观念都是以企业为中心,只考虑企业自身情况而不考虑消费者需求,认为顾客应当围着企业转。而营销观念是"以顾客为中心",认为企业应当适应顾客,围绕顾客转。这才真正摆正了顾客同企业的关系,就如同哥白尼"太阳中心说"摆正了太阳同地球的关系一样。

应用案例

"微信"背后的顾客观

2011年1月21日,腾讯"微信"上线,经过短短两年的时间的产品革新与发展,至2013年1月,用户数突破3亿。

"微信"的立项在很大程度上受到了Kik的启示:Kik作为一种免费短信很有可能成为QQ在移动互联网时代的强大竞争对手,从战略的角度,腾讯必须开发一款移动通信工具。但由于国内的运营商提供了丰富的套餐服务,以省短信费为卖点的"微信"1.0并没有引起比较大的反响,考虑到移动互联网是一个以图片为王的时代,"微信"1.2的主体功能变成了图片分享,但也并未获得市场的认可。直到"微信"2.0的出现,才真正奠定对于竞争对手的绝对优势。

"微信"2.0从用户手机输入的便利性出发,产品的重心完全投入语音通信上,"微信"3.0更抢先竞争对手"米聊"一步,推出"查看附近的人"和"视频"功能;"微信"4.0推出"朋友圈",建立手机上的熟人社交圈,开放API接口,打造移动社交平台,"微信"4.2推出视频通话功能在……在"微信"用户快速增长的同时,"微信"也逐步确立了其移动互联时代生活方式的产品地位。

"微信"的创造者、商业化的探路者张小龙认为:移动互联网的天然属性决定了产品的主要服务对象是人群而非个人,移动互联网产品营销者的主要工作是研究人类群落的行为模式,预判人群卷入之后行为模式的变化。"微信"未来一系列的新功能的演进,都将围绕人们的生活方式这一核心价值进行。

(资料来源:钱旭潮,王龙.市场营销管理.第四版.北京:机械工业出版社,2018.)

2. 社会市场营销观念

社会市场营销观念这种经营思想是对市场营销观念的重要补充和完善。社会市场营销观念形成于20世纪70年代西方资本主义出现能源短缺、通货膨胀、失业增长、环境污染严重、消费者保护运动盛行的新形势下。社会市场营销观念基本内容是:企业提供的产品不仅要符合消费者的需要与欲望,而且要符合消费者和社会的长远利益;企业要关心与增进社会福利,强调要将企业利润、消费需要、社会利益三个方面统一起来。

知识链接

绿水青山就是金山银山（习近平科学论断）

"绿水青山就是金山银山"是时任浙江省委书记习近平同志于2005年8月在浙江湖州安吉考察时提出的科学论断。

规划先行，是既要金山银山，又要绿水青山的前提，也是让绿水青山变成金山银山的顶层设计。浙江各地特别重视区域规划问题，强化主体功能定位，优化国土空间开发格局，把它作为实践"绿水青山就是金山银山"的战略谋划与前提条件。从2005年到2015年，科学论断提出10年来，浙江干部群众把美丽浙江作为可持续发展的最大本钱，护美绿水青山、做大金山银山，不断丰富发展经济和保护生态之间的辩证关系，在实践中将"绿水青山就是金山银山"化为生动的现实，成为千万群众的自觉行动。

2017年10月18日，习近平同志在十九大报告中指出，坚持人与自然和谐共生。必须树立和践行绿水青山就是金山银山的理念，坚持节约资源和保护环境的基本国策。

所谓"绿色营销"，是指社会和企业在充分意识到消费者日益提高的环保意识和由此产生的对清洁型无公害产品需要的基础上，发现、创造并选择市场机会，通过一系列理性化的营销手段来满足消费者以及社会生态环境发展的需要，实现可持续发展的过程。与传统的社会营销观念相比，绿色营销观念注重的社会利益更明确定位于节能与环保，立足于可持续发展，放眼于社会经济的长远利益与全球利益。绿色营销基本要求是在营销管理各个层面要遵循安全、无污染、低消耗、可重复利用的原则，包括设计绿色产品与品牌策略、制定绿色产品价格、绿色营销渠道策略、绿色沟通策略、绿色服务及绿色管理策略等。

3. 大市场营销观念

大市场营销是对传统市场营销组合战略的发展。科特勒于20世纪80年代指出，企业为了进入特定的市场，并在那里从事业务经营，在策略上应协调地运用经济的、心理的、政治的、公共关系等手段，以博得外国或地方各方面的合作与支持，从而达到预期的目的。大市场营销战略在4P的基础上加上2P，即权力（Power）和公共关系（Public Relations），从而把营销理论进一步扩展。

应用案例

百事可乐印度公关

1.3.3 新营销观

1. 客户观念

随着现代营销战略由产品导向转变为客户导向，客户需求及其满意度逐渐成为营销战略成功的关键所在。各个行业的企业都试图通过卓有成效的途径，及时准确地了解和满足客户需求，进而实现企业目标。实践证明，不同子市场的客户存在着不同的需求，甚至同一个子市场客户的个别需求也会经常变化。在此营销背景下，越来越多的企业开始由奉行市场营销观念转变为奉行客户观念或顾客观念（Customer Concept）。

所谓客户观念，是指企业注重收集每一个客户以往的交易信息、人口统计信息、心理活动信息、媒体习惯信息以及分销偏好信息等，根据由此确认的不同客户终生价值，分别为每一个客户提供各自不同的产品或服务，传播不同的信息，通过提高客户忠诚度，增加每一个客户的购买量，从而确保企业的利润增长。与市场营销观念强调满足每一个细分市场的需求不同，客户观念强调满足目标市场每一个客户的特殊需求。

需要注意的是，客户观念并不适用于所有企业。一对一营销需要以工厂定制化、运营电脑化、沟通网络化为前提条件。因此，贯彻客户观念要求企业在信息收集、数据库建设、电脑软件和硬件购置等各方面大量投资，而这并不是每一个企业都能够做到的。有些企业即使舍得花钱，也可能会出现投资花费大于由此带来的收益的局面。

推销观念、营销观念与客户观念的区别，如表1-1所示。

表1-1 推销观念、营销观念与客户观念的区别

	起点	焦点	手段	目标
推销观念	工厂	产品	推销和促销	通过增加销售量，实现利润增长
营销观念	目标市场	顾客需要	4P整合营销	通过客户满意，实现利润增长
客户观念	单个客户	客户终身价值	一对一营销	通过提升客户占有率、客户忠诚度和客户终身价值，实现利润增长

2．全方位营销观念

数字化经济时代，互联网、数字、信息经济开始渗透到社会经济生活的各个层面，消费者获取消费品信息的能力大大增强，选择的范围也更广泛了，而企业收集市场营销信息以及消费者进行双向沟通的能力也更强了。领先的营销者已经意识到必须采用一种更加富有整体性和关联性的方法来开展营销活动，于是全方位营销（全面营销）应运而生。

全方位营销观念是以开发、设计和实施营销计划、过程和活动为基础的，但同时也意识到上述这些环节的广度和彼此之间的依赖性，全方位营销者认为营销活动的每个环节都是重要的、广泛联系的，因此需要用整合的视角来看待营销活动。全方位营销试图认识和协调市场营销活动的范围和复杂度，该理论包含4个主题。

（1）内部营销。

全方位营销中包含的内部营销是指聘用、培养和激励那些要为顾客提供好的服务而且有能力这样做的员工。企业营销管理者已经意识到内部营销非常重要，有时它的重要性甚至超越外部营销。因为在很多企业，第一线的员工能通过产品和服务将价值传递给顾客，很大程度上影响企业顾客的满意度和忠诚度，进而影响企业的生存和发展。

内部营销需要企业高层管理者的垂直协调与领导，也离不开其他部门的横向协同。

（2）整合营销。

整合营销是指企业以顾客为中心整合内部所有资源，以提高为顾客服务的水平和顾客满足程度，使所有的部门都为顾客的利益提供一致的服务。整合营销包含两个方面的含义：一方面整合营销是指企业从顾客观点出发协调各种营销职能，如营销调研、产品策略、促销策略等；另一方面整合营销必须使公司其他部门接受顾客导向的营销理念。

应用案例

奥运季,天猫用"超级运动会"下了盘整合营销的大棋

(3) 关系营销。

关系营销就是要与关键的利益相关者建立起彼此满意的长期关系,以赢得和维持业务。关系营销中有四个关键的利益相关者,分别是顾客、员工、营销合作伙伴(包括供应商、经销商、代理商以及其他营销渠道伙伴)、财务团体(包括股东、投资者和分析者等)。营销者应该关注利益相关者的需求,在了解他们的能力、资源、目标和欲望的基础上,制定出平衡利益相关者收益的战略,使利益相关者与企业间形成长期的互惠互利的合作伙伴关系。

(4) 绩效营销。

绩效营销要求了解市场营销活动和方案为企业和社会带来的财务回报和非财务回报。高层管理者不仅要重视销售收入,还应该关注营销绩效,具体要了解市场占有率、顾客流失率、顾客满意度、产品质量和其他绩效指标的具体水平。另外,他们也会从更广泛的角度考虑市场营销活动和方案对法律、社会和环境等的影响。

3. 互联网营销思维观念

互联网营销思维观念就是在移动互联网、大数据、云计算等科技不断发展的背景下,对用户、对产品、对企业价值链及对整个商业生态的重新审视。核心思想是企业的思维方式要逐渐以互联网的方式去想问题,就是一切以用户为中心,注重用户体验。

北京小米公司首创用互联网开发手机操作系统,发烧友参与开发改进的模式,小米模式的核心就是互联网思维七字诀:专注、极致、口碑、快。只有用心专注、产品简洁,把一款产品做到天文数字的量级时,才算真正做好;互联网领域许多产品是免费的,只有做到极致,是行业顶尖的时候才有胜出可能;注重用户体验,保持用户新鲜感,超出用户预期,通过口碑形成粉丝传播;业务成长要快,对用户服务的反馈要快,小米每个星期更新一次。

移动互联时代一个典型趋势就是人们碎片化时间的利用与智能手机的结合促进了社会化媒体的蓬勃发展,用户参与、用户创造、用户分享是社会化媒体的内容特征,同时又具有用户作为消费者身份的平等的关系特征。创造性顾客的出现,给企业营销带来了新的生产力。创造性顾客可以参与到企业产品服务的创意制造过程,通过评论表达自己的喜好,并且创造内容主动或参与到企业营销全过程的传播活动。

应用案例

特斯拉用互联网思维打造智能汽车

2003年,伊隆·马斯克在硅谷创办了一家电动车及能源公司——特斯拉(Tesla),2012年,特斯拉发布了智能汽车产品——Model S,一款四门纯电动豪华轿跑车,2013年第一季度,Model S销售量就高达4 900辆,为美国豪车市场之冠,力压奔驰S系、宝马7系、凌志LS和奥迪A8等市场劲旅,第三季度问鼎欧洲市场销售宝座,引发新的汽车革命。

Tesla的Model S没有发动机,却拥有超过法拉利的速度(百公里加速4.2秒,0至400米加速13.2秒);不需要加油,一次充电能行驶长达502公里;既不是自动波,也不是手动波,而是一块 17 寸超级 Pad 操控一切。表面上看 Tesla 就是一块电池＋四个轮子＋一个电脑，实际上 Tesla 是以极致的用户体验为中心，如苹果手机一样将硬件和软件做到无缝对接，创造超越用户预期的极致驾驶体验。通过颠覆式创新，把人类从功能车带入智能车时代，使厂商掌握用户开车的行为和数据，实现厂商与用户的无缝对接。

通过将互联网思维与传统汽车制造相结合，特斯拉打造了人类历史上第一款智能汽车，带来全新的用户体验。市场营销只有 3 个渠道：通过种子用户口碑宣传、创始人马斯克和媒体互动、善用意见领袖的影响力，形成传播效应。通过 O2O 模式，有线下体验店，进行用户互动和品牌传播；有线上预订，第一款 Model S 的预定从 2009 年第二季度开始，从预定到使用需要 3 年，每年 2 万辆的预付款为新款车的研发提供资金支持。因此，特斯拉在用不一样的互联网思维做汽车，酷跑定位、极简设计以及直销模式，使特斯拉引领汽车产业新潮流。

（资料来源：宋彧. 市场营销原理. 北京：清华大学出版社，2017.）

   视频链接：　　　　　三个故事告诉你什么是互联网思维　　

1.3.4 现代营销管理的趋势

一个瞬息万变的社会企业营销面临着空前激烈的挑战，它不仅要求企业有把握时机的敏锐性，要有运筹帷幄正确决策的能力，更需要有洞察环境、预测未来的前瞻性。

1. 21 世纪市场营销发展趋势

以下是菲利普·科特勒教授在他的《营销管理》（第 14 版）中阐述的，关于 21 世纪市场营销发展趋势的 14 项转变：

(1) 从营销人员从事营销活动到人人都关注营销的转变；
(2) 从以产品为单位的组织到以客户群为单位的组织的转变；
(3) 从自力更生到业务外包的转变；
(4) 从使用许多供应商到与少数供应商的"合作"的转变；
(5) 从维系过去地位到不断创新的转变；
(6) 从强调有形资产到重视无形资产的转变；
(7) 从通过广告建立品牌到通过业绩建立品牌的转变；
(8) 从店面销售到网络销售的转变；
(9) 从向每个人销售到向最佳目标市场销售的转变；
(10) 从关注盈利性交易到关注顾客终身价值的转变；
(11) 从关注市场份额到关注顾客份额的转变；
(12) 从本地化到全球化本地化的转变；
(13) 从仅仅关注财务状况到关注营销状况的转变；
(14) 从关注股东到关注所有利益关系方的转变。

2. 大数据、智能互联网催生营销 4.0 新时代

自 20 世纪前的蒸汽时代到电气时代，即从第一次工业革命到第二次工业革命开始，营销就不断地伴随着社会主流时代特征的变化而发展,当时的营销以平面媒体作为主要传播途径,代表性的传播内容就是文字和图片,这就是所谓的营销1.0时代。在后来的20世纪初到20世纪80年代,也就是人类社会电气时代到科技时代,从第二次工业革命到第三次工业革命时期,多媒体广告的崛起标志着营销2.0时代的来临,这一时期音视频成为营销的代表性传播内容。营销3.0时代,主要是指互联网飞速发展的20年,这一时期被称作科技时代、信息时代以及互联网时代,生物技术、新能源和空间技术都开始得到了广泛应用,这一时期营销的代表性传播途径开始由传统媒体向互联网媒体进行转型,传播的内容呈现互动化、碎片化的特点。

目前营销经历了3个不同的发展时期,而随着数据时代和智能互联网时代的到来,第四次工业革命、人工智能、物联网和火星移民等全新的东西开始充斥并改变着人们的生活方式,营销也将在这场变革中迎来全新的营销4.0时代。未来的营销4.0时代将以侵入式作为主要传播途径,传播的内容兼具指令化、无形化和融合化的特点。

思维拓展

新"黄金十年"营销取向的六个变化

1.4 创建营销组织

营销组织是企业组织的一个组成部分,是为实现企业营销目标和共同经营目标,通过职能的分配和人员的分工,并授予不同的权力和职责而进行的合理协调营销活动的有机体,是营销管理的基础和重要保证。

1.4.1 营销部门的组织形式

营销部门的组织形式是多种多样的,但不论采取哪种组织形式,都要体现"以顾客为中心"的指导思想,都要与营销活动的四个基本方面(职能、地理区域、产品和顾客市场)相适应,营销组织的基本形式有四种。

1. **职能型营销组织**

这是最常见的组织形式,这种营销组织由各种营销职能经理组成,他们分别对营销副总裁负责,见图1-5。职能型营销组织的优点是管理层次少,管理简便;缺点是随着产品的增多和市场规模的扩大,组织的效率越来越低。

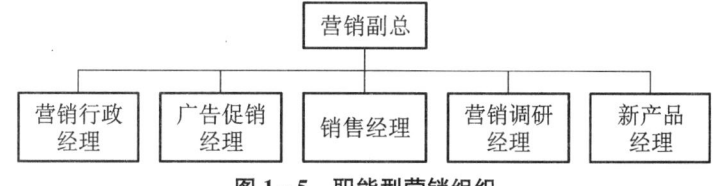

图1-5 职能型营销组织

2. **地区型营销组织**

较大规模的企业有广泛的地域性市场,往往按地理区域安排和组织其市场销售力量。

这类企业除了设置职能部门经理外,还按地理区域范围大小,分层次地设置区域经理,层层负责(见图1-6)。

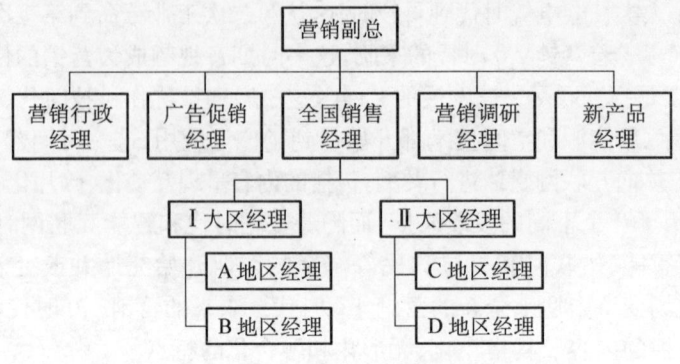

图1-6　地区型营销组织

3. 产品管理型营销组织

生产多种类多品牌的企业,往往按产品建立管理组织,即在职能型营销组织的基础上,增设产品经理,负责各种产品的策略与修正等(见图1-7)。

美国宝洁公司(P&G) 1927年首先采用了该组织形式。以后许多厂商,尤其是食品、肥皂、化妆品和化学工业的厂商纷纷效仿。例如,通用食品公司的各产品经理分别负责麦片、宠物食品、饮料等各类食品,而在麦片产品部门中,又分别有营养麦片、含糖儿童麦片、家用麦片等单一的产品经理,依次下去,营养麦片经理又要管理他的各品牌经理。

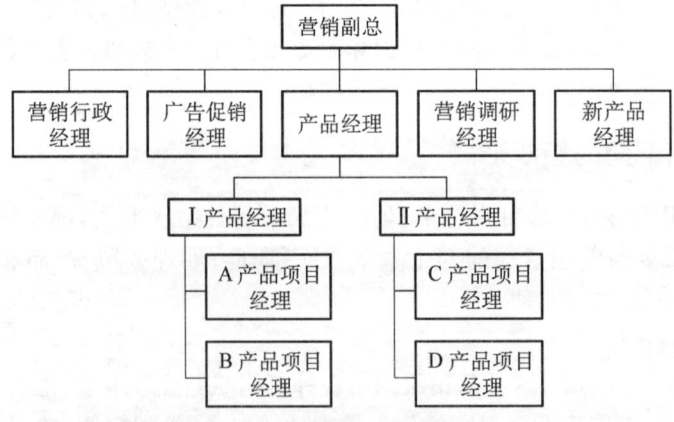

图1-7　产品管理型营销组织

4. 市场管理型营销组织

如果企业向各种各样的市场销售其系列产品,采用市场管理型营销组织就可以把企业的所有用户,按照不同的购买行为和产品偏好划分成不同的用户组,见图1-8。

市场管理型营销组织类似于产品管理型营销组织,由总市场经理管辖若干个细分市场经理,各市场经理负责自己所管辖市场的年度销售利润计划和长期销售利润计划。

除了上述四种基本组织形式外,近些年来,随着企业规模的扩大、多元化经营的实施,企业在产品品种、品牌、销售市场方面呈多样化发展趋势,因而企业组织形式又出现了新的模式。一是产品/市场管理型(矩阵式)营销组织,即同时设置产品经理和市场经理,形成矩阵式组织结构,产品经理负责产品的销售和利润,为产品寻找新的用途,市场经理负责开发现有的和潜在的市场模式;二是事业部制营销组织,是按不同产品或地区设立事业部独立核算的组织形式,各事业部内往往设有比较齐全的职能部门。

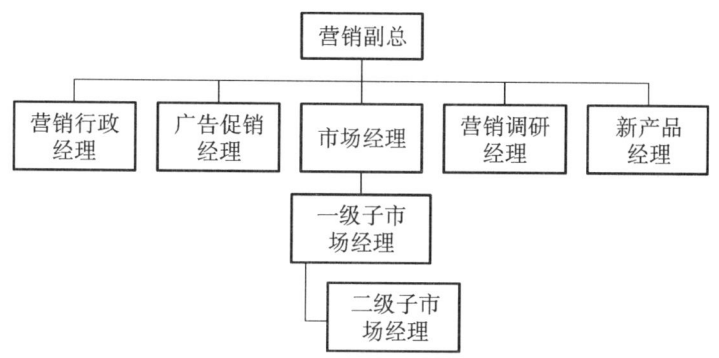

图1-8　市场营销管理型组织

1.4.2　营销组织设计

设计高效率的市场营销组织,是企业营销活动有效运行的基础和保证,它是整个营销活动的协调中心和指挥部,对企业营销的成败起重要作用。

1. 营销组织设计的原则

(1) 目标可实现原则。

市场营销组织的建立必须和企业的发展相适应,要适当超前,在未来的两三年能支撑企业发展目标的实现。

(2) 因事设岗原则。

市场营销组织的目标是通过对营销人员的活动进行安排来实现企业的目标,并实现整体效果大于局部效果之和,按照岗位要求进行招聘、选拔、培训,这是基本原则。

(3) 以消费者需求为导向原则。

在设计市场营销组织时,管理者必须首先关注市场,考虑满足市场需求,服务消费者,建立起一支面向市场的销售队伍。

(4) 精简、高效原则。

精简与高效是手段和目的的关系,提高效率是组织设计的目的。

(5) 有效的管理幅度原则。

管理幅度是否合理,取决于下属人员工作的性质,以及经理和下属人员的工作能力。一般为5~8人,随着企业组织结构的变革,管理出现了扁平化趋势。

(6) 既相对稳定又有弹性原则。

组织应当保持员工队伍的相对稳定,这对增强组织的凝聚力、提高员工的士气是必要的。组织的弹性,是指因经济的波动性或业务的季节性而保持员工队伍的流动性。

2. 营销组织设计程序

营销组织的设计应按一定的程序进行,通常包括以下几个步骤:

(1) 明确营销组织的目标与任务。

(2) 确定营销组织活动。

(3) 设置营销组织职位与部门，设计营销组织结构，包括① 设置营销职位，划分营销部门。② 确定营销组织的管理层级。③ 明确营销职位间关系。不同职位间的关系有两种：一种是同一部门间、上下级间的指挥与命令的直线关系，另一种是来自不同的部门间同一级别或不同级别，或同一部门的同一级别职位间服务与协助的参谋关系。④ 设计营销组织结构。企业根据实际需要进行设计，并用组织结构图加以清晰的展示。

(4) 配备组织人员。

3．两大主要营销部门的工作职责

(1) 市场部的工作职能。

① 制订并执行市场调查计划，以及日常市场管理。

② 品牌规划与管理。

③ 制订并执行公司年度整体市场营销计划与预算。

④ 制订并执行市场推广计划与预算。

⑤ 制订并执行广告与专卖店、专柜推广计划与预算。

⑥ 制订并执行公关与促销活动计划与预算。

⑦ 负责市场推广物品的设计制作。

⑧ 制订与执行新品牌(产品)上市计划。

⑨ 制订及实施针对经销商、加盟商、店员、店长培训的计划和方案。

⑩ 负责公司内外信息网络的建立、整理及分析，并及时向有关部门发布及建议。

(2) 销售部的工作职能。

① 根据公司总体营销计划制订销售部的销售计划与预算，包括销售额、回款额、市场占有率、渗透率等。

② 依据销售计划，制订销售部的销售方针、政策，对销售业务活动的过程及结果进行管理，负责销售目标、市场占有率的达成。

③ 依据整体营销计划，执行和配合公司市场部所制订的各项市场推广计划。

④ 负责经销商、加盟商的开发、选择、评估与激励；通过服务性销售方法，与经销商、加盟商建立长期稳定的双赢关系。

⑤ 负责公司直属销售点、分公司或办事处的建设和管理(支持、服务和监控)。

⑥ 销售货款的及时、安全回收。

⑦ 市场信息的收集、整理、分析与反馈。

⑧ 销售报表的收集、整理、分析与反馈。

⑨ 与市场部沟通和配合，做好销售计划的制订工作，确保销售计划的严肃性。

⑩ 负责销售队伍建设及管理，依据业务发展，与行政及人力资源部共同制订确保人力资源规划(人力资源的结构、储备等)及员工的招聘、培训、调配、评估与激励。

学以致用

公司销售团队建设方案书(样本)

知识小结

市场营销不仅是当代企业在迅速变化的市场环境和日趋激烈竞争中求生存、求发展的管理利器,而且已逐渐成为我们这一代人的一种核心思维方式。现代市场营销的核心意识是以顾客为中心开展经营活动。

以顾客为核心的营销目标:顾客价值与顾客满意。顾客总价值是指顾客购买某一产品或服务所期望获得的一组利益,包括产品价值、服务价值、人员价值和形象价值等。顾客总成本是指顾客购买某一产品所耗费的时间、精神、体力以及所支付的货币资金等。顾客满意是指一个人对一种产品感知到的效果与他的期望值比较后,所形成的愉悦或失望的感觉状态。

市场营销的核心概念是市场,需要、欲望与需求,营销供给——产品、服务和体验,交换与交易。营销学中的市场是指某种商品的有效需求和潜在需求的总和。需要是指人们因为某种欠缺没有得到满足时的心理感觉状态。欲望是指想得到某种更为具体的东西以满足或部分满足某种需要的特定愿望。需求是指针对特定目标的具有购买能力(支付能力)的欲望。

营销观念是企业经营活动的理念或指导思想,并由其来统括企业的一切经营活动。传统营销观念是一种先生产、后销售的经营观,包括重视产量和成本的生产观念;重视产品质量、功能和特色的产品观念;重视广告、推销的销售观念。

市场营销观念是一种以消费者需要和欲望为导向的市场营销管理哲学,它以整体营销(STP+4P)为手段,来取得消费者的满意,从而实现企业的长期利益。具体表现为:"顾客需要什么,我们就生产什么";"哪里有消费者,哪里就有市场"。

90年代以来,最具有生命力的新营销观念的是客户观念、全面营销观念。

市场营销管理的实质是需求管理,包括适应需求的8个方面,即负需求、无需求、潜在需求、过量需求、下降需求、充分需求、不规则需求、有害需求,以及其创造需求的3个方面,即设计生活方式、把握全新机会、营造市场空间。

营销组织是营销管理的基础和重要保证。营销组织设计的程序是:明确组织的目标与任务;明确组织的营销活动;设置营销组织职位与部门、设计营销组织结构;配备组织人员。

营销理念、营销组织和营销技术的发展创新,将决定企业生存和成长发展的空间,以及企业在快速变化的市场中赢得顾客的基础和在愈演愈烈的市场竞争中赢得优势。

【关键术语】

市场营销　市场　需要　欲望　需求　产品　服务　交换　交易　满足　生产观念　产品观念　推销观念　营销观念　社会市场营销观念　客户观念　大市场营销观　全面营销观　互联网思维　市场营销组织　职能型组织　产品型组织　地区型组织　管理型组织　4P　4C　4R　顾客让渡价值

【应知考核】 进入云班课更多应知应会考核测试
【应会考核】

【实践活动——任务1汇报评价】

扫码查看更多实时更新应知应会考核题

《组建营销团队》质量要求评价标准

任务2 市场营销环境分析

📖知识目标

1. 了解市场营销环境的含义及其现实意义;
2. 掌握宏观环境的构成因素;
3. 掌握微观环境的构成因素;

👆能力目标

1. 学会通过环境分析,扬长避短;
2. 能够通过环境分析,发现商业机会、规避商业风险;
3. 运用SWOT分析法,对营销环境进行分析。

📝任务驱动

雷军说:"站在风口,猪也能飞起来!小米创业一年营收100亿元,不是因为小米有多厉害,而是因为小米站在移动互联网风口浪尖上。"做好一件事情讲究"天时地利人和",讲的就是外界因素对事情的影响至关重要。现在我们通过项目团队学习和实践,分析"公司"(项目团队)面对的各种营销环境,以发现机会、发挥优势,规避风险、回避劣势。

项目团队任务:"公司"(项目团队)的环境分析

▶ **1. 任务内容:**

(1) 完成"公司"(项目团队)的环境分析报告;
(2) 根据上述环境分析报告及本项任务实施过程,制作PPT用于汇报和展示;
(3) 本项任务结束后,各项目团队通过课堂汇报、交流、答疑,开展任务成果竞赛。

▶ **2. 任务目的:**

运用所学的知识进行"公司"(项目团队)的营销环境分析,掌握宏微观环境的12个因素;运用SWOT分析法,判断企业的机遇与挑战。

▶ **3. 任务的组织与实施:**

参考任务1:任务的组织和实施。

▶ **4. 任务质量要求、参考作品:**

《"公司"(项目团队)的环境分析》评价标准
营销环境分析报告(样本)
扫码查看完整思维导图

任务2 市场营销环境分析

任务导图

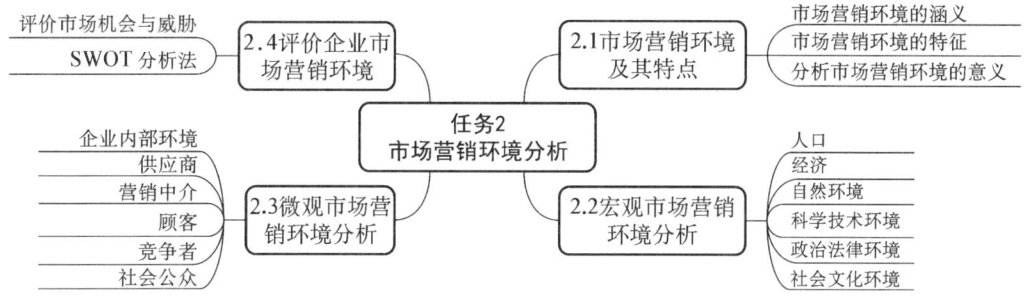

导入案例

苏宁的互联网转型

截和腾讯、永辉,半路杀出的苏宁成为家乐福的最终买家,其背后的全零售图景也清晰展露。回顾互联网转型十年,苏宁没有盲目地舍弃线下,也没有偏执于线上,而是坚持线上线下的融合发展,坚持零售本源,顺应时代趋势。

收购家乐福

继2019年年初拿下万达百货后,苏宁易购又出手将"家乐福"收入麾下。6月23日,公司全资子公司苏宁国际拟出资48亿元收购家乐福中国80%股份。作为国内首家实现"线上线下"均衡发展的零售巨头,苏宁在中国零售市场上凭借其完整的智慧零售生态系统,可以将线上与线下资源通过平台、技术、供应链等渠道和手段进行全面打通,而将家乐福中国收入囊中,无疑进一步丰富了其场景业态。张近东指出,"家乐福"专业的快消品运营经验以及供应链能力,可以与苏宁全场景零售模式、立体物流配送网络以及强大的技术手段进行有机结合。

完善智慧零售版图

事实上,从转型最开始提出"沃尔玛+亚马逊"线上线下虚实融合的发展,到2013年正式推出"云商"发展规划,全面地用技术赋能实体零售,再到后来进一步归纳为"一体两翼三云四端"的发展架构,到2017年系统化地明确了智慧零售的发展模式,苏宁一直在坚定不移地走全渠道融合、全产品运营、全客群服务的转型发展之路。

这十年里,苏宁以零售为主业顺势而为,已经形成了多产业协同发展的新版图。零售、金融、物流、科技、置业、文化、体育、投资等业务也快速发展。

值得注意的是,不同于传统商超、传统电商线上线下各自为战,苏宁快消依托苏宁的整体智慧零售战略,O2O融合成为其与生俱来的基因。在线上,集合了苏宁易购主站、"苏宁超市""苏宁拼购""红孩子"入口、苏宁小店独立App等,形成体系化的线上流量入口矩阵,同时纳入苏宁推客、苏小团的社交玩法,调动零售达人、社区KOL的能动性,将穹顶渐现的流量点动成线、线动成面。

在线下,集合苏宁小店、苏鲜生、苏宁红孩子、苏宁零售云等业态,通过场景的下沉和再造,实现服务体验的提升和用户黏性的保证,同时利用实体门店的不可替代性,大幅降低履单成本,提升快消供应链效率。据了解,目前苏宁小店已达 6 000 多家,覆盖 70 多座城市、3.5 万多个社区,服务超 1.2 亿消费者;苏宁红孩子已近 200 家,并拥有超过 70 万的妈妈社群及 1 000 多家母婴室,3 000 多家苏宁零售云店也在逐步拓展快消品类销售。

互联网转型

2009 年,本已荣登家电零售第一宝座的苏宁展开了线上互联网转型。在 2010 年推出线上平台苏宁易购,2013 年又率先确立了 O2O 的发展战略。十年里,苏宁从"＋互联网"到"互联网＋",再到自主 IP"智慧零售"的确立,一路摸爬滚打,同时也为行业创出一套突破理论实践的零售创新模式。尤其从智慧零售大开发战略提出的 2017 年开始,苏宁门店从 2017 年年底不到 4 000 家,到 2019 年一季度超过 1.2 万家。这是苏宁历史上,乃至世界零售史上,速度最快、规模最大的扩张之一。

O2O 融合成未来趋势

阿里、腾讯等巨头也一直在进行 O2O 布局,线上线下融合的智慧零售正成为未来标配。而在 O2O 领域,目前在各大零售巨头中,苏宁已经成为实践得最深入的一位。

值得注意的是,为更好实现全品类、全渠道、全场景,近年来,苏宁在夯实供应链基础方面也下了苦功夫,包括快消供应链极速拓展,力推苏宁拼购、拼基地、拼品牌,大力拓展生鲜、农副产等供应链。收购万达百货,大手笔拓宽时尚百货供应链等。为加快自身供应链建设,同时为确保品质和价格优势,苏宁制定体系化的原产地直采战略,通过海外直采、国内布点的方式打通全球供应链渠道,尤其是生鲜供应链渠道,第一时间将最好的产品带给消费者。截至目前,苏宁在海外共有 100 多个直采基地,买手团队遍布全球 147 个国家和地区,覆盖果蔬、海鲜水产等众多品类。

(资料来源:http://finance.sina.com.cn/roll/2019-07-05/doc-ihytcitk9776822.shtml.)

案例讨论:

1. 苏宁的互联网转型是根据什么样的营销环境变革做出的选择?
2. 运用 SWOT 分析法,对苏宁与京东商场进行分析,并判断二者的发展前景。

2.1 市场营销环境及其特征

如同任何一个生物的生存都离不开环境一样,任何一个企业的生存和发展都离不开一定的社会经济环境;正像船员在航行前要收集有关风速、潮汐和水流的资料一样,营销人员在从事营销活动前,也必须了解市场营销环境。企业所处的市场营销环境是一把"双刃剑",一方面为企业的发展带来了机遇,另一方面也为企业的发展带来风险与威胁。营销者必须是环境变化趋势的跟随者和市场机会的寻找者,用专业的方法(营销情报和市场调研)来收集营销环境信息,通过仔细的研究,营销者可以调整企业战略来满足新的市场挑战,抓住机会。

2.1.1 市场营销环境的含义

名人名言：
　　站在互联网时代的风口,猪都能飞起来,但是猪没有长翅膀,风停的时候,掉下来摔死的还是猪。

　　　　　　　　　　　　　　　　　　　　　　　　　　——马云

　　我战胜了所有对手,却输给了时代!

　　　　　　　　　　　　　　　　　　　　　——大润发创始人黄明端

　　菲利普·科特勒指出:"市场营销环境就是影响企业的市场和营销活动的不可控制的参与者和影响力。"企业的市场营销环境是指影响企业市场营销活动和目标实现的各种因素和条件的总和。

　　市场营销环境包括宏观市场营销环境(Macro-environment)和微观市场营销环境(Micro-environment)。微观环境是与公司有密切关系,能影响公司为消费者提供服务能力的组织与个人,包括公司本身、供应商、中间商、顾客、竞争对手和公众。宏观环境是影响微观环境的更大的社会力量,包括人口、经济、自然、技术、政治和文化力量(见图2-1)。

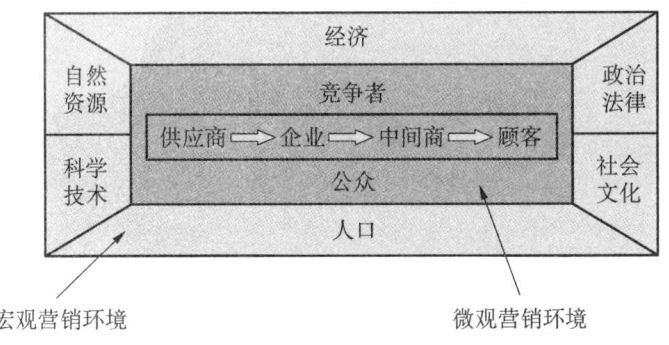

图 2-1　市场营销环境构成

　　任何一个企业都是在不断变化的整体经营环境中运行的,都是在与其他组织、目标顾客和社会公众的相互协作、竞争、服务和监督中开展市场营销活动的。只有全面、正确地认识市场营销环境,监测、把握各种环境力量的变化,才能审时度势、趋利避害地开展营销活动。因此,企业要全面、深入、及时、准确地了解和把握市场营销环境的现状、特点和发展方向,把握好营销环境发展变化的趋势,在市场中占据有利地位。

2.1.2 市场营销环境的特征

　　企业市场营销环境包含的内容既广泛又复杂,同时,各因素之间又存在着交叉作用,是一个多因素、多层次而且不断变化的综合体。它具有如下特征。

1. 客观性

　　企业总是在特定的社会经济和其他外界环境条件下生存、发展。这种环境并不以营销者的意志为转移,具有强制性与客观性的特点,也就是说,企业营销管理者虽然能分析认识营销环境,但无法摆脱环境的约束,也无法控制营销环境。企业不可能改变人口总量,也不能改变社会文化,企业在客观的环境面前,只能研究它,适应它。

2. 相关性

市场营销环境是由一系列相互关联的因素构成,各种影响因素之间相互依存、相互作用和相互制约,而不是彼此独立的。当环境系统中某一种因素发生变化时,通常会导致其他因素也发生变化。例如,价格不但受市场供求关系的影响,而且还受到科技进步及财政政策的影响。市场营销环境各因素之间存在矛盾,比如不利环境与有利环境、短期环境与长期环境、宏观环境与微观环境等交织在一起,相互影响制约。

3. 变动性

市场营销环境在不断地发生变化,只是变化有快慢大小之分。例如,科技、经济等因素变化相对大而快,对企业营销活动的影响相对短且跳跃性大;而人口、社会文化、自然因素等变化相对小而慢,对企业营销的影响相对长而稳定。从总体上说,变化的速度呈加快趋势。因此,企业的营销活动必须适应环境的变化,不断调整自己的营销策略。

4. 差异性

市场营销环境的差异性不仅表现在不同企业受环境影响的结果不同,而且同样一种环境因素的变化对不同企业的影响也不尽相同。例如,不同的国家、民族、地区之间在人口、经济、社会文化、政治、法律、自然地理等各方面存在着广泛的差异性,这些差异性对企业营销活动的影响显然是很不相同的,企业必须采用各有特点和针对性的营销策略与方法。

 视频链接: 马云演讲:你的眼光有多大,就做多大生意

2.2　宏观市场营销环境分析

宏观环境是指能够影响整个微观环境的广泛社会性因素,包括人口环境、经济环境、自然环境、科学技术环境、政治法律环境、社会文化环境等,这些因素不仅会直接影响企业的营销活动,还直接对企业营销环境中的微观环境因素产生影响,从而影响企业的市场营销活动,对其产生限制和促进作用。

知识链接

PEST 分析法

PEST 分析是指宏观环境的分析,P 是政治(Politics),E 是经济(Economy),S 是社会(Society),T 是技术(Technology)。在分析一个企业集团所处的背景的时候,通常是通过这四个因素来分析企业集团所面临的状况。

进行 PEST 分析需要掌握大量的、充分的相关研究资料,并且对所分析的企业有着深刻的认识,否则,此种分析很难进行下去。经济方面主要内容有经济发展水平、规模、增长率、政府收支、通货膨胀率等。政治方面有政治制度、政府政策、国家的产业政策、相关法律及法规等。社会方面有人口、价值观念、道德水平等。技术方面有高新技术、工艺技术和基础研究的突破性进展。

2.2.1 人口环境

人口是构成市场的第一因素,市场是由那些想购买商品同时又具有购买力的人构成的,因此人口的多少直接决定市场的潜在容量,人口越多,市场规模越大。人口的年龄结构、地理分布、婚姻状况、出生率、死亡率、人口密度、人口流动性及其文化教育程度等特性,会对市场格局产生深刻影响,并直接影响企业的市场营销活动和企业的经营管理。企业必须重视对人口环境的研究,密切注意人口特性及其发展动向,不失时机地抓住市场机会。当出现威胁时,应及时、果断调整营销策略以适应人口环境的变化。

1. 人口数量与增长速度对企业营销的影响

世界人口正呈现出"爆炸性"的增长。1991年世界人口为54亿,2000年为60多亿,2010年则为近70亿。估计世界人口还将以每年8 000万～9 000万的速度增长,其中80%的人口属于发展中国家。2020年1月17日,国家统计局发布数据显示,2019年年末,中国大陆总人口(包括31个省、自治区、直辖市和中国人民解放军现役军人,不包括香港、澳门特别行政区和台湾省以及海外华侨人数)140 005万人,比上年年末增加467万人。众多的人口及人口的进一步增长,给企业带来了市场机会,也带来了威胁。

(1) 人口数量是决定市场规模的一个基本要素,人口越多,如果收入水平不变,则对食物、衣着、日用品的需要量也越多,那么市场也就越大。因此,按人口数目可大略推算出市场规模。我国人口众多,无疑是一个巨大的市场。

(2) 人口的迅速增长促进了市场规模的扩大。因为人口增加,其消费需求也会迅速增加,那么市场的潜力也就会很大。世界上大多数人口集中在低收入国家和中等收入国家,这个比例大约为80%,而高收入发达国家人口约占20%。10多年来,世界人口以平均高于1.5%的速度增长。我国过去长期实行计划生育政策,人口增长率大大低于世界的平均增长率,基于人口结构的失衡,2015年10月,我国实行"全面二孩"政策。

 头脑风暴:"二胎政策"将会对市场带来哪些影响?

假如中国每个人一年只喝一罐雪碧,那么一年就将有14亿罐雪碧的需求。但需要我们注意的是:人口爆炸性增加"吃掉了"一国的经济增长,制约着经济发展,破坏着生态环境;如果不能够充分就业,就无法满足基本的生存需要,可能导致"饥寒生盗贼",影响社会治安状况,进而会带来一系列社会问题,制约着国家的经济发展和社会和谐。

2. 人口结构对企业营销的影响

人口结构主要包括人口的年龄结构、性别结构、家庭结构、社会结构以及民族结构。

(1) 年龄结构。

人口年龄结构是市场需求结构的重要影响因素,不同年龄阶段的消费者在可支配收入水平、消费偏好、支出方向、消费心理、购买行为特征等方面有很大的差别,因而年龄往往是企业细分市场的主要依据。

进入 21 世纪后同世界整体趋势相仿,我国出现了人口老龄化现象,而且人口老龄化速度将大大高于西方发达国家。这种趋势反映到市场上,将使老年人的需求呈现高峰,诸如保健用品、营养品、老年人生活必需品等市场将会兴旺。

思维拓展

"银发经济"成为中国经济新机遇

2017 年中国 60 岁以上人口共计 2.4 亿人,占总人口的 17.33%。按照中国国务院起草的人口发展规划,预计到 2030 年老年人将占 1/4 人口。根据 2012 年"21 世纪人口老龄化:成就与挑战"研讨会的预测,到 2053 年,中国老年人口将增至 4.87 亿人。这意味着到 21 世纪中叶,老年人将占 1/3 人口。

患有老年慢性病的老年人也相应增多,这令康复辅助设备、医药品和智能老年护理服务的需求上升。

随着现代经济越来越数字化,越来越多的老年人开始学习使用新技术,尤其是在线支付。老年人使用最多的是在线支付、在线翻译和自动付款。

根据中国老年大学协会的数据,截至 2017 年 10 月,中国约有 6 万所老年学校,其中有 700 多万名在校学员。为满足老年人日益增长的教育需求,中国在这方面展开了大量工作。按照 2016—2020 年老年教育发展规划,到 2020 年县级以上城市至少要有一所老年大学,50% 的乡镇建有老年学校,30% 的行政村(居委会)建有老年学习点。

目前面向老年人的现代化服务业无法完全满足不断增长的需求。同时供给不平衡也造成问题。近些年的经济结构优化和中国政府实行的优惠政策推动银发经济行业企业迅速发展。银发市场潜力巨大,可为相关各行业打开广阔的商机。

一些行业的机遇显而易见。医药需求将持续增长,而且也可能出现新利基。老年产业投资者已成规模,他们将资金投入为老年消费者提供产品、服务和技术的公司。

现在有强大的商业理由进军银发市场:它已足够大且需求不断增长,而目前有限的竞争令新参与者有机会在市场上站稳脚跟。

随着老年人口数量增加,其具体消费需求也将提高。2014 年中国国内老年服务与产品市场估值 6 520 亿美元(1 美元约合 6.71 元人民币),约占国内生产总值的 8%。根据中国老龄产业发展报告称,到 2050 年该市场估值占比将升至 33%。对服务老年人的企业而言,中国将成为最大市场。该行业将在四大方向上发展:老龄用品(如康复设备)、老龄服务(如家庭护理)、老龄房地产(如养老社区)和老龄金融。向退休人员提供金融产品与服务的公司将成最大受益者。

(资料来源:https://baijiahao.baidu.com/s?id=16277713072282464506&wfr=spider&for=pc.)

(2) 性别结构。

人口的性别不同,其市场需求也有明显的差异。据调查,0~62 岁年龄组内男性略大女性,其中 37~53 岁的年龄组内,男性约大于女性 10%,但到 73 岁以上,女性约多于男性 20%。反映到市场上就会出现男性用品市场和女性用品市场,如我国市场上,妇女通常购买自己的用品、杂货、衣服,男子购买大件物品等。

(3) 家庭结构。

家庭是购买、消费的基本单位。家庭的数量直接影响到某些商品的数量。目前,世界上普遍呈现家庭规模缩小的趋势,越是经济发达地区,家庭规模就越小。欧美国家的家庭规模基本上户均3人左右,亚非拉等发展中国家户均5人左右。在我国,"四代同堂"现象已不多见,小家庭则很普遍,并逐步由城市向乡镇发展。家庭数量的剧增必然会使得炊具、家具、家用电器和住房等需求迅速增长。

(4) 社会结构。

人口社会结构指标,包括城乡结构、民族职业、受教育程度、收入水平等,他们也是影响消费者决策的现实因素。不同民族有不同的需求、生活习惯和购买行为;人们做出消费决策时,往往会考虑职业因素,比如教师着装一般要求端庄大方,不主张浓妆艳抹、奇装异服;消费者的受教育程度决定了其审美观和价值判断的不同。消费者对信息对称的要求,对维护自身价值的要求,对消费品位的要求,对流行趋势的把握,对商家促销活动的回应都表现出较大的差异,至于收入水平则更为直接地影响着消费需求。

2018年年底我国城镇人口已达60%,农村人口占40%。过去30年,中国出现了人类历史上前所未有的城镇化。城镇居民对服务业的需求将日渐旺盛,对消费品企业而言,在大力推进现代商业零售网络进入城镇、发展新型消费品产业,提升服务品质等方面都有重大发展机遇。金融、咨询和物流等商业服务将随着工业的发展而加速成长。随着家庭需求的增加,创意产业,如教育、文化和娱乐业,也蕴藏着无穷潜力。城镇消费者的关键购买因素和媒体有效性与大城市的消费者不同。例如,城镇消费者在购买洗衣粉时,价格、店内促销和店内广告对他们的影响更大。企业应摒弃"一刀切"的商业策略,对不同城市采取差异化的营销和经营模式。只有了解消费者,才能设计出行之有效的营销策略。

人口的受教育程度与职业不同,对市场需求表现出不同的倾向,随着高等教育普及,人口的受教育程度普遍提高,收入水平也逐渐增加,企业应关注人们对书籍、信息、通信、手机、计算机这类商品的需求变化,注重社交媒体营销。

(5) 民族结构。

我国共有50多个民族。民族不同,其生活习性、文化传统也不相同。这反映到市场上,就是各民族的市场需求存在着很大的差异。因此,企业营销者要注意民族市场的营销,重视开发适合各民族特性的商品。

3. 人口的地理分布及区间流动对企业营销的影响

地理分布指人口在不同地区的密集程度。由于自然地理条件以及经济发展程度等多方面因素的影响,人口的分布绝不会是均匀的。从我国来看,人口主要集中在东南沿海一带,人口密度逐渐由东南向西北递减。另外,城市的人口比较集中,尤其是大城市人口密度很大,在我国就有上海、北京、重庆等10个城市的人口超过1 000万人,而农村人口则相对分散。人口的这种地理分布表现在市场上,就是人口的集中程度不同,则市场大小不同;消费习惯不同,则市场需求特性不同。例如,南方人以大米为主食,北方人以面粉为主食,苏浙沪沿海一带的人喜甜食,而川湘鄂一带的人则喜辣。随着经济的活跃和发展,人口的区域流动性也越来越大。在发达国家除了国家之间、地区之间、城市之间的人口流动外,还有一个突出的现象就是城市人口向农村流动。在我国,人口的流动主要表现在农村人口向城市流动;

内地人口向沿海经济开放地区流动。另外,经商、观光旅游、学习等使得人口流动加速。对于人口流入较多的地方而言,一方面由于劳动力增多,就业问题突出,从而加剧行业竞争;另一方面,人口增多也使当地基本需求量增加,消费结构也发生一定的变化,继而给当地企业带来较多的市场份额和营销机会。

2.2.2 经济环境

经济环境是指影响消费者购买力和支付方式的因素。市场规模的大小取决于消费者购买力的大小,因此,经济因素运行状况及发展趋势会直接或间接地对企业营销活动产生重要影响。

1. 经济发展状况

经济因素可以对顾客的消费和购买行为产生重大影响,比如在过去相当一段时间内,美国消费者在收入增长、股票一片繁荣、房价迅速增长以及其他经济形势也大好的情况下,十分自由地消费,他们不假思索地买了又买,负债水平不断提升,然而到了2008—2009年经济大萧条的时候,那段时间的自由消费和高预期水平都被打破了。

(1) 经济发展阶段。美国学者罗斯顿的经济成长阶段理论,把世界各国经济发展归纳为五种类型:传统经济社会;经济起飞前的准备阶段;经济起飞阶段;迈向经济成熟阶段;大量消费阶段。

(2) 经济形势。经济形势如何,直接影响企业的经营。经济繁荣时期,由于国民收入的增加也是消费增长和促进消费升级的时期;经济衰退时期,由于消费者改变了开支方式,奢侈品的销路大幅度下降,而必需品的销路却在上升;在严重危机时期,出现百业萧条情况。

2. 消费者收入

消费者收入是指消费者个人从各种来源所得的货币收入,通常包括个人工资、奖金、退休金、其他劳动收入、红利、租金、馈赠等。消费者的购买力来自消费者收入,所以消费者收入是影响社会购买力、市场规模大小以及消费者支出多少和支出模式的一个重要的因素。

(1) 国民收入。

国民收入指一个国家物质生产部门的劳动者在一定时期内所创造价值的总和。人均国民收入等于一年国民收入总额除以总人口,大体上反映一个国家的经济发展水平。一般来说,人均收入增长,人们对消费品的需求和购买力就会增大,反之就会缩小。

(2) 个人收入。

个人收入指个人在一定时期内通过各种来源所获得收入的总和,包括薪资、租金收入、股利股息、社会福利收入、失业救济金、保险等。个人收入大体上反映了市场购买力水平。

(3) 个人可支配收入。

个人可支配收入指个人收入中扣除各种税款(所得税等)和非税性负担(如工会会费、养老保险、医疗保险等)后的余额。它是消费者个人可以用于消费或储蓄的部分,个人可支配收入形成了实际的购买力。

(4) 个人可任意支配收入。

个人可任意支配收入指可支配的个人收入减去消费者用于购买生活必需品的固定支出(如房租、保险费、分期付款、抵押借款)所剩下的那部分个人收入。个人可任意支配收入是影响市场消费需求最活跃的因素,它通常对高档品、奢侈品的需求影响比较大。

思维拓展

人均GDP突破1万美元意味着什么？

3. 消费支出(消费结构)

消费结构是指个人或家庭在消费过程中人们所消耗的各种消费资料(包括劳务)的构成，或者说是各种消费支出占总支出中的比例关系。随着消费者收入的变化，消费者的支出模式就会发生相应的变化，从而一个国家或地区的消费结构也会发生变化。

德国统计学家恩斯特·恩格尔通过研究发现一个国家的收入越少，其总支出中用于购买食物的比例就越大，而随着家庭收入的增加，用于购买食物的支出占总支出的比例会下降，用于教育、卫生、娱乐等方面支出的比例会上升。这一结论被称为恩格尔定律，而食品支出占家庭支出总额的比例称为恩格尔系数。恩格尔系数是衡量一个国家，一个地区，一个城市，一个家庭，生活水平高低的标准，反映了人们收入增加时支出变化趋势的一般规律，说明消费者收入变化，直接影响着消费者支出模式的变化。恩格尔系数与贫富标准如表2-1所示。

表2-1 恩格尔系数与贫富标准

恩格尔系数	50%以上	50%～59%	40%～50%	30%～40%	30%以下
贫富标准	绝对贫困	勉强度日	小康水平	富裕	最富裕

影响消费者支出方式的因素，除了消费者收入水平外，主要还有以下几个方面：

(1) 家庭所处的生命周期阶段。比如，家庭中有无孩子或孩子处在不同的年龄段上都会带来家庭支出结构上的差异。

(2) 家庭所在地及消费品生产供应状况。比如，居住在农村与城市或居住在城市的不同地段内，在住宅、交通及食品上的支出情况也会有较大差异。

(3) 城市化水平、商品化水平、劳务社会化水平、食物价格指数与消费品价格指数变动是否一致等，也都是影响消费者支出模式和消费结构的重要因素。

优化消费结构是优化的产业结构和产品结构的客观依据，也是企业开展营销活动的基本立足点。从统计数字来看，2016年全国居民人均消费支出中食品烟酒占30.1%，居住占21.9%，交通通信占13.7%，教育文化娱乐占11.2%，医疗保健占7.6%，衣着占7%，生活用品及服务占6.1%，其他占2.4%。调查显示，子女教育费用、养老支出、住房消费支出在总支出中所占比重不断上升，企业要重视这些变化，尤其应掌握已进入的目标市场中支出模式、消费结构的情况，提供适销对路的产品和劳务，以满足消费者不断变化的需求。

4. 消费者的储蓄与信贷

(1) 储蓄。储蓄是指人们将一部分可任意支配收入存储待用，包括银行存款、债券、股票、保险、不动产等。较高的储蓄率会推迟现实的消费支出。当收入一定时，储蓄越多，现实消费量就越小，但潜在消费量越大；反之，储蓄越少，现实消费量就越大，但潜在消费量越小。

(2) 信贷。信贷主要是指消费者信贷，是金融或其他商业机构向有一定支付能力的消费者通融资金的行为。消费者信贷使消费者可以先凭信用取得商品使用权，然后再按约定期限归还贷款。一般来说，消费者信贷主要有短期赊销(日常用品)、分期付款(住宅、汽车及其他高档耐用品)和消费贷款(信用卡)等。

除了上述因素直接影响企业的市场营销活动外,还有一些经济环境因素也对企业的营销活动产生或多或少的影响,这些因素主要有经济发展水平、经济体制、地区与行业发展状况、城市化程度等。

2.2.3 自然环境

企业营销的自然环境,是指影响企业生产和经营的物质因素。任何企业的生产经营都离不开自然环境,企业的生产需要原材料、能源和水等自然资源,企业的经营活动也会对自然环境造成影响。自然环境是企业赖以生存的基本环境,既影响企业经营活动,也影响一个国家的经济结构和发展水平。目前自然环境变化主要有以下三个方面。

1. 自然资源短缺

自然资源可以分为再生资源、可更新资源和不可再生资源等三大类,如阳光就属于可再生资源,而水源、土地则属于可更新资源。第三类为不能更新的资源,如石油、煤、铁等各种矿产资源,尤其是矿产、能源、粮食、木材和淡水资源将会在不久的将来面临全面的资源危机。特别是近年来由于各种资源的供不应求,造成了资源的过度开发。例如,石油的价格一路上涨,企业面临着要寻找替代品的压力,在这种情况下,压力就转变成了企业的动力,也给某些企业造就了新的市场机会。

2. 环境污染严重

随着工业化和城市化的发展,环境污染程度日益加剧。例如,工业生产中的"工业三废"(废渣、废水、废气)及塑料包装物所形成的白色污染已经对水源、空气、土壤形成了严重的威胁。自20世纪60年代起,人们越来越关注工业发展对自然环境的影响,"地球只有一个"的呼声越来越高,那么,环保意识便走进了千家万户。

因工业发展对自然环境产生影响,政府部门也把治理环境污染问题摆到议事的日程上,加强立法与监督。这样一来,一方面限制了某些企业的发展,而另一方面为治理污染的技术和设备提供了大市场。同时,为不破坏生态环境的新的生产技术和包装方法创造了营销机会,还给那些研究"绿色环保"的企业提供了无限的商机。例如,肯德基的吸管是随意取用的,环境人员建议消费者尽量少地去使用。因为如果能减少10%的使用量,一年内我国就能减少500吨废塑料的产生。

3. 政府干预加强

资源短缺与环境污染加剧了政府对自然资源的干预与管理的强度,但是干预与管理自然环境通常与企业的经济效益发生矛盾。例如,为了控制污染,政府往往要求企业购买相应的控制污染的设备,这可能对企业未来的效益产生影响。因此,企业的管理者应统筹兼顾,在控制污染与保护环境当中找到一个平衡点,从而确保企业的社会效益与经济效益的统一。

2.2.4 科学技术环境

科学技术是第一生产力。企业的最高管理层要密切注意其技术环境的发展变化,了解科学技术环境的发展变化对企业市场营销的影响,以便及时采取适当的措施。

1. 新技术革命是一种"创造性的毁灭力量",科学技术带动了供给的变化

新技术革命引起经济产业结构的变化,为某些企业提供了新的机会,也给一些企业形成了威胁;新的科学技术造就了一些新的行业,新的市场,同时又使一些旧的行业与市场走向衰落。科学技术的发明和应用,如太阳能、核能等技术的发明应用,使得传统的水力和火力发电受到一定的冲击。太阳能、核能行业的兴起,必然给掌握这些技术的企业带来新的机会,又给水力、火力发电行业带来较大的威胁。

知识链接

工业 4.0 下的产品发展趋势

(1) 新技术产品。

产品技术决定了企业能向顾客提供什么产品。以蒸汽机的使用为标志的第一次工业革命主要提供能够降低人类体力消耗的产品,延长了人类的四肢,开创了以机器代替手工劳动的时代;以电的使用为代表的第二次工业革命为人类带来了各种前所未闻、眼花缭乱的众多产品,电话、电灯、电影使人类生活变得丰富多彩,内燃机驱动的汽车、远洋轮船、飞机,进一步提高了生产力,也使世界开始了融合的历程;以信息技术的发展为代表的第三次技术革命为产品插上了智能的翅膀,部分代替了人类的脑力劳动,产品已经超越人们的想象,走到了需求前面。那么,工业 4.0 是什么,它又将向人类提供什么?我们的生活将发生何种变化?这是营销者必须面对和回答的问题。

(2) 产品生命周期与产品更新。

产品生命周期就是一种产品从投入市场到退出市场的过程,也就是产品更新换代的频率和速度。工业革命以来,在产品日益丰富的同时,更新频率也越来越快,产品生命周期完美展现了工业产品更新换代的规律。今天,技术创新层出不穷,产品的生命周期日趋缩短。谁能把准技术发展脉搏、领先一步,把握产品生命周期的新形态,谁就能取得竞争优势,超越原来的市场领导者。

(3) 生产批量与个性化。

生产批量是指一次投入或产出同一产品或零件的数目。生产批量越小,需求的个性化满足程度越高,反之越低。手工业是一种单件生产,以生产效率低下和价格昂贵为代价。现代工业在标准化、通用化和系列化原则下实现了大批量生产,生产效率大规模提高、生产成本大幅度下降,大量昔日的奢侈品由此走入寻常百姓家,但也以个性化的丧失为代价。现代柔性制造技术综合单件生产和批量生产的优势,在低成本的前提下实现小批量生产,既相对满足顾客的个性化需求,又将费用控制在顾客能够承受的范围内。结合现代流通技术,小批量产品在全球市场的销售,则可以更有效地实现在各区域市场上的顾客的个性化。

2. 科学技术带动了营销技术的变革

(1) 物流技术。

物流技术是指作用于产品实物流通的各种技术,即产品从制造商至最终用户过程中所涉及的仓储、装卸、运输和配送等技术。现代物流技术的发展主要体现在大规模、快速和小型化三个方面,最终规定了企业产品销售和原材料采购半径的逐步扩大乃至全球化。

船舶大型化、铁路货运重载化、卡车重型化和装载集装化、管道运输及相关的大型装卸技术构成了大规模物流的基础。在此基础上,矿物、木材、粮食、石油等大宗货物和机电产品的运输成本大幅度下降,产品的销售和原材料采购得以全球化。

高速公路、高速铁路、航空货运和冷鲜(冻)储存、冷鲜(冻)运输、直达班车(船)构筑了现代快速物流体系。借助这一快速体系,时尚产品、日用消耗品、蔬菜、水果和冷鲜产品等更新快、易腐烂的产品的销售半径得以有效扩展。

条码、射频、自动分拣技术、大型配送中心和轻运输系统实现了物流小型化。正是物流小型化化解了零星物品物流"最前一公里"和"最后一公里"的低效率瓶颈,才支撑起了消费品的网络购物,使传统实体零售店面临巨大的生存危机。

(2) 支付技术。

支付技术是指作用于产品流通过程中货款支付的各种技术,其最主要的表现是电子支付技术。现代支付技术已经超越买家付款、卖家收款的原始含义,而扩展至担保、理财等更多功能,既为交易的完成带来便利,也为顾客带来更多的利益。便利性除了表现在携带、支付、找零、核对、管理和安全等多个方面,还表现为实现了物流和资金的分离,进而提高了物流效率。利益则表现为理财功能带来的收益。

(3) 沟通技术。

沟通技术是指作用于公众、顾客和营销者之间的各种交流、谈判、传播和展示的各种技术,即促进各方相互了解的媒体制作技术。现代沟通技术的发展以互联网、数字化和传感技术为基础,以即时、互动和全景为特征,最终实现相互跟踪、分享和认知。

① 即时、互动、全景。

即时,从事件发生到信息播出,传统的信息媒介系统需要经过记者采编、编辑审稿、总编签发、印刷和发行或剪辑与播放等一系列环节,信息的发布是延时的。只有那些有计划的重大事件、活动,公众才能看到媒体直播。今天,当每个人都既是当事者、信息接收者,又是信息发布者时,信息的发布、接受和反馈都可以是即时的,所有突发事件或企业活动都可能在第一时间呈现给公众、顾客,企业也可以在第一时间了解到公众、顾客的反馈。

互动,区别于传统的广播、电视、报纸等媒介的单向发布,互联网是双向的,信息发布者和接收者可以实现即时互动,双方在互动过程中加深相互了解,减少信息不对称,甚至可以立刻转变为行动。

全景,不管何种广告形式,传统广告一次通常只能表达一个主题,传递一个产品的信息,其他都是背景。一个明显的矛盾是,没有情景的产品展示是单薄的,过于丰富的情景又会冲淡主题,于是我们看到了太多的局部,客厅一角的沙发、一只戴着钻戒的手、一堆五彩缤纷的洗涤用品……失去了全部应用情景的衬托,顾客怎能确定整体是否协调。互联网技术使全景展示成为可能,从全景到局部,到详细信息,再到下单只是滑动手指。

应用案例

芒果"灵犀":即看即买即玩

2015年4月25日,《花儿与少年》第二季在万众期待中开播,芒果TV借力全网独播正式推出全新广告产品"灵犀"。这款可以高度融合节目内容与广告内容的个性化产品,能将动态呈现、静态展示、跨屏互动、电商导流等丰富的

广告形式植入节目视频本身,最大化完成商品与节目的内容捆绑,真正为客户实现360度全景立体营销,提升品牌回报。

通过芒果TV"灵犀"产品的服务,品牌可以精细地把握广告投放目标时间,在画面对应内容区域精准打点提示品牌信息;用户看到提示后可触发多种形态广告推送——触发节目嘉宾信息身上的提示点,可以看到嘉宾的代言信息与相关视频内容,或得到明星同款商品推荐,直达购买页面;触发某个景区的提示点,可以看到该景点详细介绍并进入旅游订购页面;触发某个行驶工具上的提示点,可以看到该座驾TVC广告并扫描二维码参与更多互动……精准结合、精细呈现,"灵犀"让传统扁平化的广告形式变得立体丰富,品牌可以根据自身传播需求设置不同广告形态植入视频内容本身,真正完成品牌与内容的无缝对接,实现内容即广告、内容即互动、内容即电商、内容即渠道。

(资料来源:http://finance.china.com/fin/kj/201504/24/4708980.Html.)

② 分享、跟踪、认知。

人们总是乐意和朋友分享自己的经历、快乐和经验,一段好的文字、一次有趣的经历、一次成功的或失败的消费等都可以是分享的对象。分享的奥秘是使快乐加倍,使痛苦减轻。各种社会化媒体的分享功能可以将信息瞬间传播到各个角落——刷屏,使得消费者获得了从来没有过的发言权和影响力,构成了对卖家的强大约束。企业从来没有面对过拥有公众影响力的消费者,顾客评价从来没有让企业像现在这样又爱又恨。市场正变得越来越透明,信息走向对称,竞争更加有序。

分享的另一含义是资源分享,不管是企业还是个人都有许多在某些时候闲置的资源,也正好有人需要这些资源,当这些资源的供应和需求在互联网的适当平台上得到整合的时候,闲置资源就可以发挥其效益。

全球定位技术让我们知道顾客当前身在何处,运动手环让我们知道顾客的运动状态。今后,相信更多的穿戴设备、大数据会报告更多的顾客状态数据。届时,当顾客疲惫的时候推荐附近的咖啡店,当顾客准备停车的时候报告附近有空位的停车场,当顾客在餐厅坐下时推荐他偏爱的、又回避了重复的菜肴……至于本来就是周期性的事件及消费,则更可以非常精确地进行推荐,精确营销不再是神话。

物联网技术让我们可以跟踪购买的产品,计算它们现在离自己还有多远,什么时候收货不再是难题;追溯产品的产地,甚至生产过程,从而产品生产得到有效监督,品质得到有效保障。

在互动、分享和跟踪的基础上,企业和顾客可以实现全面的相互认知。如果说跟踪是后觉,认知则是先知,企业先于顾客自己了解他的需求,进而开发他的需求,在第一时间满足他的需求。毫无疑问,在供给越来越充分、闲置资源越来越多的情况下,今后的竞争是领先需求的竞争,谁能领先需求,谁就能取得竞争优势。

跟踪、认知的背后是日益严重的隐私泄密,这一问题不能得到有效解决,技术的发展就只是提供了可能性,人们的防范将足以扼杀这一切。

3. 新技术与新营销

技术的进步与发展影响并改变着竞争规则,特别是在后互联网时代的信息革命浪潮下,新技术对市场竞争的影响更加显著,改写了竞争规则,主要表现在以下几个方面:

(1) 快速化。信息技术与管理相结合的本质是实现高效率、自动化的流程管理,以信息流动代替物质和能量的流动,也就是通过信息技术实现业务流程的优化,从而降低内耗,提高效率。信息技术快速发展使市场活动以"光速"运行,企业的品牌、产品、交易等信息可以即时同步传递至全球各个角落,这就要求营销者必须对这种市场变化做出即时反应,速度成为信息时代企业的一项重要竞争战略。信息技术的使用已然成为获取竞争优势的主要手段,信息技术利用得越好、信息化程度越高,企业的竞争力也就越强。

(2) 赢者通吃。随着信息技术的迅猛发展,地域的局限性逐渐被淡化,互联网能够即时捕捉世界任何角落的讯息,并以光速传至世界各地。于是,人们的眼界迅速扩大,开始关注全球,追捧世界之最。"赢者通吃"的英文表达为"Winner-take-all",向我们诠释了"胜者豪揽一切,败者一蹶不振"的规律。在这一规律下,任何企业想要生存下去,就必须使自己成为某一方面的第一。传统市场营销的定位理论在这里得到最深刻的反映,没有特色将注定走向失败。与"赢者通吃"相伴的另一现象是赢者与非赢者之间的收入差距越来越大。

(3) 低门槛。在互联网环境下,"平台""众筹""分享"等新模式使中小型企业无须建立庞大的商业体系,无须投入巨额的广告费用,无须雇用众多的销售人员,就可以加入国际大市场中参与市场竞争,从以往被大企业所垄断的市场中"分一杯羹"。但是,按赢者通吃的规律,这种"低门槛"下的"分一杯羹"又能持续多久呢?

(4) 眼球经济。在现代强大媒体的推动之下,注意力比以往任何时候都显得更重要。人们每天接触到海量的信息,并且这些信息的传递又可以超越时空的限制,这就造成了注意力这种有限的主观资源与相对无限的信息资源之间的矛盾。随着这种矛盾日趋激化,注意力也作为稀缺资源促成了"眼球经济"的产生。在现代社会中,谁能吸引大众眼球,谁就能赢得竞争优势。

2.2.5 政治法律环境

在市场经济条件下,市场是配置资源和调节经济的主要手段,企业是市场经济活动的主体。但市场存在失灵现象,要求政府运用法律、政策和行政等手段加以调节,这就构成了市场的政治法律环境。政治和法律主要(用于)指引组织和利益集团进行规范竞争,这体现了政府及社会对各种组织机构和公众行为的意志,它既规定了社会经济活动的基本运行规则;同时也指导着需求的价值取向,约束着资源的开发利用和产品的供给。例如,十八大首次明确提出"推进绿色发展、循环发展、低碳发展","建设美丽中国"的号召将生态文明纳入社会主义现代化总布局中,这就必然对企业所提供的产品、资源利用方式、竞争行为进行约束,鼓励降耗、减排、生态平衡等。同时,引导普通百姓需求向节能、环保的良性方向发展。政治和法律环境主要通过明确规范准则,政策引导以及一些具体参与行为发挥作用。

1. 政治环境

政治环境主要是指企业所面临的外部政治形势。企业总是在一定社会形态和政治体制中活动的,因此经营活动就必须关注国内、国际的政治环境、政治制度、政党制度、党和国家的方针政策和国际政治局势、国际关系等。因此,经营者应顺应时代发展潮流,根据相关的变化做出适时的策略改变,提高企业的竞争力。

(1) 政治体制。

企业要在一个国家一个地区顺利地开展市场营销活动,必须尊重和拥护这个国家或地区的政治体制,争取执政党和政府的支持。在国际市场营销中,企业要进驻目标国的市场,首先就是要取得目标国执政党和政府的认可和支持。不同国家和地区的社会制度和政治体制存在差异,政党和政府之间的权力关系、政府的机构设置和职责权力范围也存在差别,这是营销者必须高度关注的。

(2) 政治局势。

政治局势是国际或国内政治局面的态势与走势。一个国家的政局稳定与否会给企业营销活动带来重大的影响。政局稳定是社会和经济稳定、企业发展与人民安居乐业的基础,在政局稳定的环境中,企业营销就会有很好的发展空间。相反,政局不稳、社会矛盾尖锐、秩序混乱,不仅在客观上会造成人们购买力的下降,在主观上人们的消费心理也会发生变化,非常不利于企业开展市场营销。

(3) 政策引导。

政策引导是指国家通过各种利益引导组织和个人活动,使之转向或放弃政府所倡导或反对的产业方向或行为方式、需求或消费行为。和法律不同,政策一般不具有强制性和长期性,组织和个人可以自由选择是否接受。例如,政府对电动汽车的补贴、购置税的减免,甚至过路过桥费、停车费的减免等,既鼓励企业研发电动汽车,也鼓励个人购买电动汽车,以此促进电动汽车的发展,减少环境污染和对石油的依赖。峰谷电价的实施,有利于实现用电的削峰填谷,既有利于电力安全平稳运行,也有利于节约资源。

企业应积极主动把握政策走向,为充分利用政策优势提前创造条件。例如,借势国家的"一带一路"倡议,适时进行战略转型、产业升级,开拓海外市场。

知识链接

跟着"一带一路"走向世界

(4) 政府参与。

政府参与是指政府直接参与某些经济活动,这通常发生在公共领域或某些天然垄断性领域,另一常见的政府参与领域是重大科技创新活动。政府参与公共领域是为了避免公共产品悲剧,即只有人使用公共产品而没有人提供和维护公共产品。参与天然垄断领域是为了避免垄断扭曲社会经济活动,价格信号失灵和阻碍技术创新。参与重大科技创新活动是为了降低企业的创新风险,或指引产业发展方向。

政府参与有多种形式。天然垄断行业一般是采取国有企业的形式,如电网、自来水、城市公共交通等领域。公共基础设施领域则由政府直接规划并组织实施,企业只是参与建设和维护。在这些领域,企业经营风险小,业务量稳定,企业应将重心放在提高产品品质和安全上,营销则要注意传播良好的企业形象,而不应过多地以攫取利润为目标。

在重大科技创新方面,政府通常采取资助、孵化等参与形式。企业在借助政府支持的基础上,要着力把准市场脉搏,提高创新能力和商业化能力,向市场提供安全可靠、适销对路的创新性产品,而不能将政府资助当成利润。

应用案例

借势政府支持,比亚迪顺势而上

比亚迪创立于1995年,并于2002年在中国香港上市,目前主要拥有IT、汽车两大产业。

在电动汽车领域,比亚迪具有全球领先的电池技术优势和整车生产平台。

中央政府为降低污染问题,致力推动电动车普及,包括推出新能源汽车补贴,环保汽车龙头比亚迪可说是行业中最受惠的企业。中国内地在2009年开始新能源汽车的试点工作,除了插电式混合动力乘用车及纯电动乘用车每辆可获5万元及6万元人民币的补贴外,还有各地方的补贴项目,如上海市就由政府投资设立充电站等配套设施。

2012年5月,中国财政部进一步采取了一系列激励措施支持电动汽车及混合动力汽车的发展,要求各大城市对新能源车的车主提供停车费、电池充电费和公路费优惠,而且计划每年提供10亿到20亿元人民币的补贴。对于购买比亚迪e6电动多功能乘用车的车主来说,政府会提供12万元的补贴。2012年10月18日,工信部发布《关于组织开展新能源汽车产业技术创新工程的通知》,扶持新能源汽车的态度表露无遗。随后,上海、郑州等地方政府相继出台发展新能源汽车的地方法规,另外在新能源汽车产业发展规划中,中央设立了到2015年内地电动车累计销售要达到50万辆的目标计划。

(资料来源:比亚迪捍卫电动车 中国政府补贴新能源汽车,环球网,2012-05-30。)

2. 法律环境

企业必须懂得本国和有关国家的法律和法规要求,这样才能做好国内和国际市场营销管理工作,否则就会受到法律制裁。近几年来,为了健全加强法制,适应经济体制改革和对外开放的要求,我国陆续制定颁布了一些经济法律和法规,如《中华人民共和国产品质量法》《中华人民共和国食品卫生法》《中华人民共和国商标法》《中华人民共和国价格法》《中华人民共和国反不正当竞争法》《中华人民共和国广告法》《中华人民共和国消费者权益保护法》《中华人民共和国专利法》《中华人民共和国中小企业法》等。

2.2.6 社会文化环境

社会文化环境是指那些影响社会的基本价值观、观念、偏好和行为的风俗习惯、教育水平、语言文字等的总和。它主要由两部分组成:一是全体社会成员所共有的基本核心文化;二是随时间变化和外界因素影响而容易改变的社会次文化或亚文化。社会文化因素通过影响消费者思想和行为来影响企业的市场营销活动。在一国之内,人们的行为特征基本相同,比如中国的农历新年、美国和加拿大的感恩节等。当然,一国之内通常也包含着各种亚文化、族群、种族和阶级,其中有些超越了国家界限,比如佛教和印度教文化,对于东南亚的很多国家都产生了深远影响。

1. 教育水平

教育水平是指消费者受教育的程度。教育水平影响着消费者心理和消费结构,响着企业营销组织策略的选取,以及销售推广方式的采用。因此营销者应重视不同文化层次的消费者的消费习惯及接近媒体的习惯。

2. 语言文字

语言文字是人类交流的工具,它是文化的核心组成部分之一。语言文字的差异对企业的营销活动是有很大影响的。企业在开展市场营销时,应尽量了解所在国家、地区的文化背景,掌握其语言文字的差异,这样才能使营销活动顺利进行。例如,美国一家销售"Pet Milk"(皮特牛奶)的公司,在说法语的地区推销就遇到了麻烦,因为"Pet"在法语里有"放屁"

的意思,那么"Pet Milk"当然也就难以有好的销路了。

3. 价值观念

价值观念就是人们对社会生活中各种事物的态度、看法、评估标准。在不同的文化背景下,消费者的价值观念差异很大。消费者对商品的需求及其购买行为深受价值观念的影响。企业应针对消费者价值观念的不同,制定出不同的营销策略。

知识链接

送货上门的价值观念差异

美国的多米诺比萨饼公司强调送货系统的作用,并将它作为不同于其他馅饼公司的特色,但到了其他国家,事情远非如此简单。

在英国,顾客并不赞成送货员的"敲门"送货,认为这种做法太粗鲁。

在日本,由于门牌号码并不是有序编排的,因此上门送货意味着在一幢幢编号无序的楼房间寻找客户。

在科威特,人们更乐意送货员将比萨饼送到等货的轿车旁,而不愿意他们将比萨饼送到家门口。

在冰岛,许多家庭不装电话,多米诺公司与一家路边汽车电影院组建连锁店,从而开创将比萨饼销售给消费者的新渠道。那些渴望买到最大众化口味的驯鹿香肠饼的消费者采用最普通的方式——打汽车转向信号灯,影院老板就会奉上电话以供消费者电话订购比萨饼。

(资料来源:吴晓云.市场营销学.北京:高等教育出版社,2017.)

4. 宗教信仰

不同的宗教信仰有不同的文化倾向和戒律,从而影响人们认识事物的方式,价值观念和行为准则,影响着人们消费行为,并带来特征不同的市场需求。特别是在一些信仰宗教的国家和地区,宗教信仰对市场营销有更深远的影响力。

应用案例

宗教习惯与营销成败

日本精工表公司在伊斯兰教国家曾创下了大获全胜的奇迹。过去,该公司生产的精工牌手表虽然物美价廉,但由于国际竞争的激烈,在伊斯兰教国家的销售一直很难打开局面。怎么办呢?公司的营销管理者突然意识到他们面临的市场,乃是一个有着特殊宗教传统的市场,伊斯兰教信徒们无论在世界什么地方,每天都要朝着他们的圣地麦加方向向真主祷告。于是公司开发了一种具有独特功能的手表,即无论在世界什么地方,手表都能将当地时间转换为穆斯林时间,并能在应当祷告的时刻自动提醒戴手表的人,而且表上的一根"指南针"始终指着麦加的方向!这种手表一投放市场,立即获得了伊斯兰教徒们的青睐,而精工表公司也得到了它应该得到的一切。

(资料来源:吴晓云.市场营销学.北京:高等教育出版社,2017.)

5. 消费习俗

消费习惯是人们历代承传下来的消费方式,也是人们在长期经济活动与社会活动中逐渐形成的一种风俗习惯。它在饮食、服饰、居住、婚丧、节日、信仰、人际关系等方面都表现出独特的心理特征、伦理道德、行为方式和生活习惯。

例如，英国人周日不做生意，商店必须停业，因为他们认为星期天是宗教上的安息日。当然，风俗习惯也不是一成不变的，会相互影响。西方人崇尚的圣诞节，近年来在我国一些地区特别是大城市已经出现流行的趋势，在12月25日这一天过圣诞的年轻人越来越多。企业研究消费习俗，不但有利于组织好消费品的生产与销售，而且有利于正确、主动地引导健康的消费。

6. 审美观念

审美观通常是指人们对商品的好坏、美丑、善恶的评价。不同的国家、民族、宗教、阶层和个人往往会有不同的审美标准。从营销的角度来看，企业要了解不同国家和地区关于产品的颜色、线条、图案、标志与符号的偏好，并根据不同的偏好策划不同的产品设计、产品包装及广告宣传。

> **学以致用**
>
> **方便面市场回暖了！**
>
> 在经历2000—2011年"黄金十年"之后，从2013年开始中国方便面市场步入销量低潮。世界方便面协会的数据显示，中国方便面销量是从2013年开始下滑的，一路从2013年的462.2亿份跌至2016年的385.2亿份，相当于回到了2010年的销量水平。以国内方便面龙头企业康师傅控股和统一企业为例，两者业绩均从2014年起连续下滑。直到2017年，销量才开始略微回升1.17%。
>
> 不过，进入2018年以后，整个方便面市场销量出现明显回升。2019年7月，里斯咨询发布最新报告显示，2018年全球共消费了1 036亿份方便面，中国占到了38.85%，卖出约402.5亿份，排名全球第一，并且遥遥领先于排名第二、卖出125.5亿份的印度尼西亚。
>
> 方便面市场的回暖现象从两个行业龙头企业的业绩上也可以窥探一二。根据康师傅日前发布的2019年上半年财报，上半年，康师傅方便面业务收益达115.44亿元，同比增长3.68%，净利润同比上升31.24%至8.75亿元。而另一个行业巨头统一也同样迎来业绩的增长，2019年上半年，统一方便面业务收益为42.68亿元，较去年同期增长2.8%，其中"汤达人"增长明显，持续保持两位数增长。
>
> 时隔五年，国内方便面市场迎来回暖。
>
> **案例讨论：**
> 1. 分析2013—2016年方便面市场下滑的营销环境。
> 2. 方便面市场为什么会出现回暖？

2.3 微观市场营销环境分析

企业市场营销部门的工作任务在于创造和传播顾客价值并让顾客满意，然而企业市场营销部门仅靠自己的力量是不能完成这项任务的,其成功依赖于企业微观市场营销环境中各种力量和因素的影响程度,这些要素包括企业内部环境、供应商、营销中介、顾客、竞争者、公众等,在一定程度上,企业可以对其进行控制或施加影响。

2.3.1 企业内部环境

企业内部环境包括企业内部各部门的关系及协调配合。在现代市场导向下,营销固然是企业的一项十分重要的职能,但绝不能认为只有营销部门的人才从事营销工作。没有企业内部各方面的协调配合与支持,营销工作寸步难行。没有生产部门的支持,就不能按时按质发货;没有人事部门支持,关键的营销人才难以到位;没有财务部门的支持,如何进行有效的财务分析以选择最优规模,又如何获得营销活动所需资金……因此,营销的微观环境首先在于企业内部,理顺内部环境,处理好企业内部各部门、各人员的关系,争取有效的协调配合至关重要。

在实际工作中,这些部门与营销部门可能由于对企业最佳利益的看法不同、部门之间利益冲突甚至部门之间的偏见而引起矛盾。这就需要在决策层的统一领导下,树立全员市场营销观念、企业内部各部门之间通过有效协作与沟通,开展内部营销,使营销工作真正落到实处,共同服务于顾客,从而实现"顾客满意"。

2.3.2 供应商

供应商是指向企业或同类其他企业(竞争者)提供所需资源的企业和个人,其资源的供应能力直接影响企业的营销能力。供应商与企业的关系是一种相互协作的伙伴关系,供应商提供资源的价格、品种以及交货期,直接制约着公司产品的成本、利润、销售量及生产进度安排。供应商如果不能按期完成交货任务,从短期来看,企业将损失销售额,从长期看,则损害企业在顾客中的信誉。

为提高经济效益和市场竞争力,企业应该对供应商从多方面进行调查,重点调查其资源质量与价格,同时也要调查其资信状况以及运输、成本和风险等方面的情况,从中选择条件最好的作为自己的供应商。具体方法有:一是进行供应商等级分类。根据供应商的资源、实力、服务质量等方面综合状况,并结合资源供应的重要程度对供应商进行等级归类,根据类别确定协调原则,做到确保重点、兼顾一般。与重点供应商达成企业间的战略合作伙伴关系,与一般供应商形成一个较完整的资源供应体系。二是避免资源来源单一化。企业所需的资源不能过分依赖一家或少数几家供应商,要尽可能广开供应门路,通过招标采购与多家供应商建立供货关系,最大限度地降低因供应商的变化给企业正常经营带来的威胁。但在采用这一方法时,还要注意与一些主要的供应商保持长期良好的特殊关系。三是尝试"后向一体化"。即有实力的企业为了降低供应成本和风险,以便在竞争中取得优势,通过投资控股、参股或兼并重要的资源供应企业,以确保资源供应的稳定性、及时性。对于不可再生的或稀缺的资源供应,可采取此策略。

应用案例

华为公司为92家核心供应商颁奖

2018年11月,华为在官网公布了2018年核心供应商名单,该名单奖项共分为六大类,包括"连续十年金牌供应商""金牌供应商""优秀质量奖""最佳协同奖""最佳交付奖"以及"联合创新奖"。具体如下：

连续十年金牌供应商：英特尔、恩智浦。

金牌供应商(部分)：灏讯、赛灵思、美满、富士康、生益电子、中利集团、富士通、沪士电子、美光、广濑、比亚迪、村田、索尼、大立光电、高通、亚德诺、康沃、安费诺、立讯精密、欣兴电子、莫仕、耐克森、京东方、阳天电子、中航光电、甲骨文、住友电工、安森美、中远海运集团、顺丰速递。

优秀质量奖：赛普拉斯、高意、Inphi、松下、航嘉、旺宏电子、华勤通讯。

最佳协同奖：迈络思、台积电。

最佳交付奖：核达中远通、风河、亨通光电、日月光集团、联发科、蓝思科技、中芯国际、伟创力、罗森伯格。

联合创新奖：伯恩光学、Lumentum、菲尼萨、铿腾电子、博通、德州仪器、英飞凌。

(资料来源：根据 http://www.51touch.com/lcd/news/dynamic/2019/0225/53232.html.整理.)

2.3.3 营销中介

营销中介指协助企业促销、销售和配销其产品给最终购买者的企业或个人。它们包括中间商、物流公司、营销服务机构及金融中间机构。

中间商是指分销渠道中的企业，包括批发商和零售商等。中间商的主要任务是帮助企业寻找顾客，为企业的产品打开销路，企业能否选择到适合自己营销策略的中间商，关系到企业的兴衰成败；物流公司是帮助企业承担商品保管、存储、装卸、分拣、配送的专业物流企业，把产品从原产地搬运到目的地，企业必须要选择最好的运输公司来运送和保存产品，确保产品经济、安全、快速地到达目的地；营销服务机构是一个广义的范畴，它涉及的面较大，主要包括财务公司、广告公司、营销调研公司、咨询公司等，它们帮助企业选择目标市场，促进产品的销售；金融中间机构是指银行、信用公司、保险公司等，它们会为企业的交易融通资金、承担与商品买卖有关的风险。

应用案例

海尔打开美国市场

海尔进军美国市场并不容易，美国人根本就不认识海尔产品。1990 年，海尔高薪聘请了美国人迈克成为海尔美国区总裁。迈克认为，要让美国人认识海尔，最好的办法是让海尔进入沃尔玛。当时，沃尔玛在美国有 2 700 多家连锁店，每一家都摆满了来自世界各地的名牌产品。但是让沃尔玛接受这个陌生的品牌很困难，整整两年时间，迈克甚至没有机会让沃尔玛负责人看一眼海尔产品。直到有一天他想出一个办法，在沃尔玛对面竖起了一个海尔的大广告牌，沃尔玛的高层每天都能看见海尔。功夫不负有心人，终于沃尔玛的采购高层对海尔产生了兴趣，开始约见海尔代表。进入沃尔玛以后，海尔产品从开始的一两种扩大到现在的几十种。

(资料来源：谭蓓.市场营销.重庆.重庆大学出版社,2017.)

2.3.4 顾客

顾客是指购买或可能购买企业产品与服务的组织和个人,前者是现实顾客,后者为潜在顾客。企业营销者通常把顾客群称为目标市场,并按其购买目的不同划分:消费者市场、生产者市场、中间商市场、政府市场(该部分内容将在"任务 3 购买者行为分析"重点介绍)。

2.3.5 竞争者

在任何市场上,只要不是独家经营,便有竞争对手存在。很多时候,即便某个市场上只有一家企业在提供产品或服务,没有"显在"的对手,我们也很难断定在这个市场上没有潜在竞争企业。竞争对手的状况将直接影响企业的营销活动,无论是在产品销路、资源,还是在技术力量方面的对峙,常常是此消彼长的。按照现代市场营销观念,如果要在竞争中成功,企业就必须在满足顾客欲望和需求方面比竞争对手强。因此,企业首先要识别各种不同的竞争者,并采取不同的竞争对策。

思维拓展

我只要跑得比你快就有希望

两个人在森林里,突然,一只猛虎呼啸而来。甲赶紧从包里取下一双更轻便的运动鞋换上。乙见状,急忙吼道:"你干嘛呢,你以为你穿上运动鞋就可以跑过老虎啊?"甲说:"跑不过老虎没关系,我只要跑得比你快就有希望。"

一般来说,企业面临着四种不同层次的竞争者。

1. 欲望竞争者

它是指满足顾客当前不同消费欲望的不同产品提供者。顾客想要满足的各种欲望之间具有可替代性,而同一时刻的欲望是多方面的,很难同时满足,这就出现了不同产品之间的竞争。例如,在"十一"长假期间,顾客要考虑如何度过长假,是全家外出旅行,是学习充电,还是上街购物?每一种愿望都意味着顾客将在某一行业进行消费。

2. 平行竞争者

它是指满足顾客同种需求的不同产品提供者。顾客会在确定目前需求的基础上进一步选择,即采取什么方法来满足需求,假如上述顾客选择全家外出旅行,能满足旅游需求的产品有许多,是国内的三亚、丽江?还是国外的吴哥、塞班?因此,对企业而言,顾客选择的过程就使这些旅游产品的经营者之间形成竞争关系,它们也就相互成为各自的平行竞争者。

3. 产品形式竞争者

它是指满足顾客同种需求的同类产品不同规格型号的产品提供者。顾客在满足同种需求的产品中要进一步决定购买哪一类产品。在旅游产品选择过程中,面临同种产品但不同规格之间的竞争,如上述顾客选择去三亚旅行,在普通游、豪华游、自助游的多种规格中还要做进一步选择,这对企业而言属于产品形式竞争者。

4. 品牌竞争者

它是指满足顾客同种需求的同种产品不同品牌的产品提供者。例如,上述顾客选择去三亚豪华游,那么他要在当地不同品牌的旅行社之间进行选择,这就构成了品牌竞争。

因此每个企业都应该识别自己的竞争对手,了解其策略,熟悉其产品特征,做到知己知彼,扬长避短,以自身优势去吸引目标顾客,提高市场占有率。

 视频链接: 我消灭你,与你无关

2.3.6 公众

公众是指对于企业实现其目标而言,具有实际的或潜在的利害关系和影响力的任何团体或个人。现代企业是一个开放系统,任何企业都必须在其营销活动中注意与周围的各类公众建立起良好的关系,因为他们既可以帮助企业顺利实现其营销目标,也可以阻碍企业实现既定的经营目标。企业在公众中具有良好形象是企业的一笔无形资产,不良形象则是企业的一笔巨额负债。现代企业大都在内部组织结构中设有公共关系部门,其职能是处理、策划与不同公众之间的关系,树立并维护企业良好的形象。在通常情况下,一个企业所面临的公众主要有以下几种类型。

1. 政府公众

政府公众指对企业营销活动有影响作用的相关政府机构,包括行业主管部门及财政、工商、税务、物价、商品检验等职能部门。企业在制订营销计划时,必须充分考虑政府的行为。

2. 媒体公众

媒体公众主要指与企业和外界发生联系并具有广泛影响力的大众传播媒体,如报纸、杂志、广播、电视、网络等,它们对企业声誉以及形象的建立有十分重要的作用。

3. 融资公众

融资公众指影响企业资金融通能力的各种金融机构,包括银行、投资公司、保险公司、证券交易所等。

4. 社团公众

社团公众包括顾客权益保护组织、环境保护组织以及其他有影响力的公众团体。它们可能对企业的营销决策提出质疑,企业应利用自己的公共关系部门与他们保持密切的关系。

5. 社区公众

社区公众指企业所在地附近的居民群众、社团组织等。企业在营销活动中,一方面要避免与社区公众利益发生冲突,另一方面要在社区开展一些公益活动,以树立良好的企业形象。

6. 一般公众

一般公众指上述各种关系公众之外的公众。一般公众虽然可能是一种松散的、非组织性的公众,没有严密的组织形式来关注企业行为,但他们对企业的印象却影响着顾客对该企业及产品的看法。因此,企业必须关注自身的"公众形象",可以通过赞助慈善事业、设立直接投诉系统等途径来改善和创造良好的微观环境。

7. 内部公众

企业内部公众包括企业内部的管理人员、基层员工等,内部公众对企业营销活动有直接的或间接的影响。例如,由于企业营销人员对待顾客态度粗暴、服务质量差,引起顾客对企业产品和服务的失望、不信任,则将给企业带来直接的负面影响,失去顾客就意味着失去市场;企业财务人员在销售业绩核算方面工作滞后,造成营销部门难以判断其具体的营销效果,对下一步营销工作的部署缺乏事实依据,则给企业带来间接影响。发行企业内部通讯向全体员工通报有关情况,是激励内部公众的方式之一。

2.4 评价企业市场营销环境

企业的生存与发展既与其生存的市场营销环境密切相关,又取决于企业对环境因素及其影响所持的对策。市场营销环境的客观性、多变性、复杂性,决定了企业不可创造、改变市场营销环境,而只能主动地适应环境、利用环境。为此企业应该运用科学的分析方法,加强对市场营销环境的监测与分析,从中发现市场机会和威胁,不失时机地利用营销机会,尽可能减少威胁带来的损失。

2.4.1 评价市场机会与环境威胁

市场营销环境是通过机会与威胁表现出来的。市场机会,指对企业营销活动富有吸引力的领域。环境威胁,指环境中不利于企业营销的因素,如金融危机可能导致企业倒闭。环境的变化,既可以给企业带来市场机会,也可能给企业构成威胁,但并不是所有的市场机会都具有同样的吸引力,也不是所有的环境威胁都一样大。

1. 市场机会分析矩阵

市场机会分析是综合市场机会的吸引力及其成功的可能性两个因素对市场机会进行评估,按照潜在吸引力大小、成功可能性大小做出市场机会矩阵。分析矩阵图如图2-2所示。

图2-2 市场机会分析矩阵

区域Ⅰ的市场机会属于最好的营销环境机会,其潜在吸引力和成功的可能性都很大,企业应全力以赴加以发展。区域Ⅱ的市场机会属于潜在吸引力大而成功可能性小的市场机会。企业应设法扭转不利因素,使企业自身条件加以改善。这样,区域Ⅱ的市场机会也会逐步移到区域Ⅰ而成为有利的市场机会。区域Ⅲ的市场机会属于潜在吸引力小而成功的可能性大的市场机会。区域Ⅳ的市场机会属于潜在吸引力小成功可能性也小的市场机会,通常企业不会去注意该类价值最低的市场机会。

2. 环境威胁分析矩阵

环境威胁是指环境中不利的发展趋势所形成的挑战,按它的潜在严重性和它出现威胁的可能性大小列成环境威胁分析矩阵进行分析,如图2-3所示。

区域Ⅰ:潜在危害和出现威胁的可能性均大,一旦出现,将会给企业造成极大经济利益损失,应予以高度重视。区域Ⅱ:潜在危害大,出现威胁的可能性小,但一旦出现,会给企业造成较大经济利益的损失，因而不可掉以轻心。区域Ⅲ：潜在危害小，出现威胁的可能性大，出现以后对企业造成的损失虽小，但也应加以注意。区域Ⅳ：潜在危害小，出现威胁的可能性也小，一般不构成对企业的威胁，是最佳的市场营销环境。

潜在的危害 \ 出现的可能性	大	小
大	Ⅰ	Ⅱ
小	Ⅲ	Ⅳ

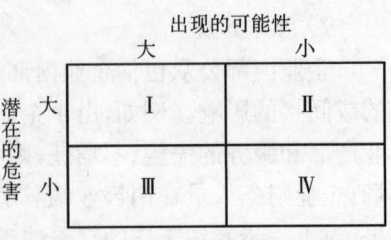

图 2-3　环境威胁分析矩阵

3. **机会/威胁综合分析矩阵**

通过对市场机会与环境威胁的分析，企业可以准确地找到自己面临的市场机会和环境威胁的位置，确定主攻方向。同时，对市场机会和环境威胁进行比较，分析是机会占主导地位还是威胁占主导地位，还可以确定企业的发展前景，如果将市场机会矩阵和环境威胁矩阵结合起来分析，就可以得出机会/威胁分析矩阵，如图 2-4 所示。

机会水平 \ 威胁水平	高	低
高	Ⅰ冒险环境	Ⅱ理想环境
低	Ⅲ困难业务	Ⅳ成熟业务

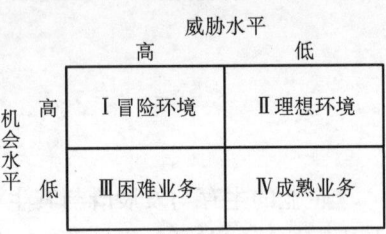

图 2-4　机会/威胁分析矩阵

2.4.2　SWOT 分析法

SWOT 分析法即态势分析法，20 世纪 80 年代初由美国旧金山大学的管理学教授韦里克提出，经常被用于企业战略制定、竞争对手分析等场合。SWOT 分别代表企业优势(Strength)、劣势(Weakness)、机会(Opportunity)和威胁(Threats)，其中，S、W 是内部因素，O、T 是外部因素。按照企业竞争战略的完整概念，战略应是一个企业“能够做的”(组织的强项和弱项)和“可能做的”(环境的机会和威胁)之间的有机组合。SWOT 分析实际上是将对企业内外部条件各方面内容进行综合和概括，进而分析组织的优劣势、面临的机会和威胁的一种方法，可以通过分析帮助企业把资源和行动集中在自己的强项和有最多机会的地方。

1. **分析环境因素**

运用各种调查研究方法，分析出公司所处的各种环境因素，即外部环境因素和内部资源因素，分别对优势、劣势、机会和威胁进行分析。

2. **构建 SWOT 矩阵**

将调查得出的各种因素根据轻重缓急或影响程度等排序方式，构造 SWOT 矩阵。在此过程中，将那些对公司发展有直接的、重要的、大量的、迫切的、久远的影响因素优先排列出来，而将那些间接的、次要的、少许的、不急的、短暂的影响因素排列在后面，如图 2-5 所示。

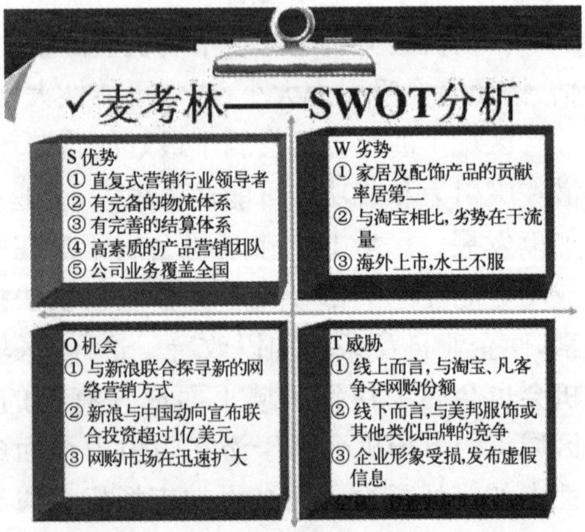

图 2-5　麦考林的 SWOT 分析

3. **制订战略计划**

在完成环境因素分析和 SWOT 矩阵的构造后，便可以制订出相应的战略计划。制订计划的基本思路：发挥优势因素，克服劣势因素，利用机会因素，化解威胁因素；考虑过去，立足当前，着眼未来。运用系统分析的综合分析方法，将排列与考虑的各种环境因素相互匹配起来加以组合，得出一系列公司未来发展的可选择对策。

经过 SWOT 分析,企业的行动计划有四种不同类型的组合:优势—机会(SO)组合、劣势—机会(WO)组合、优势—威胁(ST)组合和劣势—威胁(WT)组合,如表 2-2 所示。

表 2-2 某邮政快递公司 SWOT 矩阵

内部能力 外部机会	优势(Strength) 1. 作为国有企业,拥有公众的信任; 2. 顾客对邮政服务的亲近感和信任感; 3. 拥有全国范围的物流网; 4. 具有众多的人力资源	劣势(Weakness) 1. 上门取件相关人力及车辆不足; 2. 市场及物流专家不足; 3. 组织、预算等方面的灵活性不足; 4. 包裹破损的可能性很大; 5. 追踪查询服务不够完善
机会(Opportunity) 1. 随着电子商务的普及,对寄件需求增加(年平均增加 38%); 2. 能够应对市场开放的事业自由度; 3. 物流及 IT 等关键技术的飞跃性发展	SO 战略 1. 以邮政网络为基础,进入宅送市场; 2. 进入 Shopping Mall 配送市场; 3. Epost 活性化; 4. 开发灵活、运用关键技术的多样化的邮政服务	WO 战略 1. 构成邮政包裹专门组织; 2. 对实物与信息的统一化进行实时的追踪及物流控制(Command & Control); 3. 对增值服务与一般服务差别化的价格体系的制订及服务内容的再调整
威胁(Threats) 1. 通信技术发展后,对邮政的需求可能减少; 2. 宅送企业的设备投资及代理增多; 3. WTO 邮政服务市场开放的压力; 4. 国外宅送企业进入国内市场	ST 战略 1. 运用范围宽广的邮政物流网络,树立积极市场战略; 2. 与全球性的物流企业进行战略联盟; 3. 提高国外邮件的收益性及服务; 4. 树立积极的市场战略	WT 战略 1. 根据服务的特性,对包裹详情单与包裹运送网分别运营; 2. 对已经确定的邮政物流运营提高效率(BPR),由此提高市场竞争力

知识小结

当代企业是在迅速变化的市场营销环境和日趋激烈竞争中求生存、求发展的,树立市场营销环境意识成为当代企业的一种核心思维方式。现代市场营销的核心意识是以市场营销环境为中心开展营销经营活动。市场营销环境是指与企业营销活动有潜在关系的所有外部力量和相关因素的集合,它是影响企业生存和发展的各种内外部因素与条件的总和。

企业所处的内外部市场营销环境从市场营销学的角度可以分为宏观环境与微观环境。外部宏观环境是企业不可抗力的不可控因素,分析研究它,才能捕捉到环境变动带来的营销机会,也才能避免环境变动造成的危机和威胁;微观环境是直接影响制约企业营销活动的力量,分析研究它,才能协调企业的相关利益群体,促进企业营销目标的实现。

宏观环境是指能够影响整个微观环境的广泛社会性因素,包括人口环境、经济环境、自然环境、科学技术环境、政治法律环境、社会文化环境等,这些因素不仅会直接影响企业的营销活动,而且还直接对企业营销环境中的微观环境因素产生影响,从而影响企业的市场营销活动,对其产生限制和促进作用。

微观环境指与公司关系密切、能够影响公司服务顾客能力的各种因素,具体包括企业内部环境、供应商、营销中介、顾客、竞争者、公众等,这些因素与企业市场营销活动有着十分密切的联系,并对企业产生直接的影响。

微观环境与宏观环境之间的关系是:微观环境与宏观环境不是并列的,而是主次的关系;微观环境影响企业的营销活动,同时会受到宏观环境的制约;宏观环境又以微观环境为载体去影响企业的营销活动。

市场营销环境的特征:客观性;相关性;变动性;差异性。

市场营销环境是通过机会与威胁表现出来的。市场机会,指对企业营销活动富有吸引力的领域,企业在这些领域中拥有竞争优势。环境威胁,指环境中不利于企业营销的因素。环境的变化,既可以给企业带来市场机会,也可能给企业构成威胁,但并不是所有的市场机会都具有同样的吸引力,也不是所有的环境威胁都一样大。企业的高层管理者可以利用市场机会矩阵图和环境威胁矩阵图对环境的机会与威胁加以分析和评价。

SWOT分析法是将对企业内外部条件各方面内容进行综合和概括,进而分析组织的优劣势、面临的机会和威胁的一种方法,可以通过分析帮助企业把资源和行动集中在自己的强项和有最多机会的地方。

【关键术语】

市场营销宏观环境　人口环境　经济环境　政治法律环境　社会文化环境　科学技术环境　自然环境　微观环境　企业内部　供应商　经销商　顾客　竞争者　公众　PEST分析　SWOT分析

【应知考核】
【应会考核】

进入云班课更多应知应会考核测试

【实践活动——任务2汇报评价】

扫码查看更多实时更新应知应会考核题

《"公司"(项目团队)的环境分析报告》评价标准

任务3 购买者行为分析

知识目标

1. 了解消费者市场的含义和特征；
2. 了解组织市场的含义和特征、决策类型；
3. 理解消费者市场行为的基本模式；
4. 理解产业市场购买行为；
5. 掌握消费者的购买决策过程；
6. 理解产业市场购买决策过程及其参与人员。

能力目标

1. 学会运用"刺激—反应"模式分析消费者行为；
2. 能够分析影响消费者行为的因素；
3. 能够分析影响产业市场购买行为的因素。

任务驱动

在"任务2 市场营销环境分析"部分我们认知了宏观环境与微观环境的12个具体因素对市场营销活动的影响。现在我们深度分析微观环境中最重要的因素——顾客，即产品、服务的购买者，营销学也称之为市场。市场是企业营销活动的出发点和归宿点，研究市场从根本上讲就是研究购买者，而研究购买者，核心又是研究其购买行为，只有准确掌握购买者的购买行为，企业才能找到最适宜的顾客群，并有针对性地制定营销组合策略，提高市场营销效率。

项目团队任务："公司"(项目团队)的环境分析

1. 任务内容：

(1) 完成"公司"(项目团队)的顾客分析报告；
(2) 根据顾客分析报告及本项任务实施过程，制作PPT用于汇报和展示；
(3) 本项任务结束后，各项目团队通过课堂汇报、交流、答疑，开展任务成果竞赛。

2. 任务目的：

运用所学的知识认知"公司"(项目团队)的购买者行为及其特征，分析购买者行为的因素；掌握购买者的决策过程。

3. 任务的组织与实施：

参考任务1：任务的组织和实施。

4. 任务质量要求、参考作品：

"公司"（项目团队）的购买者分析的评价标准
基于成都市场的保健食品消费者行为分析
2018年中国新餐饮消费趋势研究报告
扫码查看完整思维导图

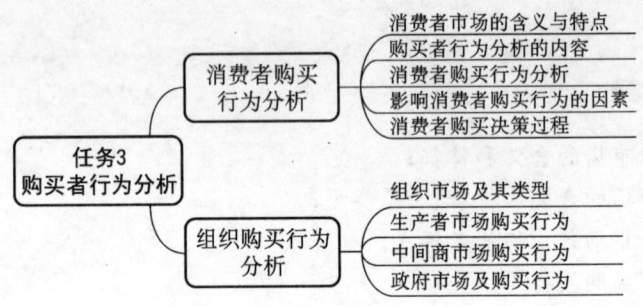

任务导图

导入案例

消费者行为 VS 营销战略

一天早上，你看到了你的同学手里拿着一款新型手机，刚好正是你喜欢的那款，你会产生许多不同的念头，是以下几种想法中的哪一种呢？一是为他感到高兴，他的表情使你感到高兴；二是很想下午就去购买那款手机；三是因为他在那炫耀，而产生一种厌恶的感觉；四是决心不买这款手机，因为你不想与他相同；五是有点儿自卑，因为你自己还没有能力购买；六是对自己的男友（女友）不满，因为他（她）没有送给你这款手机……

我们可以把人类的行为简单归纳为人类受到刺激后产生的反应的外在表现，人类的刺激与反应系统是复杂的、动态的，所以行为学很早就成为一门正式的学科。

消费行为在许多情况下是非理性的。例如，如果问你为什么会去购买一瓶可口可乐，而不是百事可乐，你能讲出一个合理的解释吗？大部分人可以讲出原因，但并不一定符合逻辑。营销最让人着迷而又感到困惑的就是消费者不可捉摸的心思。

假如你现在是青岛啤酒的市场总监，每天都要与竞争对手展开竞争，你的专业知识告诉你啤酒都是一样的，闭着眼睛喝基本没有什么差别。你甚至正在考虑广告要不要做。

让我们从消费者行为学的角度分析一下，首先一个基本的问题：人为什么要喝啤酒呢？因为它比水解渴吗？因为它比牛奶有营养吗？因为它比果汁更健康吗？好像都不是，从消费者行为学的角度来说，这是一种需求在起作用。

第一位消费者说："因为喝啤酒会令人感到舒服，每次只要喝一口冰凉的青岛纯生，就会感觉自己就进入了一种轻松的环境。"他的需求是改变状态，进入轻松环境。

第二位消费者说："我和朋友在一起一定要喝啤酒，因为不喝酒显得关系较为陌生。"他的需求是表示亲近的一种信号。

第三位消费者说："在卡拉 OK 我会喝很多啤酒，因为在那种场合一定要这样。"他要的是融入环境！

那么，大家可能会问：分析这些有什么用呢？答案是如果我们了解消费者需求，了解消费者行为的规律，我们就可以针对消费者需求进行营销。比如，我们可以开发一种新的啤酒，名字叫作"青岛纯熟"，口号是"老朋友专用啤酒"。这是针对第二位消费者的。

当然，这只是一种想法，不过大家应该可以感受到，当我们从消费者行为学的角度去看我们的产品，许许多多无法解决、没有思路的问题会变得有趣而且更易于解答。消费者行为学就是这样让我们将封闭的心灵展开，插上创造的翅膀。当然，消费者行为学是一门复杂的科学，它所涉及的领域不仅涵盖了营销中 90% 的内容，而且在我们生活中也有广泛的涉及。

记住，在消费者行为学的学习过程中，你不是在记忆或是理解什么高深的概念，而是正在学会睁开你的第三只眼！

（资料来源：王磊.跟宝洁学营销——消费者行为学与营销战略.中国营销传播网.）

项目团队行动，案例讨论：

作为营销者，你的使命就是适应、引导甚至改变消费者的行为，从而达到营销的目的。上面描述的心理反应与过程发生的时间仅为 0.1~1 秒，不同的个体可能产生完全不同的反应，每天每个消费者要处理数以万计的各种信息，并做出相应的反应。消费者市场人数众多，一个营销人员怎么才能够把握主流，从而应用方法去适应、引导甚至于改变人们的行为呢？

3.1　消费者购买行为分析

市场是企业营销活动的出发点和归宿。按照顾客购买目的或用途的不同，市场可分为组织市场和消费者市场两大类（见图 3-1）。组织市场是指以某一种组织为购买单位的购买者所构成的市场，该市场购买者的购买目的是为了生产、销售，以及维持组织的正常运作和组织基本职能的正常发挥，包括生产者市场、中间商市场、政府市场、非营利组织市场等。而消费者市场是个人或家庭为了生活消费而购买产品和服务的市场。企业要想有效地开展市场营销活动，就非常有必要对消费者购买行为进行仔细分析，要着重研究市场需求，分析购买者的行为特点，研究影响消费者购买行为的主要因素及其购买决策过程，从而有针对性地制定产品、价格、渠道和促销策略，在充分满足消费者需求的前提下实现企业的发展目标。

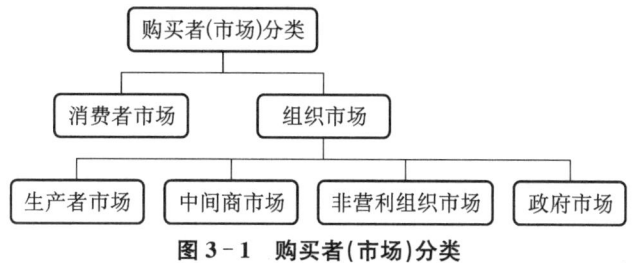

图 3-1　购买者（市场）分类

名人名言：

营销没有专家，唯一的专家是消费者。谁消费我的产品，我就要把他研究透。一天不研究透，我将痛苦一天。

——史玉柱

3.1.1 消费者市场的含义与特点

1. 消费者市场的含义

消费者市场又称为最终消费品市场、消费品市场或生活资料市场,是指个人或家庭为满足生活需求而购买商品和服务的市场。消费者市场是现代市场营销理论研究的主要对象,是市场体系的基础。研究影响消费者购买行为的主要因素及其购买决策过程,对于开展有效的市场营销活动至关重要。

根据国家统计局最新发布,2019年,我国社会消费品零售总额41.2万亿元,扣除价格因素实际增长6.0%,已经是世界上最具有吸引力的消费者市场。

2. 消费者市场的特点

成功的市场营销者能够有效地创造和选择对消费者有价值的产品,并运用富有吸引力和说服力的方法将产品有效地呈现给消费者。学习和掌握消费者市场的基本特征,对于有效开展消费者市场的营销活动至关重要。

(1) 购买者具有广泛性和分散性。

消费者市场的购买者数量众多,地理分布广泛,从城市到乡村,从国内到国外,消费者市场无处不在,但是由于消费者又是独立存在的不同的利益主体,因此又存在分散性。

(2) 需求具有差异性和变化性。

由于消费者存在职业岗位、教育背景、经济收入和消费观念的不同,因此,不同的消费者之间的消费需求存在着各式各样的差异性,即便是同一个消费者也会由于年龄和收入的增长、消费能力的变化或者其他因素的影响,表现出消费需求的变化性。随着社会经济的发展和生活水平的提高,消费者需求的内容、构成和总量都会不断变化和发展。

(3) 产品具有选择性和替代性。

由于消费者市场存在广泛性和分散性、差异性和变化性,导致消费者市场的营销者不得不提供品种丰富的产品以供消费者选择,产品供应的丰富化使得消费者市场的产品存在明显的选择性和替代性。

(4) 购买具有零星性和高频性。

由于消费者市场的购买目的是个人和家庭的最终消费,消费的规模非常有限,加上很多消费品存在保质期限、购买具有便利性,因此消费者倾向于按照需要随时购买,从而显现出购买的小规模零星性和高频次性。

(5) 购买技术具有非专业性和可诱导性。

由于消费者的生活需求涉及吃穿用住行多个方面,因此普通消费者难以拥有各种产品的专业技术知识、商品知识和市场知识,消费者在购买商品时大多表现非专业性的特征。大部分可以通过环境的改变或外部诱因的刺激、诱导而发生变化和转移,也就是说,消费者需求是可诱导和调节的,具有较大的弹性。

思维拓展

互联网时代,消费者变了

在互联网时代,互联网技术得到了爆发性的普及,而消费者的行为模式随着互联网业发生了变化。我们生存的世界正处于数字化的信息漩涡中,互联网跨越式的迅速发展,不仅改变着人们的生活和工作方式,也在极大地影响着企业的产品战略和营销传播模式,并改变着消费者与商家的沟通对话方式。

首先,消费者的价值主张发生了变化:我要购买那些能够带给我个性化生活的东西;我要购买那些能够让我实现心理自主的服务;我要购买那些能够让我创造自己、了解自己、成为自己的东西。过去消费者购买产品,仅仅是为了满足产品的功能而购买,现在消费者更多的是选择这个产品带来的情感,带来的精神方面的享受,以及这个产品在购买的过程中,消费者所获得的某种服务。

其次,消费者获取信息的方式发生了变化,原来的消费者得到的信息,大多通过企业的单向广告宣传,介绍产品的品质和功能。互联网与移动应用改变了人们的生活、工作、娱乐、学习的方法,特别是多屏时代的到来,使得接触时间成为最大的变化。现在的消费者除了企业的宣传之外,更多通过分享到朋友圈里面的其他人对这个产品功能的评价来了解产品信息。

第三,消费者的购买方式也发生了变化,由于互联网为消费者主动获取信息提供了极大的便利,消费者在购买决策过程中,可以以互联网上商品和服务的信息作为依据,再决定其购买行为。在评估哪个品牌的产品,哪个功能的产品好的时候,会到网上搜索,去浏览,网上有很多消费者对很多的产品做出的不同的评价,根据消费者的评价,根据自己的偏好选择之后进行购买。

对传统企业而言,在面临"互联网+"大潮时,普遍面临着把硬件变成服务,把功能变成体验,把用户变成粉丝的艰难转型。其实,改变的关键就在于,如何借助互联网的工具和手段,把线上海量的数据和线下的实体店资源联系起来。同时借助互联网的工具和手段提升消费者的购物体验。

在互联网时代,消费者的话语权在互联网上被扩大了,他们已经越来越不满足于"被安排"的命运,他们希望得到真正的尊重与信任,他们希望自己的声音得到真诚的聆听,他们希望自己的心理得到深度的支持与庇护。来自任何一个角落的消费者都可能对企业的产品和服务提出自己的看法,消费者甚至希望与企业进行互动,并希望他的意见得到充分重视。

迈入"互联网+"时代,企业要对于自己的核心用户群时刻保持巨大的吸引力,并且尽力提高这些核心用户的活跃度以及转换率。培育消费者品牌忠诚度是企业实现创新的重要阶段。

(资料来源:http://www.sohu.com/a/296408198_100300902.)

3.1.2 购买者行为分析的内容

消费者购买行为是指消费者为了满足自身需要和欲望而寻找、选择、购买、使用、评价及处置产品、服务时介入的过程活动,包括消费者的主观心理活动和客观物质活动两个方面。消费者的购买活动涉及很多方面的问题,企业营销人员可以通过观察消费者的行为得到部分答案,但是要想深入了解消费者为什么购买却是不容易的,需要我们积极进行探索。

一般而言,可以利用"市场7O"框架,也称6W1H框架,来分析消费者的购买行为,企业营销人员只要能够将七个方面的问题分析清楚,就能针对消费者的实际情况设计具体的营销策略,如表3-1所示。

由于7个英文单词的开头字母都是O,所以称为"7O"研究法。营销人员在制定针对消费市场的营销组合之前,必须先研究消费者购买行为。

表3-1 购买行为的7O模式

消费者市场由谁构成?(Who)	购买者(Occupants)
在消费者市场购买什么?(What)	购买对象(Objects)
消费者市场的购买活动有谁参与?(Who)	购买组织(Organizations)
在消费者市场怎样购买?(How)	购买方式(Operations)
在消费者市场何时购买?(When)	购买时间(Occasions)
在消费者市场何地购买?(Where)	购买地点(Outlets)
在消费者市场为何购买?(Why)	购买目的(Objectives)

例如,某皮革厂生产和销售箱包,必须分析研究以下问题:① 箱包的市场由哪些人构成,即"谁(Who)"？② 目前消费者市场需要什么样的箱包,即"什么(What)"？③ 消费者为什么购买这种箱包,即"为什么(Why)"？④ 哪些人会参与箱包购买决策,即"谁(Who)"？⑤ 消费者怎样购买这种箱包,"如何(How)"？⑥ 消费者何时购买,即"什么时候(When)"？⑦ 消费者在何处购买,"哪里(Where)"？

1. 谁是购买者——Who

市场由谁构成,谁是你的产品购买者？这是营销的战略问题。由于消费者需求具有差异性,所以只有搞清楚谁是你的目标顾客,才能进行针对性的、高效率的营销。这个问题,我们将在"项目二选定价值顾客"中深入分析。

2. 消费者市场购买什么——What

这是对顾客购买对象的分析,企业可以通过市场调查研究了解顾客需要什么样的商品。企业只有弄清了消费者将要"买什么",才能明确自己要做什么,即研发、生产、销售什么。不同类别的产品有不同的营销组合设计,所以首先从营销的角度进行产品分类。

在进行产品决策时,要依据产品整体概念(任务7 产品策略)、服务营销组合(7P策略)的理论,设计符合顾客需求的产品和服务,包括满足消费者购买愿望的产品效用；所购产品的品牌、型号、价格、款式、颜色、包装、售后服务及数量多少等具体问题；消费者对企业产品与服务的期望有哪些；本企业产品能满足消费者需要的程度及"卖点"等。在当今消费需求多样化的时代,弄清楚消费者要"买什么"是营销的关键所在。

3. 由谁购买——Who

从市场营销的角度来说,这个"Who"的内涵,不仅是指产品的购买者或使用者,还要考虑那些可能对消费者购买有着直接影响的人。因此,Who应包括:① 谁是产品的购买者和决策者？② 谁是产品购买的倡议者、使用者和影响者？③ 在购买过程中上述各种角色具有什么样的特点？④ 如何区分、把握和说服这些角色？

4. 何处购买——Where

消费者的购买地点受很多因素影响,因产品特性、购买动机、习惯、经验、时间与便利性等因素而不同,也与市场供求、商业网点设置、可供选择产品种类、经营者声誉、销售方式与服务水平、广告宣传及交通便利等因素有关。对 Where 的理解包括① 在本地购买还是异地购买？② 在实体商店购买还是在电商平台网购？③ 如果在实体商店购买，还可区分在大型商场、综合性超市购买，还是在一般社区便利店购买？等等。

5. 何时购买——When

消费者对购买时间的选择与需求迫切程度、工作节奏、生活习惯、收支计划、所购产品的季节性及促销宣传等因素密切相关。对消费者购买时间的探究,需要明确:① 消费者是何时需要？何时使用？拟何时购买？② 是应季购买还是反季购买？③ 消费者的闲暇时间如何分配？④ 消费者曾经何时购买过？惯性购买的时间？重复购买或换代购买的时间？⑤ 消费需求何时发生新的变化？

6. 怎么购买——How

消费者购买产品的方式主要包括① 购买的途径。例如,是现场购买还是邮购、网购或海外代购？② 购买结算方式。现金结算还是刷卡支付或者手机移动支付,是否需要分期付款？影响消费者购买方式的因素有很多,购买者自身因素,如需求迫切程度、文化程度、经济收入、个性心理等。产品因素,如产品功效、价格水平、品牌差异、技术复杂性等。企业因素,如商业信誉、供货保证、售后服务等。

7. 为什么购买 Why

这是顾客购买行为和目的的动因,进一步探讨上述六个问题形成的因素,是对这六个问题的深度诠释,以使营销活动能够击中顾客的内心世界。在下文中通过顾客购买行为模式及消费者购买行为的因素两部分内容全面细致地说明这个问题。

知识链接

用户画像

在互联网逐渐步入大数据时代后,不可避免地为企业及消费者行为带来一系列改变与重塑。其中最大的变化莫过于,消费者的一切行为在企业面前似乎都将是"可视化"的。随着大数据技术的深入研究与应用,企业的专注点日益聚焦于怎样利用大数据来为精准营销服务,进而深入挖掘潜在的商业价值。于是,"用户画像"的概念也就应运而生。

用户画像,即用户信息标签化,就是企业通过收集与分析消费者社会属性、生活习惯、消费行为等主要信息的数据之后,完美地抽象出一个用户的商业全貌,可以看作是企业应用大数据技术的基本方式。用户画像为企业提供了足够的信息基础,能够帮助企业快速找到精准用户群体以及用户需求等更为广泛的反馈信息。

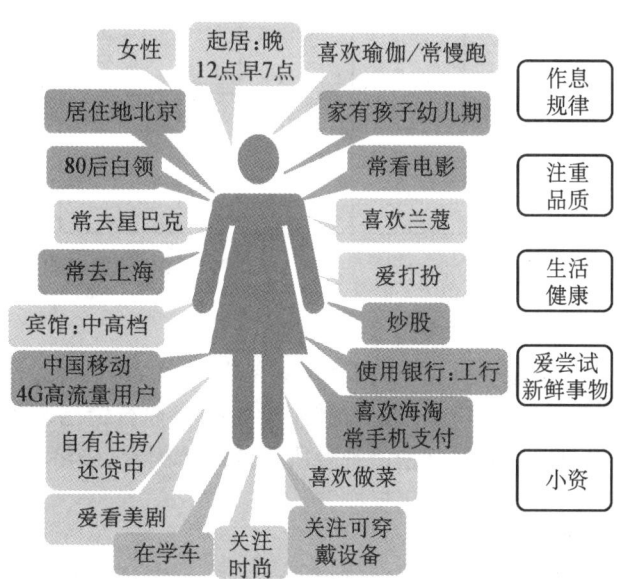

怎样为用户"画像"？为用户画像的焦点工作就是为用户打"标签"，而一个标签通常是人为规定的高度精练的特征标识，如年龄、性别、地域、用户偏好等，最后将用户的所有标签综合来看，基本就可以勾勒出该用户的立体"画像"了。

具体来讲，当为用户画像时，需要以下三个步骤：首先，收集到用户所有的相关数据并将用户数据划分为静态信息数据、动态信息数据两大类。静态数据就是用户相对稳定的信息，如性别、地域、职业、消费等级等。动态数据就是用户不停变化的行为信息，如浏览网页、搜索商品、发表评论、接触渠道等。其次，通过剖析数据为用户贴上相应的标签及指数。标签代表用户对该内容有兴趣、偏好、需求等。指数代表用户的兴趣程度、需求程度、购买概率等。最后，用标签为用户建模，包括时间、地点、人物三个要素，简单来说就是什么用户在什么时间、什么地点做了什么事。

如何利用用户画像进行精准营销？消费方式的改变促使用户迫切希望尽快获取自己想要了解的信息，所以说，基于用户画像上的精准营销不管对企业还是对用户来说，都是有需求的，这会给双方交易带来极大便捷，也为双方平等沟通搭建了一个畅通平台。

3.1.3 消费者购买行为分析

刺激—反应模式认为消费者的行为受消费者心理活动支配，按照心理学的"刺激—反应"理论，人们行为的动机是一种内在的心理活动过程，像一只黑箱，是一个不可捉摸的神秘过程。客观的刺激，经过黑箱（心理活动过程）产生反应、引起行为，只有通过对行为的研究，才能了解心理活动过程。外部的刺激经过消费者的内在心理过程产生反应，从而才引发消费者的购买行为。这一模式包括三个变量：外部刺激因素、消费者心理活动过程和消费者的行为反应，如图 3-2 所示。

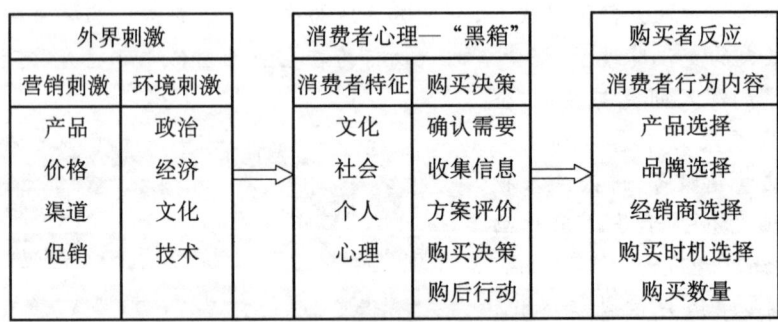

图 3-2　消费者购买行为模式

1. 外部刺激因素

刺激—反应模式表明，所有消费者的购买行为都是因为刺激所引起的，这种刺激包括营销刺激和环境刺激。营销刺激是指企业行销活动的各种可控因素，即产品、价格、分销、促销；环境刺激，是指消费者所处的环境因素（经济、技术、政治、文化等）的影响。这些刺激通过消费者黑箱产生反应。

2. 反应因素

刺激—反应模式的反应因素指消费者的购买行为，包括产品的选择、品牌的选择、经销商的选择、购买时间、购买地点、购买方式等。

3. 消费者的心理活动过程

在刺激因素和反应因素之间是消费者内在的心理活动过程,由于是在消费者内部自我完成的,看不见摸不着,心理学上称之为暗箱或黑箱。在这个黑箱中决定了刺激因素转化成为消费者的反应,这里面包括两个方面:一方面是购买者的特性,包括购买者的文化、社会、个人和心理的特征。不同特征的消费者会对同一刺激产生不同的理解和反应。比如,同一部手机,价格较贵但是配置较高且款式新颖,追求时尚潮流且经济能力较强的消费者就可能感觉可以接受,会做出相应的购买行为;而收入水平较低的消费者可能更注重商品的实用价值,他们可能会放弃购买。另一方面是指消费者购买的决策过程。消费者在种种刺激因素的作用下,经过复杂的心理活动过程,产生购买动机,在动机的驱使下,做出购买决策,然后采取购买行动,在消费中或消费后对购买活动进行评价,由此完成一次完整的购买活动。这两方面分别从消费者的特征分析(购买行为的因素)和行为分析(购买决策过程)诠释了消费者购买行为的内因。

3.1.4 影响消费者购买行为的因素

研究在刺激—反应模式中消费者心理活动过程,首先要研究的是消费者自身的特征,它在很大程度上影响着消费者的购买决策。研究消费者自身的特性一般从文化、社会、个人和心理四个方面入手,如图 3-3 所示。虽然大部分的特性是营销人员无法控制的,但是我们仍要深入学习,了解和掌握这四个因素对于我们制定正确的营销策略也是有很大帮助的。

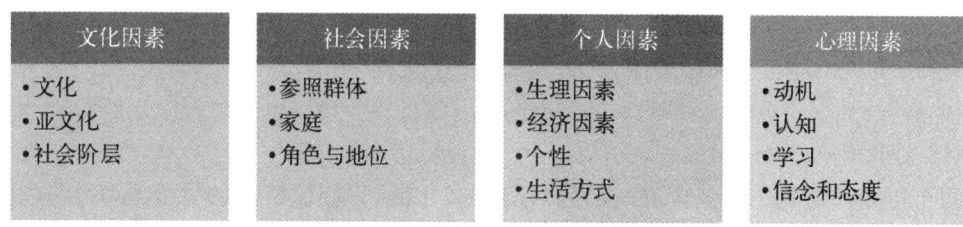

图 3-3 消费者购买行为的影响因素

1. 文化因素

文化因素对消费者的行为具有最广泛和最深远的影响。一般而言文化因素体现在文化、亚文化和社会阶层三个方面。

(1) 文化。

从广义的角度理解,文化是指人类在社会历史发展过程中所创造的物质财富和精神财富的总和,它既包括人类生产的物质产品和提供的各种服务,也包括价值观念、伦理道德、风俗习惯、行为规范、宗教信仰等意识范畴。每一个人都在一定的社会文化环境中成长,通过家庭和其他主要机构的社会化过程学到和形成基本的文化观念。文化是决定人类欲望和行为的基本因素,几乎存在于人类思想和行为的每一个方面。文化不能支配人们的生理需要,但是可以支配人们满足生理需要的方式。比如,文化不能消除人们的饥饿感,但是它可以决定在何时何地采用何种方式消除自己的饥饿感。文化的差异引起消费行为的差异,表现为婚丧嫁娶、饮食起居、建筑风格、服饰、礼仪、节日等物质和文化生活等各个方面的不同特点。

知识链接

迥异的风俗习惯

在美国,购买食品被认为是一种琐事,因而妇女们到超市采购的次数较少,但每次购买量很大;而在法国,家庭主妇在购物过程中与店主和邻居交往是其日常生活的一个组成部分,因而她们的采购是多次、少量的。正因如此,广告对美国主妇的影响很大,而现场陈列对法国主妇最有效。另外,美国家庭冰箱的容积要比法国家庭的大些。

一家航空公司几乎丧失了为中东地区服务的资格,因其广告画面是一位空姐微笑着向头等舱旅客提供香槟,该广告违反了伊斯兰文化的基本原则——伊斯兰教信徒不准喝酒,不戴面纱的妇女不得和非亲属的男性在一起。

某企业发明一种治皮肤病的药,倒在澡盆中用,在英国销售成功,但在法国却失败了,因为法国人只冲淋浴。可口可乐有一个广告,画面上将支撑雅典神庙的石柱换成四个可乐瓶,引起尊崇此神庙的希腊人大怒,被迫撤回。英国出口到非洲的食品罐头一个也卖不出去,因为罐头盒子上印了一个美女图案,而非洲人认为罐头里装什么,外面图案就画什么。中国海尔空调商标上的"海尔兄弟"图案在法国受到欢迎,因为购买空调的多为女性,她们喜爱孩子;但在中东地区却禁止该标志出现,因为这两个孩子没穿上衣。美国一家玩具公司生产的洋娃娃在美国很受欢迎,但出口到德国却无人问津,因为该洋娃娃的形象与德国风尘女郎非常相似,后来做了适当调整才受到德国人欢迎。加拿大一家公司将一种洗发剂引入瑞典市场,起先销路不好,当了解到瑞典人洗头通常在早晨而不是晚上后,便把品牌"Every Night"改为"Every Day",使该产品销量大为增加。

(资料来源:杨剑英,张良明.市场营销学.南京:南京大学出版社,2018.)

(2)亚文化。

每个国家的文化中又包含着一定数目的亚文化群,它们以特定的价值观和影响力将各成员联系在一起,从而形成生活格调和行为方式相同或相近的群体。这种次文化包括许多类型,其中对消费购买行为影响较大的有民族亚文化、宗教亚文化、种族亚文化和地理亚文化。

① 民族亚文化群。每个国家都存在不同的民族,每个民族都在漫长的历史发展过程中形成了独特的风俗习惯和文化传统。

② 宗教亚文化群。每个国家都存在不同的宗教,每种宗教都有自己的教规或戒律。

③ 种族亚文化群。一个国家可能有不同的种族,不同的种族有不同的生活习惯和文化传统。比如,美国的黑人与白人相比,其购买的衣服、个人用品、家具和香水较多,食品、运输和娱乐较少。虽然他们更重视价格,但是也会被商品的质量所吸引并进行挑选,不会随便购买。他们更重视商品的品牌,更具有品牌忠诚度。美国的许多大公司如西尔斯公司、麦当劳公司、宝洁公司和可口可乐公司等非常重视通过多种途径开发黑人市场。还有的公司专门为黑人开发特殊的产品和包装。

④ 地理亚文化群。世界上处于不同地理位置的国家,同一国家内处于不同地理位置的各个省份和市县都有着不同的文化和生活习惯。

应用案例

帮宝适纸尿裤

在20世纪70年代,宝洁公司决定将帮宝适纸尿裤推向当时的德国市场和中国香港地区市场,一段时间以后,两个地区的消费者都表示了自己对纸尿裤的不满。德国的消费者说纸尿裤太薄,不耐用;中国香港地区的消费者说纸尿裤太厚,不透气。为什么同样厚薄的纸尿裤在两个地区销售却收到截然相反的评价?宝洁公司的调研揭开了谜底,原来是两个地区的消费者对纸尿裤的使用习惯不同。德国文化价值观崇尚严谨,有时甚至有些刻板,德国的年轻父母们每天定时给婴儿换尿布,早上上班的时候换一块,晚上回家才又换一块,如此使用当然嫌尿布薄;而中国香港地区的消费者受中国传统价值观的影响,对婴儿的舒适度看得很重,一般小孩一哭,母亲就会去给他换一块纸尿裤,这样频繁更换,当然会嫌尿布太厚。

经此教训,以后销往德国的帮宝适纸尿裤都会加厚一些,而销往中国香港地区的纸尿裤则会略薄一些,以适应不同地区消费者对产品的不同使用方式。

(资料来源:符国群.消费者行为.2版.北京:高等教育出成社,2015.)

(3)社会阶层。

社会阶层是社会学家根据职业、收入来源、教育水平、价值观和居住区域对人们进行的一种社会分类,是按层次排列的、具有同质性和持久性的社会群体。社会阶层具有以下特点:第一,同一阶层的成员具有类似的价值观、兴趣和行为,在消费行为上相互影响并趋于一致。第二,人们以自己所处的社会阶层来判断各自在社会中所处地位的高低。第三,一个人的社会阶层不仅仅由某一变量决定,而且受到职业、收入、教育、价值观和居住区域等多种因素的制约。第四,人们能够在一生中改变自己的社会阶层归属,既可以迈向高阶层,也可以跌至低阶层,这种升降变化的程度随着所处社会的层次森严程度的不同而不同。

由于收入水平、教育程度等方面的差异,不同社会阶层的人,在购买行为和购买种类上具有明显的差异性,对商品、品牌、宣传媒体等均有不同的偏好。企业应适应不同阶层的消费,以便有的放矢,采取最佳的营销策略。

思维拓展

快速崛起的中产阶级,对企业意味着什么?

2. 社会因素

(1)相关群体。

相关群体也称为参照群体或参考群体,是指一个人在认知、情感的形成过程和行为的实施过程中用来作为参照标准的某个人或某些人的集合。相关群体是指对个人的态度、意见和偏好有重大影响的群体,是能够直接或间接影响消费者购买行为的个人或集体。研究消费者行为可以用不同的标准对相关群体加以分类,如图3-4所示。

① 成员群体。

成员群体是指消费者置身其中的群体,按其作用又可分为主要群体与次要群体。能直接对人产生影响的群体称为主要群体,如家庭、来往密切的朋友、邻居、同事等,这类群体对消费者的爱好、兴趣、价值观影响很大。家庭作为一个影响消费的群体,尽管常常是无意识的,但从小就影响着一个人的情趣和爱好,培养其消费习惯。次要群体指对人产生影响作用较为逊色的团体,如出于某种兴趣和信念而组合在一起的各种专业协会、宗教团体等群体。由于他们直接交往,同一团体中的人作为消费者也相互影响,但由于沟通的频率低于前一类团体,它所产生的作用和影响也小于主要群体。但是,它同样影响消费者的购买行为。

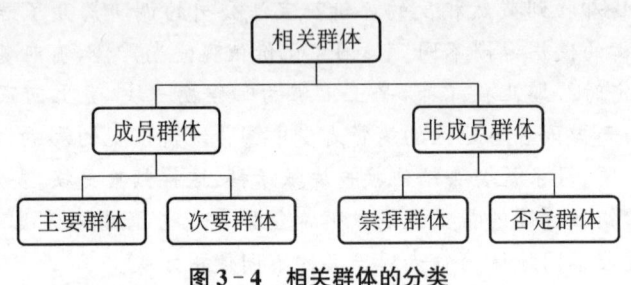

图 3-4 相关群体的分类

② 非成员群体。

非成员群体,指消费者置身其外,但对购买行为有影响的群体。非所属群体有两种情况,一种是崇拜群体,另一种是否定群体。崇拜群体是指消费者渴求成为其中一员的群体,消费者虽然身不在其中,但非常认同和赞赏该群体的价值观和行为方式。此类被人仿效的群体有时是个人,主要有运动健将、影视明星等社会名流。

相关群体对消费者行为产生影响,突出表现为它为个体提供了行为标准,这又通过以下3种方式体现出来。

第一,信息性影响。这是指个人会将相关群体的价值观和行为信息作为参考。当消费者已经产生对某种商品的购买动机时,参照群体对其在品牌选择、购买场所、购买时间方面会产生影响。一般而言,参照群体提供的信息权威性越高,消费者对此信息的依赖程度就越强。

第二,规范性影响。这是指个人接受群体的价值观和行为方式后可以获得奖赏或避免惩罚。由于消费者不想让自己的行为与群体相悖而使自己疏远于这个群体,为了保持与群体的一致性,从而采取购买行为。

第三,价值表现影响。这是指无须任何奖惩,个人就会接受和仿效群体的价值观和行为方式。参照群体为消费者展示出新的生活方式和行为模式,从而引起消费者效仿,或对某些产品的态度发生改变。

一些企业可以通过口碑营销和在线社会网络对相关群体的影响进行营销。口碑营销就是用征募或制造出意见领袖作为"品牌大使"的方法来宣传公司的产品。意见领袖是在一个群体内,由于具有特殊的技能、知识、个性或者其他特征而能够对其他个体施加社会影响的那些人,在社交网络上也被称为"网络红人"(网红),而"意见领袖"或"网红"的拥护者被称为"粉丝"。

在线社交网络是人们在线进行社会互动、交流信息和观点的地方,包括博客、微博等社交网站以及整合网络世界,如 Facebook、Twitter、新浪微博、腾讯 QQ 和微信等,营销者必须利用这些社交网络以及其他"网络力量"的机会来推销他们的产品,建立更进一步的消费者关系。例如,自 2007 年 1 月以来,美国的苹果公司通过与苹果相关的非官方博客,发布与苹果手机相关的信息,吸引疯狂粉丝(果粉)去挖掘、传播。在粉丝的推动下,各大互联网站和媒体也主动对苹果手机的资料进行传播,使得关注苹果手机的消费者越来越多,购机热潮持续不断,推动苹果手机成为流行时尚。

思维拓展

一个网红一年卖27亿!网红经济背后的营销"套路"是什么?

(2) 家庭。

家庭是以婚姻、血缘和有继承关系的成员为基础形成的一种社会单位。父母和子女是家庭的基本成员。大部分的消费行为是以家庭为单位进行的,因此,对个人消费者来说,家庭是最具影响力的参照群体。具体说来,婚前与父母组成的家庭潜移默化地影响着消费者的消费行为,婚后与配偶、子女组成的家庭对消费者的日常购买行为有更直接的影响。婚后家庭是社会中最重要的消费者购买单位,也是市场营销人员的研究重点。

夫妻二人购买决策权的大小取决于家庭的生活习惯、内部劳动分工、收入、受教育水平及产品种类等。家庭的购买决策大致分为四种类型:

① **丈夫支配型**。这是指家庭购买决策权掌握在丈夫手中。

② **妻子支配型**。这是指家庭购买决策权掌握在妻子手中。

③ **各自做主型**。这是指每个家庭成员对自己所需的商品可独立做出购买决策,其他人不加干预。

④ **共同支配型**。这是指大部分购买决策由家庭成员共同协商做出。

(3) 角色和地位。

角色是社会期望个人所承担的活动,每个角色都有相应的地位。一个人在一生中会从属于许多群体,每个人在各群体中的位置可由角色和地位来确定。消费者所扮演的每种角色都在不同程度上影响着其购买行为,不同角色的特征取决于消费者所处的环境及与之交往的人群。一个人由不同角色身份构成,并在给定时间里有不同的主导角色身份。以某公司的总裁为例,在公司里,他的角色是管理者;在家庭里,他的角色是妻子的丈夫和孩子的父亲。同时,每一种角色都伴随着一种社会地位,这一地位反映了社会对个人的总评价。产品和品牌都可能成为地位的象征,人们往往倾向于选择与自己的社会角色和地位相符的产品。地位标志又随着不同阶层和地理区域而有所变化。

3. 个人因素

个人因素是指消费者的经济条件、生理、个性、生活方式等对购买行为的影响。

(1) 经济因素。

经济因素指消费者可支配收入、储蓄、资产和借贷能力。经济因素是决定购买行为的首要因素,决定着能否发生购买行为以及发生何种规模的购买行为,决定着购买商品的种类和档次。在现实生活中,作为一个消费者,收入总是有限的,面对众多的商品,消费欲望和实际收入的矛盾使人们在购买时非常慎重。多数消费者在购买满足日常基本消费需要的商品时是理智的,即他们遵循的是"最大边际效用"原则。消费者会根据自己的愿望和收入状况,根据所获得的市场信息,去购买那些能使自己得到最大效用的东西。

(2) 生理因素。

生理因素指年龄、家庭生命周期、性别、体征(高矮胖瘦)、健康状况和嗜好(如饮食口味)

等生理特征的差别。生理因素决定着对产品款式、构造和细微功能有不同需求。比如儿童和老年人的服装要宽松,穿脱方便;身材高大的人要穿特大号码的鞋;病人需要药品和易于吸收的食物;儿童吃药看口感,大人吃药看疗效等。

(3) 个性。

个性是指在一定的社会条件和教育影响下形成的一个人的比较固定的心理特征。个性导致一个人对其所处环境的相对一致和持续不断的反应。一个人的个性影响着消费需求和对市场营销因素的反应。消费者的个性差异影响他们对产品和劳务的看法与购买行为,如外向型及顺从型者较易改变态度,内向型及独立型不易改变态度,理智型善于通过认识因素形成态度,意志型易于通过目的的明确而形成态度,情绪型易受情感因素的影响而改变或形成态度。

知识链接

按个性划分购买者类型

一是习惯型。忠于某一种或某几种品牌,有固定的消费习惯和偏好,购买时心中有数,目标明确。

二是理智型。做出购买决策之前经过仔细比较和考虑,胸有成竹,不容易被打动,不轻率做出决定,决定后也不轻易反悔。

三是冲动型。易受产品外观、广告宣传或相关人员的影响,决定轻率,易于动摇和反悔。这是促销过程中可大力争取的对象。

四是经济型。特别重视价格,一心寻求最经济合算的商品,并由此得到心理上的满足。促销中要使之相信,他所选中的商品是最物美价廉、最合算,要称赞他是很内行的、很善于选购的顾客。

五是情感型。对产品的象征意义特别重视,联想力较强,如我国广东省一带的消费者春节期间特别喜欢买发菜,就是取其"发财"的谐音。

六是年青型。年青的、新近才开始独立购物的消费者,易于接受新的东西,消费习惯和消费心理正在形成之中,尚不稳定。

营销者应了解自己目标市场的消费者属于哪种类型,然后有针对性地开展促销活动。

(资料来源:吴晓云.市场营销学.北京:高等教育出版社,2017.)

(4) 生活方式。

生活方式是人们根据自己的价值观念安排生活的模式,表现在他们喜欢从事的活动、兴趣、对问题的看法和花费时间的方式等方面。例如,有的家庭主妇宁愿省下买菜的钱买来鲜花摆放在家里,有的则把买鲜花的钱用来买菜。生活方式的不同提示企业在设计产品和广告时应明确针对某一生活方式群体进行诉求。以前收入决定了多数中国消费者的消费模式是数量重于质量。随着经济的增长,产品极大丰富,面对一个供应相对充裕的市场,大多数消费者已能获得所需的产品,价值观和消费行为也发生了改变,特别强调商品质量以及产品的设计、式样和特色。另外,人们的工作压力加大,业余活动更为丰富多彩,决定了他们不可能像以前一样对逛商店充满兴趣,采购时间大大减少。在这种情况下,商店的便利、商品品种的齐全,以及突出、醒目的商标愈来愈发挥着更大的作用。

知识拓展

消费者生活方式研究法——AIO分析法

1. 活动分析

分析消费者日常参与的活动(Activities),了解消费者如何打发时间,掌握消费者的实际行为状况,如消费者从事什么工作,在何处工作,每周工作多少小时,通常在何处吃饭,吃些什么,有何休闲娱乐,有何业余嗜好,参加什么体育活动,参加何种群众团体,通常在何处购物,买些什么,用什么品牌的商品,等等。

2. 兴趣分析

分析消费者对事物的兴趣(Interests),了解消费者的理想意愿、欲望目标,掌握消费者的偏好和优先考虑的事情,如消费者最爱看哪种类型的电视,习惯阅读哪类杂志,最爱读谁的小说,最爱吃哪种食品,最欣赏哪种类型的英雄人物,最喜欢的谈话主题是什么,最能接受哪种类型的服饰,等等。

3. 意见分析

分析消费者对事情的意见(Opinion),了解消费者对各种各样的商品服务是如何感知的,掌握消费者的思想方法,所认同的见解及价值观,如消费者相信"诚实"是一种美德吗,消费者对政治经济、文化教育、商品服务的意见和看法是什么,等等。

(资料来源:吴晓云.市场营销学.北京:高等教育出版社,2017.)

4. 心理因素

消费者的购买行为受到动机、认知、学习以及信念和态度等主要心理因素的影响。

(1) 动机。

动机研究是回答消费者为什么会购买,以及为什么会从众多商品中选购某种品牌的问题。

心理学家曾针对购买动机提出过多种动机理论,其中最流行的有三种:西格蒙德·弗洛伊德的精神分析理论、弗雷德里克·赫茨伯格的双因素理论和亚伯拉罕·马斯洛的需求层次理论。

① 西格蒙德·弗洛伊德的精神分析理论。

弗洛伊德的动机理论的核心是"潜意识"学说,即消费者面对具体产品时,不仅会对产品的使用功能做出反应,还会对它的一些暗示做出反应。如果某消费者要买一台笔记本电脑,他也许会称自己的动机是为了更好地工作、发展自己的事业,但进一步分析的话,他购买笔记本电脑也可能是为了向他人显示自己的才华或体现自己的精明和老练。

② 弗雷德里克·赫茨伯格的双因素理论。

赫茨伯格提出来的一个重要观点是,满意与不满意是两类不同性质的事物,他认为一种事物当它存在时可以引起满意,当它缺乏时,不是引起不满意,而是没有满意。根据这个理论,在产品中同样存在两个因素:保健因素和激励因素。保健因素是商品的质量、性能、价格,如保健因素得不到满足,消费者会不满意;激励因素是魅力条件,是产品能够使消费者满意的因素。该理论给予营销者的启示是：不仅要尽最大努力去消除影响购买者的各种不满意因素，还要尽最大努力去提供令购买者满意的魅力因素，这样才能有效地激发、诱导消费者购买行为的发生。

③ 亚伯拉罕·马斯洛的需求层次理论。

需要(需求)层次理论是美国著名心理学家马斯洛经过二十多年的研究创立的学说。由于这个学说在理论研究和实际运用方面都有重要意义，所以在西方国家，需要(需求)层次理论已被广泛接受和传播。马斯洛认为人的需要有五个基本层次，且由低到高依次排列为生理需要、安全需要、社交需要、尊重需要和自我实现需要，如图3-5所示。

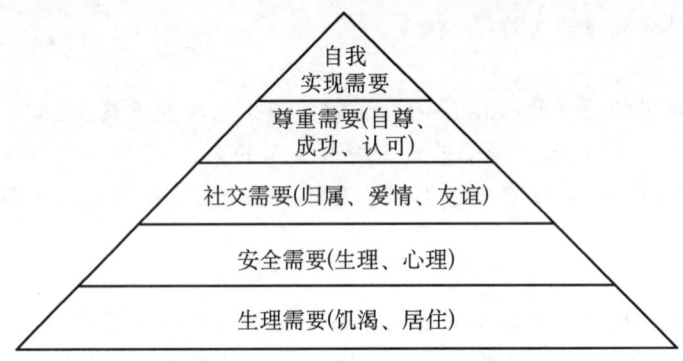

图3-5 马斯洛需要(需求)层次理论

通常低层次的需要相对满足之后，才会向更高一个层次发展；且高层次的需要发展之后，低层次的需要仍然存在，只是对人的行为影响比重减轻而已；营销并不能创造需要，只是通过刺激使人意识到某种需要，也即使某种需要由潜在上升到显在状态。

马斯洛的需求层次理论对理解消费者行为动机和企业开展经营活动具有非常重要的实践意义。例如，根据购买者不同的需求层次，可以将市场细化为若干子市场，生产和出售适合不同层次消费者需要的不同档次、不同质量的商品。

应用案例

有情感的鞋

美国麦尔·休·高浦勒斯制鞋公司经过市场了解，发现美国市场人们购买鞋子的目光已不仅仅停留在"质优价廉"上，更多的是需求能体现和寄托消费者自我情绪的个性、情感型产品。于是，该公司设计员便发挥想象力，设计能激发人们购买欲望、引起感情共鸣的鞋子，并有意赋予鞋子以不同个性的情感色彩，如男性情感、女性情感、优雅感、野性感、轻盈感、年轻感等，此外，他们还费尽心机地给鞋子起了一个个稀奇古怪的名字，如"笑""愤""怒""爱情"等，充分满足消费者的情感需求，麦尔·休·高浦勒斯制鞋公司也借此创造了巨额利润。

(2) 认知：感觉和知觉。

认知包括两个阶段：感觉和知觉。感觉是人脑对当前作用于感觉器官的客观事物的个别属性的反应。比如，一份比萨，有香味、颜色、软硬、重量、大小、干湿等多方面的属性，当它摆在我们面前的时候，它的各种属性就分别作用于相应的感觉器官，并使人脑对这些个别属性进行反应,如眼睛看到颜色和外形,鼻子闻到香味,舌头尝到滋味,手摸到软硬、干湿等,这些都是感觉。

知觉是人脑对直接作用于感觉器官的客观事物的各个部分和属性的整体反应。人们往往会对同一刺激物产生不同的知觉,这是因为人们会经历三种知觉过程,即选择性注意、选择性扭曲、选择性保留。① 选择性注意。这是指在众多信息中,人们易于接受对自己有意义的信息以及与其他信息相比有明显差别的信息。比如,一个打算购买摩托车的人会十分留意摩托车信息而对电视机信息并不在意,消费者会注意构思新奇的广告而忽视那些平淡的广告。② 选择性扭曲。这是指人们将信息加以扭曲使之符合自己原有的认识,然后,加以接受。由于存在选择性扭曲,消费者所接受的信息不一定与信息的本来面貌相一致。比如,某人偏爱苹果手机,当别人向他介绍其他品牌手机的优点时,他总是设法挑出毛病或加以贬低,以维持自己固有的"苹果手机最好"这种认识。③ 选择性保留。这是指人们易于记住与自己的态度和信念一致的信息,忘记与自己的态度和信念不一致的信息。比如,某人对自己家中使用的荣事达洗衣机非常欣赏,听到别人谈论荣事达洗衣机的优点时会记得很清楚,而当别人谈论他不欣赏的其他品牌洗衣机优点时则容易忘记。

营销者的任务就是设法突破牢固的知觉壁垒,引起消费者注意,使其产生购买欲望,继而激发其产生兴趣,并不断刺激强化其对商品的记忆,直至最终诱使其采取购买行动。

(3) 学习。

学习是由经验(自己的或他人的)引起的个人行为的改变。人类行为大多来源于学习,学习论者认为,一个人的学习是通过驱动力、刺激物、诱因、反应和强化的相互影响而产生的。例如,某消费者有提高英语水平的驱动力,当这种驱动力被引向一种刺激物,如新东方培训时,就成为一种动机,该动机在接触到有关新东方培训的广告、文章或成功案例时,必然会做出相关的反应,如参加还是不参加培训,还是先培训一期,再视效果决定要不要接着报第二期。如果参加一期培训后效果明显,感到满意,他就会继续强化他的反应,购买同一地点、同一机构的培训;反之,则会放弃继续参加培训。

消费者学习的类型有以下三种:

① 模仿式学习。通过获取信息、模仿,结果是摒弃旧的消费方式,建立新的消费方式。各种媒体有关产品及产品使用方法的介绍,让消费者更多地了解和学习产品信息。

② 反应式学习。通过外界信息和事物的不断刺激,形成一种反应,并通过感观与体验为消费者所接受和学习,促使其进行购买。

③ 认知式学习。通过对前人经验的总结和学习,辅之以复杂的思维过程,用自己的学识和辨别能力对付不断面临的购买决策过程。消费者都有通过观察他人行为如何被强化而间接学到知识的能力。企业往往通过宣传使用与不使用他们的产品会怎么样来达到营销的效果。例如,香水制造商在一个香水的广告中形容一位女士被一大群追求者包围的情景,这些人为该女士使用该产品提供了正面的强化,也对视听者产生影响。

对营销人员来说,可以通过把学习与强烈驱动力联系起来,运用刺激性暗示和提供强化等手段来建立对产品的需求。例如,一家外资连锁超市在刚进入某个城市市场时,先是不定期地在当地报纸上或者借助当地报纸的发行网络散发"特价"商品的目录广告,在给当地居民留下它会经常不定期推出特价商品的印象后,就不再专门做类似的广告,但它的降价促销活动仍然不定期地举行,结果,许多消费者便经常光顾这家超市,希望能买到特价商品,但事实上他们更多的是购买了非特价商品。

(4) 信念和态度。

人们通过实践和学习获得了自己的信念和态度,它们反过来又影响着人们的购买行为。信念是指人们对事物所持的描述性思想。对企业来讲,信念构成了产品的品牌形象,人们是根据自己的信念行动的,错误的信念会阻碍消费者的购买行动,企业应通过促销活动来树立消费者对产品和品牌的信念。

① 信念。即一个人对某些事物所持有的描述性思想。企业非常关注人们头脑中对其产品和服务所持的信念,信念树立起产品和品牌形象。人们是根据自己的信念做出行动的。例如,在全球具有代表性的商品:日本的汽车和电子产品;美国的高技术产品;法国的香水、酒、奢侈品。当一个公司的产品有竞争性的价格但是原产地被消费者拒绝时,可选择:一是公司与有美誉的外国公司合作生产;二是聘用名人认可产品,如耐克公司利用篮球明星迈克尔·乔丹开展促销活动。

② 态度。即一个人对某些事物或观念长期持有的好或坏的认识上的评价、情感上的感受和行动倾向。人们几乎对所有事物都持有某种态度。观察和了解消费者的态度,对于企业的营销管理人员来说非常重要。因为,消费者的个人态度往往影响到他们购买的商品和品牌,关系到他们的需要是否能够通过这些产品的使用得到满足。消费者还会以使用的经验作为评价商品的标准之一,决定是否有必要更改原先的态度,从而影响到下一次购买商品的决策。

3.1.5 消费者购买决策过程

消费者购买决策是影响消费者购买行为的外在表现,不同的购买决策类型导致消费者购买决策过程存在差异。

1. 消费者购买决策行为类型

消费者的购买行为会因为其购买产品或品牌的不同而存在着很大的差异,比如牙膏与手机的购买行为就有很大的不同。消费者在购物时因先前的经验、兴趣、风险的知觉、情境和自信心不同,参与程度也存在着差异。根据欲购买的产品的差异度和消费者在购物时的参与程度(花费的时间与精力)的不同,消费者购买行为可以分为四种类型,如表3-2所示。

表3-2 消费者购买行为类型

产品差异度 \ 参与程度	高	低
大	复杂性购买	多样型购买
小	减少失调型购买	习惯型购买

(1) 复杂的购买行为。

当消费者选购价格昂贵、购买频率低、性能缺乏了解的商品时,为慎重起见,他们往往需要广泛地收集有关信息,并经过认真的学习,产生对这一产品的信念,形成对品牌的态度,并慎重地做出购买决策。

(2) 减少失调感的购买行为。

当消费者高度参与某项产品的购买,但又看不出各厂牌有何差异时,对所购产品往往产生失调感。为了改变这样的心理,追求心理的平衡,消费者广泛地收集各种对已购产品的有利信息,以证明自己购买决定的正确性。

(3) 习惯性的购买行为。

消费者低参与并认为各品牌之间没有什么显著差异,就会产生习惯性购买行为。习惯性购买行为是指消费者并未深入收集信息和评估品牌,只是习惯于购买自己熟悉的品牌,在购买后可能评价也可能不评价产品,消费者出于习惯购买某一商品。

(4) 多样性的购买行为。

消费者属于低参与并了解现有品牌和品种之间具有的显著差异,则会产生寻求多样化的购买行为。寻求多样化的购买行为指消费者购买产品有很大的随意性,并不深入收集信息和评估比较就决定购买某一品牌,在消费时才加以评估,但是在下次购买时又转换其他品牌。

2. 典型的消费者购买决策过程

不同的购买类型反映了消费者购买过程的差异性或特殊性,但是消费者的购买过程也有其共同性或一般性。营销学者对消费者购买决策的一般过程做了深入研究,提出若干模式,采用较多的是五阶段模式,如图 3-6 所示。

认识需要 > 收集信息 > 选择评价 > 决定购买 > 购后行为

图 3-6 消费者购买决策过程

这个购买过程模式适用于分析复杂的购买行为,因为复杂的购买行为是最完整、最有代表性的购买类型,营销人员注意购买过程的各个阶段而不是仅仅注意销售。

(1) 认识需要。

确认需要是消费者购买决策过程的起点。消费者需要既可以是内在刺激因素所引发的,如因饥饿而引发购买食品,也可以是由外部条件刺激所诱生的,如看见楼宇广告中诱人的食品而购买,路过水果店时看到新鲜的水果而购买等。企业应注意识别引起消费者某种需要和兴趣的环境,充分了解与本企业产品有关联的驱使力,善于安排诱因,促使消费者对企业产品产生强烈的需求并采取购买行动。

(2) 收集信息。

当消费者产生了购买动机之后,便会注意收集与需求相关的信息,以便进行购买决策。消费者信息的来源主要有以下四个方面:

① 个人来源。从家庭、亲友、邻居、同事等个人交往中获得信息。这是最可靠的、最让消费者信任的信息来源。

② 商业来源。包括广告、推销人员的介绍、商品包装、产品说明书等提供的信息。这是途径最正式、信息量最大的来源。

③ 公共来源。消费者从电视、广播、报纸杂志等大众传播媒体上所获得的信息。这是最具权威性、消费者也比较认可的信息来源。

④ 经验来源。消费者从自己亲自接触、使用商品的过程中得到的信息。这是最直接、最具促销作用的信息来源。

(3) 选择评价。

心理会计机制是指消费者在进行产品、品牌等选择与购后评价时所遵循的一种内隐心理运算规则。这种规则因产品类型、消费者的不同而不同。

消费者在信息处理的基础上形成了自己期望的"理想产品",即建立了理想产品所具有的属性并基于对各属性的重视程度赋予相应的权重,消费者以理想产品为标杆对各备选品牌进行评估。通常,消费者选择与理想品牌最为接近的备选品牌为最终购买对象。但在现实生活中,由于消费者不愿意花太多的时间对备选品牌做过多评价,往往采用简化了的品牌选择规则来确定最终购买对象。品牌选择规则因消费者、产品、市场特性等方面的不同而不同。

表3-3显示了购买对象的确定过程,即某一消费者所期望的理想数码相机以及对三个备选品牌属性的评分情况。显然,若按照理想品牌规则,消费者应该选择品牌C,因为消费者对其价值认知最高($0.1 \times 8 + 0.2 \times 7 + 0.3 \times 9 + 0.4 \times 4 = 6.5$),但若依据简化的品牌选择规则,最终购买对象就不见得是品牌C。

表3-3 选择评价购买对象示例(数码相机)

理想产品		备选品牌A	备选品牌B	备选品牌C
属性	权重			
相机尺寸	0.1	10	6	8
画质像素	0.2	5	3	7
内置PS功能	0.3	5	6	9
价格	0.4	7	7	4
价值认知		6.3	5.8	6.5

注:对备选品牌属性的评分范围从1到10,10为最高分,但对价格的评分相反,10表示最低价格。

① 多因素联结规则。在消费者理想品牌的属性框架下,消费者会为各属性确定一个可接受水平,最终确定的购买对象则是那个所有属性都满足可接受水平的备选品牌。可接受水平是消费者对各备选品牌的属性符合其期望水准程度的赋值。在表3-3中,若消费者将这个可接受水平设定为5,最终购买对象为品牌A。

② 单因素分高规则。消费者先选出非常重要的一个或几个属性并为其确定一个可接受水平(通常,所设定的可接受水平要比多因素联结规则高),选出满足这种可接受水平的备选品牌。在表3-3中,若消费者将较为看重的价格(权重为0.4)与内置PS功能(权重为0.3)的可接受水平设定为6,那么最终购买对象就是品牌B。

③ 词典编纂式规则。该规则类似于编纂词典所采用的词条排序法,即消费者先将所看重的属性按照其重要性(即权重)依次排序,依据顺序进行备选品牌的比较,评分最高的备选品牌即为购买对象;若得分相同,则在下一个属性上进行评分比较。在此规则下,在表3-3中,消费者将首先排除品牌C,再排除品牌A,品牌B为购买对象。

④ 接序排除式规则。消费者先将所看重的属性按照其重要性(即权重)大小排序,并为每属性规定一个可接受水平,然后依据属性排序,对应分别设定的可接受水平依次排除不能满足可接受水平的备选品牌。在表3-3中,若消费者将价格属性的可接受水平设定为6,品牌C首先被排除;在权重第二的内置PS功能属性上以5为可接受水平,无品牌被排除;画质像素以5为可接受水平,品牌A则为最终购买对象。

(4) 决定购买。

消费者经过对产品评估后就会形成一种购买意向,但不一定导致实际购买。企业要真

正将购买意向转为购买行动,还要注意以下两个因素的影响:

① 他人的态度。消费者的购买意图会因他人的态度而增强或减弱。例如,丈夫想买一台大屏幕的彩色电视机,而妻子坚决反对,丈夫就极有可能改变或放弃购买意图。

② 意外的情况。消费者购买意图的形成与预期收入、预期价格和期望等因素密切相关,如因失业而减少收入或因产品涨价而无力购买等,会使消费者改变原有的购买意图。

(5) 购后行为。

购买后的满足程度取决于购买前期望得到实现的程度。消费者购买商品后,通过使用和他人的评价,会对所购买的商品产生某种程度的满意或不满意,这将影响到其以后的购买行为。企业应尽量减少购买者购后不满意的程度,如在做产品宣传时要实事求是、加强售后服务等以增加消费者的满意感。

3. AIDA 模式消费者购买决策过程

典型的消费者购买决策过程适宜购买参与程度高的理智型顾客,爱达(AIDA)模式则比较适宜于购买参与程度低的情感型顾客。爱达模型达成购买行为有四个步骤,如图 3-7 所示。

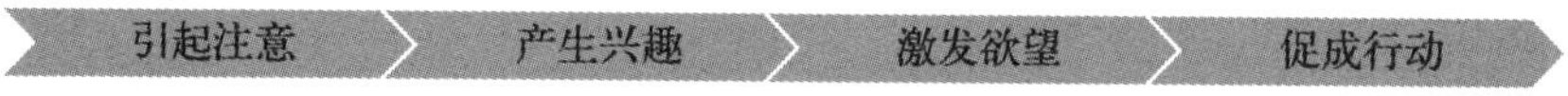

> 引起注意 > 产生兴趣 > 激发欲望 > 促成行动 >

图 3-7 爱达模式消费者购买决策过程

爱达模式的具体含义是指一个成功的营销必须把顾客的注意力吸引或转变到产品上,使顾客对推销人员所推销的产品产生兴趣,这样顾客欲望也就随之产生,尔后再促使采取购买行为,达成交易。

A:Attention(注意),这期间终端销售方会以广告、用户体验等形式让消费者了解其商品,当然如果其商品无人问津,那消费者们就都是不知情者。

I:Interest(兴趣),当消费者愿意接受销售方通过演示或展示、讲解商品,让消费者进一步了解商品,从而让其感兴趣。到此阶段为止,消费者仍属被动了解者。

D:Desire(渴望),如消费者开始对该商品、终端公司提出问题,即表示消费者已经成为主动了解者,此时销售人员需积极获取其信任,并激发消费者的消费欲望。

A:Action(购买行动),当消费者的经济能力足够负担并有强烈的消费欲望时,才会采取购买行为以采购其心仪的商品。此时消费者变为主动购买者。

4. 互联网时代——AISAS 模型消费者购买决策过程

AISAS 模式是针对互联网与无线应用时代消费者生活形态的变化,而提出的一种全新的消费者行为分析模型。即:Attention——引起注意、Interest——产生兴趣、Search——信息搜索、Action——购买行动、Share——网络分享。强调各个环节的切入,紧扣用户体验。

AISAS 模型是对 AIDA 模型的发展,其前两个阶段和 AIDA 模型相同,第三阶段为主动进行信息搜索,第四阶段为实现购买,最后一阶段为分享。而其中搜索与分享体现了互联网时代与之前传统媒体时代的本质差别,是造成网络时代消费者行为变化的主要原因,也是 AISAS 模型的核心。该模型示意图见图 3-8。

> 引起注意 > 产生兴趣 > 信息检索 > 购买行动 > 网络分享 >

图 3-8 AISAS 模型消费者购买决策过程

对企业而言,根据互联网时代消费者决策机制的不同,在不同阶段也有不同的工作目标。首先在 A-I 阶段,企业的主要目标是通过线上线下的宣传寻找价值客户以及传达价值主张。企业可以通过对自己产品和服务的宣传来细分市场,借助社会化媒体工具进行内容营销,来维系良好的客户关系。其次在 S-A-S 阶段,企业的主要目标则是建立价值网络。互联网时代的消费者自主性、差异性特征明显,企业通过社会化媒体平台,建立一个消费者内部品牌社区就显得极为重要,贴吧、社区以及自媒体等都是企业进行网络营销的重要战略平台。例如,小米的米粉社区、微信公众号小米之家等,都提供给消费者直接交流的平台,增加了企业与消费者之间的黏性。在这些社会化媒体平台的管理中,企业必须注意提高自身的运作透明度,拉近与消费者的距离,积极举办线上线下活动,提高消费者的参与度,同时要建立一套完备的反馈机制,以便及时地听取消费者建议并在第一时间提出解决方案。

知识链接

2019 全球 10 大消费趋势:消费者行为颠覆全球商业

3.2　组织购买行为分析

3.2.1　组织市场及其特征

1. 组织市场的含义

在组织市场中,购买主体是组织机构,包括各类企业、公司、政府和非营利性组织等;购买的对象主要是生产性用品,也有部分消费者所熟悉的消费性用品被各科组织机构用于办公需要而采购;购买的目的则很复杂,有的是为了满足生产的需要,有的是为了转卖或出租,有的是为了履行组织职能等。工厂采购生产所需的原料和材料、商场采购和补充货源、政府招标采购办公设备和办公用品等,都属于组织市场中的购买行为。组织市场的"购买"在营销实战中又常称"采购"。

根据以上分析,我们对组织市场的定义是:组织市场就是各种组织机构以生产或转卖手段谋求营利为购买目的和以履行组织职能为购买目的而形成的市场。组织市场是市场营销的一个重要市场领域与重要战场,企业也必须高度重视,有些企业甚至完全定位于为组织市场服务。在营销实战中,企业针对组织市场的营销,又被称为 B2B 营销(Business to Business Marketing)。

2. 组织市场的分类

组织市场是一个庞大的市场,对组织市场进行分类研究,有利于企业具体掌握各种组织市场的特征和规律,分别制定和实施具有针对性和实效性的营销战略与策略。组织市场按照购买行为主体身份,分为生产者市场、中间商市场、政府市场和非营利组织市场四种类型。组织市场的类型可以通过图 3-9 进行概括。

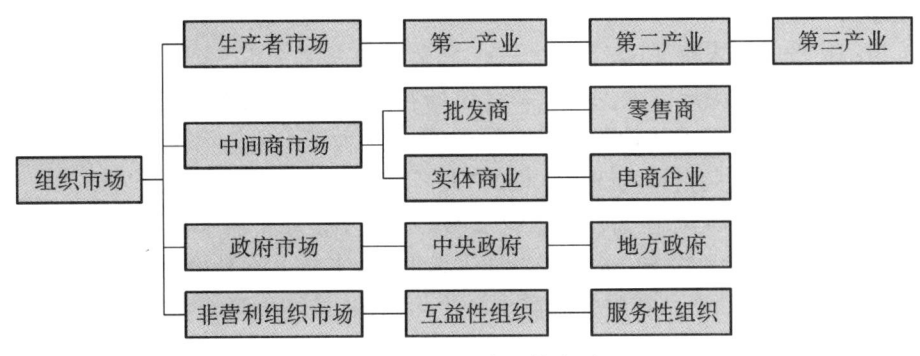

图 3-9 组织市场的类型

(1) 生产者市场。

在这一类市场中,购买主体具有生产者的身份,他们采购产品或服务的目的是为了生产出自己的产品并通过自身产品销售或租赁的方式获取经济效益,因此生产者市场又被称为产业市场。生产企业购买设备、原料、部品、材料以及招聘新员工(购买劳动力)等,都属于生产者市场中的采购行为。他们采购的产品与他们销售的产品,由于经过了生产或加工,在实物形态上已经明显不同。生产者市场的采购者,来自农业等第一产业、制造业等第二产业和服务业等第三产业。

(2) 中间商市场。

在这一类市场中,购买主体具有中间商的身份,他们采购产品的目的主要是为了转卖以获取进销差价所形成的利润。与生产者市场不同,中间商市场采购的产品与销售的产品,没有实物形态的改变,因为他们没有对产品进行加工制造,最多不过是对所采购的产品进行简单的分装。根据转卖的规模与对象,中间商市场可以分为大规模转卖给其他商业机构的批发商和小规模转卖给消费者的零售商。根据转卖的地点与方式,可以分为消费者到固定地点购买的实体商业和消费者通过网络购买而无须到固定地点购买的电商企业。

(3) 政府市场。

在这一类市场中,采购主体是各级政府机关及其设立的采购机构。政府采购产品或服务的目的是为了履行政府的公共服务职能。为了向国民提供国土安全、社会治安、国民教育、公共卫生等基本公共服务,政府需要采购武器装备、投资基础设施建设和公共事业建设、提供公共产品和公共服务,因而会使用财政收入进行政府采购。政府为了塑造和传播政府形象,开展政府营销活动,也会开展投资与采购行为。例如,为了办好 2008 年奥运会,我国政府进行了大量的采购工作,从体育馆场的建设到比赛设备的采购,甚至志愿者的帽子和标识都要立项招标采购,开幕式上让所有观礼者都印象深刻的烟花也是采购自国内知名的烟花厂商。

(4) 非营利组织市场。

在这一类市场中,购买主体本身是一些非营利组织,层次上有全国性组织和地方性组织之分,性质上则有宗教组织、学术组织、慈善组织、艺术组织和环境保护组织之别。非营利组织市场不以营利为目的,具有志愿性、公益性或互益性。这些组织要维持正常运作,同样需要从外界购买产品和服务,但市场规模不是很大。

3. 组织市场的特征

(1) 组织市场的需求特征。

① 购买主体少，购买规模大。与消费者市场相比，组织市场中的购买主体都是组织机构，数量上显然要少得多，但从购买规模上看，它又远远大于一般的消费者。对于卖方来说，组织市场中的购买者就是营销实践中常说的"大客户"。

② 组织市场的需求是派生需求。组织市场的需求不是原生需求，而是派生需求。组织市场的采购需求 采购什么品种、采购多少和采购时间，本质上不是由其自身单独随意决定的，而是根据消费者对消费品和服务的需求派生出来的，最终由消费者市场的需求品种、需求数量和需求时间决定的。

③ 需求弹性小。组织市场上产品或服务的价格发生较大变动时，短期内采购需求的变化较小。其主要原因是各类组织尤其是生产企业，在短期内难以改变生产规模、生产方式和工艺流程。

④ 需求波动大。组织市场中需求的变化受价格影响小，受消费者需求的影响大。当消费者需求增加一定比例时，会导致生产企业在设备和原材料上追加更大比例的投入，也就是说会带来更多的组织市场需求。

⑤ 购买者在地域上相对集中。由于资源和区位条件等原因，各种产业在地理位置的分布上都有相对的集聚性，所以组织市场的购买者往往在地域上也是相对集中的。例如，中国的重工产业大多集中在东北地区，石油化工企业云集在东北、华北和西北的一些油田附近，金融保险业在上海相对集中，而广东、江苏、浙江等沿海地区集聚大量轻纺和电子产品的加工业。这种地理区域集中有助于降低产品的销售成本，这也使组织市场在地域上形成了相对的集中。一些区域性的生产制造中心正在出现。例如，浙江省的塑料行业及服装行业、广东省的家电行业、山东省的造纸与石化行业，在全国占有很大的市场份额，生产的集中又必然导致市场的集中，这既有利于技术扩散，也有利于降低生产经营成本。

(2) 组织市场的购买行为特征。

组织市场购买行为是指各类组织机构确定其对产品和服务的需要，并在可供选择的品牌与供应商之间进行识别、评价和挑选的决策过程。与消费者市场相比，组织市场的购买行为有以下几个特点：

① 购买决策影响人数较多。由于组织市场具有购买者数量较少、购买规模较大，与消费者市场相比，在组织市场中影响组织购买决策的人较多，大多数组织设有专门的采购委员会，其由技术专家、高层管理人员及相关人员组成。在购买重要商品时，决策往往由采购委员会全体成员共同做出。

② 购买过程复杂。由于购买金额较大，参与者较多，而且产品技术性能较为复杂，组织购买行为过程将持续较长一段时间，几个月甚至几年都有可能。这就使企业很难判断自己的营销努力会给购买者带来怎样的反应。

③ 直接采购。由于是专业性采购，且交易涉及的金额较大，组织购买者通常直接从生产厂商那里购买产品，而不经过中间商，那些技术复杂和价格昂贵的项目更是如此。

④ 互惠购买。由于组织市场购买者处于谈判强有力的地位，可以让卖方做出让步，反过来购买自己的产品。有些情况下，购买者要求卖方反过来购买自己的产品以确保订单的安全。

⑤ 租赁方式广泛存在。许多组织购买者日益转向大设备租赁,以取代直接购买。承租人能得到一系列好处:获得更多的可用资本,得到出租人最新的产品和上乘的服务及一些税收利益。出租人则最终将得到较多的净收益,并有机会将产品出售给那些无力支付全部货款的顾客。

⑥ 购买具有重复性和周期性。由于组织市场的生产或组织活动具有持续性和循环性,因而组织市场的购买行为也是具有重复性和周期性的,尤其是生产者市场和中间商市场,购买的周期性更为明显,并且周期和批量的选择对于成本的控制和效益的保障非常重要。

3.2.2 生产者市场购买行为

在组织市场中,生产者市场的购买行为与购买决策具有典型的代表意义。生产用品供货企业不仅要了解购买者是谁和生产者市场的特点,而且要了解参与产业购买决策过程的人有哪些,他们在购买决策过程中充当什么角色、起什么作用。换言之,就是要了解其顾客的购买行为、购买决策参与者及相关影响因素。

1. 生产者市场购买对象

(1) 原材料和标准件。原材料既包括农产品、林产品、石油、矿石等基础工业产品,也包括钢材、铜、铝等金属材料,水泥、塑料等非金属材料,硫酸、盐酸等化工材料;标准件是指按国家标准生产的零件。由于生产来源相对集中,而且在规格、质量等方面较为统一和标准化,因此原材料和标准件的价格在各供应厂家之间相差不大,除初次采购外,过程相对简单,重点在供应的保障性。

(2) 零部件。零部件是构成产品的直接组成部分,不需要进行再加工,大多数零部件为了配合成品是需要定制的。由于不同制造商提供的零部件存在较大差异,因此采购决策的重点在于匹配性,如发动机、变速箱等。零部件的标准化程度是决定行业生产方式的重要因素,零部件标准程度越高,行业专业分工越细,竞争越激烈,技术发展越快。例如,计算机、手机等电子产品行业零部件高度标准化,几乎所有重要零部件、软件都由专业厂商提供。

(3) 主要设备。主要设备是构成主要生产过程的设备,通常价格昂贵、更新周期长。主要设备规定了企业产品的生产方式,是保障企业产品性能、质量的关键,通常以定制的方式采购,供应商的技术实力、运送、安装、售后服务是影响销售的主要因素。

(4) 附属设备。附属设备是指用于支持和辅助制造所需的各种机器设备,通常这种设备的价格较低,有统一的规格,附属设备属于标准化产品,使用寿命也较短,采购决策过程通常比较简单,也很容易从几家相互竞争的厂家选择购买,价格竞争起到一定的作用。

(5) 系统解决方案。对于企业而言,系统解决方案是一个非常广泛的概念,从信息化解决方案(如 ERP、CRM)到劳务解决方案(如劳务外包)、合作研发,企业越来越多地将非核心业务通过外包的方式获得解决。与企业其他采购对象不同,系统解决方案通常是一个过程,是标准化和个性化的综合。采购行为的结束并不意味着服务活动的终止。系统解决方案供应商必须深入被服务对象,了解其流程,提供满足其个性化要求的解决方案。

应用案例

IBM:从硬件制造商到系统解决方案供应商

2011 年 IBM 宣布:其 23% 的收入来自软件,21% 的收入来自硬件,而来自服务的收入已占到5%。这是IBM转型路上的标志性路标。

曾经是硬件制造业的"蓝色巨人",如今是服务行业的"全能大使",IBM这家百年老店的转身堪称企业转型的经典案例。从制造商到服务商,IBM经历文化碰撞、人才流失的转型阵痛,最终破茧成蝶。从"一技之长"到"全能选手",IBM审视未来趋势,权衡整体发展,最终成功突围。从专注产品到随需而变,IBM视客户为中心,转变发展视角,准确抓牢高利润增长点。这种变化中有取有舍有选择,勇敢舍弃,努力取得,IBM发展迭变中蕴含着企业做大做强过程中的取舍智慧。

作为一种无形的劳务形式,由于计算机服务可以不附加在有形产品上,决定计算机服务与其他有形产品相比具有难以量化性。因此,如何确保服务质量,将成为计算机服务商迫切需要解决的问题。IBM设计了"客户的满意度"这一指标来量化虚拟的服务。在提供解决方案及对应软件开发标准方面,IBM一改过去封闭自守的风格,采取开放的姿态,其软件不再受限于自身的硬件平台,在各大商家的产品平台上均可运行。IBM的战略是,将互联网服务器作为主要的工作平台,使所有的IBM系统与其他网络的计算系统无缝地融合在一起。

纵观IBM百年风云路,从70年前的财务处理机、20年前的个人电脑到现在的综合服务,IBM一路快跑,在"蓝色旋风"中诠释企业发展过程中"唯一的不变就是变"这一商业法则。自然,对于IBM而言,现在的成功转型不是终点,而是面向未来市场的全新起点。

(资料来源:IBM:战略转型中的取舍之道,中国石油新闻中心,2013-01-03.)

(6) 办公用品、劳保用品、工具等其他产品。这类产品使用寿命较短,价格较低,购买批量少、次数多,其购买计划完全可通过计算机网络实现自动订货。此类产品使用的单位较多,供应的单位也多,卖方之间的竞争较为激烈。在销售上,价格优惠、数量折扣、按期交货均起作用,中间商扮演了重要的角色。

2. 生产者购买行为主要类型

生产者市场的购买者,或称产业购买者,不是只做一次性的购买决策,而是要做一系列的购买决策。产业购买者行为类型的复杂性决定了产业购买者所做购买决策的数量,以及其购买决策结构的复杂性。生产者购买行为的类型大体有三种,见表3-4。

表3-4 生产者购买行为主义类型的比较

类 型	特 点	营销重点
直接重购	按照以往惯例再行采购	尽力维护产品和服务质量,降低客户重购成本
修正重购	就产品规格、价格、发货条件等加以调整	了解修正原因,掌握新标准,保护自己的份额
全新采购	首次购买某种产品或劳务	全面研究购买决策过程及影响因素,制定策略

(1) 直接重购。

所谓直接重购,是指企业的采购部门或采购中心根据过去和供应商打交道的经验,从供应商名单中选择供货企业,直接重新订购过去采购过的同类产业用品。在这种情况下,列入供应商名单的供应商应尽力保持产品质量和服务质量,并采取其他有效措施来提高采购者的满意程度。未列入名单的供应商要试图提供新产品,或提供某些能令顾客满意的服务,以便使购买者考虑从它们那里采购,同时设法先取得一部分订单,之后逐步争取更多的订货份额。

(2) 修正重购。

修正重购是指企业的采购部门为了更好地完成采购工作任务,适当改变要采购的某些产业用品的规格、价格等条件或供应商。这种行为类型较复杂,因而参与购买决策过程的人数较多。这种情况给"门外的供货企业"提供了市场机会,同时给"已入门的供货企业"造成了威胁。作为"门外的供货企业",应加大沟通和促销力度,开拓新顾客;而作为"已入门的供货企业",则要设法巩固现有顾客,保护既得市场。

(3) 全新采购。

全新采购(简称新购)是指企业第一次采购某种产业用品。新购的成本费用越高、风险越大,那么需要参与购买决策过程的人数和需要掌握的市场信息就越多,这种行为类型最为复杂。因此,供货企业要派出精锐的推销人员小组,向顾客提供市场信息,帮助顾客解决疑难问题。

在直接重购的情况下,产业购买者的购买决策较为简单;而在新购情况下,产业购买者要做的购买决策较多,包括决定产品规格、价格幅度、交货条件和时间、服务条件、支付条件、订购数量、可接受的供应商和选定的供应商等。

知识链接

电子采购

3. 生产者购买决策的参与者

在产业购买中,购买决策的参与者很多,一些重要采购项目尤其如此。除专职的采购员外,其他一些人员也参与购买采购过程。这些人共同构成采购组织的决策单位,即生产者购买决策单位,市场营销学称之为采购中心。在企业的采购中心中通常包括五类成员,见图3-10。

(1) 使用者。使用者即具体使用产业用品的人员。例如,实验室用的电脑,其使用者是实验室的技术人员;复印机的使用者是办公室的秘书。使用者往往是最初提出购买某种生产用品意见的人,他们在计划购买产品的品种、规格决策中起着重要作用。

(2) 影响者。影响者是在企业外部和内部直接或间接影响购买决策的人员。他们通常协助企业的决策者决定所需购买产品的品种、规格等。企业的科研人员或技术顾问是最主要的影响者。

图 3-10 采购中心人员构成

(3) 采购者。采购者是在企业中有组织采购工作(如选择供应商,与供应商谈判等)正式职权的人员。在较复杂的采购工作中,采购者还包括参加谈判的公司高级人员。

(4) 决定者。决定者是在企业中拥有批准购买产品权力的人。在标准品的例行采购中,采购者往往是决定者;而在较复杂的采购中,公司领导人是决定者。

(5) 信息控制者。信息控制者是在企业外部和内部能控制市场信息,使其流向决定者和使用者的人员。例如企业的购买代理商、接待员等。

并不是所有的企业在采购过程中都必须有上述五种人员参与购买决策过程。

4. 影响生产者购买决策的因素

通常,影响生产者购买决策的主要因素有环境因素、组织因素、人际因素、个人因素等(见图 3-11)。

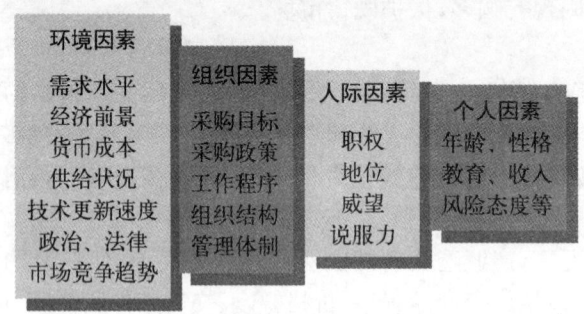

图 3-11 影响生产者购买决策的因素

(1) 环境因素。

环境因素是指影响生产者购买的一切外部因素,主要包括经济状况、社会文化、法律政治、自然环境、技术环境等因素。这些因素影响着生产者市场的整体发展及其购买行为。环境波动时可能给生产者带来意想不到的影响。生产者需要保持对环境充分的估计和对形势的灵活把握,密切关注当前环境状况以及预期的状况,同时监视技术发展和革新、政治法律的调整以及产业和渠道环境等因素,并做出准确及时的应对。

环境的变化影响到生产者购买决策的各个方面。经济发展的不景气,使得消费者需求不足,对产品和服务的需求相应下降,生产者可能由此减少投资,降低购买规模,调整原有计划和库存量;为适应文化、风俗习惯的差异性,特别是在国际营销环境中,生产者会针对不同的文化环境调整其购买行为和决策;政府对某行业的扩张性政策会使相应行业的生产者加大对行业需求技术的购买,从而可能导致采购经理在决策过程中的地位下降而技术人员的作用提升。

(2) 组织因素。

组织因素是指组织内部的各种因素,包括组织的目标、政策、业务程序、组织结构和制度等。这些因素将从组织内部的利益、经营与发展战略等方面影响组织机构购买的决策和行为。

不同类别或同一类别的生产者,他们的组织目标可能有所不同。有的追求较高的市场份额,有的追求当期利润最大化。组织目标的确定会影响到购买人员的购买行为。比如,对于追求成本领先为目标的企业,会对符合本企业要求的尽可能低价的产品感兴趣;而对于追求市场领先为目标的企业,会对技术先进、优质高效的产品感兴趣。生产企业组织规模的大小也影响购买决策过程,规模大的组织通常比较复杂,可能拥有管理、财务等各方面的专家,倾向于集体协商决策,而一些小的组织则可能由个人承担组织购买任务。企业内部成员的构成影响企业文化,如一个软件公司的员工可能大部分是由受过高等教育的技术人才组成,这种成员结构会影响企业文化,进而对购买人员的购买行为产生影响。

此外,生产企业内部采购部门地位的演变和企业的采购方式,影响着其购买决策。激烈的竞争使得许多公司提升了其采购部门的地位,人员素质要求相对较高,采购部门成为更富有挑战性的、以寻求最佳供应商为任务的机构。以往企业的各事业部进行分散采购来完成各自的采购任务,但企业为了控制存货和降低采购成本、强化企业采购力量,决定采用集中采购,集中采购使得企业的购买更专业化、规模化和规范化,企业的业务程序和制度等都对企业的购买决策行为形成某种程度的限制或推动作用,作为供应商必须了解和研究购买者内部的组织因素,尤其是关注某些组织因素的变动,有针对性地做好营销工作,争取更多的市场份额。

(3)人际因素。

人际因素表现为组织内部的人事关系,以采购中心为例,生产资料购买的决定,是由公司各个部门和各种不同层次的人员组成的"采购中心"做出的。"采购中心"的成员由质量管理者、采购申请者、财务主管者、工程技术人员等组成。这些成员的地位不同、权力有异、说服力有区别,他们之间的关系亦有所不同,而且对生产资料的采购决定所起的作用也不同,因而在购买决定上呈现较纷繁复杂的人际关系。生产资料营销人员必须了解用户购买决策的主要人员、他们的决策方式和评价标准、决策中心成员间相互影响的程度等,以便采取有效的营销措施,获得用户的关注。

(4)个人因素。

个人因素包括各个参与决策者的年龄、受教育程度、个性和购买风格等。生产者的购买行为都是在有组织的相互影响的基础上产生的个人行为,由个人确定问题、做出决策和采取行动。虽然产业市场的购买行为是理性活动,但参加采购决策的仍然是一个个具体的人,而每个人在做出决定和采取行动时,都不可避免地受其年龄、收入、所受教育、职位和个人特性以及对风险态度的影响。例如,在各成员重点关注的因素方面,生产人员(使用者)往往主要考虑交货时间和可靠性能;工程技术人员主要考虑有关产品质量的各因素;购买人员往往强调可靠性和价格等,这些因素必然对生产者购买行为产生作用。市场营销人员应该了解采购中心各个成员的性格特点、偏好等个人情况,以便采取"因人而异"的营销措施。

5. 生产者市场购买决策过程

供货企业的最高管理层和营销人员还要了解其顾客购买过程各个阶段的情况,并采取适当措施,满足顾客在各个阶段的需要。生产者市场购买过程阶段的多少,取决于生产者市场行为类型的复杂程度。直接重购通常只需经过说明需求、绩效评价阶段,修正重购则要经过提出需要、确定总需要等阶段,而新购则要经过完整的八个阶段,如表 3-5 所示。

表 3-5 不同类型生产者购买行为经历的购买阶段

购买类型 购买阶段	新 购	修正重购	直接重购
提出需要	是	可能	否
确定需求	是	可能	否

续 表

购买类型 购买阶段	新 购	修正重购	直接重购
说明需求	是	是	是
寻求供应商	是	可能	否
征求意见	是	可能	否
选择供应商	是	可能	否
发出正式订单	是	可能	否
绩效评估	是	是	是

(1) 提出需求。

提出需求是生产者购买决策过程的起点。需求的提出，既可以是内部的刺激，也可以是外部的刺激引起的。内部的刺激，如企业决定生产新产品，需要新的设备和原材料；因存货水平开始下降，需要购进生产资料；因发现过去采购的原料质量不好，需更换供应者等。外部刺激诸如商品广告、营销人员的上门推销等，使采购人员发现了质量更好、价格更低的产品，促使他们提出采购需求。在这个阶段，营销人员应加强推销，经常开展广告宣传、派人访问用户，增强外部刺激、发掘潜在需求。

(2) 确定需求。

生产者认识到某种需求之后，要进一步确定所需产品的品种数量等。简单的采购任务由采购人员直接决定，复杂的采购任务则由采购人员同企业内部的有关人员共同确定。

(3) 说明需求。

确认需求之后，就要对所需产品的规格型号等技术指标做详细的说明，这要由专业人员运用价值分析法进行，即将产品及其配件的功能与各自的成本或费用相对比，得出它们的经济效益。营销人员也要运用价值分析技术，向顾客说明其产品的良好功能。

(4) 寻找供应商。

采购人员通过各种途径搜集有关供应商的信息，排除那些生产能力不足、供货信誉差的企业，而对那些认为合格的供应商则要通过电话、网络查询或登门拜访的方式，进一步了解他们的产品及供货行为，最后确定信誉良好且合乎自身要求的供应商作为备选对象。供应商应努力推出强有力的广告和促销计划，以提高公司的知名度。

(5) 征求意见。

对已物色的多个候选供应商，购买者应请他们提交供应建议书，尤其是对价值高、价格贵的产品，还应要求他们写出详细的说明，对经过筛选后留下的供应商，要他们提出正式的说明。因此，供应商的营销人员应根据市场情况，写出实事求是而又别出心裁、能打动人心的产品说明，力求全面而形象地表达所推销产品的优点和特性，力争在众多的竞争者中胜出。

(6) 选择供应商。

选择供应商的标准包括评估指标、可接受水平、指标权重、选择方法等，供应商评估表如表3-6所示。

表 3-6　××××供应商评估表

评估指标	权　　重	供应商 A	供应商 B	供应商 C
产品价格	0.4	4	1	3
产品质量	0.3	3	4	3
准时交付	0.2	2	3	4
服务意识	0.1	2	4	5
总体得分		3.1	2.6	3.4

注：对备选品牌属性的评分范围从 1 到 5，5 为最高分，但对价格的评分相反，5 表示最低价格。

通常，企业选择产品和供应商的评估指标包括产品性能、产品质量、产品价格、售后服务质量和便利性、技术能力和设备、交货及时性、信誉和信用、付款结算方式、财务状况、地理位置等。不同产品的评估标准与权重也是不一样的，对于常规零配件而言，交货的及时性、产品价格与供应商信誉最为重要；而对于生产装备而言，产品性能、服务质量、价格则较为重要。指标权重是指评估指标对企业的重要性，而可接受水平是企业对各评估指标符合其期望水准程度的赋值。选择方法是企业的评估模式，通常包括综合评价、性能最优、性价比满意等。

综合评价即企业充分考虑各评估指标，以累计供应商在各评估指标上的得分与权重相乘之和作为总体得分，选择大分值为最终供应商。以此为原则，表 3-6 最终确定的供应商应为 C（0.4×3+0.3×3+0.2×4+0.1×5=3.4）。尽管，综合评价原则表面上最为合理，但却隐藏着巨大风险和不经济性。因为评估指标有时往往是互相冲突的，如高性能、高质量与低价格；地理位置与准时交付等。

性能最优即企业只看重产品的质量、品质等属性，但往往会因为性能多余造成经济上的浪费。性能最优原则通常只用于信息不对称程度较高的情况。

性价比满意是指在性能满足使用要求的前提下，选择价格最低的产品或供应商。

（7）发出正式订单。

这是购买决策过程中的实际购买阶段，一般是生产企业将订货单给选定的供应商，在订单上列举技术说明、需要数量、期望交货时间以及退货条款和保证条款等。目前，许多企业普遍采用"一揽子合同"，即生产企业与供应商建立长期供货关系。供应商通过一定方式的承诺，可根据生产企业的需要随时按照原定交换条件供货，这样其产品有了固定的销路，减轻了竞争的压力，而生产企业则减少了多次购买签约的成本，也减轻了库存的压力，加速了资本周转。

（8）绩效评价。

产品购进后，采购者还会及时向使用者了解其对产品的评价，考察各个供应商的履约情况，以决定今后是否继续采购某供应商的产品。考察有两个方面的内容：一方面对购买的工业品的质量要验证，看是否符合明细表和设计图纸的要求；另一方面对所付出的购买金额和差旅费等进行分析，是突破还是节余，查明原因，以决定继续购买还是改换供应单位。为此，供应商在产品销售出去以后，要加强追踪调查和售后服务，以赢得采购者的信任，保持长久的供求关系。同时，对本次购买活动进行总结。

> **应用案例**

同仁堂的采购法

北京同仁堂是中药行业著名的老字号,创建于清康熙八年(1669年)。在300多年的历史长河中,历代同仁堂人恪守"炮制虽繁必不敢省人工,品味虽贵必不敢减物力"的古训,树立"修合无人见,存心有天知"的自律意识,确保了同仁堂金字招牌的长盛不衰,自雍正元年(1721年)同仁堂正式供奉清皇宫御药房用药,历经八代皇帝,长达188年,造就了同仁堂人在制药过程中兢兢业业、精益求精的严细精神。其产品以"配方独特,选料上乘,工艺精湛,疗效显著"而享誉海内外。在300多年的发展过程中,同仁堂积累了许多经商的经验,下面介绍同仁堂采购药材的方法。

河北安国的庙会,是全国有名的药材集散市场。每年冬春两季,各地药农、药商云集于此。北京同仁堂的药材采购员在采购中使用了一连串的技巧,并善于积极反馈信息,所购的药材比别的药店便宜许多。他们一到安国,并不急于透露自己需要采购什么,而是先注意收集有关信息。他们往往开始只是多少购进一点比较短缺的药材,以"套出"一些"信息"。例如,本来需要购进5 000千克黄连,他们往往只买进50千克,而且故意付高价。"价高招商客",外地的药商药农闻讯,便纷纷将黄连运到安国。这时同仁堂的采购员却不再问津黄连,而是大量买进市场上其他滞销的且又必须购买的药材。等其他生意做得差不多时,再突然返回来采购黄连。此时,他们已得到信息反馈:黄连由于大量涌进市场,形成滞销之势。各地来的药商,为了避免徒劳往返,多耗运输费用,或者怕卖不出去而亏本,都愿意低价出售。经过这一涨一落,同仁堂就大量收购市场上各种滞销的药材。药商们吃了亏,影响到第二年药农的积极性,自然就会减少产量。同仁堂的采购员又能够预测到第二年的情况。这样一来,这些减产的药材第二年又会因大幅度减产而价格暴涨,而这时同仁堂的库存早已备足。

(资料来源:杨剑英,张明亮.市场营销学.南京:南京大学出版社,2018.)

3.2.3 中间商市场购买行为

1. 中间商的购买类型

中间商购买行为是指中间商在寻找、购买、转卖或租赁商品过程中所表现的行为,由于中间商处于流通环节,是制造商与消费者之间的桥梁,因此,企业将其视为顾客采购代理人,全心全意帮助他们为顾客提供优质服务。研究中间商市场的购买行为,首先要了解中间商市场的购买类型。

(1) 新产品采购。

新产品采购指中间商第一次购买某种从未采购过的新品种,中间商根据拟采购产品的市场潜量、需求强度、获利的可能性等多方面因素决定是否购买,购买决策过程的主要步骤与生产者购买决策过程大致相同,即也由识别问题、确认需求、明确需求、物色供应商、征询供应意见、选择供应商、发出正式订单、收货和评估等八个阶段组成。

(2) 最佳供应商选择。

中间商对拟采购的商品品种已经确定,但需要考虑从哪家卖主进货,也即选择最佳的供应商。中间商根据自身的品牌定位和品牌形象,从众多供应商中选择最优者。

(3) 改善交易条件的采购。

这种采购说明中间商并不想更换供应商，但希望从现有供应商那里获得更为有利的供货条件，比如更及时的供货、更合理的价格、更积极的广告支持与促销合作等。

(4) 直接重购。

对于长期合作、信誉状况良好、产品质量过关的供应商，通常会采用直接重购的方式。

2. 中间商的主要购买决策

(1) 中间商的配货决策。

配货决策是指决定拟经营的品种结构，即中间商的产品组合。由于中间商所选择的产品组合会直接影响中间商的供应商组合，进而影响中间商的市场营销组合和顾客构成，因此，配货决策是中间商主要购买决策中最基本、最重要的决策。

根据中间商的经营范围和产品组合策略，中间商的配货决策主要有以下四种：

① 独家配货，指中间商决定只经营某一独家厂商的各种产品，以求得较好的供货条件，一般只是规模较小的少数企业采用这种策略。

② 深度配货，指中间商决定经营许多厂商生产的同类各种型号规格的产品，这给顾客在购买某种商品时提供了较大的选择余地，从而增强了对顾客的吸引力，这种策略目前较具竞争力。

③ 广度配货，指中间商决定经营种类繁多、范围广泛但尚未超出行业界限的产品，这种策略使中间商具有一定的经营范围，也使顾客方便购得相关商品。

④ 混合配货，指中间商跨行业经营多种互不相关的产品，这种策略能减少中间商因外界环境变化所带来的经营风险，但要求企业有雄厚的经营实力。

(2) 供应商组合决策。

供应商组合决策是指确定拟建立供应关系的各有关供应商，也即选择哪些供应商作为合作伙伴，在核心竞争力备受关注的环境下，选择合适的供应商或者是战略合作伙伴，变得越来越重要和关键。

(3) 供货条件决策。

供货条件决策是指决定具体采购时的交易条件，包括所要求的价格、交货期、相关服务及其他交易条件等。

应用案例

攻克沃尔玛——如何成为国际零售大鳄的供应商

3.2.4 政府市场及购买行为

政府市场由为执行政府职能而采购或租用产品的各级政府部门和机构组成。政府市场的客户，是各级政府组织的采购部门，政府购买的目的是维护国家安全和社会公众的利益，满足社会公共需要及自身正常运转。

1. 政府购买行为的特点

(1) 需求受到较强的政策制约。政府的办公开支和购买需求往往会受到相关政策文件和法律条文的制约,也会受到来自社会多方的监督和质询。

(2) 购买需求受到社会公众的监督。在现代社会政务公开的背景和要求下,政府采购各项支出的明细账目不仅受到上级机关、审计部门的审查批准,同时还受到舆论和社会公众的关注和监督。

(3) 购买目标的多重性。政府采购的目标往往不是单一的,政府市场购买的目的既有生产需要又有消费需要。工程项目、公共设施的建设等是进入生产领域后再提供给公众用于公共消费;而政府机关购买办公用品就是为了直接提供给相关人员消费,同时,政府采购既要满足政府自身的正常运作,也要满足社会其他部门的特殊需求和公众舆论的期望与满意度。

(4) 购买交易额大,产品配套性强,重复购买频率高。政府采购的主体是政府,是一个国家内最大的单一消费者,购买力非常大,对社会经济有着非常大的影响,其采购规模的扩大或缩小和采购结构的变化,对社会经济发展状况、产业结构及公众生活环境都有着十分明显的影响。一般来说,政府采购属于批量采购,一次性采购量大,产品配套性强,重复性高。

(5) 供应商的风险小,货款回收更有保障,政府市场的购买主体是各级国家机关、团体。其购买一般控制在政府财政预算内,并且有较强的财力保障及较好的信誉,货款回收风险基本上没有。

(6) 更倾向于扶持本国民族工业。为了刺激国内需求,保护民族工业,政府采购通常会优先选择本国供应商,适当照顾经济形势欠佳的地区或企业,但是前提是准时交货、质量可靠和按期履行合同。

2. 政府购买方式

政府购买方式与非营利组织相同,一般采取以下几种方式:

(1) 公开招标。

与非营利组织相同,政府按照法定程序,向全社会发布招标公告,邀请所有潜在的供应商参加投标,由政府通过事先确定的需求标准从所有投标人中择优选出中标供应商,并与之签订政府采购合同。有意向的供应商要在规定期限内填写标书,密封送交,相关部门在规定日期开标,选择符合要求且报价低的供应商成交。

(2) 邀请招标。

邀请招标是指因采购需求的专业性较强,政府有意识地对具备一定资信和业绩的特定供应商发出招标邀请书,由被邀请的供应商参与投标竞争,从中选定中标者。

与公开招标相比较,邀请招标仅在符合采购需求的范围内邀请特定的供应商参加投标,竞争范围有限,政府选择的余地相对较小,同时,邀请招标无须发布公告,政府只需向特定的潜在投标人发出邀请书即可。

(3) 竞争性谈判。

竞争性谈判是指采购人通过与三家以上的供应商进行谈判,从中确定最优中标人的一种采购方式。根据我国《政府采购法》的规定,只有符合下列情形之一方可采用竞争性谈判方式:① 招标后没有供应商投标,或没有合格的供应商,或重新招标未能成立的;② 技术复杂或者特殊,不能确定详细规格或者具体要求的;③ 采用招标时间不能满足客户紧急需求的;④ 不能事先计算出价格总额的。

(4) 询价采购。

所谓询价采购,是指采购人向供应商发出询价单让其报价,然后在报价的基础上进行比较并确定最优供应商的一种采购方式。这种方式非常直接简单,主要适用于采购货物的规格和标准统一、现货货源充足、价格变化幅度不大、采购金额较小的采购项目。

(5) 单一来源采购。

单一来源采购是指采购人所要采购的货物或服务只能从唯一供应商处获得,这是一种没有竞争的采购,所以也叫直接采购。采用单一来源采购方式必须满足以下三个条件:① 虽然达到了招标采购的数额标准,但采购项目的来源渠道单一;② 采购活动前发生了不可预见的紧急情况,不能从其他供应商处采购;③ 必须保证原有采购项目的一致性或者服务配套的要求,需要继续从原有供应商处添购,但总额不大。

知识小结

根据顾客购买产品的目的和用途,市场可分为消费者市场、生产者市场、中间商市场、非营利性组织市场和政府市场。

消费者市场又称为最终消费者市场、消费品市场或生活资料市场,是指个人或家庭为满足生活需求而购买或租用商品的市场,它是市场体系的基础,是起决定作用的市场。消费者行为是指消费者为获取、使用、处置消费物品或服务所采取的各种行动,包括先于且决定这些行动的决策过程。解释消费者行为最全面的理论是刺激—反应模式,消费者行为是外部刺激(环境刺激、营销刺激)和个人内在因素共同作用的结果。这个部分中我们重点分析了内在因素的作用:影响消费者购买行为的因素是文化因素、社会因素、个人因素和心理因素;消费者购买决策过程:认识问题、信息搜集、购买评估与选择、购买行为、购后行为。

生产者的购买类型分为直接重购、修正重购和新任务采购。生产者市场的购买决策过程一般分为八个阶段:问题识别、确定所需、寻找供货渠道、征求并分析供应商的建议、选择供应商、选择购买方式、反馈意见并评估。生产者市场采购具有专业性,由采购中心共同做出决策,采购中心成员通常包括使用者、影响者、决定者、采购者、控制者。

中间商的购买决策包括商品组合决策、供应商选择、购买时间和数量的确定、购买条件的拟定等。政府市场是为满足各级政府部门的日常工作及公共消费需要而购买产品或服务的市场。由于其购买的特殊性,政府购买一般采用公开招标、邀请招标、竞争性谈判、询价采购、单一来源等方式进行。

【关键术语】

生产者市场　中间商市场　政府市场　文化因素　社会因素　个人因素　心理因素　发起者　影响者　决策者　认识需要　收集信息　评价方案　购买决策　购后行为　直接重购　修正重购　新购

【应知考核】　　进入云班课更多应
【应会考核】　　知应会考核测试

【实践活动——任务3汇报评价】

扫码查看更多实时更新应知应会考核题

《"公司"(项目团队)购买者行为分析》评价标准

任务 4　搜集营销信息

📖知识目标

1. 了解营销信息系统的构成；
2. 理解大数据营销及其应用；
3. 了解信息检索及主要计算机检索资源库；
4. 掌握市场调研的基本内容、程序、方法。

能力目标

1. 学会通过互联网搜集营销信息；
2. 能够制订市场调查计划并开展市场调查；
3. 能够撰写市场调查报告。

任务驱动

为了在瞬息万变的市场上求生存、求发展，寻找新的市场机会，避开风险，企业必须具有较强的应变能力，能够及时做出正确的决策。正确的决策来自全面、可靠的市场营销信息。企业必须重视对市场营销信息的搜集、处理及分析，为企业决策提供依据。

在"任务 4 搜集营销信息"的学习中，我们要完成的具体任务是："公司"（项目团队）的市场调研及调研报告的撰写。

项目团队任务：完成市场调研报告

1. 任务内容：

（1）完成市场调研及报告的撰写；

（2）根据上述调研报告及本项任务实施过程，制作 PPT 用于汇报和展示；

（3）本项任务结束后，各项目团队通过课堂汇报、交流、答疑，开展任务成果竞赛。

2. 任务目的：

运用所学的方法进行市场调研，根据调研情况来撰写调研报告。

3. 任务的组织与实施：

参考"任务 1：任务的组织和实施"。

4. 任务质量要求、参考作品：

《"公司"（项目团队）的市场调查报告》评价标准

市场调查报告

扫码查看完整思维导图

任务4 搜集营销信息

任务导图

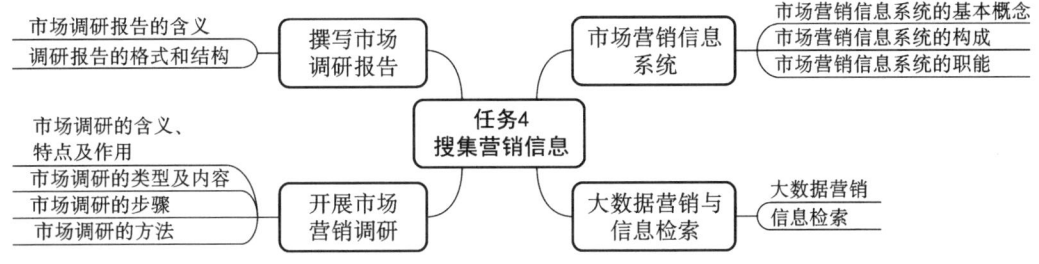

导入案例

数据与经验之争

2018年秋,苹果公司推出的新款手机首次支持双卡双待,而且iPhone XS Max屏幕尺寸为6.5英寸,跻身大屏系列,有媒体评论这些改变是迎合中国消费者的需求。苹果公司的CEO库克在接受媒体采访时指出,中国用户偏爱大屏智能手机,而且倾向于使用双卡双待功能,这些偏好在很多其他国家也存在,只是这些消费者并没有意识到这一点。库克的判断和预见是基于对消费市场数据的研究:据中国互联网络信息中心统计,截至2018年上半年,中国手机网民规模达7.88亿,这构成了大屏智能机的潜在用户群体,而且移动网络的升级换代和流量计费的调整,导致了很大一部分消费者倾向同时使用通话卡和上网卡。也就是说,在中国及其他一些国家,"大屏+双卡双待"是市场需求的主流,而且比较稳定,苹果公司适应了这一趋势,及时推出迎合消费者需求的新款手机,取得了成功。

人们在讨论国外企业成功的原因时,常认为其基于数据的程序化决策起到了十分关键的作用,而国内企业做决策多凭经验,数据与经验孰优孰劣引发争论。《中国经营报》记者曾经在采访中向娃哈哈总经理宗庆后提了一个问题:"娃哈哈是如何做决策的?"宗庆后回答:"从不做那种程序化的市场调查,而是凭自己双脚去走访市场,凭感觉进行决策。"这则报道折射出还有许多企业家不相信数据,原因是一些调查者缺乏市场经验,调研报告中的数据和图表虽然很好看,但是所得出的调查结论大多是常识性、表面性的信息,却忽略了对市场核心问题的调查和剖析。例如,一份厚达几百页的关于美容保健品的调研报告,罗列了大量数据,最后仅得出影响顾客购买的主要因素是功效、价格和广告。换句话说,企业家们给调研工作提出更高要求,调研要提供有用且可靠的数据,而且调研已不再局限于小样本问卷调查,正朝着智能化数据采集和大数据分析方向发展。以淘宝店为例,每天必备的工作是看后台的各项数据表,以了解顾客流量动态和询单转化率情况,及时发现店铺经营问题,并采取补救措施。总之,要平衡数据与经验的关系,需要了解和掌握市场调研与预测的相关内容。

(资料来源:爱范儿.专访库克:我们从中国学会了做大屏iPhone和双卡双待.)

案例讨论:

如何有效搜集市场营销信息为营销决策服务?

4.1 市场营销信息系统

> **名人名言：**
> 营销环境一直不断地创造新机会和涌现威胁……持续地监视和适应环境对企业的命运至关重要……许多公司并没把环境变化作为机会……或由于长期忽视宏观的变化而遭受挫折。
>
> ——科特勒

企业为了在瞬息万变的市场上求生存、求发展，寻找新的市场机会、避开风险，必须具有较强的应变能力，能够及时做出正确的决策。正确的决策来自全面、可靠的市场营销信息。企业必须重视对市场营销信息的搜集、处理及分析，为企业决策提供依据。

市场营销信息是一种特定信息，是企业所处的宏观环境和微观环境的各种要素的特征及发展变化的客观反映，是反映市场各种要素的实际状况、特性、相关关系的资料、数据、情报等的统称。市场营销信息具有以下的特征：时效性、分散性、大量性、可压缩性、可存贮性、系统性。其中最为突出的特征是时效性，一条市场营销信息可以价值千金，错过了时机则一文不值。

4.1.1 市场营销信息系统的基本概念

市场营销信息系统是一个由人员、机器设备和计算机程序所组成的相互作用的复合系统，它连续有序地收集、挑选、分析、评估和分配恰当的、及时的且准确的市场营销信息，为企业营销管理人员制订、改进、执行和控制营销计划提供依据。

首先，由营销主管或决策者确定所需信息的范围；其次，根据需要建立企业营销信息系统内的各子系统，由有关子系统去收集环境提供的信息，再对所得信息进行处理；再次，由营销信息系统在适当时间，按所需形式，将整理好的信息送至有关决策者；最后，营销经理做出的决策再流回市场，作用于环境。

4.1.2 市场营销信息系统的构成

市场营销信息系统的构成如图4-1所示。它由内部报告系统、营销情报系统、营销调研系统和营销决策支持系统组成。

1. 内部报告系统

内部报告系统是企业营销管理者经常要使用的最基本的信息系统。它的特点如下：

（1）信息来自企业内部的财务会计、生产、销售等部门；

（2）通常是定期提供信息，用于日常营销活动的计划、管理和控制。内部报告系统提供的数据包括订货数量、销售额、产品成本、存货水平、现金余额、应收账款、应付账款、生产进度、现金流量等各种反映企业经营状况的信息。

其中的核心是"订单—发货—账单"的循环，即销售人员将顾客的订单送至企业；负责管理订单的机构将有关订单的信息送至企业内的有关部门;有存货的立即备货,无存货的则要立即组织生产;最后,企业将货物及账单送至顾客手中。

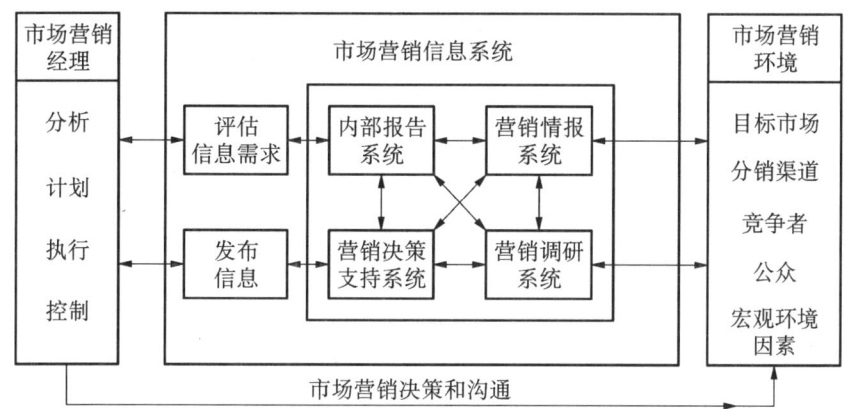

图 4-1 市场营销信息系统

2. 营销情报系统

营销情报系统是指市场营销管理人员用以获得日常的有关企业外部营销环境发展趋势等有关信息的一整套程序和来源。它的任务是利用各种方法收集、侦察和提供企业营销环境最新发展的信息。

营销决策者可能从各种途径获得情报,如阅读书籍、报刊,上网查询,与顾客、供应商、经销商等交谈,但这些做法往往不太正规并带有偶然性。管理有方的企业则采取更正规的步骤来提高所收集情报的质量和数量:

(1) 训练和鼓励销售人员收集情报;
(2) 鼓励中间商及其他合作者向自己通报重要信息;
(3) 聘请专家收集营销情报,或向专业调查公司购买有关竞争对手、市场动向的情报;
(4) 参加各种贸易展览会;
(5) 内部建立信息中心,安排专人查阅主要的出版物、网站,编写简报等。

营销情报系统与内部报告系统的主要区别在于后者为营销管理人员提供事件发生以后的结果数据,而前者为营销管理人员提供正在发生和变化中的数据。

3. 营销调研系统

上述两个子系统的功能都是收集、传递和报告有关日常的和经常性的情报信息,而营销调研系统侧重于企业营销活动中某些特定问题的解决。营销调研系统的任务是:针对企业面临的明确具体的问题,对有关信息进行系统的收集、分析和评价,并提出与企业所面临的特定营销问题的研究报告,以帮助营销管理者制定有效的营销决策。

例如,企业打算对产品大幅度降价,对降价的可行性、利和弊、风险性以及预防性措施进行专题研究。再如,某企业打算与外商合资,往往会责成一个调研小组对外商的真实背景、合资的可行性、利弊分析等进行专题调研,写成报告供决策人参考。

企业可以临时组成一个调研小组来完成这种调研任务,也可以委托外部的专业调研公司来完成这种任务,大公司一般会设立专门的营销调研部门。

4. 营销决策支持系统

营销决策支持系统也称营销管理科学系统,它通过对复杂现象的统计分析、建立数学模型,帮助营销管理人员分析复杂的市场营销问题,做出最佳的市场营销决策。营销决策支持系统由两个部分组成,一个是统计库,另一个是模型库。其中统计库的功能是采用各种统计分析技术从大量数据中提取有意义的信息。模型库包含了由管理科学家建立的解决各种营销决策问题的数学模型,如新产品销售预测模型、广告预算模型、厂址选择模型、竞争策略模型、产品定价模型以及最佳营销组合模型等。

4.1.3 市场营销信息系统的职能

通过以上市场营销信息系统的四个子系统所研究的内容及这些子系统之间的关系的分析,可以看出企业的市场营销信息系统具有以下重要职能:

(1) 集中——搜寻与汇集各种市场信息资料;
(2) 处理——对所汇集的资料进行整理、分类、编辑与总结;
(3) 分析——进行各种指标的计算、比较、综合;
(4) 储存与检索——编制资料索引并加以储存,以便需要时查找;
(5) 评价——鉴明输入的各种信息的准确性;
(6) 传递——将各种经过处理的信息迅速准确地传递给有关人员,以便及时调整企业的经营决策。

4.2 大数据营销与信息检索

4.2.1 大数据营销

大数据营销是基于多平台的大量数据,依托大数据技术,应用于互联网广告行业的营销方式。大数据营销的核心在于让网络广告在合适的时间,通过合适的载体,以合适的方式,投给合适的人。

大数据营销衍生于互联网行业,又作用于互联网行业。依托多平台的大数据采集,以及大数据技术的分析与预测能力,能够使广告更加精准有效,给企业带来更高的投资回报率。

1. 大数据营销的含义

大数据营销是指通过互联网采集大量的行为数据,首先帮助广告主找出目标受众,以此对广告投放的内容、时间、形式等进行预判与调配,并最终完成广告投放的营销过程。随着数字生活空间的普及,全球的信息总量正呈现爆炸式增长。基于这个趋势之上的,是大数据、云计算等新概念和新范式的广泛兴起,正引领着新一轮的互联网风潮。

2. 大数据营销的特点

(1) 多平台化数据采集。大数据的数据来源通常是多样化的,多平台化的数据采集能使对网民行为的刻画更加全面而准确。可包含互联网、移动互联网、广电网、智能电视,未来还有户外智能屏等多平台采集的数据。

(2) 强调时效性。在网络时代,网民的消费行为和购买方式极易在短的时间内发生变化。在网民最高需求点时及时进行营销非常重要。全球领先的大数据营销企业 AdTime 对此提出了时间营销策略,它可通过技术手段充分了解网民的需求,并及时响应每一个网民当前的需求，让他在决定购买的"黄金时间"内及时接收到商品广告。

(3) 个性化营销。在网络时代，广告主的营销理念已从"媒体导向"向"受众导向"转变。以往的营销活动须以媒体为导向，选择知名度高、浏览量大的媒体进行投放。如今，广告主完全以受众为导向进行广告营销，因为大数据技术可让他们知晓目标受众身处何方，关注着什么位置的什么屏幕。大数据技术可以做到当不同用户关注同一媒体的相同界面时，广告内容有所不同，大数据营销实现了对网民的个性化营销。

(4) 性价比高。和传统广告"一半的广告费被浪费掉"相比，大数据营销在最大程度上，让广告主的投放做到有的放矢，并可根据实时性的效果反馈，及时对投放策略进行调整。

(5) 关联性。大数据营销的一个重要特点在于网民关注的广告与广告之间的关联性。由于大数据在采集过程中可快速得知目标受众关注的内容，以及可知晓网民身在何处，这些有价信息可让广告的投放过程产生前所未有的关联性。即网民所看到的上一条广告可与下一条广告进行深度互动。

3. 大数据营销的实现过程

大数据营销并非是一个停留在概念上的名词，而是一个在大量运算基础上的技术实现过程。虽然围绕着大数据进行的话题层出不穷，且大多数人对大数据营销的过程不甚清晰。事实上，国内的很多以技术为驱动力的企业也在大数据领域深耕不辍。全球领先的大数据营销平台 AdTime 率先推出了大数据广告运营平台——云图。据介绍，云图的"云"代表云计算，"图"代表可视化。云图的含义是将云计算可视化，让大数据营销的过程不再神秘。云图是 AdTime 构建的大数据平台系统，该系统具备海量数据、实时计算、跨平台汇聚、多用户行为分析、多行业报告分析等特点。

大数据营销是基于大数据分析的基础上，描绘、预测、分析、指引消费者行为，从而帮助企业制定有针对性的商业策略。

视频链接：
大数据营销

4. 大数据营销的运用

(1) 用户行为与特征分析。只有积累足够的用户数据，才能分析出用户的喜好与购买习惯，甚至做到"比用户更了解用户自己"。这一点，才是许多大数据营销的前提与出发点。

(2) 精准营销信息推送支撑。精准营销总在被提及，但是真正做到的少之又少，反而是垃圾信息泛滥。究其原因，主要就是过去名义上的精准营销并不怎么精准，因为其缺少用户特征数据支撑及详细准确的分析。

(3) 引导产品及营销活动投其所好。如果能在产品生产之前了解潜在用户的主要特征，以及他们对产品的期待，那么你的产品生产即可投其所好。

(4) 竞争对手监测与品牌传播。竞争对手在干什么是许多企业想了解的，即使对方不会告诉你，但你却可以通过大数据监测分析得知。品牌传播的有效性亦可通过大数据分析找准方向。例如，可以进行传播趋势分析、内容特征分析、互动用户分析、正负情绪分类、口碑品类分析、产品属性分布等，可以通过监测掌握竞争对手传播态势，并可以参考行业标杆用户策划，根据用户声音策划内容，甚至可以评估微博矩阵运营效果。

(5)品牌危机监测及管理支持。新媒体时代,品牌危机使许多企业谈虎色变,然而大数据可以让企业提前有所洞悉。在危机爆发过程中,最需要的是跟踪危机传播趋势,识别重要参与人员,方便快速应对。大数据可以采集负面定义内容,及时启动危机跟踪和报警,按照人群社会属性分析,聚类事件过程中的观点,识别关键人物及传播路径,进而可以保护企业、产品的声誉,抓住源头和关键节点,快速有效地处理危机。

(6)企业重点客户筛选。许多企业家纠结的事是:在企业的用户、好友与粉丝中,哪些是最有价值的用户?有了大数据,或许这一切都可以更加有事实支撑。从用户访问的各种网站可判断其最近关心的东西是否与你的企业相关;从用户在社会化媒体上所发布的各类内容及与他人互动的内容中,可以找出千丝万缕的信息,利用某种规则、关联及综合起来,就可以帮助企业筛选重点的目标用户。

(7)大数据用于改善用户体验。要改善用户体验,关键在于真正了解用户及他们所使用的你的产品的状况,做最适时的提醒。例如,在大数据时代,或许用户正驾驶的汽车可提前救他一命。只要通过遍布全车的传感器收集车辆运行信息,在汽车关键部件发生问题之前,就会提前向用户或 4S 店预警,这绝不仅仅是节省金钱,而且对保护生命大有裨益。事实上,美国的 UPS 快递公司早在 2000 年就利用这种基于大数据的预测性分析系统来监测全美 60 000 辆车辆的实时车况,以便及时地进行防御性修理。

(8)SCRM 中的客户分级管理支持。面对日新月异的新媒体,许多企业通过对粉丝的公开内容和互动记录分析,将粉丝转化为潜在用户,激活社会化资产价值,并对潜在用户进行多个维度的画像。大数据可以分析活跃粉丝的互动内容,设定消费者画像各种规则,关联潜在用户与会员数据,关联潜在用户与客服数据,筛选目标群体做精准营销,进而可以使传统客户关系管理结合社会化数据,丰富用户不同维度的标签,并可动态更新消费者生命周期数据,保持信息新鲜有效。

(9)发现新市场与新趋势。基于大数据的分析与预测,对企业家提供洞察新市场与把握经济走向都是极大的支持。

(10)市场预测与决策分析支持。数据对市场预测及决策分析的支持,早就在数据分析与数据挖掘盛行的年代被提出过。沃尔玛著名的"啤酒与尿布"案例即是那时的杰作。只是由于大数据时代,上述 Volume(规模大)及 Variety(类型多)对数据分析与数据挖掘提出了新要求。更全面、更及时的大数据,必然对市场预测及决策分析的更进一步提供更好的支撑;似是而非或错误的、过时的数据对决策者而言是灾难。

知识拓展

百度指数

百度指数(Baidu Index)是以百度海量网民行为数据为基础的数据分析平台,是当前互联网乃至整个数据时代最重要的统计分析平台之一,自发布之日便成为众多企业营销决策的重要依据。

"世界很复杂,百度更懂你",百度指数能够告诉用户:某个关键词在百度的搜索规模有多大,一段时间内的涨跌态势以及相关的新闻舆论变化,关注这些词的网民是什么样的,分布在哪里,同时还搜了哪些相关的词,帮助用户优化数字营销活动方案。

应用案例

案例一：美国明尼阿波利斯市郊外的一位父亲收到了美国第二大零售商 Target 寄来的有关养育婴儿的优惠券，收件人是他那还在读高中的女儿。这位父亲起初勃然大怒，准备同该商家理论，但后来发现女儿确实不小心怀了孕。根据 25 种典型消费品的消费大数据构建了"怀孕预测指数"，商家正是根据这位少女在该店的购物记录，通过该指数，准确无误地预测到了她的预产期，于是立即启动了个性化服务。

案例二：PRADA 在纽约的旗舰店中每件衣服上都有 RFID 码，每当一个顾客拿起一件 PRADA 进试衣间，RFID 会被自动识别，数据会传至 PRADA 总部。每一件衣服在哪个城市哪个旗舰店什么时间被拿进试衣间停留多长时间，数据都被存储起来加以分析。如果有一件衣服销量很低，以往的做法是直接干掉，如果 RFID 传回的数据显示这件衣服虽然销量低，但进试衣间的次数多，某个细节的微小改变就会重新创造出一件非常流行的产品。

思维拓展

数据为王，大数据时代的营销之道

4.2.2 信息检索

"信息检索"（Information Retrieval，IR，我国早期译为"情报检索"）一词最早出现于 1952 年，由美国学者穆尔斯（C. W. Mooers）提出，从 1961 年开始在学术界和实践领域中得到广泛的应用。

信息检索是用户进行信息查询和获取的主要方式，是查找信息的方法和手段。狭义的信息检索仅指信息查询（Information Search），即用户根据需要，采用一定的方法，借助检索工具，从信息集合中找出所需要信息的查找过程。广义的信息检索是指信息按一定的方式进行加工、整理、组织并存储起来，再根据信息用户特定的需要将相关信息准确地查找出来的过程。一般情况下，信息检索指的就是广义的信息检索。

 **视频链接：** 信息检索

1. 信息检索的原理

广义的信息检索包括信息的存储和检索两个过程。信息的存储就是将搜集到的一次信息，经过著录其特征（如题名、著者、主题词、分类号等）而形成款目，并将这些款目组织起来成为二次信息的过程。信息的检索是针对已存储好的二次信息库进行的，是存储的逆过程。存储是为了检索，而为了快速且有效地检索，就必须存储。没有存储，检索就无从谈起。这是存储与检索相辅相成、相互依存的辩证关系。

广义的信息检索的基本原理可以用图 4-2 表示。

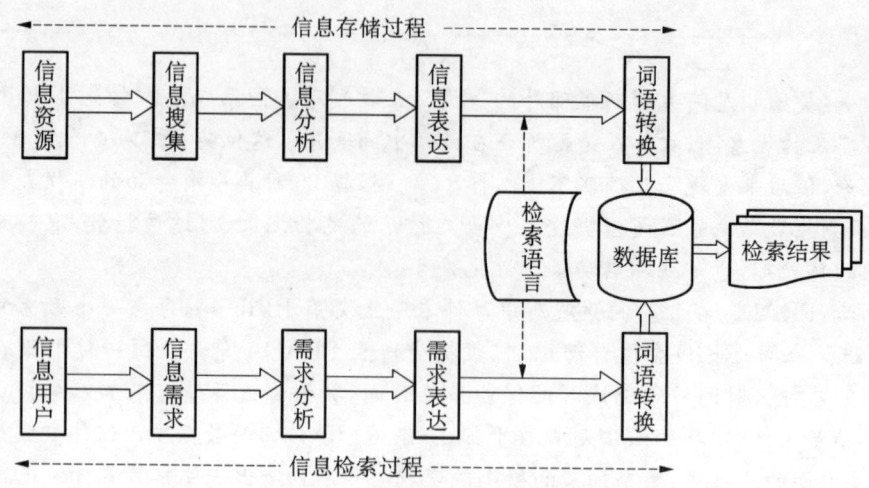

图 4-2 广义信息检索的基本原理

从上图可以看出,信息存储和信息检索有两个交汇处:一个是直接的,即表达信息主题内容的词语与表达需求主题内容的词语之间进行对比的交汇;另一个是间接的,即通过检索语言进行沟通,确保把存储用词和检索用词都统一到同一个检索语言体系中。

2. 信息检索的类型

掌握了信息检索的原理,就有必要了解信息检索的类型。按照不同的标准,信息检索可划分为不同的类型,其特点也各自不同。

(1) 依检索内容划分。

① 文献信息检索(Document Retrieval)。

凡是利用目录、文摘或索引等二次信息查找某一课题、某一著者、某一地域、某一机构、某一事物的有关信息以及这些信息的出处和收藏单位等,都属于文献信息检索范畴。其检索的结果是文献信息。例如,"设计人行天桥的参考文献有哪些?"便属于该类命题。

② 数据信息检索(Data Retrieval)。

凡是利用参考工具书、数据库等检索工具检索包含在文献中的某一数据、参数、公式或化学分子式等,统称为数据信息检索。其检索结果为数据信息。例如,"某一新型载货汽车的载重量是多少?百公里油耗是多少?"就属于数据信息检索。

③ 事实信息检索(Fact Retrieval)。

凡是利用百科全书等检索工具从存储事实的信息系统中查找出特定事实的过程称为事实信息检索。其检索结果是基本事实。例如,世界上最长的斜拉桥是哪座?该桥位于什么地方?何时建成?

文献信息检索是一种相关性的检索,检索的结果是文献线索,还必须进一步查找才能检索到有关的一次信息;数据与事实信息检索是一种确定性检索,检索的结果是可供用户直接利用的信息。一般情况下,文献信息检索通过二次信息来实现,而数据与事实信息检索则通过三次信息来完成。

(2) 依据信息存储和检索的方式和技术划分。

① 手工检索(Manual Retrieval)。

手工检索简称"手检",是指人们通过手工的方式来存储和检索信息。其使用的检索工具主要是书本型、卡片式的信息系统,即目录、索引、文摘和各类工具书。检索过程是由人工以手工的方式完成的。

② 计算机检索(Computer-based Retrieval)。

计算机检索简称"机检",是指人们利用数据库、计算机软件技术、计算机网络以及通信系统进行的信息存储和检索,其检索过程是在人机的协同作用下完成的。计算机会从其存储的大量数据中自动分拣出与用户提问相匹配的信息,而用户则是整个检索方案的设计者和操纵者。其检索的本质没有发生变化,发生变化的只是信息的载体形式、检索手段、存储方式和匹配方法。

计算机的产生使信息检索发生了革命性的变化,大大提高了信息的处理和检索能力。不过计算机检索有很强的技巧性,用户需要具备一定的"机检"知识。

知识链接

重要的计算机检索资源

一、网络期刊查询

(1) SCI 是美国《科学引文索引》的英文简称,其全称为:*Science Citation Index*,创刊于 1961 年,它是根据现代情报学家尤金·加菲尔德(Eugene Garfield) 1953 年提出的引文思想而创立的。时至今日,加菲尔德仍是 SCI 主编之一。SCI 是由 ISI(Institute for Scientific Information Inc.)美国科学情报所出版,现为双月刊。ISI 除了出版 SCI 外,还有联机型 SCISEARCH。ISTP(*Index to Scientific & Technical Proceeding*)也由其出版。SCI 是一部国际性索引,包括自然科学、生物、医学、农业、技术和行为科学等,主要侧重基础科学。所选用的刊物来源于 94 个类、40 多个国家、50 多种文字,这些国家主要有美国、英国、荷兰、德国、俄罗斯、法国、日本、加拿大等,也收录一定数量的中国刊物。

(2) EI 创刊于 1884 年,是美国工程信息公司(Engineering information Inc.)出版的著名工程技术类综合性检索工具。收录文献几乎涉及工程技术各个领域,如动力、电工、电子、自动控制、矿冶、金属工艺、机械制造、土建、水利等。

(3) ISTP 创刊于 1978 年,由美国科学情报研究所编辑出版。该索引收录生命科学、物理与化学科学、农业、生物和环境科学、工程技术和应用科学等学科的会议文献,包括一般性会议、座谈会、研究会、讨论会、发表会等。其中工程技术与应用科学类文献约占 35%,其他涉及学科基本与 SCI 相同。

(4) 中国知网,是国家知识基础设施(National Knowledge Infrastructure,NKI)的概念,由世界银行于 1998 年提出。CNKI 工程是以实现全社会知识资源传播共享与增值利用为目标的信息化建设项目,由清华大学、清华同方发起,始建于 1999 年 6 月。

(5) 维普网建立于 2000 年,其所依赖的《中文科技期刊数据库》,是中国最大的数字期刊数据库。

二、网上主要中文电子图书系统

(1) 超星数字图书馆(http://www.ssreader.com)

(2) 书生之家电子图书

(3) 方正中文电子书

(4) 中国电子图书网(http://www.cnbook.com.cn)
(5) 北极星书库(http://www.ebook007.com)
(6) 新浪上的"读书"(http://book.sina.com)

3. 信息检索的方法及资料来源

(1) 信息检索的方法及资料来源。

信息检索方法包括普通法、追溯法和分段法。

① 普通法是利用书目、文摘、索引等检索工具进行文献资料查找的方法。运用这种方法的关键在于熟悉各种检索工具的性质、特点和查找过程，从不同角度查找。普通法又可分为顺检法和倒检法。顺检法是从过去到现在按时间顺序检索，费用多、效率低；倒检法是逆时间顺序从近期向远期检索，它强调近期资料，重视当前的信息，主动性强，效果较好。

② 追溯法是利用已有文献所附的参考文献不断追踪查找的方法，在没有检索工具或检索工具不全时，此法可获得针对性很强的资料，查准率较高，查全率较差。

③ 分段法是追溯法和普通法的综合，它将两种方法分期、分段交替使用，直至查到所需资料为止。

(2) 信息检索的资料来源。

① 企业内部资料。

企业内部的资料，主要是企业在经营活动中所做的各种形式的记录，包括与企业经营活动有关的各种书面的和存储在各种仪器、设备中的资料。

这些资料可以由企业的营销信息系统来提供，该系统中存储了大量的有关市场经营的数据资料；也可以由本企业的各种记录来提供，如各种业务资料、统计资料、财务资料以及平时所积累的各种各样的报告、总结、会议记录、用户来信、营销活动的照片与录像等。

② 企业外部资料。

政府机构、行业协会、各种经济信息中心、专业信息咨询机构、银行、消费者组织公布的和提供的各方面的信息资料；各类新闻、出版部门发行的书报杂志以及电台、电视台公布的各种市场信息、经济信息；有关生产和经营机构提供的商品目录、产品说明书、产品价目表、广告资料、专利资料以及上市公司发布的中期和年度财务公告；国内外商品博览会、展销会、洽谈会、订货会上发布的消息；专业性、学术性机构每年召开的年会、学术研讨会上所发表的论文及各级图书馆收藏的大量与企业经营活动相关的二手资料；各种国际组织、外国使领馆、各国银行、经贸部门、各国商会所提供的国际市场信息。

课堂互动：分享信息资源(图书、论文、报告、影片、视频、文档、课程等)

4.3 开展市场营销调研

4.3.1 市场营销调研的含义、特点及作用

1. 市场营销调研的概念

美国市场营销协会(AMA)对市场调研所下的定义为：市场调研(市场调查)是一种通过

信息将消费者、顾客和公众与营销者连接起来的职能。这些信息用于识别和确定营销机会及问题，产生、提炼和评估营销活动，监督营销绩效，改进人们对营销过程的理解。市场调研规定解决这些问题所需的信息，设计收集信息的方法，管理并实施信息收集过程，分析结果，最后要沟通所得的结论及其意义。

简单地讲，市场营销调研（Marketing Research）就是运用科学的方法，有目的、有计划、系统地收集、整理和分析研究有关市场营销方面的信息，提出解决问题的建议，供营销管理人员了解营销环境，发现机会与问题，作为市场预测和营销决策的依据。

应用案例

在20世纪80年代，早学公司（The Early Company）通过邮购销售教育玩具和其他一些产品。为了扩大经营，公司研究了它在一些特定镇上的消费者数据，依据是消费者的邮政编码。当发现有足够多的消费群时，他们相信建立一个实际的零售店将是一个很好的机会。于是他们调查选择了合适的地区，并在那里建立了商店。此商店鼓励已存在的目标邮购顾客到新的商店购物，并采取激励手段鼓励他们带新朋友来。

的确，在那些"早学公司"品牌强有力的地区，该公司会有更好的发展。这个战略是极其成功的，该公司也成为这个地区的领导者。

（资料来源：百度文库.）

2. 市场营销调研的特点

以服务于企业预测和决策的需要为目的、系统收集和分析信息的现代市场调研是一项专业性很强的工作，从本质上看是一种市场行为的科学研究工作。现代市场调研的基本特点如下：

（1）目的性。市场调研是有关部门和企业针对市场的科研活动，它有明确的目的性。这种明确的目的性表现在收集、整理和分析市场信息的各个阶段都具有严密计划的特征。

（2）系统性。现代市场调研过程是一项系统工程，它有规范的运作程序。市场调研人员应全面系统收集有关市场信息的活动，要求做到对影响市场运行的各种经济、社会、政治、文化等因素进行理论与实践分析相结合、分门别类研究与综合分析相结合、定性分析与定量分析相结合、现状分析与趋势分析相结合的系统性综合研究。

（3）真实性。现代市场调研的真实性，具体表现为两方面的要求：第一，调查资料数据必须真实地来源于客观实际，而非主观臆造；第二，调查结果应该具有时效性，即调研所得结论能够反映市场运行的现实状况。

3. 市场营销调研的作用

通过市场营销调研，可以确定产品的潜在市场需求和销售量的大小，了解顾客的意见、态度、消费倾向、购买行为等，据此进行市场细分，进而确定其目标市场，分析市场的销售形势和竞争态势，作为发现市场机会、确定企业发展方向的依据。

（1）有利于制定科学的营销规划。企业通过营销调研，分析市场、了解市场，才能根据市场需求及其变化、市场规模和竞争格局、消费者意见与购买行为、营销环境的基本特征，科学地制定和调整企业营销规划。

（2）有利于优化营销组合。企业根据营销调研的结果，分析研究产品生命周期，制定产品生命周期各个阶段的营销策略组合,制订企业开发新产品的计划;企业可以根据消费者对现有产品的态度,改进现有产品,开发新用途,设计新产品;通过观察消费者对产品价格变动的反应,分析竞争者的价格策略,确定合适的定价;通过了解消费者的购买习惯,确定合适的销售渠道;掌握消费者心理变化,改进企业促销方式。

(3) 有利于开拓新的市场。通过市场调研,寻找新的市场机会。在做出把某一产品投入市场的决策之前,了解哪些是消费者新的需要和偏好,发现消费者尚未满足的需求,测量市场上现有产品满足消费需求的程度,从而不断开拓新的市场。

在美国,73%的企业设有正规的市场调研部门,负责对企业产品的调查、预测、咨询等工作,并在产品进入每一个新市场之前都首先对其进行营销调查。很多大企业的市场调研费用往往占到销售额的6%,营销调研成果给企业带来了千百倍的回报。

应用案例

可口可乐失败的市场调查

20世纪70年代中期以前,可口可乐一直是美国饮料市场的霸主。然而,70年代中后期,它的老对手百事可乐迅速崛起,1984年,这个差距更缩小到3%。可口可乐感到了极大的威胁,于是可口可乐决定在全国10个主要城市进行一次深入的消费者调查。可口可乐设计了一些问题,例如:"你认为可口可乐的口味如何?""你想试一试新饮料吗?""可口可乐的口味变得更柔和一些,您是否满意?"希望了解消费者对可口可乐口味的评价并征询对新可乐口味的意见。调查结果显示,大多数消费者愿意尝试新口味可乐。可口可乐的决策层以此为依据,决定结束可口可乐传统配方的历史使命,同时开发新口味可乐。没过多久,比老可乐口感更柔和、口味更甜的新可口可乐样品便出现在世人面前。刚上市,便有一半以上的美国人品尝了新可乐。但让可口可乐的决策者们始料未及的是,越来越多的老可口可乐的忠实消费者开始抵制新可乐。仅仅3个月的时间,可口可乐的新可乐计划就以失败告终。尽管公司前期花费了2年时间、花费数百万美元进行市场调研,但可口可乐忽略了最重要的一点——对于可口可乐的消费者而言,口味并不是最主要的购买动机。

分析 从案例中,虽然可口可乐在调研方面做了巨大的投入,但是它确实从调研的一开始就走进了一个误区,它并没有了解到顾客的意思,顾客是喜欢可口可乐的什么,是文化,还是口味。就是因为这样,主方向错了,可口可乐接下来的所有调查信息都是在错误的方向进行了延续,最终这些调查的数据"成就"了可口可乐决策上的失败。

可口可乐的成功更多代表的是一种品牌文化,也就是美国自由的精神文化,才成就它在世界上独一无二的霸主地位。

4.3.2 市场营销调研的类型及内容

1. 市场营销调研的类型

市场调查按照调查目的不同进行划分,可以分为以下几类:

(1) 探测性市场调查。

探测性市场调查是指当市场情况不十分明了时,为了发现问题、找出问题的症结、明确进一步深入调查的具体内容和重点而进行的非正式的调查。例如,某个企业拟投资开设一家新的综合商店,首先可做探测性调查,从店址选择、需求大小、顾客流量、交通运输条件、投资额等方面初步论证其可行性,如果可行,则可做进一步的深入细致的正式调查。

探测性调查一般不如正式调查严密、科学,一般不制定详细的调查方案,尽量节省时间以求迅速发现问题。它主要利用现成的历史资料、业务资料和核算资料,或政府公布的统计数据和长远规划、学术机构的研究报告等现有的第二手资料进行市场研究,或邀请熟悉业务活动的专家、学者、专业人员,对市场有关问题做初步的研究。

(2) 描述性市场调查。

描述性市场调查是指对需要调查的客观现象的有关方面进行的正式调查。它要解决的问题是说明"是什么",主要描述调查现象的各种数量表现和有关情况,为市场研究提供基本资料。例如,消费者需求描述调查,主要是搜集有关消费者收入、支出、商品需求量、需求倾向等方面的基本情况。

描述性调查与探测性调查相比,要求有详细的调查方案,要进行实地调查,掌握第一手原始资料,尽量将问题的来龙去脉、相关因素描述清楚;要求系统地搜集、记录、整理有关数据和有关情况,为进一步的市场研究提供市场信息。

(3) 因果性市场调查。

因果性市场调查又称相关性调查,是指为了探索有关现象或市场变量之间的因果关系而进行的市场调查。它所回答的问题是"为什么",其目的在于找出事物变化的原因和现象间的相互关系,找出影响事物变化的关键因素,如价格与销售量、广告与销售量的关系中,哪个因素起主导作用,就需要采用因果性市场调查。

因果性市场调查可以从一定的因果式问题出发,探求其影响因素和原因,也可先摸清影响事物变化的各种原因,然后综合、推断事物变化的结果。通常把表示原因的变量称为自变量,把表示结果的变量称为因变量。在自变量方面,有的是企业可以控制的内在变量,如企业的人、财、物等;有的是企业不可控制的外在变量,如反映市场环境的各种变量。因果性市场调查,为了找出市场变量之间的因果关系,既可运用描述性调查资料进行因果关系分析,也可搜集各种变量的具体资料,并运用一定的方法进行综合分析、推理判断,在诸多的联系中揭示市场现象之间的因果关系。

2. 市场营销调研的内容

营销调研涉及营销活动过程的各个方面,其主要内容有市场环境调研、顾客调研、销售调研、促销调研等。

(1) 市场环境:① 政治环境。② 市场经济环境。③ 社会文化环境。

(2) 市场需求调查:① 现有和潜在的购买人数、需求量。② 市场需求和变化趋势。③ 本行业同类产品在市场上的销售量,本企业和竞争对手的同类产品的市场占有率。

(3) 消费者和消费行为的调查:① 消费者类别。购买本企业产品的是个人还是团体,购买本企业产品个人的民族、年龄、性别和职业。② 消费者购买欲望和购买动机。是什么因素影响购买者的决策,消费者愿意或者不愿意购买本企业产品的原因及对其他企业产品的态度。③ 消费者的购买力水平。④ 消费者购买习惯。是否坚持某种厂牌商标,购买地点、时间的选择。

(4) 产品调查:① 消费者对本企业产品的评价、意见和要求。② 消费者对本企业产品的使用方法是否正确,如何扩大产品的使用领域。③ 本企业产品的包装是否美观、轻便、安全、便于运输。④ 本企业产品的商标是否便于记忆、引人喜爱、富于联想。⑤ 本企业的某种产品处于生命周期的哪个阶段。⑥ 本企业的服务态度和服务方式是否适当。⑦ 协作单位的状况,如质量、产量、成本、交货期。

(5) 价格调查:① 消费者对本企业产品价格的反应。② 本企业新产品如何定价,老产品价格如何调整。

(6) 分销渠道调查:① 中间商的销售情况,如销售量、经营能力、利润等。② 消费者对中间商的印象。③ 商品储存、运输成本。

(7) 销售推广调查:① 哪种促销方式好。② 何种广告媒介适宜。

(8) 竞争结构调查:① 竞争单位的情况,如竞争单位数、主要竞争对手、竞争单位的市场占有率、生产能力、生产方式、成本、价格、服务、销售渠道等。② 竞争产品特性,如质量、性能、包装、品牌知名度、交货期等。

4.3.3　市场营销调研的步骤

科学的市场调查必须按照一定的程序和步骤进行,保证市场调查的顺利进行和达到预期的目的。市场调查的程序可分为四个阶段(见图4-3)。

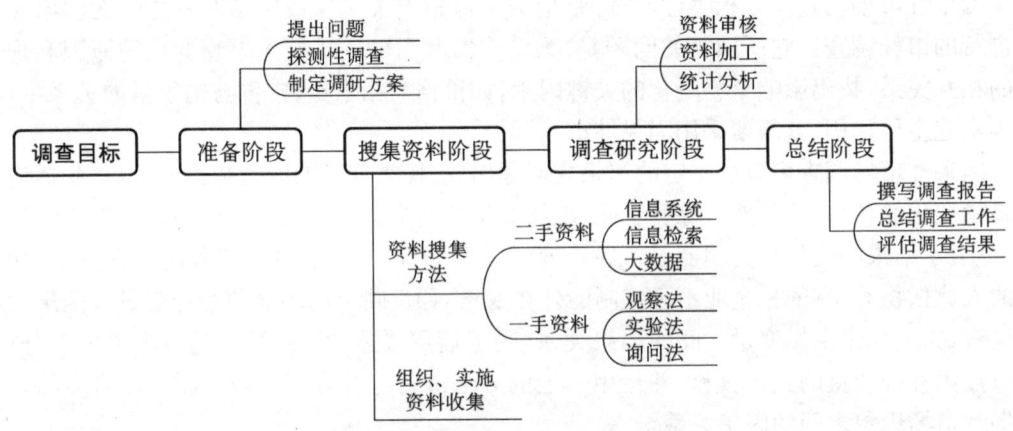

图 4-3　市场营销调研的步骤

1. 市场调查的准备阶段

市场调查的准备阶段主要是确定调研目的、要求及范围并据此制订调研方案。在这阶段中包括三个步骤。

(1) 调研问题的提出。

营销调研人员根据决策者的要求或由市场营销调研活动中所发现的新情况和新问题,提出需要调研的课题。

(2) 初步情况分析。

根据调查课题,收集有关资料做初步分析研究。许多情况下,营销调研人员对所需调研的问题尚不清楚或者对调研问题的关键和范围不能抓住要点而无法确定调研的内容,这就需要先收集一些有关资料进行分析,找出症结,为进一步调研打下基础,通常称这种调研方式为探测性调研(Exploratory Research)。

(3) 制定调研方案。

调研方案中确定调研目的、具体的调研对象、调研过程的步骤与时间等,在这个方案中还必须明确规定调查单位的选择方法、调研资料的收集方式和处理方法等问题。

2. 搜集资料阶段

首先收集的是第二手资料(Secondary Data),也称为次级资料。其来源通常为国家机关、金融服务部门、行业机构、市场调研与信息咨询机构等发表的统计数据,也有些发表于科研机构的研究报告或著作、论文中。对这些资料的收集方法比较容易,而且花费也较少,我们一般将利用第二手资料来进行的调研称之为案头调研(Desk Research)。

其次是通过实地调查来收集第一手资料,即原始资料(Prima-data),这时就应根据调研方案中已确定的调查方法和调查方式,确定好的选择调查单位的方法,先一一确定每一个被调查者,再利用设计好的调查方法与方式来取得所需的资料。我们将取得第一手资料并利用第一手资料开展的调研工作称为实地调研(Field Research),这类调研活动与前一种调研活动相比,花费虽然较大,但是它是调研所需资料的主要提供者。

3. 市场调查研究阶段

市场调查研究阶段,主要任务是对市场搜集资料阶段取得的资料进行鉴别与整理,并对整理后的市场资料进行统计分析和开展研究。

鉴别资料就是对市场搜集资料阶段取得的市场资料(包括全部文字资料和数字资料)做全面的审核。审核的目的,是消除资料中虚假、错误、短缺等现象,以保证原始资料的真实、准确和全面性。

整理资料是对鉴别后的市场资料进行初步加工,使调查得到的反映市场个体特征的资料系统化、条理化,以简明的方式反映市场现象总体的特征。对资料的整理主要是应用分组分类方法,对调查资料按研究问题的需要和市场现象的本质特征做不同的分类。

对资料进行统计分析,就是运用统计学的有关原理和方法,研究市场现象总体的数量特征和数量关系。通过统计分析能够揭示市场现象的发展规模、水平、总体的结构和比例,市场现象的发展趋势和速度等。经统计整理、分析得到的市场现象数量,不但是对市场现象准确而系统的反映,而且是对市场现象进行定量分析、定量预测的宝贵资料,也为进一步开展对市场问题的定性研究提供了准确系统的数据资料。

4. 市场调查总结阶段

总结阶段是市场调查的最后阶段,它的主要任务是撰写市场调查报告,总结调查工作,评估调查结果。

调查报告是市场调查研究成果的集中体现,是对市场调查工作最集中的总结。撰写调查报告是市场调查的重要环节。必须注意的是,调查报告应当是简明扼要的结果和说明,而且这些结果必须与要做出的营销决策有关。

应用案例

美国航空公司对飞机上提供电话服务的调研

美国航空公司注意探索为航空旅行者提供他们需要的新服务。一位经理提出在高空为乘客提供电话通信的想法,其他的经理们认为这是激动人心的,并同意应对此做进一步的研究。于是,提出这一建议的营销经理自愿为此做初步调查。他同一个大电信公司接触,以研究波音747飞机从东海岸到西海岸的飞行途中,电话服务在技术上是否可行。据电信公司讲,这种系统每次航行成本大约是1 000美元。因此,如果每次电话收费25美元,则在每航次中至少有40人通话才能保本。于是这位经理与本公司的营销调研经理联系,请他研究旅客对这种新服务将做出何种反应。

一、确定问题与调研目标

(1) 航空公司的乘客在航行期间通电话的主要原因是什么?

(2) 哪些类型的乘客最喜欢在航行中打电话?

(3) 有多少乘客可能会打电话?各种层次的价格对他们有何影响?

(4) 这一新服务会使美国航空公司增加多少乘客?

(5) 这一服务对美国航空公司的形象将会产生多少有长期意义的影响?

(6) 电话服务与其他因素(如航班计划、食物和行李处理等)相比,其重要性将怎样?

二、拟订调研计划

假定该公司预计不做任何市场调研而在飞机上提供电话服务,并获得长期利润5万美元,而营销经理认为调研会帮助公司改进促销计划而可获得长期利润9万美元。在这种情况下,在市场调研上所花的费用最高为4万美元。

调研计划包括资料来源、调研方法、调研工具、抽样计划、接触方法。

三、收集信息

四、分析信息

五、提出结论

(1) 使用飞机上电话服务的主要原因是:有紧急情况,紧迫的商业交易,飞行时间上的混乱,等等。用电话来消磨时间的现象是不大会发生的。绝大多数的电话是商人所打的,并且他们要报销单。

(2) 每200人中,大约有20位乘客愿花费25美元打一次电话;而约40人期望每次通话费为15美元。因此,每次收15美元($40 \times 15 = 600$)比收25美元($20 \times 25 = 500$)有更多的收入。然而,这些收入都大大低于飞行通话的保本点成本1 000美元。

(3) 推行飞行中的电话服务使美航每次航班能增加2个额外的乘客,从这2人身上能收到400美元的纯收入,然而,这也不足以帮助抵付保本成本点。

(4) 提供飞行服务增强了美航作为创新和进步的航空公司的公众形象。

(资料来源:[美]菲利普·科特勒.营销管理.新千年版.2001.)

4.3.4 市场营销调研的方法

市场调研方法有间接资料调研方法和直接资料调研方法。

1. 间接资料调研方法

间接资料调研方法,即文案调研法,又叫文献调研法、桌面调查法及室内调研法等,是一种获取二手资料的调查研究方法,即根据一定的研究目的,通过对收集到的、与调查课题相关的各种信息和情报资料等进行分析、研究获得调研成果的一种调研方法。

(1) 内部资料的收集。

① 业务资料,包括与调查对象活动有关的各种资料,如订货单、进货单、发货单、合同文本、发票、销售记录、业务员访问报告等。

② 统计资料,主要包括各类统计报表,企业生产、销售、库存等各种数据资料,各类统计分析资料等。

③ 财务资料,是由企业财务部门提供的各种财务、会计核算和分析资料,包括生产成本、销售成本、各种商品价格及经营利润等。

④ 企业积累的其他资料,如平时剪报、各种调研报告、经验总结、顾客意见和建议、同业卷宗及有关照片和录像等。

(2) 外部资料的收集。

① 统计部门以及各级、各类政府主管部门公布的有关资料。

② 各种经济信息中心、专业信息咨询机构、各行业协会和联合会提供的信息和有关行业情报。

③ 国内外有关的书籍、报纸、杂志所提供的文献资料,包括各种统计资料、广告资料、市场行情和各种预测资料等。

④ 有关生产和经营机构提供的商品目录、广告说明书、专利资料及商品价目表等。

⑤ 各种国际组织、学会团体、外国使馆、商会所提供的国际信息。

⑥ 国内外各种博览会、展销会、交易会、订货会等促销会议以及专业性、学术性经验交流会议上所发放的文件和材料。

2. 直接资料调研方法

直接资料是指通过实地调研收集的资料,也称第一手资料。实地调研的方法有多种,归纳起来,可分为以下三类:

(1) 访问法。

访问法是指通过询问的方式向被调查者了解市场资料的一种方法。访问法既可在备有正式问卷的情况下,也可在没问卷的情况下进行。

① 面谈调查。

面谈调查是调查人员直接访问被调查对象,向被调查对象访问有关的问题,以获取信息资料。通常,调查人员根据事先拟好的问卷或调查提纲上问题的顺序,依次进行提问;有时,亦可采用自由交谈的方式进行。使用面谈法进行调研,可以一个人面谈,也可以几个人集体面谈,分别称之为个人访问和集体访问。

② 邮寄调查。

邮寄调查是将事先设计好的问卷或调查表,通过邮件的形式寄给被调查对象,由他们填好以后按规定的时间邮寄回来。

③ 电话调查。

电话调查是由调查人员根据抽样的要求以及预先拟定的内容,通过电话访问的形式向被调查对象访问而获取信息资料的方法。

④ 留置调查。

留置调查就是由调查人员将事先设计好的问卷或调查表当面交给被调查对象,并说明回答问题的要求,留给被调查对象自行填写,然后,由调查人员在规定的时间收回。

⑤ 网络调查。

通过在线网络开展调查,比如问卷网、问卷星等。网络调查具有成本低、响应速度快的优势,但是可靠度也较低。

知识链接

问卷星

问卷星是一个专业的在线问卷调查、测评、投票平台,专注于为用户提供功能强大、人性化的在线设计问卷、采集数据、自定义报表、调查结果分析系列服务。与传统调查方式和其他调查网站或调查系统相比,问卷星具有快捷、易用、低成本的明显优势,已经被大量企业和个人广泛使用,典型应用包括:

企业:客户满意度调查、市场调查员工满意度调查、企业内训、需求登记、人才测评、培训管理;高校:学术调研、社会调查、在线报名、在线投票、信息采集、在线考试;个人:讨论投票、公益调查、博客调查、趣味测试。

(2) 观察法。

观察法,是指通过跟踪、记录被调查对象的行为特征来取得第一手资料的调查方法。在观察过程中,可以通过耳听、眼睛看或借助于摄影设备和仪器等手段来获得某些主要信息。

实践中,观察法又可分为直接观察法、亲身经历法、行为记录法、痕迹观察法等。

① 直接观察法,即调查人员到现场直接观察被调查对象的活动、行为。例如,调研员在超级市场观察消费者如何选购商品并记录下来。

② 亲身经历法,即调查人员以当事人的身份身临其境地体验和观察,以了解真实情况。例如,神秘顾客前往零售店去检查员工的态度、商店外观等服务问题。

③ 行为记录法,即利用各种仪器(照相机、摄像机、录音机等)对被调查者的行为进行测录以从中获取市场信息资料。例如,有些企业在超级市场的天花板上安装摄像头,追踪顾客在店内的购物过程,据此来考虑重新陈列产品,以便顾客选购。

④ 痕迹观察法,即通过一定的途径,观察被调查者的活动痕迹,从而收集有关信息。例如,美国有教授提出"垃圾学"研究方法,针对居民废弃的垃圾展开研究,从而判断在其食品消费结构中,高蛋白、高脂肪食品或是方便食品所占的比重。

应用案例

伊维德罗森希尔(Environ Sell)公司

在西方国家中,顾客观察法已成为企业提供的一种特殊服务,而且收费很高。美国《读者文摘》曾经报道,专门从事观察业务的商业密探在美国大行其道。帕科·安德希尔(Paco Underhill)成立了一家名为伊维德罗森希尔(Environ Sell)的公司,它20年来一直追踪观察购物者。其客户包括麦当劳、星巴克、雅诗兰黛和百视达。他们研究不同的零售点,并且利用独特的方法记录下购物者的行为。他们还应用剪报板、跟踪单、视像设备以及敏锐的眼睛来描述购物者行为的每个细微差别。

他们的调查结果给很多商店提出了许多实际的改进措施。例如,他们用一卷胶片拍摄了一家主要是青少年光顾的音像商店,发现这家商店把磁带放在孩子们拿不着的很高的货架上。安德希尔指出应把商品放低18英寸,结果销售量大大增加。

又如一家叫伍尔沃思的公司发现商店的后半部分的销售额远远低于其他部分,安德希尔通过观察和拍摄现场解开了这个谜。在销售高峰期,现金出纳机前顾客排着长长的队伍,一直延伸到商店的另一端,这实际上妨碍了顾客从商店的前面走到后面,后来商店专门安排了结账区,结果商店后半部分的销售额增加得很快。

他们还出过很多的点子。例如,建议商店增加椅子,放一台电视机,让丈夫观看电视,耐心地等待妻子逛商店。又如,建议减少顾客排长队的厌烦。

(3) 实验法。

实验法是指在市场调查中,通过实验对比来取得市场情况第一手资料的调查方法。它是由市场调查人员在给定的条件下,对市场经济活动的某些内容及其变化加以实际验证,以此衡量其影响效果的方法。

实验法是从自然科学中的实验求证理论移植到市场调查中来的,但是对市场上的各种发展因素进行实验,不可能像自然科学中的试验一样准确。这是因为市场上的实验对象要受到多种不可控因素的影响。例如,在实验期间,新的替代产品上市、竞争对手营销策略的改变、消费者的迁移等任何因素的变化,都会不同程度地反映到市场上来,从而影响到实验的效果。尽管如此,通过实验法取得的市场情况第一手资料,对预测未来市场的发展还是有很大帮助的。例如,为了提高商品包装的经济效果,可以运用实验法,在选择的特定地区和时间内进行小规模试验性改革,试探性了解市场反应,然后根据试验的初步结果,再考虑是否需要大规模推广,或者决定推广的规模。这样做有利于提高工作的预见性,减少盲目性。同时,通过实验对比,还可以比较清楚地了解事物发展的因果联系,这是访问法和观察法不易做到的。因此,在条件允许时,采用实验法进行市场调查还是大有益处的。一般来讲,改变商品品质、交换商品包装、调整商品价格、推出新产品、变动广告形式内容、变动商品陈列等,都可以采用实验法测试其效果。

应用案例

重视市场调查的李维公司

4.4 撰写市场调研报告

4.4.1 市场调研报告的含义

市场调研是市场调查与市场研究的统称,它是个人或组织根据特定的决策问题而系统地设计、搜集、记录、整理、分析及研究市场各类信息资料、报告调研结果的工作过程。

市场调查报告是指用书面表达的方式反映调查过程和调查结果的一种分析报告,它是通过文字、图表等形式将调查分析结果表现出来,使人们对所调查的市场现象和所关心的问题有一个全面系统的了解和认识。

撰写市场调查报告具有非常重要的意义,主要体现在以下三个方面。

1. 市场调查报告是市场调查活动必不可少的重要环节

无论是市场调研公司接受客户委托进行某项专门调查,还是企业市场调查部门自行组织的专项调查,都必须经历从方案策划、组织培训、资料收集、资料与信息汇总整理,到最终以书面报告形式将调研成果呈现出来,并对报告进行口头汇报的过程。因此,编写市场调查报告是任何一项调查活动必不可少的重要环节,是市场调查项目初步完成的标志。

2. 市场调查报告是经营管理者做决策的参考依据

经过组织整理、统计分析、提炼加工形成的市场调查报告非常便于管理者阅读和理解,报告全面记载了市场调查项目的目的、方法和实施情况,深入分析了经过调查后所得的主要结果和结论,并站在中立的立场上提出相关建议。因此,一份好的市场调查报告对于社会和企业管理者、决策者了解整个市场调查过程,并依据调查形成的基本结论来判断经济或市场发展现状与趋势,做出相应的经营决策是非常有意义的。

3. 市场调查报告是评价调查活动质量高低的重要标志

与市场调查活动的其他环节相比,市场调查报告是整个市场调查项目最具全面性、代表性的有形产品,也是市场调查机构呈现给社会或企业,以及自身留档的主要材料。

应用案例

2020年中国智能语音行业研究报告

报告简介

《2020年中国智能语音行业研究报告》为艾瑞咨询集团自主研究发布的年度行业研究报告,本报告对中国智能语音行业整体市场和细分赛道进行分析,详细梳理了智能语音行业2019年消费级智能硬件、企业级与公共级智能语音产品的应用场景与发展渗透情况,为AI公司和巨头企业进行了业务发展分析,旨在将向市场提供更多的参考依据,为智能语音相关企业提供一定的支持和帮助,为有关投资机构提供参考。

目录

一、智能语音相关技术概述

1.1 智能语音的概念

1.2 智能语音的前情提要

1.3 2020年建议重点关注的技术方向

1.4 本章小结

二、子研究(1/3)消费级市场

2.1 语音助手及其发展历程

2.2 消费级智能硬件家族

2.3 智能音箱研究单元

2.4 语音输入法

2.5 本章小结

三、子研究(2/3)企业级与公共级市场

……

五、写在最后

图表目录

图 2-1 2018 年中国智能家居从业者最看好的用户入口

图 2-2 2012—2019 年中国智能手机与智能音箱出货及渗透情况

图 2-3 2018 年 11 月—2019 年 11 月中国主要智能音箱 App 月独立设备数

……

扫描二维码，获取报告全文

4.4.2 调研报告的格式和结构

一份规范的市场调查报告，一般应该包含三个部分：前言部分、正文部分、结尾部分。

1. 前言

前言部分通常包括封面、目录、委托信、摘要等。

(1) 封面也称标题页，包括调查报告的主题，调查公司的名称，调查者的姓名及其所在的部门，提交报告的日期。调查报告的题目应尽可能贴切、概括地说明调查项目的性质。

关于标题，一般要在与标题同一页，把被调查单位、调查内容明确而具体地表示出来，如《关于哈尔滨市家电市场调查报告》。有的调查报告还采用正、副标题形式，一般正标题表达调查的主题，副标题则具体表明调查的单位和问题。

(2) 目录，如果调研报告的内容、页数较多，为了方便读者阅读，应当使用目录或索引形式列出报告所分的主要章节和附录，并注明标题、有关章节号码及页码。一般来说，目录的篇幅不宜超过一页。

(3) 委托信是调查客户在调研项目正式开始之前写给调研者或组织的，具体表明了客户对调研者的要求。

(4) 摘要主要阐述课题的基本情况，是调查报告中最重要的内容，是整份报告的精华，摘要应概括地说明调查活动所获主要成果。主要包括三个方面的内容：

第一，简要说明调查目的。即简要地说明调查的由来和委托调查的原因。

第二，简要介绍调查对象和调查内容，包括调查时间、地点、对象、范围、调查要点及所要解答的问题。

第三，简要介绍调查研究的方法。介绍调查研究的方法，有助于使人确信调查结果的可靠性，因此对所用方法要进行简短叙述，并说明选用方法的原因。例如，是用抽样调查法还是用典型调查法，是用实地调查法还是文案调查法，这些一般是在调查过程中使用的方法。另外，在分析中使用的方法，如指数平滑分析、回归分析、聚类分析等方法都应做简要说明。如果部分内容很多，应有详细的工作技术报告加以说明补充，附在市场调查报告的最后部分的附件中。

摘要应该尽可能精确、简练地表述，包括调研的对象、研究的范围、采用的调研方法、调研的结论与建议。摘要应当能够使读者兴奋，引起他们的兴趣和好奇心从而去进一步阅读报告的其余部分。

2. 正文

正文是市场调查分析报告的主体部分。这部分必须准确阐明全部有关论据，包括问题的提出到引出的结论，论证的全部过程，分析研究问题的方法，还应当有可供市场活动的决策者进行独立思考的全部调查结果和必要的市场信息，以及对这些情况和内容的分析评论。具体构成可能因研究项目不同而异，但基本包括引言、调查研究方法、调查结果、调查结论和建议四个部分。

（1）引言。通过阅读调查报告的引言，阅读者对报告有所了解。调查报告的引言通常包括调查背景、调查目的等。

在调查背景部分，报告内容中应对调查的由来或受委托进行该项调查的原因做出说明，对调查项目的必要性进行简要的解释。说明时，可以引用有关的背景资料为依据，分析企业经营、产品销售、广告活动等方面存在的问题，调查背景资料的介绍不仅可作为调查目的提出的铺垫，还可以作为调查结论和建议的佐证，与研究结果相结合来说明问题。所以背景资料的介绍不一定要面面俱到，但必须与调查主题有关。在对研究背景分析所存在的问题的基础上，提出调查的目的及所包含的信息范围。引言中的研究目的通常是针对研究背景分析所存在的问题提出的，一般是为了获得某些方面的资料或对某些假设做检验。

（2）调查研究方法。描述如何进行调查，调查的对象是谁，采用了哪些调查方法，指出用什么方法对调研资料进行汇总、整理和统计分析。一般情况下，调查方法部分不需太长，但应提供必要的信息，使阅读者了解调查数据是怎样收集和调查结论是怎样得出的。这一部分的主要内容如下：

① 调查地区，说明调查活动在什么地区或区域进行，如分别在哪些省市进行，选择这些地区的理由。

② 调查对象，说明从什么样的对象中抽取样本进行调查。通常是指产品的销售推广对象，或潜在的目标市场，如"18岁以上50岁以下的男性消费者"。

③ 访问完成情况，即原来拟定调查多少人，实际上收回的有效问卷是多少，有效问卷的回收率，问卷丢失或无效的原因，是否采取补救措施等。

④ 样本的结构，即根据什么样的抽样方法抽取样本，抽取后样本的结构如何，是否具有代表性，与原来拟订的计划是否一致。

⑤ 资料的采集，是入户访问，还是电话访问，是观察法，还是实验法等。如果是实验法，还必须对实验设计做出说明。调查如何实施，遇到什么问题，如何处理。

⑥ 资料处理方法及工具，指出用什么工具、用什么方法对资料进行处理和统计分析。

（3）调查结果。这部分是调研报告的主要内容。在一份调查报告中，调查结果应以陈述形式进行表述，并配以表格、图表、图形，以进一步支持和加强对结果的解释，还要对图表中数据资料所隐含的趋势、关系或规律加以客观的描述。

为了将事实和结果陈述清楚，可将其分为基本情况和分析两部分。

基本情况部分反映客观事实，但不是对事实的简单罗列，而应该是有所提炼，主要有三种方法。① 先对调查数据资料及背景资料做客观的介绍，然后在分析部分论述对情况的看法或分析。② 提出问题,提出问题的目的是要分析问题,找出解决问题的办法。③ 先肯定事物的一面,由肯定的一面中引出分析部分,又由分析部分引出结论,循序渐进。

分析是调查报告的主要组成部分,在这个阶段,要对资料进行质和量的分析,通过分析情况,说明问题和解决问题。分析有以下三类情况:

① 原因分析,是指对出现问题的基本成因进行分析,如《对××牌产品滞销原因的分析》就属这类。

② 利弊分析,是指对事物在社会经济活动中所处的地位、所起到的作用进行利弊分析等。

③ 预测分析,是指对事物的发展趋势和发展规律做出的分析。

大多数调查的结果都是部分调查对象的资料,研究者还必须根据调查的数据来说明总体的情况。这部分涉及内容很多,文字较长,可以用概括性或提示性的小标题,突出报告的中心思想,结构亦要安排恰当。

(4) 调查结论和建议。结论和建议是撰写综合分析报告的主要目的,包括对引言和正文部分所提出的主要内容的总结。仅仅将统计的结果总结出来是不够的,调查者应当按照定义的问题来解释统计结果并从中提炼出一些结论性的东西。通常可用以下方式得出结论:

① 概括全文。经过层层剖析后,综合说明调查报告的主要观点,深化文章的主题。

② 形成结论。在对真实资料进行深入细致的科学分析的基础上,得出报告的结论。

③ 提出看法和建议。通过分析,形成对事物的看法,并在此基础上,提出建议和可行性方案。

结论并不一定要单独列出来写,它与调查项目有关,如果调查项目小,结果简单,可以直接与调查结果合并成一部分来写。反之,则应分开来写。在调查统计结果和结论的基础上,可以向决策制定者提出如何利用已被证明为有效的措施以及解决某一具体问题可供选择的方案和建议。建议是针对调查获得的结论提出可以采取哪些措施、方案或具体行动步骤。

3. 结尾(附录)

结尾部分由附录组成。附录是指调查报告正文无法包含或没有提及,但与正文有关,必须附加说明的部分,是对报告正文的补充或更详尽的说明,以备读者参考,附录的目的基本上是列入尽可能多的有资料,这些资料可用来论证、说明或进一步阐述已经包括在报告正文之内的资料,每个附录都应有编号。通常附录中包括以下内容:① 调查方案;② 调查问卷;③ 抽样方案;④ 统计分析和计算的细节;⑤ 一些技术问题的讨论;⑥ 数据汇总表;⑦ 原始资料背景材料;⑧ 必要的工作技术报告;⑨ 参考文献等。

知识小结

为了在竞争激烈的市场环境中求得生存与发展,企业必须重视对市场营销信息的搜集、处理及分析,建立起有效的市场营销信息系统,才能具备较强的应变能力,能够及时做出正确的决策。市场营销信息系统由内部报告系统、营销情报系统、营销调研系统和营销决策支持系统组成。

市场调查的资料来源于二手资料和一手资料,互联网时代大数据与信息检索是二手资料获取的主要方法。一手资料获取方法有：询问法、观察法、实验法。

市场调查分为四个阶段：准备阶段（提出问题、进行探测性调研、制定调研方案）、资料搜集阶段（依据调查方案确定的调查对象及调查方法，时间、地点、人员安排开展资料搜集）、调查研究阶段（资料审核、资料加工、统计分析）、总结阶段（撰写调查报告、总结调查工作、评估调查结果）。

市场调查报告是本项任务的最终成果，有规范的格式与要求。

【关键术语】

营销信息系统　内部报告系统　营销情报系统　市场调查系统　决策支持系统　大数据营销　信息检索　观察法　实验法　询问法　调研报告

【应知考核】
【应会考核】

 进入云班课更多应知应会考核测试

【实践活动——任务4 汇报评价】

扫码查看更多实时更新应知应会考核题

《"公司"（项目团队）市场调研报告》评价标准

项目 2　选定价值顾客

项目导入

到目前为止,我们已经理解了什么是市场营销,理解了消费者和营销环境,以此为基础,深入研究营销战略:选定价值顾客。依据市场竞争及自身优势,明确谁是我们的目标顾客、我们为谁服务——选定价值顾客。

"不要试图向所有的顾客提供服务"是营销的重要准则之一,这也正验证了中国的一句老话,"有所不为才能有所为"。面对技术的飞速发展和激烈的竞争,世界变得越来越丰富多彩,还有谁能在一个领域全面称雄呢？更不要说在所有领域了。

在供过于求的市场中如何立足,确定竞争战略,形成自己的核心竞争能力。

企业应当根据自己特定的资源和能力、竞争对手的产品和服务、顾客需求的差异性,在市场营销活动中建立长期稳定的战略,使顾客对本企业的特征形成清晰的、可辨的、排他的概念。

其实,面对快速变化的世界,顾客越来越不知道自己的实际需求是什么,营销者必须帮助顾客学会知道"我要什么"？为完成这个项目我们有 2 项任务:

任务 5:确定竞争战略。
任务 6:目标市场营销战略。

项目导图

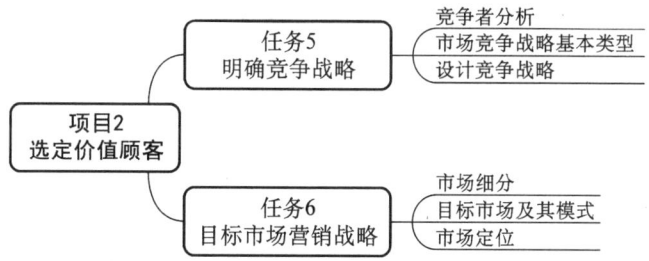

学生通过本项目明确企业的竞争战略、目标市场选择战略,选定价值的目标客户作为企业的服务群体,为营销策略的指导指明方向。

任务5　明确竞争战略

知识目标

1. 了解企业竞争者的不同类型，分析竞争者的目标、优劣势、竞争战略以及竞争者的市场反应行为；
2. 掌握基本的市场竞争战略的类型及各种类型的优缺点与适用条件；
3. 掌握不同市场地位的企业的竞争战略；
4. 理解竞争的五力模型。

能力目标

1. 能够准确地判断和定位企业的竞争对手，并能对竞争对手从目标、战略、优劣势、市场反应行为等方面进行分析；
2. 能够根据企业的现状，确定市场竞争类型；
3. 能够根据企业的市场地位，选择相应的竞争战略。

任务驱动

竞争是广泛存在的现象。无论是自然界还是人类社会，竞争都是各种事物生存发展的条件。博弈论认为，在不同系统之间，在同一系统不同元素之间，凡是通过某种较量而分出高低优劣、通过择优汰劣而推动系统进化的活动，都是竞争。企业的各项营销活动都可以说是与对手企业在市场上所展开的一场博弈。要赢得这场博弈，也必然遵循同样的规则，即企业与竞争对手的竞争不能是盲目的，要有对自身及对手的状态、所处环境的充分了解与把握，并在此基础上确定自己的行动战略。

项目团队任务：竞争战略研究

↘ **1. 任务内容：**
(1) 完成"公司"（项目团队）的竞争战略研究报告；
(2) 根据研究报告及本项任务实施过程，制作PPT用于汇报和展示；
(3) 本项任务结束后，各项目团队通过课堂汇报、交流、讨论，开展任务成果竞赛。

↘ **2. 任务目的：**
运用所学的知识进行"公司"（项目团队）的竞争战略研究，掌握影响竞争的力量、竞争者识别的条件、确定竞争者的目标；评估竞争者的优势和劣势，估计竞争者的反应，明确竞争对手的市场竞争基本类型，分析其优缺点，对比找到自己公司的竞争优势。各项目团队深入分析企业基本竞争战略：总成本领先战略、差异化战略、目标集中战略。重点研究竞争对手，分析企业各类竞争战略:市场主导者、市场挑战者、市场跟随者、市场补缺者等类型。对比企业的机遇与挑战,提出竞争对策,并形成竞争战略研究报告。

3. 任务的组织与实施:

参考任务1:任务的组织和实施。

4. 任务质量要求、参考作品:

《竞争战略研究报告》评价标准
基于波特五力模型的小米公司竞争战略研究

任务导图

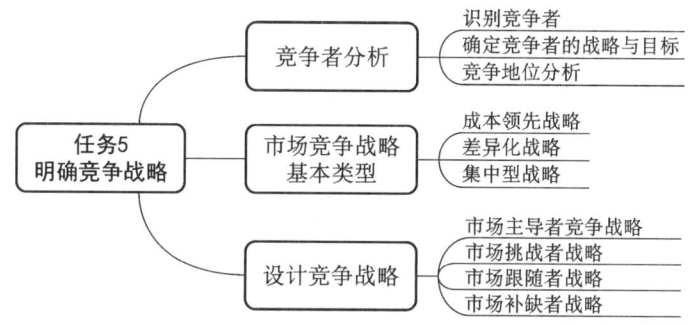

导入案例

百年争霸

可口可乐公司创建于1886年,百事可乐公司创建于1898年。近百年来,可口可乐以其独特的品质称霸世界软饮料市场。可口可乐的无数竞争者中,唯有百事可乐经过近半个世纪的不懈努力,自1977年以来,在美国软饮料市场的销售量开始赶上可口可乐。称霸近百年的可口可乐是怎样被百事可乐夺去市场的半壁江山的?其中奥妙耐人寻味。

早在20世纪30年代,百事可乐便在世界上首次通过广播宣布,将当时最高价为10美分的百事可乐降价一半,从而拉开了软饮料工业中争夺战的第一幕。第二次世界大战期间,可口可乐公司的经营目标转向开拓国外市场,可口可乐随着战争行销世界。到第二次世界大战结束,国外可口可乐瓶装厂增加到64家。百事可乐利用这一机会,以其低廉的价格抢走可口可乐在国内的部分市场。然而好景不长,战后可口可乐杀回马枪,使百事可乐销量猛跌,可口可乐的销路以5∶1的优势领先于百事可乐。为扭转局势,百事可乐不断改进包装和味道,采取在局部市场与可口可乐竞争的策略,经过一番奋战,使可口可乐与百事可乐的市场差距缩小为5∶2。

20世纪60年代是两家饮料公司在美国市场竞争的关键时期,1963年,百事可乐声称其成功地掀起了一场称之为百事新一代的市场营销运动。该公司决定将重点放在考虑用户的需求上,做出了长期占领市场的战略决策,决定将产品打入当时尚未完全依赖于可口可乐的新一代消费者市场。公司认为,与其说艰难地吸引可口可乐的忠实客户,让他们变换口味改喝百事可乐,不如努力赢得尚未养成习惯的目标市场。大约25年后,百事可乐仍然依赖它的这种"世代"策略进行销售。1983年,百事可乐将销售方针修正为"新一代的选择",并一直持续到20世纪90年代。百事以它富有独创性的强有力的广告攻势(如邀请著名演员等出面大做电视商业广告)，来吸引新的一代人。1985年，百事花在广告上的费用估计有4.6亿美元。

各种报道表明，"百事挑战"运动从20世纪70年代中期开始掀起时就困扰着可口可乐的董事们。1985年可口可乐公司突然宣布改变沿用99年之久的老配方，采用刚研制成功的新配方，并声称要以新配方再创可口可乐在世界饮料行业中的新纪录。但推出以来，却遭到许多人的反对，还有人举行示威，反对使用新配方，这可乐坏了其对手百事可乐公司。

正当百事可乐公司乐不可支时，可口可乐公司突然宣布，为了尊重老顾客的意见，公司决定恢复老配方的可口可乐生产，同时，考虑消费者的新需要，新配方的可口可乐也同时继续生产。几十年来，竞争的双方都各有千秋，但很难分出胜负。

项目团队行动，案例讨论：
百事可乐采取什么策略挑战可口可乐？可口可乐如何应对？结果如何？

> **名人名言：**
> 要成为领袖，无论从事什么行业，都要比竞争对手做好一点。
> ——李嘉诚

5.1　竞争者分析

5.1.1　识别竞争者

竞争者是那些生产经营与本企业提供的产品相似的或可以互相替代的产品，以同一类顾客为目标市场的其他企业。例如，格力公司把美的公司当作主要竞争者，可口可乐公司把百事可乐公司视为主要竞争者，通用汽车公司把福特汽车公司作为主要竞争者。

根据产品的替代程度不同，可将竞争者分为四个层次(该部分内容在2.3.5部分有详细描述)：品牌竞争者、产品形式竞争者、平行竞争者、欲望竞争者。

波特五力模型是迈克尔·波特(Michael Porter)于20世纪80年代初提出的，他认为行业中存在着决定竞争规模和程度的五种力量，这五种力量综合起来影响着产业的吸引力及现有企业的竞争战略决策。五种力量分别为行业内现在竞争者的竞争能力、新进入者的威胁、替代品的替代能力、供应商的讨价还价能力、购买者的讨价还价能力，如图5-1所示。

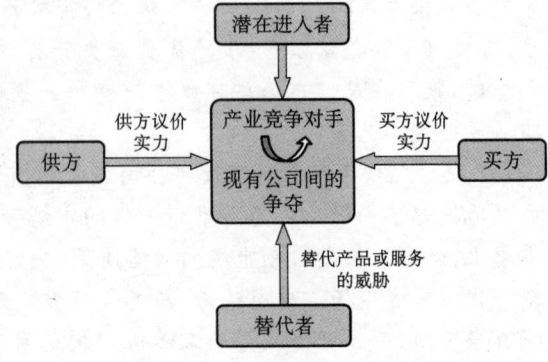

图5-1　五力分析模型图

1. 行业内现有竞争者的竞争能力

大部分行业中的企业，相互之间的利益都是紧密联系在一起的，作为企业整体战略一部分的各企业竞争战略，其目标都在于使自己的企业获得相对于竞争对手的优势，所以在实施中就必然会产生冲突与对抗现象，这些冲突与对抗就构成了现有企业之间的竞争。现有企业之间的竞争常常表现在价格、广告、产品介绍、售后服务等方面。

通常，出现下述情况将意味着行业中现有企业之间竞争的加剧：行业进入障碍较低，实力相当的竞争对手较多，竞争参与者范围广泛；市场趋于成熟，产品需求增长缓慢；竞争者企图采用降价等手段促销；竞争者提供几乎相同的产品或服务，用户转换成本低等。退出障碍也会加剧竞争，退出障碍主要受经济、战略、感情及社会政治关系等方面的影响，具体包括资产的专用性，退出的固定费用，战略上的相互牵制，情绪上的难以接受，政府和社会的各种限制等。

2. 新进入者的威胁

新进入者在给行业带来新生产能力、新资源的同时，希望在已被现有企业瓜分完毕的市场中赢得一席之地，这就有可能会与现有企业发生原材料与市场份额的竞争，最终导致行业中现有企业盈利水平降低，严重的话还有可能危及这些企业的生存。竞争性进入威胁的严重程度取决于两方面的因素，即进入新领域的障碍大小与预期现有企业对进入者的反应情况。

进入障碍主要包括规模经济、产品差异、资本需要、转换成本、销售渠道开拓、政府行为与政策、不受规模支配的成本劣势、自然资源、地理环境等方面，这其中有些障碍是很难借助复制或仿造的方式来突破的。预期现有企业对进入者的反应情况，是否采取报复行动的可能性大小，则取决于有关厂商的财力情况、报复记录、固定资产规模、行业增长速度等。

3. 替代品的替代能力

两个处于同行业或不同行业中的企业，可能会由于所生产的产品互为替代品，从而产生相互竞争行为，这种源自替代品的竞争会以各种形式影响行业中现有企业的竞争战略。

第一，现有企业产品售价及获利潜力的提高，将由于存在着能被用户方便接受的替代品而受到限制。第二，替代品生产者的侵入，使得现有企业必须提高产品质量，或者通过降低成本来降低售价，或者使其产品具有特色，否则其销量与利润增长的目标就有可能受挫。第三，源自替代品生产者的竞争强度，并受产品买主转换成本高低的影响，替代品价格越低，质量越好，用户转换成本越低，其所能产生的竞争压力就越大；而这种来自替代品生产者的竞争压力的强度，可以具体通过考察替代品销售增长率，替代品厂家生产能力与盈利扩张情况来加以描述。

4. 供应商的讨价还价能力

供方主要通过其提高投入要素价格与降低单位价值质量的能力，来影响行业中现有企业的盈利能力与产品竞争力。供方力量的强弱主要取决于他们所提供给买主的是什么投入要素，供方所提供的投入要素的价值构成了买主产品总成本的较大比例，对买主产品生产过程非常重要，或者严重影响买主产品的质量时，供方对买主的潜在讨价还价力量就大大增强。

5. 购买者的讨价还价能力

购买者主要通过其压价与要求提供较高的产品或服务质量的能力,来影响行业中现有企业的盈利能力。购买者具有较强的议价能力主要表现在以下方面:购买者的总数较少,而每个购买者的购买量较大,占了卖方销售量的很大比例;卖方行业由大量规模较小的企业所组成;购买者所购买的基本上是一种标准化产品,同时向多个卖主购买产品在经济上也完全可行;购买者有能力实现后向一体化,而卖主不可能实现前向一体化。

营销人物

迈克尔·波特(Michael E. Porter)

迈克尔·波特(Michael E. Porter,1947—)是哈佛商学院的大学教授(大学教授,University Professor,是哈佛大学的最高荣誉,迈克尔·波特是该校历史上第四位获得此项殊荣的教授)。迈克尔·波特在世界管理思想界可谓是"活着的传奇",他是当今全球第一战略权威,被誉为"竞争战略之父",是现代最伟大的商业思想家之一。迈克尔·波特博士获得的崇高地位缘于他所提出的"五种竞争力量"和"三种竞争战略"的理论观点,他的三部经典著作《竞争战略》《竞争优势》《国家竞争优势》被称为竞争三部曲。

5.1.2 确定竞争者的战略与目标

每个企业对短期利润或长期利润的侧重有所不同,有些企业追求利润最大化,有些企业追求的是顾客满意度最大,因此,需要分析竞争者的战略和目标。

1. 判断竞争者的战略和目标

判断竞争者的战略和目标的目的主要是辨别竞争者的竞争策略,了解竞争者的市场目标和意图,从而做出应对之策,其主要内容包括竞争者的市场目标和竞争者的竞争策略。

(1) 竞争者的市场目标。

每个竞争者都有不同的目标组合,如获利能力、市场占有率、现金流量、技术领先程度、服务领先程度等,只有了解每个竞争者的重点目标是什么,才能对不同的竞争行为做出适当的反应。例如,一个以低成本领先为主要目标的竞争者,对其他企业在降低成本方面的技术创新的反应要比对增加广告预算的反应强烈。

竞争者目标的差异性会影响其经营模式,美国企业一般追求短期利润最大化,因为其当期业绩是由股东评价的,如果短期利润下降,股东就可能失去信心,抛售股票,导致企业资金成本上升。日本企业一般以市场占有率最大化为目标,它们需要在一个资源贫乏的国家为1亿多人提供就业机会,因而对利润的要求相对较低,大部分资金来源于寻求平稳利息收入,所以,日本企业的资金成本要远远低于美国企业,日本企业能够把价格定得较低并在市场渗透方面显示出更大的耐性。

(2) 竞争者的竞争战略。

企业竞争战略要解决的核心问题是如何通过确定顾客需求、竞争者产品及本企业产品这三者之间的关系，来奠定本企业产品在市场上的特定地位并维持这一地位。各企业采取的战略越相似，它们之间的竞争就越激烈。在多数行业中，根据所采取的主要战略的不同，可将竞争者划分为不同的战略群体。例如，在美国的主要电器行业中，通用电气、惠普和施乐所提供的电器价位中等，因此可将它们划分为同一战略群体。

企业要想进入某一战略群体，必须注意进入各个战略群体的难易程度不同。一般来说，小型企业适于进入投资和声誉门槛较低的群体，因为这类群体的竞争性较弱；而实力雄厚的大型企业则可考虑进入竞争性强的群体。此外，当企业决定进入某一战略群体时，首先要明确主要的竞争对手是谁，然后根据主要竞争者的战略决定自己的竞争战略。假设某公司要进入上述电器公司的战略群体，就必须在战略上具有自己的优势，否则很难吸引相同的目标顾客群体。

除在同一战略群体内存在激烈竞争外，在不同战略群体之间也存在激烈竞争，这主要是因为不同的战略群体同样可能具有相同的目标顾客，顾客可能无法区别不同战略群体的产品差异；同时，还存在其他战略群体的企业改变战略的情况，如提供中档产品的企业可能转而生产高档产品。

2. 评估竞争者的能力

企业需要对竞争者的能力进行评价，了解竞争者的实力和各项既定战略的执行情况，以及其预期目标的达成情况，为此，企业需要收集过去几年中关于竞争者的资料，如销售额、市场占有率、利润率、投资收益、现金流量、发展战略等。

竞争者的能力主要包括以下五个方面：核心能力、成长发展能力、快速反应能力、适应变化的能力、持久力。

3. 把握竞争者的优势与劣势

竞争者的优势与劣势通常体现在产品、销售渠道、市场营销、生产经营、研发能力、资金实力、组织能力、管理能力等方面。

要想把握竞争者的优势和劣势，需要综合分析竞争对手的经营状况和市场表现，企业可以通过间接的方式获取相关信息，如第二手资料、他人的介绍等。企业也可以对中间商和顾客进行调查，以问卷调查的形式请顾客给本企业和竞争者的产品在一些重要方面分别打分，通过分数了解竞争者的优势和劣势，比较自己和竞争者在竞争地位上的优劣。

4. 估计竞争者的市场反应模式

在分析了竞争者的优势和劣势之后，需要对竞争者的市场反应模式进行判断。一般来说，竞争者的市场反应可以分为以下类型：迟钝型竞争者、选择型竞争者、强烈反应型竞争者、不规则型竞争者。不同类型的竞争者，其市场反应不同。

(1) 迟钝型竞争者。迟钝型竞争者也叫从容型竞争者，是指那些对市场反应不强烈，行动较为迟缓的竞争者。这类竞争者对市场反应迟缓的原因在于他们认为顾客高度忠实于自己的产品，也可能是对市场变化重视不够，没有发现对手的变化，或者因为缺乏资金而无法做出快速的反应。

(2) 选择型竞争者。选择型竞争者在某些方面对市场反应强烈，在某些方面对市场变化又不够敏感，这类竞争者会选择对自身威胁大的市场变化做出反应，对自身威胁不大的方面他们会选择自动忽略。

（3）强烈反应型竞争者。强烈反应型竞争者也叫凶狠型竞争者。他们对任何方面的市场变化都会做出迅速、强烈的反应，如美国的宝洁公司，就是一个强烈反应型竞争者，一旦受到挑战，会立刻发起猛烈的进攻，因此，同行企业都尽量避免与其正面交锋。

（4）不规则型竞争者。不规则型竞争者也称随机型竞争者，这类竞争者随机性地对市场变化做出反应，他们的行为难以捉摸、无法预料。

5.1.3　竞争地位分析

根据企业在市场上的竞争地位可以把企业分为四种类型：市场领导者、市场挑战者、市场跟随者和市场补缺者（见图5-2）。随着市场环境的变化，企业在市场中的竞争地位也会发生变化。

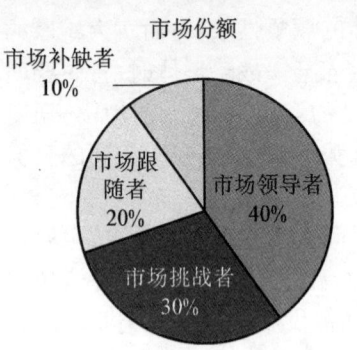

图5-2　市场结构与竞争者类型

1. 市场领导者

市场领导者指在相关产品的市场上占有率最高的企业，它在价格调整、新产品开发、配销覆盖和促销力量方面处于主导地位。它是市场竞争的导向者，也是竞争者挑战、效仿或回避的对象。市场领导者所具备的优势包括消费者对品牌忠诚度高、营销渠道稳固高效、营销经验丰富等。市场领导者面临着众多竞争者的无情挑战，因此必须保持高度的警惕并采取适当的战略，否则就会丧失领先地位甚至被淘汰。例如，手机市场曾经的领头羊摩托罗拉、诺基亚，以及我国彩电市场的长虹、康佳。

2. 市场挑战者

市场挑战者指在相关产品的市场上处于次要地位，但又具备向市场领导者发动全面或局部攻击能力的企业，如美国汽车市场的福特公司、软饮料市场的百事可乐公司等。市场挑战者要向市场领先者进行挑战，首先必须确定自己的策略目标和挑战对象，然后选择适当的进攻策略。

3. 市场跟随者

市场跟随者指在相关产品市场上处于中间状态，并力图保持其市场占有率不至于下降的企业。它不是盲目、被动地单纯追随领先者，它的首要思路是发现和确定一个不致引起竞争性报复的跟随策略。市场跟随者安于次要地位，不热衷于挑战。在大多数情况下，企业更愿意采用市场跟随者战略。

4. 市场补缺者

市场补缺者指专心关注相关产品市场上大企业不感兴趣的某些细小部分，精心服务于总体市场中的某些细分市场，避开与占主导地位的企业竞争，只是通过发展独有的专业化经营来寻找生存与发展空间的企业。其取胜的关键在于专业化的生产和经营状况，在市场经济发展中，人们非常关注成功的企业，往往忽略每个行业中存在的小企业，却正是这些不起眼的星星之火，在大企业的夹缝中求得生存和发展后，成为燎原之势。

应用案例

美国四大汽车公司的战略方针

美国四大汽车公司是通用汽车公司、福特汽车公司、克莱斯勒汽车公司和美国汽车公司,但是从市场占有率来看,这四大公司所占的比例悬殊,其中,市场份额最大的是通用汽车公司为59%,其次是福特汽车公司,所占份额为26%,克莱斯勒汽车公司为13%,美国汽车公司仅为2%。这四家公司在力量上相差很大,各自的战略目标和方针也有所不同。通用汽车公司无论是从市场份额还是从公司规模来衡量,在四大汽车公司里都是绝对的领导者。对于福特汽车公司而言,提高市场份额就代表着巨大的胜利,因此,福特汽车公司扮演着市场挑战者的角色。克莱斯勒汽车公司的战略目标是生存下去,同时获得利润,其扮演市场追随者的角色。而对于美国汽车公司而言,能够生存下去就是最大的胜利,因此它是市场补缺者。

从战略方针的角度来看,通用汽车公司是行业里的领导者,一旦通用汽车公司消灭了一个或多个竞争对手,法院和国会为了维护市场上的竞争机制,防止通用汽车公司垄断的形成,会将它分裂,因此通用汽车公司要想取胜,无法采取主动进攻战略,而不得不采取防御型战略,但这种防御型战略本质上不是消极被动的,而是针对对手的战略意图采取行动,在维护公司市场份额的同时不被政府分裂。对于福特汽车公司而言,处于市场第二的位置使它有条件向市场领导者发动进攻,以抢夺通用汽车公司的巨大市场,因此,福特汽车公司应对通用汽车公司的弱点采取攻击战略。例如,在19世纪60年代,福特汽车公司推出野马牌汽车,为了推销野马牌汽车,福特汽车公司邀请美国各大报刊的编辑、记者前来进行新闻采访,同时借给每一个记者一辆野马牌汽车免费使用几周。几天后,美国各大报纸、杂志都出现了对野马牌汽车大加赞赏的文章,引起人们蜂拥购买,从而创新了汽车销售的纪录。在通用汽车公司和福特汽车公司的争斗中,克莱斯勒汽车公司站在"鹬蚌相争,渔翁得利"的有利位置,避免正面介入,而从侧翼发动进攻,推出首辆敞篷车,首辆小型客货车,首辆可乘坐六人的前轮驱动车,以及小型客货车型Voyager,在市场上取得了巨大的成功。对于实力最微弱的美国汽车公司来说,由于其规模太小,缺乏足够的销售人员、制造能力和营销能力,所以最好的方法就是打游击战。美国汽车公司在其他三大汽车公司疏忽的市场中找到了一份足以盈利,而又不致引起其他市场领先者兴趣的细分市场,这就是吉普车市场。

这四家公司每个公司都针对自己在市场中不同的地位找到了自己应该采取的战略,并在发挥出自己最大优势的同时规避了弱势,因此取得了不小的成就。

> **名人名言:**
> 善战者,求之于势。是故百战百胜,非善之善也;不战而屈人之兵,善之善者也。
> ——孙武

5.2　市场竞争战略基本类型

5.2.1　成本领先战略

成本领先战略也称低成本战略,强调以非常低的单位成本对价格敏感的顾客提供标准化产品,是企业通过有效途径降低成本,使企业的全部成本低于竞争对手的成本,甚至是在同行业中最低的成本,从而获取竞争优势的一种战略。成本领先战略要求企业建立达到有效规模的生产设施,在经验基础上全力以赴降低成本,严格控制成本与管理费用,最大限度地减少研究与开发、服务、推销、广告等方面的成本。

1. 成本领先战略的主要类型

根据企业获取成本优势的方法不同,我们把成本领先战略概括为五种主要类型。

(1) 简化产品型成本领先战略。使产品简单化,将产品或服务中添加的多余花样全部取消,强调产品的功能和实用性。

(2) 改进设计型成本领先战略。优化产品设计,使产品外观或功能更符合消费者需求。

(3) 材料节约型成本领先战略。新型材料的发现和应用有助于降低企业的生产成本,强化产品功能的稳定性。

(4) 人工费用降低型成本领先战略。人工费用的降低有助于削减企业的生产成本。在劳动密集型行业,企业如能获得廉价的劳动力,也能建立成本优势。

(5) 生产创新及自动化型成本领先战略。生产过程的创新和自动化可以作为降低成本的重要基础,如日本丰田汽车公司首创的JIT生产模式就是通过生产过程的创新和自动化在非批量化生产的情况下仍然实现了低成本。

2. 成本领先战略的实施途径

(1) 实现规模经济。根据经济学原理,规模经济是指随着产量的增加,长期平均总成本下降的情况。实现规模经济有助于企业获得成本领先优势,但这并不仅仅意味着生产规模越大越好。因为规模经济追求的是能获取最佳经济效益的生产规模,一旦企业生产规模扩大到一定规模之后,边际效益就会逐渐下降,甚至变成负值,引发规模不经济现象,出现成本随着产量的增加而不断上升的局面,因而,实现成本领先,要将生产规模控制在规模经济范围之内。

(2) 做好供应商管理。所谓供应商管理,就是与上游供应商(如原材料、能源、零部件等厂家)建立起良好的协作关系,以便获得廉价、稳定的上游供应资源,并在一定程度上影响和控制供应商,对竞争者建立起资源壁垒。企业应在获取供应成本优势的同时与供应商建立平等、互助、互利的长期战略合作伙伴关系。

(3) 塑造企业低成本文化。追求成本领先的企业应着力塑造一种注重细节、精打细算、讲求节俭、严格管理,以成本为中心的企业文化。企业在关注外部成本的同时,也要重视内部成本,不仅应把握好战略性成本,还要控制好作业成本,更要兼顾短期成本与长期成本。

(4) 技术创新。技术进步能大幅度降低企业的生产成本,如福特汽车公司通过传送带实现了流水生产方式而大幅度降低了汽车生产成本,实现了让汽车进入千家万户的梦想。

（5）组织创新。组织结构及组织运作模式的创新有助于提高组织的运行效率，进而带来成本的降低。

3. 成本领先战略的优势与风险

（1）成本领先战略的优势。

即便处于竞争激烈的市场环境中，处于低成本地位的企业仍可获得高于行业平均水平的收益。成本优势可以使企业在与竞争对手的争斗中受到保护，低成本意味着当别的企业在竞争过程中已失去利润时，这个企业仍然可以获取利润。具体而言，成本领先战略具有以下优势：抵挡住现有竞争对手的对抗，抵御购买商讨价还价的能力，更灵活地处理供应商的提价行为，形成进入障碍，树立与替代品的竞争优势。

（2）成本领先战略的风险。

在实施成本领先战略时，为了获得较高的市场份额，通常会产生高昂的前期投资和初始亏损。一旦这个时候出现具有破坏性的技术变革，则可能会使企业的成本优势不复存在，前期高额投资的收益率急剧下降，同时又给竞争对手创造了以更低成本进入市场的机会。具体来说，成本领先战略的风险体现在以下几个方面：降价过度引起利润率降低，新加入者可能后来居上，丧失了对市场变化的预见能力，技术变化降低了企业资源的效用，容易受外部环境的影响。

因此，采用成本领先战略的企业必须对这些潜在风险加以注意，加强对企业外部环境的认识和了解，降低因技术发展、客户需求发生变化等引起的风险。

应用案例

美的集团成本领先战略

5.2.2 差异化战略

差异化战略也称差别化战略，是指对价格相对不敏感的顾客提供产业范围内的独特产品与服务。

实现差别化战略可以有许多方式：设计名牌形象、技术上的独特、性能特点、顾客服务、商业网络及其他方面的独特性。最理想的情况是公司在几个方面都有其差别化特点，如履带拖拉机公司（Caterpillar），不仅以其商业网络和优良的零配件供应服务著称，而且以其优质耐用的产品质量享有盛誉。

如果差别化战略成功地实施了，它就成为在一个产业中赢得高水平收益的积极战略，因为它建立起防御阵地对付五种竞争力量，虽然其防御的形式与成本领先有所不同。迈克尔·波特认为，推行差别化战略有时会与争取占有更大的市场份额的活动相矛盾，推行差别化战略往往要求公司对这一战略的排他性有思想准备，这一战略与提高市场份额两者不可兼顾。在建立公司的差别化战略的活动中总是伴随着很高的成本代价，有时即便全产业范围的顾客都了解公司的独特优点，也并不是所有顾客都将愿意或有能力支付公司要求的高价格。

1. 差异化战略的主要类型

（1）产品差异化。产品差异化的主要因素有特征、性能、式样、设计、风格等。

(2) 服务差异化。服务差异化主要包括送货、安装、顾客培训、咨询等服务因素。

(3) 人员差异化。人员差异化主要包括胜任力、礼貌、可信度、可靠度、反应敏捷和善于交流六个方面。

(4) 营销渠道差异化。企业可以通过营销渠道的差异化来提高其竞争力。在营销渠道差异化过程中尤其要注意渠道的覆盖面、专业化和绩效。

(5) 形象差异化。形象差异化策略指的是在产品的核心部分与竞争者产品类同的情况下,塑造不同的产品形象,以获取差别优势的市场策略。

2. 差异化战略的实施途径

(1) 产品差异化的实施途径。

① 形式。由于人们的审美观念和实际需要有所不同,许多产品在形式上是有差异的,包括产品的尺寸、形状或者实体结构,不同的消费者对产品形式的偏好不同,通过改变商品的形式,能够实现产品的差异化。

② 特色。特色是指产品基本功能的某些补充,大多数产品都提供各种不同的特色。率先在市场中推出某些有价值的特色无疑是一个有效的竞争手段。

③ 性能质量。性能质量是指产品主要特点在实际运用中的效果。提高产品的性能质量有助于产品差异化战略的实施。

④ 一致性。一致性是指产品的设计和使用与预定标准的吻合程度。产品的一致性是品牌个性化的基础。

⑤ 耐用性。耐用性能衡量一个产品在自然或重压条件下的预期使用寿命。购买者一般愿意为产品的耐用性支付溢价。

⑥ 可靠性。可靠性是指产品不出差错的可能性。可靠性越高的产品,顾客后期越少花费维修保养的时间、精力和金钱。

⑦ 可维修性。可维修性是指产品出了故障或受损后可以修理的容易程度。

⑧ 风格。风格是指产品给予顾客的视觉和感觉效果。好的外形往往容易获得顾客更多的注意,并使顾客愿意为此付出更多金钱。

⑨ 设计。随着竞争的日趋激烈,设计提供一种有效的方法使公司的产品和服务差异化,成为企业竞争的突破口。设计从顾客需求出发,突出产品外观和性能的全部特征。

(2) 服务差异化的实施途径。

当产品差异化已不明显时,企业可以通过服务差异化来增加产品价值。服务差异化的实施途径有如下几种:

① 提高顾客向企业订货的便利性。

② 提高交货的准时性、速度和对产品的保护程度。

③ 确保产品在预定的时间、地点进行安装。

④ 对客户单位的员工进行培训,以使他们能正确有效地使用供应商的设备。

⑤ 向客户无偿或有偿地提供有关资料、信息系统和建议等客户咨询服务。

⑥ 建立服务计划,为客户提供优质的维修保养服务,以帮助购买企业产品的客户正常运作。

⑦ 其他增值服务。

(3) 人员差异化的实施途径。

人员差异化是指从内部员工的角度实施差异化战略,雇用及培训优秀的员工可使企业获得明显的竞争优势。具体的实施途径是通过员工培训和标准化操作,提高员工的沟通能力、反应能力和胜任能力;通过内部行为准则规范员工的行为,做到对顾客态度友善,充满敬意并细心周到,给客户带来诚实、值得信任、专业可靠的体验和感受。

(4) 营销渠道差异化的实施途径。

企业可通过营销渠道的差异化来提高其竞争力,避免产品同质化和恶性竞争的后果。渠道差异化可以从渠道策略、渠道设计、渠道建立、渠道管理、渠道维护、渠道创新等方面进行差异化建设。在营销渠道差异化实施过程中尤其要注意渠道的覆盖面、专业化和绩效。

应用案例

娃哈哈的营销渠道差异化

娃哈哈成都市场在终端运作上由于销售人员的力量不足(16人)和二批网络的建设不够完善,一直处于被动局面。成都邮政不仅具有良好的品牌优势,还有人员优势。400多名员工,成天出没于大街小巷中,有着较强的客情关系和网络优势,但是相对于业务来看,400多名送报员人力过剩,成本过高。成都邮政局与娃哈哈合作的谈判,通过强强合作,一夜之间达到了横扫千军的实力,真正实现了双赢的目的。娃哈哈可利用成都邮政局的优势进行渠道创新,深度分销,增长销量,提升品牌;而成都邮政则可以利用娃哈哈的著名品牌和强势的产品结构拓展业务,增长利润,降低单人成本。邮政的物流配送及185信息平台,可使终端零售店和消费者购物更便利,让"娃哈哈"这个民族品牌通过中国特有的绿色通道成都邮政传递,将产品和温暖送达千家万户。

(5) 形象差异化的实施途径。

消费者往往因为企业或品牌形象的不同而做出不同的购买决策,形象能够传递不同的品牌"个性",以便消费者识别。

① 个性。个性是企业期望向消费者展现的特征,企业设计个性是为了在消费者心中树立特定的形象。

② 形象。形象是指消费者对企业的看法。企业在形象设计过程中要通过名称、标志、理念、公关活动等各种途径来表达产品特色和市场地位;设计时还要融入情感因素。

③ 标志。鲜明的形象应包括便于识别企业的标志。

④ 多媒体。在企业宣传中,应该融入已选定的标志及多媒体,这样才能让消费者印象深刻。

⑤ 营销活动。企业可以通过策划各种公关活动来塑造和传递品牌个性。

3. 差异化战略的优势与风险

(1) 差异化战略的优势。

首先,差异化战略有助于建立顾客对企业的偏爱和忠诚,降低顾客对产品价格的敏感性,使企业避开价格竞争这片"红海",在特定的差异化领域获得持续竞争力,增加企业的利润。其次,差异化战略有利于企业在相关细分市场中形成强有力的产业进入壁垒,给企业带来竞争优势。再次,差异化战略提高了企业的边际收益,能够增强企业对供应商的讨价还价能力。最后,差异化战略能使顾客具有较高的转换成本,削弱购买商讨价还价的能力,增强顾客对企业的依赖性。

(2) 差异化战略的风险。

第一,追求差异化战略的企业必须明确市场定位,选择关注一小部分细分客户群体,而放弃大部分同质化的顾客群体,这会给企业带来可能丧失顾客的风险。第二,追求差异化意味着高成本,如广泛的研究、高质量的材料和周到的顾客服务等,因此实行差异化战略的企业的产品价格一般高于行业平均价格水平。第三,当用户变得越来越老练,对产品的特征和差别体会不明显时,就可能发生忽略差异的情况。第四,大量的模仿减小了顾客对差异化的感知,特别是当产品发展到成熟期时,拥有技术实力的厂家很容易通过模仿减少产品之间的差异化,从而使企业丧失差异化优势。此外,还要注意过度差异化。过度差异化容易给企业造成定位不明确、品牌形象模糊等问题。

应用案例

海底捞的差异化战略

5.2.3 集中型战略

集中型战略,又称目标集中战略、目标聚集战略、专一化战略,是指把经营战略的重点放在一个特定的目标市场上,为特定的地区或特定的购买者集团提供特殊的产品或服务。集中型战略的前提是企业业务的专一化,即企业能够以更高的效率和更好的效果为某一狭窄的细分市场服务,避免大而弱的分散投资,从而超越在较广阔范围内竞争的对手。

1. 集中型战略的主要类型

(1) 成本聚集战略:企业寻求目标市场上的成本领先优势。

(2) 差异化聚集战略:企业寻求目标市场上的差异化优势。

2. 集中型战略的优势与风险

(1) 集中型战略的优势。

集中型战略追求的目标不是在较大的市场上占有较小的市场份额,而是在一个或几个市场上有较大的甚至是领先的市场份额,其优点是:适应了本企业资源有限这一特点,可以集中力量向某一特定子市场提供优质的服务,而且经营目标集中,管理简单方便,使企业经营成本得以降低,有利于集中使用企业资源,实现生产的专业化,实现规模经济的效益。从整个市场的角度看,聚集战略未必能使企业取得低成本和差异化优势,但它的确能使企业在其细分目标市场中获得优势地位,这一战略尤其适用于中小企业利用较小的市场空隙谋求生存和发展,使之能够以小搏大,在小市场做成大生意。

(2) 集中型战略的风险。

集中型战略对环境的适应能力较差,有较大风险,常常需要放弃规模较大的目标市场,如果目标市场突然变化(如价格猛跌、购买者兴趣转移等),企业就有可能陷入困境;若企业所集聚的细分市场非常具有吸引力,导致多数竞争对手蜂拥而入,相互竞争,则会使企业付出很高的代价,甚至导致企业聚集战略的失败。而细分市场之间差异性的减弱,会降低该目标市场的进入壁垒,从而削弱目标聚集企业的竞争优势,使之不得不面对更为激烈的竞争。

因此，集中单一产品或服务的增长战略风险较大，因为一旦企业的产品或服务的市场萎缩，企业就会面临困境。企业在使用单一产品或服务的集中增长战略时要谨慎。

以上三种基本竞争战略都是可供选择的、抗衡竞争作用力的可行方案，但是在具体方案的选取上必须基于行业特点、企业的能力、限制条件及竞争状况等因素，具体情况具体分析。只有选择适合本企业的最佳战略才能成功（见表5-1）。

应用案例

格力空调的专一化战略

表5-1 波特五力分析模型与基本竞争战略的关系

行业内五种力量	基本竞争战略		
	成本领先战略	产品差异化战略	集中战略
进入障碍	具备杀价能力以阻止潜在对手进入市场	培养顾客忠诚度以挫伤潜在进入者的信心	通过集中战略建立核心能力以阻止对手的进入
买方议价能力	具备向大客户出更低价格的能力	因为选择范围小而削弱大买家的谈判能力	因为没有选择范围使大买家丧失谈判能力
供方议价能力	更好地抑制大卖家的议价能力	更好地将供方的涨价部分转嫁给顾客	进货量低，供方的议价能力就高，集中差异化的公司能更好地将供方的涨价部分转嫁出去
替代品的威胁	利用低价抵御替代品	顾客习惯于一种独特的产品或服务因而减低了替代品的威胁	特殊的产品和核心能力能够防止替代品的威胁
行业内对手的竞争	更好地进行价格竞争	品牌忠诚度能使顾客不理睬你的竞争对手	竞争对手无法满足集中差异化顾客的需求

5.3 设计竞争战略

5.3.1 市场主导者竞争战略

市场主导者是指在相关产品的市场上占有率最高的企业，如美国汽车市场的通用公司、电脑软件市场的微软公司、软饮料市场的可口可乐公司以及快餐市场的麦当劳公司等等。一般来说，大多数行业都有一家企业被认为是市场主导者，它在价格变动、新产品开发、分销渠道的宽度和促销力量等方面处于主宰地位，为同业者所公认。市场主导者为了维护自己的优势，保住自己的领先地位，通常可采取以下措施。

1. 扩大市场需求量

市场需求量扩大将对市场主导者有极大的益处。一般来说，市场主导者可以从三个方面扩大需求量：一是发掘新的使用者；二是开辟产品的新用途；三是增加使用者对产品的使用量。

（1）发掘新的使用者。

动画片是孩子们最喜欢看的节目，但电影《哈利·波特》不仅抓住了孩子们的心，而且还以它精美的制作、优美的语言和深刻的哲理吸引了无数的老年和青少年观众，票房收入大幅度提高，制片商业得到了很多的利益。

（2）开辟产品的新用途。

美国有一家专门生产牙刷的公司，最初生意很是艰难，但后来有一段时间突然销量大增，竞争者很奇怪，就进行调查，这才发现售出的牙刷并没有去清洁人们的牙齿，而是由部队买去交由军人刷枪炮了。后来，经营者灵机一动，干脆就专门生产刷枪炮的毛刷了。从此例可以看出，任何一种商品的功能都不是单一的，只要用心去发掘，也许真的会找到一个潜在的大市场。例如，香水可以除去身上的异味，香水还可以驱蚊；随身听可以听音乐，也可以作为学习外语的工具等。

（3）增加使用者的使用量。

日本铃木公司将盛有味精的小瓶打了许多小孔，使之不仅方便消费者，又使人们在不知不觉中增加消费量。美国有一个华人经销商又将瓶盖中的小孔略微扩大，结果销量显著增加。

名人名言：

在位要受控，升迁靠竞争，届满要轮换，末位要淘汰。

——张瑞敏

一切竞争从设计时开始。

——牛根生

唯一持久的竞争优势，就是比你的竞争对手学习得更快的能力。

——德格

---

2. 保持市场占有率

市场主导者想要保持市场占有率，主要有以下几种方式：

（1）先发制人，全线出击策略。

就是在竞争者尚未开始挑战之前，由市场主导者主动向相关市场发起全方位出击。例如，日本一家公司把他的多个款式的手表分销世界各地，以使挑战者无隙发起攻击。

（2）"围魏救赵"策略。

一旦竞争者首先发起攻击，那么市场主导者则应对发起进攻者的主要市场或主要产品发起报复性猛攻，迫使其防御，最终屈服。例如，美国西北航空公司最有利的航线是明尼波里斯到亚特兰大航线，却受到了另一家航空公司的大减价攻击，西北航空公司对此没有做出任何反映，却在明尼波里斯到芝加哥的航线上降价以作报复。由于该航线是进攻者的主要市场，结果迫使进攻者不得不恢复原价，停止进攻。

（3）市场多角化策略。

所谓市场多角化，即企业产品向其他市场扩展，实行多角化经营。例如，一个生产软饮料的厂商也可以去生产盛饮料的塑料瓶，进而建立塑料厂。如果资金实力雄厚，还可以开发房地产等。多角化战略几乎是所有世界知名企业都采用的战略，也是目前国内流行的一种趋势,因为市场有竞争,就存在着风险,而采用多角化战略可以在一定程度上降低风险。

(4) 收缩产品线。

一家企业往往生产许多种类的产品,因而存在许多业务单位,但往往并非每一个业务单位都能够盈利。企业应在审慎调查的基础上,坚决撤并盈利能力较差或根本就是亏损的业务单位。例如,美国西屋公司将其电冰箱的品种由 40 个减少到 30 个,撤销了 10 个品种,结果竞争力反而增强了。

3. 提高市场占有率

据美国的一项研究资料表明,市场占有率达到 50% 时企业效益最佳。因此企业应设法提高市场占有率,这是增加收益和提高投资收益的重要途径。但是,提高市场占有率应注意两个问题:一是在市场经济比较发达的国家都制定有反垄断法,当企业的市场占有率达到一定数值,形成垄断时,就有可能遭到政府制裁;二是需要计算为提高市场占有率而付出的成本,如果成本高于提高市场占有率后而获得的利润,就得不偿失了。

营销故事

故事一:白雁落网

白雁经常聚集到湖边,许多白雁常在那里挑选合适的地方栖息。雁群头领还安排了一只白雁守夜放哨,看见有人来了就鸣叫报警。湖区的猎人熟悉了白雁的生活习性。一到晚上,他们就有意点亮火把。放哨的雁看见了火光,就嘎嘎地叫了起来,猎人又把火弄灭了。等到雁群受惊飞起来时,什么动静也没有了,雁群又放心地落回原处休息。这样反复三四次后,群雁以为是放哨的雁有意欺骗它们,就都去啄它。这时,猎人举着火把向雁群靠近。放哨的雁怕群雁啄它,不敢再叫。酣睡中的雁群被猎人一网捕捉,没有一只逃脱。

营销启示:

竞争无处不在,有些关乎奖金,有些关于晋升,有些关乎生命。任何一个企业都会面临着市场的考验,当竞争对手第一次试探的时候,企业建立起的预警系统——"放哨的白雁"起到了作用,企业严阵以待,却不见对手有什么反应。但是经过反复试探之后,连企业自己也逐渐放松了警惕,致使竞争对手一战而胜。

故事二:羚羊与狮子

在非洲的大草原上,生活着羚羊和狮子。清晨,羚羊从睡梦中醒来,它想的第一件事就是我必须跑得比最快的狮子还要快,不然我可能会被咬死。此时,狮子也睁开了眼睛,它想的第一件事是我一定要跑得比最慢的羚羊要快,否则,我可能会被饿死……

营销启示:

奔跑起来吧!在这个竞争的社会中,如果企业停滞不前,还沉浸在旧日的辉煌里面,那么最终的命运就是或者"被吃掉"或者"饿死"。

5.3.2 市场挑战者战略

市场挑战者一般在行业中处于第二或第三的地位,又称为亚公司,这类公司也有一些大公司,如百事可乐、日产、蒙牛等公司,就处于挑战者地位。这类公司可采取下列竞争战略挑战市场主导者,争取市场的主动权。

1. 选择挑战者策略

(1) 攻击市场主导者。

每一个挑战者都希望自己的挑战能获得辉煌的成功,使自己取而代之而成为市场主导者。这就需要挑战者仔细分析市场主导者的优势和劣势,避实击虚,准确而有力地打击市场主导者。在竞争中,需要非常重视的是要有好的产品,甚至比市场主导者的产品还优胜的产品,只有这样,再配以适当的营销策略,才有可能夺取市场的主导地位。

(2) 攻击与自己实力相当者。

挑战者可以对市场经营状况不好而又和自己实力相差无几的企业发起攻击,趁机夺取他们的市场份额,壮大自己的实力,积累力量以便最终成为市场主导者。

(3) 攻击中小企业。

挑战者可以采用"农村包围城市"的方法,先占领市场主导者周围地区的小市场,逐步蚕食,一方面增强了自己的实力,另一方面又对市场主导者形成了一个包围圈。例如,江苏扬州"三笑"牙刷就采取了这一策略,短短十多年时间内,已成为亚洲最大的牙刷制造商。

2. 选择进攻策略

在确定了战略目标和竞争对手之后,还必须运用正确的战术,才能取得最终的胜利。一般来说,有以下几种方法可以运用:

(1) 正面进攻。

如果挑战者实力很强,而且在主要产品方面的主要优势已经超过了竞争者,则挑战者可以采取正面进攻,打击对手在市场上的主要力量。比如,竞争者的优势是成本低,因而具有价格优势。而这时挑战者因为已达到了规模生产,而且因为管理水平要高于对手,因而单位产品的成本更为低廉,价格则有可能更具有优势,则挑战者可以同对方打一场价格战。如果挑战者通过仿效和改进之后,产品款式更新颖,性能更卓越,则可以考虑在产品形象上同对方一争高低。如果挑战者在产品方面一切都和竞争对手一样,但挑战者在公关方面比对方强,新闻媒介关系比对方好,则可以考虑打一场公关战或广告战。

一般而言,正面进攻可以显示自己的实力和信心但易招致人们的反感,而且挑战者采取正面进攻后,往往遭到其他竞争对手的群起攻击。所以,没有绝对把握,不要轻易采用。

(2) 侧翼进攻。

侧翼进攻较正面进攻有更多成功的机会。所谓侧翼进攻,就是在市场上找出竞争者尚未得到满足的需求并加以满足,攻击的是敌人的弱点而不是强项。对于大多数企业,这种方法很实用。

(3) 包围进攻。

如果挑战者在各项资源方面都占据优势,则可以向对手的所有产品同时发起攻击,一举打垮对手。

5.3.3 市场跟随者战略

市场跟随者与挑战者不同,它不是向市场主导者发动进攻并图谋取而代之,而是跟随在主导者之后自觉地维持共处局面。但是,这不等于说市场跟随者就无所谓战略。每个市场跟随者必须懂得如何保持现有客户,并争取一定数量的新客户;必须设法给自己的目标市场带来某些特有的利益,如地点、服务、融资等;还必须尽力降低成本并保持较高的产品质量和服务质量。一般有下列三种跟随方式。

1. 紧密跟随

这种方式是在各个子市场和市场营销组合方面尽可能仿效主导者。这种跟随者有时好像挑战者,但只要它不从根本上侵犯主导者的地位,就不会发生直接冲突,有些甚至被看成是靠拾取主导者的残余谋生的寄生者。

2. 距离跟随

这些跟随者是在主要方面(如目标市场、产品创新、价格水平和分销渠道等方面)追随主导者,但仍与主导者保持若干差异。这种跟随者可通过兼并小企业使自己发展壮大。

3. 选择跟随

这种跟随者在某些方面紧跟主导者,而在另一方面又自行其是。也就是说,它不是盲目跟随,而是择优跟随,在跟随的同时还发挥自己的独创性,但不进行直接的竞争。这类跟随者之中有些可能发展为挑战者。

应用案例

达利是中国最成功的跟随战略

5.3.4 市场补缺者战略

市场补缺又称市场补白,是指选择某一特定较小之区隔市场为目标,提供专业化的服务,并以此为经营战略的企业。由于这些中小企业集中力量来专心致力于市场中被大企业忽略的某些细分市场,在这些小市场上专业化经营,因而获取了最大限度的收益。这些可以为中小企业带来利润的有利市场位置称为"利基"(Niche),因而市场补缺者又被称为市场利基者。

市场补缺者是指那些在市场上处于势单力薄地位的小企业,它就像小船难以在大海中远行一样,很难在大市场上维持长久。那么,怎样才能立足市场呢?

1. 对大市场进行细分

在其中选择一个适合自己发展且无竞争对手的小市场,作为填补空白以谋求长远发展。一个最有利的细分小市场应具有下列特征:

(1) 有足够大的市场潜量和购买力。

(2) 利润有增长的潜力。

(3) 对主要竞争者不具有吸引力。

(4) 企业具有占领新市场所必要的资源和能力。

(5) 企业可依靠既有信誉来对抗竞争者。

2. 专业化营销

市场拾遗补缺者的主要战略是专业化营销。下面是几种可供选择的专业化方案:

(1) 最终用户专业化。企业专门为某类最终用户提供服务。

(2) 专门为某一大企业生产零配件。

(3) 特定顾客营销。企业只为一类或几类主要顾客服务。

(4) 产品专业化。仅营销一种产品或产品线,如营销建筑材料当中的瓷砖。

(5) 特色产品专业化。例如,仅制作销售特大号男女皮鞋。

(6) 服务专业化。企业提供其他企业不愿或不能提供的特色服务。因为任何一个市场都不可能是铁板一块,总会留有空隙。

因此,作为小企业就有条件通过认真的研究和市场细分,找出自己能够生存的空间,取得成功并获得进一步发展。

知识链接

战略联盟
拓展训练项目的布置方法

知识小结

1. **五力分析模型**是迈克尔·波特(Michael Porter)于 20 世纪 80 年代初提出的,对企业战略制定产生了全球性的深远影响。该模型用于竞争战略的分析,可以有效地分析客户的竞争环境。五力分别是:供应商的议价能力、购买者的议价能力、潜在竞争者进入的能力、替代品的替代能力、行业内竞争者现在的竞争能力。五种力量的不同组合变化,最终影响行业利润潜力变化。

2. **市场竞争**是构成营销的重要的基础要素,企业是因为有竞争才成为营销者的。竞争观念也是营销观念的核心组成部分。竞争就是指两个以上企业在同一市场生产提供相同或可替代产品。狭义上讲,是那些与本企业提供的产品或服务相类似,并且所服务的目标顾客也相似的其他企业。(竞争者分为愿望竞争者、普通竞争者、产品形式竞争者和品牌竞争者。)

3. **竞争对手**是市场竞争的行为主体,能够生产提供与一个企业相同产品或服务的其他企业,就是这个企业的竞争对手。企业应从竞争者的目标、竞争者的优劣势、竞争者采取的市场战略以及竞争者的市场反应行为等不同的角度,分析自己的竞争对手。从营销管理角度对竞争对手进行分类,重要的是按占有份额进行,从大到小有市场领先者、市场挑战者、市场追随者和市场补缺者。从顾客的角度看,能够满足顾客某种需要的企业都是企业的竞争对手,这是现代营销管理中提出的新竞争观念。

4. 为了取得竞争胜利,企业需要制定有效的**竞争战略**。竞争战略是服从营销战略目标的。竞争战略是营销企业为了对付竞争对手和适应竞争环境变化而制定的策略及方法的总称。基本的市场竞争战略的类型有成本领先战略、差异化战略、集中战略。

5. 现代市场营销理论根据企业在市场上的**竞争地位**分为:市场主导者战略、市场挑战者战略、市场跟随者战略和市场补缺者战略。市场领先者的竞争战略主要是保持已有的市场份额,主要奉行扩大市场总规模、防御和扩大市场份额的战略。挑战者具有进攻性,主要奉行进攻战略。进攻战略有正面进攻、侧翼进攻、包围进攻、绕道进攻和游击进攻。市场追随者需要保持现有份额并谋求一定发展,主要的竞争战略有紧紧追随、保持一定距离的追随和有选择的追随。市场补缺者都是小企业,在竞争中要能按专业化分工的原则确定发展方向,找到"理想的补缺基点"来获得发展机会。

【关键术语】

市场竞争(Market Competition)　　完全竞争(Pure Competition)

非完全竞争(Imprecate Competition)　　垄断竞争(Monopolistic Competition)

市场领导者(Market Leader)　　市场挑战者(Market Challenger)

市场追随者(Market Follower)　　市场补缺者(Market Niche)

【应知考核】 进入云班课更多应知应会考核测试

【应会考核】

【实践活动——任务5汇报评价】

 扫码查看更多实时更新应知应会考核题

《竞争战略研究报告》评价标准

任务6　目标市场营销战略

📖知识目标

1. 理解市场细分的含义、作用、理论基础；
2. 掌握市场细分的标准；
3. 了解市场细分的方法、有效性判断准则；
4. 理解目标市场选择模式、目标市场选择考虑因素；
5. 掌握目标市场营销模式；
6. 掌握市场定位的策略与步骤。

能力目标

1. 能够利用相关知识对汽车、手机、房地产、化妆品、服装、食品等相关市场进行细分；
2. 会运用相关知识制定企业的STP战略。

任务驱动

任何企业都不可能满足市场上所有顾客的需要，一方面是消费者需求的多样性，另一方面是任何一个企业的资源都是有限的。因此，企业在分析市场机会之后，对整体市场进行细分，选择其中的一个或多个市场作为企业的目标市场并进行适当的定位，以塑造出本企业产品与众不同的鲜明个性形象并传递给目标顾客，使该产品在细分市场上占有强有力的竞争位置，是企业营销必须面对的一个重要问题。现代市场营销的核心问题是STP营销，即市场细分、目标市场选择、市场定位，它们是市场营销教学中的重点内容，同时也是企业在市场营销实践中关键且最难把握的层面。

项目团队任务：市场细分实践

➷ 1. 任务内容：

（1）组建项目团队，各"公司"（项目团队）充分调查研究市场，选择一个产品，尝试提出一个新的细分变量，针对该产品对你身边的消费群体进行市场细分，描述其中主要细分市场的需求和行为特征，评估它们的一般有效性，判断哪个细分市场最适合自己的创业。

（2）在对各细分市场进行分析的基础上，选定目标市场，并设计定位战略。

（3）各"公司"（项目团队）将工作过程形成文字，制作PPT课堂进行汇报。竞争评比、师生共同点评并总结。

➷ 2. 任务目的：

运用STP程序设计企业营销战略，掌握市场细分的方法、学会选择目标市场，并针对目标市场设计定位战略。

→ **3. 任务的组织与实施：**

参考"任务1：任务的组织和实施"。

→ **4. 任务质量要求、参考作品：**

《STP营销战略实践报告》评价标准

东湖百货有限公司品牌竞争STP战略实证分析

扫码查看完整思维导图

任务导图

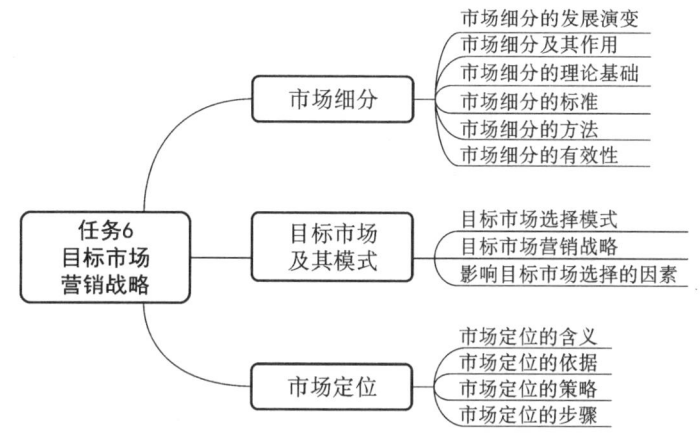

导入案例

ZARA的STP营销

ZARA是西班牙Inditex集团旗下的一个子公司，它既是服装品牌，也是专营ZARA品牌服装的连锁零售品牌。目前已拥有1 900多家店遍布世界87个市场主要城市的商业中心。ZARA在国际上的成功清楚地表明时装文化无国界。

ZARA的市场细分

按照市场的地理位置可将市场划分为：欧美市场，产品在欧美地区销售；亚洲市场，产品在发展中国家销售。ZARA的独立专卖店一般选择商厦的临街底商位置，大面积的建筑外壁面通过设计形成鲜明的品牌形象。巨大的店铺外观形成天然的广告牌。

按消费群体划分为：青少年市场；中年市场。ZARA目标客户群定位在20至35岁的消费者，这一年龄段的消费者时尚敏感度高但尚不具备购买顶级服饰品牌的能力。

按产品质量和价格档次划分为：高档市场，高档市场又可细分为高高市场、高中市场、高低市场；中档市场，中档市场又可细分为中高市场、中中市场、中低市场；低档市场，低档市场又可细分为低高市场、低中市场、低低市场。

按心理细分：ZARA以其"多款式、小批量"，满足了大量个性化的需求，培养了一大批忠实的追随者。款式更新更快增加了新鲜感，吸引消费者不断重复光顾。

按行为分析：ZARA，在传统的顶级服饰品牌和大众服饰中间独辟蹊径开创了快速时尚（Fast Fashion）模式，俨然成为时尚先锋。

ZARA 的目标市场

ZARA 选择的目标消费群是收入较高并有着较高学历的年轻人，尽管他们的国别不同，肤色不同，但是他们都同样年轻、时尚，听着相同的音乐、看着相同的电影。特别是互联网的发展，使得信息流动更加快捷，这群消费者更加与世界同步。正是这种文化和生活方式追求上的趋同，使得 ZARA 在进入一个新的国家时只需稍微调整一下它的商业模式就行。这也意味着无论是米兰的风格还是纽约式的，一件款式设计完成后几乎不用做改动就可在全球销售了。

ZARA 的市场定位

作为一个独立服装品牌的 ZARA 该如何在群雄逐鹿的服装市场中找准自己的定位呢？ZARA 为了保持可持续的市场竞争能力，确立了差异化的市场定位。

品牌战略是 ZARA 差异化市场定位的理念核心。ZARA 的品牌战略目标是使 ZARA 成为全球领先的服装品牌和服装零售的服务品牌；ZARA 要让喜欢 ZARA 服装的消费者成为流行时尚的引领者；ZARA 也要让消费者在 ZARA 专卖店中的采购行为变成一种对时尚的鉴赏体验。

产品战略是 ZARA 差异化市场定位的实现载体。ZARA 的服装产品瞄准了市场的流行趋势，通过供应链的整合，ZARA 可以在平均 2 周的时间里面将一个来自市场的创意转变为产品而快速推向市场。

成本战略是 ZARA 差异化市场定位的运营方式。ZARA 选择了一条既不同于高端品牌，也不同于低端竞争者的平价成本路线。往往我们把低成本战略与差异化战略对立起来，而在 ZARA 看来，相对的成本优势恰恰就是一种差异化的手段。ZARA 不追求通过制定高的歧视性价格来获取高额利润同时牺牲大部分市场，也不追求完全通过低价格的拼杀来拓展市场。ZARA 借助于强大的供应链整合优势和快速研发流程，相对较优地控制了产品开发周期和生产运输成本，从而做到了同档次产品的成本最优和价格相对可接受平价。这一战略帮助 ZARA 成功地快速占领了中等收入市场，实现了飞速增长。

正如 ZARA 所做到的，他们清晰地定位于青年和儿童消费者，并且把 20 至 35 岁的年轻人作为重点服务的顾客群体。

案例讨论：

分析 ZARA 的 STP 营销的成功原因。

6.1 市场细分

6.1.1 市场细分的发展演变

市场细分和目标市场营销是由美国市场营销学家温德尔·史密斯于 20 世纪 50 年代中

期首先提出来的,这一理论适应了市场形势的需要,为企业如何更有效地开展市场营销活动指明了方向。市场细分作为一种重要的营销思想,它的产生和发展经历了三个阶段。

1. 大量营销阶段

19世纪末20世纪初期,西方经济处于工业化初级阶段,整个市场呈现供不应求的形势。由于销路不成问题,所以企业不必考虑市场需求和产品销售。如何提高生产效率以扩大产量,生产更多价廉物美的商品,成为企业关心的首要问题。许多企业进行大量市场营销(Mass Marketing),大批量生产单一品种、单一花色的产品,面对所有的顾客进行销售,力争获得规模经济效益。例如,20世纪初期,美国"福特"汽车公司的T型车只有黑色的;可口可乐公司也曾经多年只卖一种口味、一种包装的可乐。

2. 产品多样化营销阶段

20世纪20年代以后,随着科学技术的发展,生产力水平大幅度提高,市场商品供应日益充足,市场竞争加剧,买方市场逐步形成。面对日益激烈的市场竞争,一些企业开始进行产品多样化营销(Product Differentiated Marketing),通过推出外观、质量、款式、花色、价格等方面有差异的产品,给顾客提供多种选择机会,以此吸引更多的顾客,扩大产品销量。例如,福特汽车公司面对市场形势的变化不得不改变原来单一的黑色T型车的生产销售格局,推出了多种档次、型号和颜色的汽车。与大量市场营销相比,多样化市场营销无疑实现了营销观念和方式的新发展。

3. 目标市场营销阶段

20世纪50年代,第三次科学技术革命蓬勃兴起,技术创新层出不穷,新产品争相上市,社会产品供应量迅速增加。西方发达资本主义国家已经变为产品供过于求的买方市场,并且由于国民个人收入和消费水平的提高,市场需求变化加快,企业之间竞争加剧。在这种情况下,越来越多的企业在市场营销观念的指导下,感觉到企业需要集中企业资源,进行目标市场营销(Targeting Marketing)。目标市场营销是指在市场细分的基础上,结合企业所拥有的资源,选择一个或少数几个子市场作为目标市场,运用适当的营销策略,适应和满足目标顾客的需要。例如,可口可乐公司现在针对各个细分市场的不同需要,有传统的含糖可乐、不含糖可乐(针对糖尿病患者)、低热量可乐(适应减肥者需要)、无咖啡因可乐、非可乐型饮料等多种产品,每种产品又有多种不同包装,以适应不同消费者的需要。在市场细分基础上进行目标市场营销,是市场营销观念的质的飞跃,是市场营销发展的一座里程碑。

知识链接

定制营销

定制营销(Customization Marketing)是指在大规模生产的基础上,将市场细分到极限程度——把每一位顾客视为一个潜在的细分市场,并根据每一位顾客的特定要求,单独设计、生产产品并迅捷交货的营销方式。它的核心目标是以顾客愿意支付的价格并以能获得一定利润的成本高效率地进行产品定制。美国著名营销学者科特勒将定制营销誉为21世纪市场营销最新领域之一。在全新的网络环境下,兴起了一大批像Dell、Amazon、P&G等,提供完全定制服务的企业。

6.1.2 市场细分及其作用

1. 市场细分的概念

市场细分是指企业根据消费者需求的差异性,按照一定的标准或细分变量,把整体市场划分为若干个具有类似需求的消费者群体,从而选择和确定企业能有效满足的目标市场(Target Market)的活动过程。市场细分后所形成的每一个具有相似需求的消费者群体叫作一个细分市场或子市场。同一细分市场上,消费者的需求具有较大相似性;而不同细分市场上,消费者之间的需求存在明显差异。市场细分是一个创新性的营销概念,它为企业选择目标市场提供了依据,为企业开展有效的营销活动创造了条件。

2. 市场细分的作用

(1) 有利于发现新的市场机会。

通过市场细分,企业可以发现消费者的哪些需求已经得到满足、哪些需求尚未得到满足。对企业而言,未被满足的需求就是新的市场机会,往往这些领域没有竞争者或者竞争者比较少,企业可以通过开发这一领域的相关产品,满足消费者需求,从而在竞争中迅速树立市场领导者的地位。例如,海尔公司在早期进军美国市场时,通过市场调查和市场细分,发现小型冰箱市场是一个市场机会,于是纷纷推出了海尔小型冰箱、小型冰柜、小型洗衣机等系列产品,加上较低的价格策略和促销宣传,成功地进入美国市场,并逐步发展壮大,后期成功进入欧洲高端冰箱市场,最终成为世界冰箱领袖品牌。

(2) 有利于合理运用企业资源,提高企业竞争力。

任何企业的资源都是有限的,特别是对小企业而言。与大中型企业相比,小企业往往在技术水平、人员配备、资金、物资准备等方面处于劣势。因此,如果小企业的资源平均使用于各个市场,会因为力量的分散而削弱其市场竞争力,从而在与大中型企业的竞争中败下阵来。吉利汽车公司在进入汽车市场时,集中资源,首先只生产 1.6 L 排量的大众化轿车。而当时奔驰、宝马、丰田等汽车企业已经开始生产 1.6 L、2.0 L、3.0 L、4.5 L、6.0 L 等多种排量的轿车以及 SUV、越野车、卡车等多种车型。正是因为吉利汽车集中企业资源,只生产符合中国人需求的高性价比的 1.6 L 排量的大众化轿车,提高了企业竞争力,才使得吉利汽车公司在竞争中站稳了脚跟,避免了被淘汰出局的命运。

(3) 有利于企业更好地满足市场需求。

市场细分的过程,其实也是企业对市场需求进行研究的过程。在市场细分的基础上,企业可以知晓本企业准备进入的细分市场的需求状况,准确把握不同类型顾客群体的现实需要,借助有效的市场营销策略,设计、生产、销售相关产品,满足市场需求。例如,针对繁忙的都市生活方式,不少企业推出自动洗碗机、自动扫地机、全自动吸尘器等产品来满足职业女性解放家务劳动力的需求。

6.1.3 市场细分的理论基础

1. 消费需求的异质性

在市场上,消费者总是希望根据自己的独特需求去购买产品,我们根据消费者需求的差异性可以把市场分为"同质性需求"和"异质性需求"两大类。

同质性需求是指由于消费者的需求的差异性很小,甚至可以忽略不计,因此没有必要进行市场细分。而异质性需求是指由于消费者所处的地理位置、社会环境不同,自身的心理和购买动机不同,造成他们对产品的价格、质量款式上需求的差异性。这种需求的差异性就是我们市场细分的基础。

2. 消费需求的相似性

人们的消费需求既有差异的一面,也有类似的一面。受人文环境的影响和民族传统文化的熏陶,一定区域、一定民族的人们在生活习惯、爱好、宗教等方面表现为一定的相似性。这种相似性又使这些消费者形成相似的消费者群体,每个相似的消费者群体,构成具有一定特点的细分市场。例如,陕西关中人大多都喜欢面食,重庆人大多都喜欢吃火锅,藏族人几乎都喜欢喝酥油茶。

3. 企业资源的有限性

企业所拥有的资源是有限的,任何企业都不可能占有人力、物力、财力、信息等一切资源,不可能向市场提供满足所有消费者需求的所有产品或者服务。例如,格力公司可以生产最好的空调,但是短期内却无法制造出最好的汽车。因此,在市场竞争中,企业对市场进行细分,同时根据企业所拥有的资源和能力,选择合适的目标市场,提供产品或服务,发挥企业优势,才能使企业在竞争中获胜。

6.1.4 市场细分的标准

那么如何进行市场细分,必须要有一定的标准和尺度,也叫细分的变量。市场细分的出发点是消费者对商品和服务的不同需求与欲望。市场细分的标准,对于消费者市场和产业市场存在很大的差异。下面先来看消费者市场细分标准。

1. 消费者市场细分的标准

消费者市场细分的标准很多,但主要有四类,即地理因素、人口因素、心理因素和行为因素,见表6-1。

表6-1 消费者市场细分的四个因素

主要变量	次要变量	划分标准
地理因素	经济区域	东北、华北、华东、华中、西北、西南等
	行政区域	北京、上海、广州、武汉、重庆、西安等
	城市规模	特大型、大型、中型、小型
	人口密度	城市、市郊、农村
	气候	热带气候、亚热带气候、温带气候、亚温带气候、寒带气候
人口因素	年龄	6岁以下、6~15岁、16~20岁、21~35岁、36~50岁、51~60岁、60岁以上
	性别	男、女
	家庭生命周期	单身期、新婚期、满巢Ⅰ期、满巢Ⅱ期、满巢Ⅲ期、空巢期、孤独期
	月收入	1 000元以下、1 001~2 000元、2 001~3 000元、3 001~5 000元、5 001~8 000元、8 000元以上
	职业	工人、农民、教师、医生、律师、商人、科研人员、公务员、企业管理人员、学生等
	学历	小学以下、小学、初中、高中、大专、本科及以上
	接触媒体习惯	电视、广播、报纸、杂志、互联网

续 表

主要变量	次要变量	划分标准
心理因素	社会阶层	国家管理者阶层、省级管理者以及大型国企管理者阶层、中小型企业主阶层、专业技术人员阶层、一般职员阶层、工人阶层、个体户阶层、农业劳动者阶层、流浪者阶层等
	生活方式	简朴型、时尚型、奢华型等
	个性	自信、自主、支配、顺从、保守、进取等
行为因素	购买频率	从未购买、偶尔购买、经常购买
	追求利益	质量、服务、价格等
	品牌忠诚度	无、一般、较强、非常强
	对产品态度	热情、肯定、不感兴趣、否定、敌视
	准备程度	不知道、知道、喜欢、偏爱、有兴趣、准备购买

(1) 地理因素。

地理因素是指按照消费者的地理位置和自然环境来进行市场细分。地理因素包括地理位置、地形、气候、城镇规模、人口密度等因素。一方面,处在不同地理位置的消费者对产品有不同的需求和偏好。例如,由于地理环境的差异,中国海南省三亚市的居民在冬天基本上不会购买羽绒服,而哈尔滨市的居民在冬天则需要购买加厚防寒的羽绒服。另一方面,城市与农村,沿海与内地,由于经济发展水平不同,人均收入和生活消费水平有很大的差异,这必然对消费需求产生影响。例如,城市里购买高端奢侈品的人群远远高于农村市场。

(2) 人口因素。

人口因素是指各种人口统计变量,包括人口性别、年龄、职业、婚姻、收入、教育程度、家庭规模、家庭生命周期、种族、宗教等因素。

① 性别。性别经常用来细分服饰、美发、化妆品、杂志、香烟、酒类等产品市场。男性和女性由于生理心理上的差别,对产品和服务的需求表现出很大的差异。一般来说,女性比较关心时装、化妆品、美容等产品,男性更关注汽车、电子产品、烟酒等产品。在购买习惯上,女性比男性更挑剔,购买决策更缓慢。因此,许多企业针对不同性别的消费者,实施不同的营销战略。

② 年龄。消费者的需求和购买能力随着年龄而变化,不同年龄的消费者呈现出不同的需求特点。例如,青年人对教育、旅游、娱乐、住房、汽车等产品需求较旺盛,老年人则对医疗、营养保健品等需求较多。就购买能力而言,由于收入变化,往往年轻人的购买能力并不高,而中老年人购买能力最高,所以在我国年轻人买房的首付款大多是由父母部分或者全额支付的。

③ 收入。收入水平高低直接决定了支付能力,因此收入不同的消费者表现出不同的需求特点。例如,高收入的消费者往往购买高档服装、别墅、名贵汽车和珠宝等,他们外出住宿时会选择五星级酒店;低收入消费者一般只购买中低档服装、简单家具及日用品。因此,汽车、游船、旅游、化妆品、服装等行业常常根据消费者收入来细分市场。但是,收入变量有时并不能准确地反映市场细分,有些较为昂贵的商品也常常被中低收入者购买,这是因为消费

者的需求还受其他因素的影响,如心理因素的影响。例如,一个月收入两千元的人因为好面子而购买高端手表或名包。

④ 职业和教育程度。职业和受教育程度的不同影响到消费者的需求种类。例如,教师、律师、研究员对书籍、培训、会议等需求较多,而工人对烟酒、棋牌、娱乐需求较多。消费者因受教育程度不同,审美观有很大的差异。例如,知识分子的服装往往比较端庄、大方、素雅,而教育程度较低的城市居民往往喜欢大红大紫的服装。

⑤ 家庭生命周期。一个家庭,按照年龄、婚姻、子女和居住状况,可以划分为单身、新婚、满巢Ⅰ~Ⅲ期、空巢、孤独等七个阶段。不同阶段,家庭购买力、家庭人员对商品的兴趣与偏好会有较大差别。例如,处于单身期的年轻人对娱乐、旅游需求较多,而处于孤独期的老年人对医疗、保健品的需求较多。

(3) 心理因素。

心理细分是根据消费者所处的社会阶层、生活方式及其个性等方面的因素,将购买者划分成不同的消费群体。现代社会,消费者需求往往由低层次的功能性需求向高层次的体验性需求不断发展,消费者除了对商品的核心功能提出要求外,对品牌所附带的价值内涵也有所期待。消费者所处的社会阶层、生活方式和个性的差异,会导致其需求的不同。

① 社会阶层。社会阶层是指对一个人所处社会层次的分类,往往相同社会阶层的群体有相似的价值观、兴趣和行为,这种群体具有相对同质性和持久性。不同社会阶层的人群在产品和服务的选择上,存在着较大的差异。例如,奔驰和奥迪汽车往往是大型国企管理者阶层的交通工具,而农业劳动者阶层的交通工具往往是摩托车或者微型面包车。

② 生活方式。人们追求的生活方式各不相同,有的追求新潮时髦,有的追求简朴节约,有的追求刺激冒险,有的追求稳定安逸。生活方式不同,消费者的消费模式也不相同。追求刺激冒险的消费者可能选择蹦极、跳伞,追求稳定安逸的消费者可能选择听音乐、看电影。

③ 个性。个性是指一个人比较稳定的心理倾向与心理特征。个性常常会通过自信、自主、支配、顺从、保守、适应、进取等性格特征表现出来。例如,一个自信、自主的消费者做出购买决策时往往比较果断、迅速,而保守型的消费者在购买决策时往往比较优柔寡断。

(4) 行为因素。

行为细分是根据购买者对产品的了解程度、态度、使用情况或反应,将其划分成不同的群体。行为细分能更直接地反映消费者的需求差异,因而成为市场细分的重要因素。具体细分变量为:

① 购买时机。按照消费者购买产品和服务的不同时机,可将其划分成不同的群体。例如,中秋节期间,消费者对月饼的需求会大量增加,生产月饼的企业会大量增加产品产量和开展多种营销活动。

② 追求利益。对一种产品,有些人追求其经济性,有些人则更注重产品所附带的显示其身份和地位的作用。例如,购买汽车时,有些人更多考虑性价比、油耗、修理费用等,而有些人更多考虑是否是名牌、开这种车是否有面子等因素。

③ 使用者状况。按照顾客是否使用和使用状况的不同,可将某一产品市场细分为未使用者、曾经使用者、潜在使用者、首次使用者和经常使用者。

④ 使用数量、频率。按消费者使用产品的数量多少,可以将市场细分为大量使用者、中度使用者和少量使用者子市场。美国一家公司研究发现,在啤酒市场上,50%的顾客消费了美国啤酒销售总量的87%,而另外一半的顾客仅消费了总量的13%。

⑤ 品牌忠诚程度。根据消费者对品牌的忠诚程度不同,可以把消费者分为坚定忠诚者、中度忠诚者、转移型忠诚者和多变化者四种。

⑥ 购买的准备阶段。根据消费者准备阶段进行市场细分,使企业可以针对处于不同购买阶段的消费者采取不同的市场营销组合。例如,针对处于对产品尚未认知阶段的消费者,企业应注重广告宣传和产品信息传播;而针对处于已了解产品阶段的消费者,则重点宣传本企业产品的优势和给消费者带来的利益,促使消费者购买本企业产品。

⑦ 态度。根据不同的消费者对同一产品的不同态度,把市场细分为热情者、肯定者、不感兴趣者、否定者和敌对者五种群体。企业应该针对不同态度的消费者群体,采取不同的营销策略。

应用案例

牙膏市场细分

按年龄细分:儿童专用、青少年专用、中老年专用。
按功能细分:洁齿健齿类、口腔呵护类、抗敏感类、冰爽退火类、清新口气类。
按价格细分:高档、中档、低档。
按性别细分:男性、女性。

例如,伴随着消费升级,各个零售行业的产品均逐渐在向细分化发展。高端牙膏的出现,也正是基于消费者需求的升级与多元化。"一口好牙,两面针";六必治"牙好,胃口就好,身体倍儿棒,吃嘛嘛香";冷酸灵"冷热酸甜、想吃就吃"。

李冰冰代言的舒客牙膏,单是针对"美白"这个诉求,便细分出三四种不同系列的产品,售价从31.8元/120克至69元/100克不等。纳爱斯一款外包装为卡通人物形象的"健爽白"系列牙膏,分为亮白男生、清新女生、亮白女生三种类型,售价分别为每110克28元、29元、35元。在一些母婴用品店与网络购物平台,还有针对孕妇、产妇、幼儿等特殊人群的牙膏,虽然价格高,但因为消费群体的特殊性,销量并不小。

知识链接

网络行为变量

互联网顾客是传统顾客在互联网上的延伸,相比于线下顾客,对互联网顾客的细分有其独特的细分变量。

(1)使用互联网的熟练程度。对互联网使用熟练的顾客会更倾向于网上购物,因为他们熟悉网上购物的交易流程及安全性,他们很享受网络购物给他们带来的便捷。

(2)使用的浏览器软件。不同的互联网浏览器软件提供的网站信息是有区别的,影响用户获取有用信息。

(3) 访问途径。访问途径主要有直接键入、关键词搜索、购物导航网站、邮件链接、广告链接、微博链接、社区链接等。

(4) 访问时间。如果消费者经常在上班时间而不是休息时间访问站点，可能他们要寻求的信息更多是与他们的工作相关而非与个人需要有关。

(5) 访问的规律性。首次访问者或是不规律访问者可能对站点中关于企业整体性的信息更感兴趣。对于规律性的访问者来说，企业应尽可能地为他们提供相关的最新信息。

(6) 访问频率。访问频率是指顾客平均隔多久访问站点。

(7) 网页停留时间。网页停留时间短的消费者更倾向于获取简洁、明了的信息；长时间停留的消费者更乐意接受复杂的、有深度的信息。

(8) 支付方式。网络顾客的支付方式主要有第三方支付平台、网上银行直接支付、货到现金付款、货到刷卡支付、银行汇款等。

2. 产业市场细分的标准

产业市场又叫作生产者市场或者工业市场，是由那些购买货物或劳务，并用来生产其他货物和劳务，以出售、出租给其他人的个人或者组织构成。产业市场包括农业、林业、制造业、建筑业、运输业、通信业、银行业、保险业、公用事业和服务业等。产业市场可以根据地理位置、购买者类型、用户规模、产品用途、采购特征等因素进行细分。

(1) 地理位置。

产业市场的产品，往往集中在某一地理区域内。对产业市场来说，劳动力富裕、各种资源获取方便的地区，往往是产业生产者集中的地区。例如，在美国，许多生产计算机硬件和软件的企业都集中于美国加利福尼亚的硅谷；在中国，汽车生产主要集中在长春、上海、重庆、武汉、北京、广州等城市和地区。

(2) 购买者类型。

购买者类型的不同是产业市场细分最通用的标准。不同类型用户购买同一产品的使用目的和需求特点是不同的，因此，企业应当对不同类型用户制定不同的营销策略。例如，客运公司购买大客车往往数量大，采取招标的方式，寻求对企业最有利的价格、付款方式和交货时间等条件。而钢铁企业有客运需求时，可以采取租赁或者购买服务的方式，从客运公司、旅行社或者个人获取客运服务。

(3) 用户规模。

用户规模是决定客户采购规模的一个非常重要的因素，在产业市场中，有的客户购买量很大，而有的客户购买量很小。以钢材市场为例，建筑公司、汽车制造商、造船公司对钢材需求量较大，而一些小型的机械加工厂购买量则较小。企业对大客户可直接供货，在价格和其他方面予以优惠，而对于部分小客户可由中间商组织供货。

(4) 产品用途。

许多产品都有不同的用途，特别是钢铁、木材和汽油等，购买者购买这些产品的用途很大程度上决定了他们的购买数量、购买标准及如何选择卖主。例如，钢铁制造商可根据钢铁制品的最终用途不同，将用户细分为汽车用钢板用户、建筑用钢材用户、造船用钢材用户等。

(5)采购特征。

产业市场也可以根据采购的特征进行细分,用户有的实行招标采购,有的设有采购委员会,有的设置详细的购买标准。卖方往往根据买方的采购特征,对买方进行市场细分,然后开展相应的营销活动。

从营销实践看,已有的细分变量及组合表明这些利益诉求或行为特征已为竞争者所熟知,相应的细分市场已被发现或开发,这时进入这些细分市场意味着已经是迟到者。所以,企业要不断寻求、创造新的细分变量,或者寻求、创造新的行为方式以谋求新的市场机会。

6.1.5 市场细分的方法

市场细分的方法主要有单一变量法、综合因素细分法、系列因素细分法等;市场细分作为一个比较、分类、选择的过程,应该按照市场细分的程序来进行。

1. 单一变量法

把选择影响消费者或用户需求最主要的因素作为细分变量,从而达到市场细分的目的。这种细分法以公司的经营实践、行业经验和对组织客户的了解为基础,在宏观变量或微观变量间,找到一种能有效区分客户并使公司的营销组合产生有效对应的变量而进行的细分。例如,玩具市场需求量的主要影响因素是年龄,可以针对不同年龄段的儿童设计适合不同需要的玩具,这早就为玩具商所重视。除此之外,性别也常作为市场细分变量而被企业所使用,妇女用品商店、女人街等的出现正反映出性别标准为大家所重视。

2. 综合因素细分法

综合因素细分法,是以影响消费需求的两个或两个以上的因素为标准,进行市场细分。有些市场细分因素的作用和地位是并列的,在这种情况下,就要采用综合变数细分法。例如,影响服装市场需求的有性别、年龄阶段和经济收入三个因素,这三个因素对于服装市场需求的作用是并列的,没有主次之分,在这种情况下,就应该运用综合因素细分法进行市场细分。依据这三个因素细分服装市场,便可以得到24个(=3×2×4)可供比较的子市场,如图6-1所示。

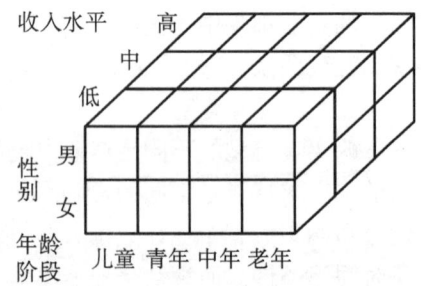

图6-1 综合因素细分服装市场

3. 系列因素细分法

当细分市场所涉及的因素是多项的,并且各因素是按一定的顺序逐步进行,可由粗到细、由浅入深,逐步进行细分,这种方法称为系列因素细分法,如图6-2所示。

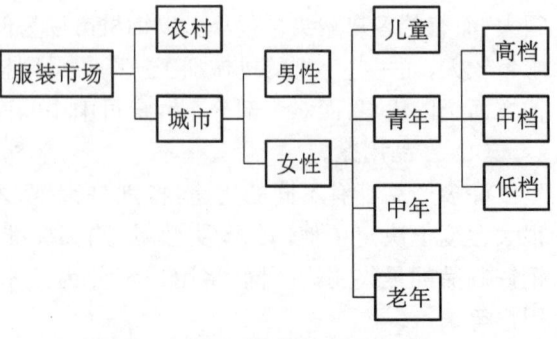

图6-2 系列因素法细分服装市场

6.1.6 市场细分的有效性

企业对市场进行了有效细分后,就有了多个不同的细分市场,但这些细分市场并不一定都是有意义的,有些可能因为规模太小而不具备盈利性,有些可能要求太高,目前的技术尚不能提供有效满足需求的产品。所以营销者还必须确定各细分市场的有效性,企业只能在有效的细分市场中进行选择,以确定哪些细分市场为目标市场。而评估细分市场有效性主要从下面四个方面考虑。

1. 衡量性

细分市场必须是可以衡量的,可以用数据进行测算。就某一产品的细分市场而言,细分市场的消费者人口、收入、性别、年龄、职业等项目都可以衡量,本企业产品以及竞争对手产品的产量、价格、消费者数量、广告费用等项目也可以衡量。要达到可衡量性的要求,不仅要求对细分标准的选择要合理,同时也要求市场细分方法要科学。

2. 差异性

市场细分后,各细分市场具有差异性。针对各个细分市场的差异性,企业或者提供不同产品,或者采用不同的销售渠道,或者制定不同的促销策略,最大限度地满足消费者需求。例如,对纯牛奶市场进行细分,儿童纯牛奶市场和成年人纯牛奶市场就有明显的差异性,儿童纯牛奶更强调补钙、营养、易消化等特点,企业在产品配方、广告媒体选择等方面也应当采取不同的对策。

3. 实现性

细分市场应该是企业通过营销努力可以有效到达的市场。细分市场的可实现性包含两方面:一方面,产品信息可以通过一定的媒体顺利传递给该市场的消费者;另一方面,企业可以将产品通过一定的销售渠道分销到市场。

4. 盈利性

细分市场要有足够大的需求量且有一定的发展潜力,能够使企业赢得长期稳定的利润。如果细分市场规模过小,市场容量有限,而营销成本又很高,企业获利就很少甚至亏损。例如,某企业要开发一款老年人专用的电视机,声音大、字幕大,但是经过测算,销售额不足以抵消产品研发、生产、营销的费用,企业在这一细分市场没有盈利甚至亏损,违背了可盈利性原则,这一细分市场对企业就没有意义。

应用案例

麦当劳瞄准细分市场需求

麦当劳作为一家国际餐饮巨头,创始于 20 世纪 50 年代中期的美国。当今麦当劳已经成长为世界上最大的餐饮集团,在 109 个国家开设了 2.5 万家连锁店,年营业额超过 34 亿美元。麦当劳根据地理、人口和心理要素准确地进行了市场细分,并分别实施了相应的战略,从而达到了企业的营销目标。

一、地理要素细分市场

麦当劳有美国国内和国际市场,而不管是在国内还是国外,都有各自不同的饮食习惯和文化背景。通过把市场细分为不同的地理单位进行经营活动,从而做到因地制宜。例如,麦当劳刚进入中国市场时大量传播美国文化和生活理念,并以美国式产品牛肉汉堡来征服中国人。但中国人爱吃鸡肉,与其他洋快餐相比,鸡肉产品也更符合中国人的口味,更加容易被中国人所接受。针对这一情况,麦当劳改变了原来的策略,推出了鸡肉产品。在全世界从来只卖牛肉产品的麦当劳也开始卖鸡肉了。这一改变正是针对地理要素所做的,也加快了麦当劳在中国市场的发展步伐。

二、人口要素细分市场

麦当劳对人口要素细分主要是从年龄及生命周期阶段对人口市场进行细分,其中,将不到开车年龄的划定为少年市场,将20~40岁之间的年轻人界定为青年市场,还划定了老年市场。人口市场划定以后,要分析不同市场的特征与定位。例如,麦当劳以孩子为中心,把孩子作为主要消费者,十分注重培养他们的消费忠诚度。在餐厅用餐的小朋友,经常会意外获得印有麦当劳标志的气球、折纸等小礼物。在中国,还有麦当劳叔叔俱乐部,参加者为3~12岁的小朋友,定期开展活动,让小朋友更加喜爱麦当劳。这便是相当成功的人口细分,抓住了该市场的特征与定位。

三、心理要素细分市场

根据人们生活方式划分,快餐业通常有两个潜在的细分市场:方便型和休闲型。在这两个方面,麦当劳都做得很好。例如,针对方便型市场,麦当劳提出"59秒快速服务",即从顾客开始点餐到拿着食品离开柜台标准时间为59秒,不得超过1分钟。针对休闲型市场,麦当劳对餐厅店堂布置非常讲究,尽量做到让顾客觉得舒适自由。麦当劳努力使顾客把麦当劳作为一个具有独特文化的休闲好去处,以吸引休闲型市场的消费者群。

综述,麦当劳对地理、人口、心理要素的市场细分是相当成功的,不仅在这方面积累了丰富的经验,还注入了许多自己的创新,从而继续保持着餐饮霸主的地位。当然,在三要素上如果继续深耕细作,更可以在未来市场上保持住自己的核心竞争力。

(1)在地理要素的市场细分上,要提高研究出来的市场策略应用到实际中的效率。麦当劳在中国市场的表现,竟然输给在全球市场远不如它的肯德基。但麦当劳其实是输给了本土化的肯德基。这应该在开拓市场之初便研究过的,但是麦当劳一上来还是主推牛肉汉堡,根本就没重视市场研究出来的细分报告。等到后来才被动改变策略,推出鸡肉产品,这是一种消极的对策,严重影响了自身的发展步伐。

(2)在人口要素细分市场上,麦当劳应该扩大划分标准。不应仅仅局限于普遍的年龄及生命周期阶段。可以加大对其他相关变量的研究,拓宽消费者群的"多元"构成,配合地理细分市场,进行更有效的经营。

(3)对于心理细分市场,有一个突出的问题,便是健康型细分市场浮出水面。如果固守已有的原料和配方,继续制作高热和高脂类食物,对于关注健康的消费者来说是不可容忍的。首先应该仍是以方便型和休闲型市场为主,积极服务好这两类型的消费者群。同时,针对健康型消费者,开发新的健康绿色食品。

(资料来源:杨铁锋,陈晓霞.这样的店很抢手.北京:人民邮电出版社,2016.)

案例讨论:

麦当劳的细分市场策略给其他企业什么启示?

6.2 目标市场及其模式

> **名人名言：**
> 只有一种取胜战略：那就是，精心确定目标市场并提供一种卓越的价值。
> ——菲利浦·科特勒

目标市场选择的本质是细分市场和企业资源之间的匹配，即为企业选择一个既有发展前景又是企业资源所能支撑的细分市场作为企业的目标市场，使企业有能力向这一目标市场提供最优秀的产品和服务，取得竞争优势。

一般确定目标市场的步骤如图6-3所示。

图6-3 确定目标市场的步骤

目标市场，是指企业进行市场细分之后，根据企业资源和条件以及竞争对手状况，经过分析评估之后准备进入的细分市场，也就是企业准备为之服务的顾客群。市场细分是目标市场选择的前提，选择目标市场则是市场细分的结果。

6.2.1 目标市场选择模式

企业通常选择一个或几个细分市场作为目标市场。但细分市场之间的相互关系并不相同，有些细分市场之间关联要素多，有些细分市场之间关联要素少，有些细分市场之间以产品生产技术为纽带，有些细分市场以资源为纽带，而有些细分市场之间以顾客为纽带，细分市场之间关联要素不同，对企业资源和能力的要求也不一样。

细分市场之间最重要的关联要素是产品和市场。按产品和市场的关联性构成的细分市场组合方式称为目标市场模式。通常企业的目标市场模式有五种（见图6-4）。

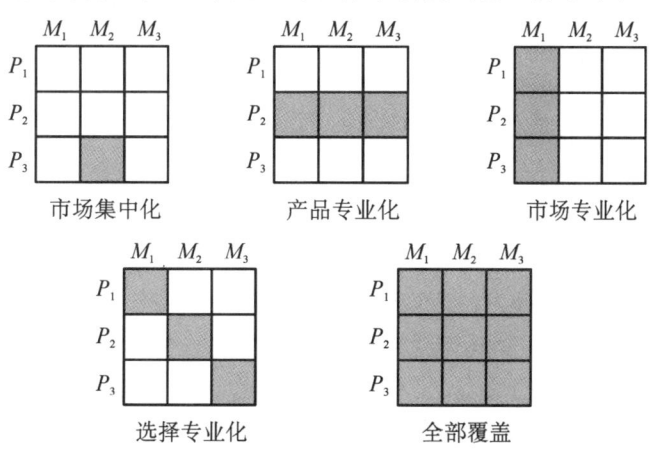

图6-4 目标市场模式

1. 市场集中化

这是一种最简单的目标市场选择模式,即企业只选取一个细分市场,只生产一类产品,供应某一单一的顾客群,进行集中营销。实施市场集中化策略一般基于以下考虑:企业具备在该细分市场从事专业化经营或取胜的优势条件;限于资金能力,只能经营一个细分市场;该细分市场中没有竞争对手;准备以此为出发点,取得成功后向更多的细分市场扩展。

2. 选择专业化

这种策略是企业选取若干个具有良好盈利潜力,且符合企业目标和资源的细分市场作为目标市场,每个细分市场与其他细分市场之间较少联系。其优点是可以有效地分散经营风险,即使某个细分市场盈利情况不佳,仍可在其他细分市场取得盈利。采用产品专业化模式的企业应具有较强的资源和营销实力。

3. 产品专业化

这种策略是企业集中生产一种产品,并向各类顾客销售这种产品。例如,饮水器厂只生产一个品种,同时向家庭、机关、学校、银行、餐厅、招待所等各类用户销售。产品专业化模式的优点是企业专注于某一种或一类产品的生产,有利于形成和发展生产和技术上的优势,在该领域树立形象。其局限性是当该领域被一种全新的技术与产品所代替时,产品销售量有大幅度下降的危险。

4. 市场专业化

这种策略是企业专门经营满足某一顾客群体需要的全部产品。比如某工程机械企业专门向建筑业用户供应推土机、打桩机、起重机、水泥搅拌机等建筑工程中所需要的机械设备。市场专业化经营的产品类型众多,能有效地分散经营风险,但由于集中于某一类顾客,当这类顾客的需求下降时,企业也会遇到收益下降的风险。

5. 全部覆盖策略

这种策略是企业生产多种产品去满足各种顾客群体的需要。一般来说,只有实力雄厚的大型企业选用这种模式,才能收到良好效果。

6.2.2 目标市场营销战略

1. 无差异性战略

所谓无差异性目标市场营销战略,就是企业在市场细分后,把一种产品的整体市场看作一个大的目标市场,只考虑消费者在需求方面的共同点,不考虑不同点,企业只推出一种产品去满足市场上所有消费者需求的营销战略。一般来说,这种战略主要适用于市场有广泛需求的、产品同质性较强的、企业能大量生产并大量销售的产品。采用这种战略的企业一般是实力雄厚的大企业。无差异性目标市场营销战略有成本低、可以获得规模效益等优点,但是也存在产品和服务缺乏针对性的缺点。

2. 差异性战略

所谓差异性目标市场营销战略,是指企业决定同时为几个子市场服务,提供不同产品,设计不同的营销组合以适应各个子市场需要的营销战略。差异性市场营销战略的优点主要有两个方面:第一,关注各细分市场之间需求的差异性,能满足各细分市场不同顾客群的不同需求,增强了产品竞争能力。第二,企业的经营不依赖某单一细分市场,具有较大的灵活性,从而降低了经营风险。其缺点是由于要满足不同顾客群的不同需求,企业资源将被分散用于各个细分市场,这样就会使企业的生产成本和各种营销费用增加,有可能降低经济效益。

3. 集中性战略

所谓集中性目标市场营销战略,指企业集中所有力量,以一个或少数几个性质相似的子市场作为目标市场,试图在较小的子市场上占有较大的市场份额。采用这种战略的原理是,与其在一个较大的市场上占有较小的市场份额,还不如在一个较小的细分市场上占有一个较大的市场份额。集中性市场营销战略主要是通过营销专业化取得竞争优势,适用于那些资源力量有限的小企业。采用集中性市场营销战略的优点是,它是众多中小企业由小到大、由弱到强发展的必然的和有效的途径。其缺陷是风险较大,由于目标较狭窄,一旦目标市场发生变化,企业就容易陷入困境。因此,采用此战略的企业应密切关注市场动向,研究和预测市场发展趋势,并根据自身条件,注意抓住有利时机,适时调整,力争进入更多的细分市场,使企业获得较大的发展空间。

营销故事

故事一:吹箫的渔夫

有一个会吹箫的渔夫,带着他心爱的箫和渔网来到海边。他站在一块岩石上,吹起箫来。他想音乐这么美妙,鱼儿自己就会游到他的面前来。他聚精会神地吹了好久,连个鱼儿的影子都没有看见。他生气地将箫放下,拿起网,向水里撒去,结果捕到了很多鱼。他将网中的鱼一条条扔到岸上,看到活蹦乱跳的鱼,渔夫气愤地说:"喂,你们这些不识好歹的东西!我吹箫时,你们不跳舞,现在我不吹了,你们倒跳起来了。"鱼说:"是我们对你美妙的箫声不感兴趣啊!"

营销启示:

市场营销就是针对目标顾客运用营销策略的过程。所以选择什么样的目标顾客作为企业的营销对象,并且针对这些顾客选择什么样的营销策略非常重要。企业营销不成功的一个重要原因可能就是这种做事不看对象了。

故事二:情侣苹果

元旦那天,某高校俱乐部前,一位老妇守着两筐大苹果叫卖,因为天寒,问者寥寥。一位教授见此情形,上前与老妇商量几句,然后走到附近商店买来节日织花用的红彩带,并与老妇一起将苹果两个一扎,接着高声叫道:"情侣苹果呦!两元一对!"经过的情侣们甚觉新鲜,用红彩带扎在一起的一对苹果看起来很有情趣,因而买者甚众。不消一会,苹果全卖光了。老妇赚得颇丰,对教授感激不尽。

营销启示:

这是一个成功进行目标市场定位营销的案例。即首先分清众多细分市场之间的差别,并从中选择一个或几个细分市场,针对这几个细分市场开发产品并制定营销组合。那位教授对俱乐部前来往的人群进行的市场细分可谓别出心裁,占比例很大的成双成对的情侣给了他突发灵感,使其觉察到情侣们将是最大的苹果需求市场,而对其产品的定位更是奇巧,用红彩带两个一扎,唤为"情侣"苹果,对情侣非常具有吸引力,即使在苹果不好销的大冷天里也高价畅销了。

6.2.3 影响目标市场选择的因素

1. 企业资源

如果企业实力雄厚、拥有资源比较丰富,在研发、生产、销售等方面有很强的优势,就可以考虑实行差异性市场营销战略;如果资源有限,则适合采用集中性市场营销战略或无差异性市场营销战略。例如,美国宝洁公司实力雄厚,在洗发水领域实行差异性市场营销战略,分别推出飘柔、海飞丝、沙宣、伊卡璐、潘婷等品牌,每个品牌又包含多种产品。

2. 市场特点

如果企业所面临的市场为同质性市场,即顾客的需求大体相同时,可选择无差异性市场营销战略;反之,则可选择差异性营销战略。例如,针对学生市场,提供的产品大概都是书包、钢笔、橡皮、直尺等产品。

3. 产品的特点

对于差别很小的同质性产品,可选择无差异性市场营销战略;而对于差别较大的产品,则应该选择差异性市场营销战略。例如,自来水就属于同质性产品,因此每个城市的自来水公司都选择无差异性市场营销战略,只提供一种自来水,而不是分别提供高温、低温、杀菌、直接饮用等功能的自来水。

4. 产品的生命周期

产品处于不同的生命周期,选择目标市场的营销战略也不同。当产品处于投入期与成长期时,产品品种单一,竞争者少,可采用无差异性战略。而当产品进入成熟期后,由于竞争者的增加,产品丰富顾客选择面大,则宜选用差异性市场战略,增加新的花色品种,开拓新的市场,以提高企业的竞争能力,延长产品的生命周期。

5. 市场供求情况

当产品供不应求时,可采取无差异性市场营销战略;反之,则采用差异性或集中性市场营销战略。

6. 竞争者情况

如果企业面临的是采用无差异性市场营销战略的竞争者,那么本企业选择差异性营销战略就可以在竞争中获得优势;如果对手已实行差异性市场营销战略,那么本企业就应对市场做进一步的细分,实行更为有效的差异性市场营销战略或集中性市场营销战略。如果竞争对手力量较弱,也可采用无差异性市场营销战略。

应用案例

宝洁的差异化营销策略

始创于1837年的宝洁,是全球最大的日用消费品公司之一,宝洁公司全球雇员近11万,在全球80多个国家设有工厂及分公司,所经营的300多个品牌的产品畅销160多个国家和地区,其中包括织物及家居护理、美发美容、婴儿及家庭护理、健康护理、食品及饮料等。

宝洁公司经营的多种品牌策略不是把一种产品简单地贴上几种商标,而是追求同类产品不同品牌之间的差异,包括功能、包装、宣传等诸方面,从而形成每个品牌的鲜明个性。这样,每个品牌有自己的发展空间,市场就不会重叠。以洗发水为例,宝洁公司在中国市场上共有5大洗发品牌:海飞丝宣扬的是去头屑,"头屑去无踪,秀发更出众";飘柔突出"飘逸柔顺";潘婷则强调"营养头发,更健康更亮泽";"沙宣"是专业美发;"伊卡露"则注重草本精华。于是宝洁构筑了一条完整的美发护发染发的产品线,最大限度地瓜分了市场。差异化营销不是某个营销层面、某种营销手段的创新,而是产品、概念、价值、形象、推广手段、促销方法等多方位、系统性的营销创新,并在创新的基础上实现品牌在细分市场上的目标聚焦,取得战略性的领先优势。正是由于宝洁的差异化营销策略,消费者的满意度提高,重复购买数量巨大,因此宝洁的市场占有率、销量在洗发水市场独占鳌头。

案例分析:

宝洁公司的差异化营销策略成功之处是什么?

6.3 市场定位

> **名人名言:**
> 定位是指消费者头脑中对某一品牌在该品类中占据的位置,更多地强调来自顾客的心智资源。
>
> ——杰克·特劳特

企业选择了目标市场,就要在目标市场上进行产品的市场定位。市场定位是企业整体战略计划中的一个重要组成部分,关系到企业及其产品能否在市场竞争中占据一定优势,并明显与竞争对手相区分。市场定位在现代市场营销实践中具有极其重要的作用。

6.3.1 市场定位的含义

市场定位就是企业根据目标市场上同类产品竞争状况,针对顾客对这类产品的某些特征或属性的重视程度,为本企业产品塑造强有力的、与众不同的鲜明个性,并将其形象生动地传递给顾客,求得顾客认同的过程。例如,"优质产品"形象、"优质服务"形象、"廉价"形象、"经济实力雄厚"形象、"守信用"形象、"热心公益事业"形象等。

市场定位是通过为自己的产品创立鲜明的个性,从而塑造出独特的市场形象来实现的。产品包括性能、构造、成分、包装、形状、质量、价格等,市场定位就是要强化和放大某些产品因素,从而使产品形成与其他产品不同的独特形象。市场定位不仅强调产品差异,而且要通过产品差异建立独特的市场形象,赢得顾客的认同。市场定位的实质是使本企业产品与其他企业产品严格区分开来,使顾客明显感觉到和认识到这种差别,从而使本企业产品在顾客心目中占有与众不同的有价值的位置。

6.3.2 市场定位的依据

在日益激烈的市场竞争中,企业只有突出自身产品的特色与优势,创造差异化,才能吸引更多的消费者。通常情况下,企业可以通过以下定位方法来获得差异化优势,树立独特的产品形象和企业形象。各个企业经营的产品不同,面对的顾客不同,所处的竞争环境也不同,因而市场定位所依据的方法也不同。总的来讲,市场定位常见的方法有以下几种。

1. 根据产品特点定位

构成产品内在特色的许多因素都可以作为市场定位所依据的原则,如所含成分、材料、质量、价格等。"七喜"汽水的定位是"非可乐",强调它是不含咖啡因的饮料、与可乐类饮料不同。"艾罗宁"止痛药的定位是"非阿司匹林的止痛药",显示药物成分与以往的止痛药有本质的差异。

产品与属性、特色或顾客利益相联系。例如,酒可按照酒精浓度的高低,"XO"定位为男士之酒,广东的"客家娘酒"定位为女人自己的酒。又如,汽车市场上,德国的大众汽车具有"货币的价值"的美誉,日本的丰田汽车侧重于"经济可靠",瑞典的沃尔沃汽车则具有"耐用"的特点。

产品的外形(形状、颜色、大小等)是产品给顾客的第一印象,独特的外形,往往能吸引顾客第一眼的注意。如果在顾客对某些产品的形式已成为习惯、想当然的时候,在外形上加以改造,往往有令人惊喜的效果。所谓"狗咬人不是新闻,人咬狗才是新闻"。如果在灰黑的电器中,突然看到一台红色的电冰箱,会格外引人注目。

2. 根据顾客利益定位

产品提供给顾客的利益是顾客最能切实体会到的。例如,瓜子二手车市场,没有中间商赚差价,给顾客带来的利益就是卖方可以保证卖车款全部归卖方,而不是像以前,差价被中间商赚走了。劳斯莱斯汽车是富豪生活的象征,其昂贵的车价近40万美元,据说该车的许多部件都是手工制作,精益求精,出厂前要经过上万公里无故障测试。拥有这种车的顾客都具有以下特征:2/3的人拥有自己的公司,或者是公司的合伙人;几乎每个人都有几处房产;每个人都拥有一辆以上的高级轿车;50%的人有艺术收藏,40%的人拥有游艇;平均年龄在50岁以上。可见这些人买车并不是在买一种交通工具,而是在买一种豪华的标志。

3. 根据使用者定位

企业常常试图将其产品指引给某一类特定的使用者,以便根据这些顾客的看法塑造恰当的形象。例如,市场上各种品牌的香水是针对各个不同的分市场的,有些香水定位于雅致的、富有的、时髦的妇女;有些则定位于热情奔放的年轻妇女等;香奈儿5号香水就是定位于玛丽莲·梦露那样的成熟、自我、有女人味、性感而神秘的女人。又如,婴儿助长奶粉、老年人高钙铁质奶粉。

4. 根据文化定位

将某种文化注入产品之中,形成文化上的品牌差异。例如,万宝路香烟引入的"男性文化"表现出粗犷的男子汉形象。围绕文化,对各类产品进行开发和定位,如服装——自信、端庄;酒类——潇洒、豪放;茶品——安静、遐想。发掘传统民族文化的精髓:只有民族的,才是世界的。中国"景泰兰"和法国"人头马",承载了民族文化特色;无锡的"红豆"服装品牌和绍兴的"咸亨"酒店,分别借助人们早已熟悉和热爱的曹植和鲁迅的名篇挖掘出中华历史文化的沉淀;"金六福——中国人的福酒",这种定位已将金六福的品牌文化提升到一种民族的"福"。

5. 根据感情定位

企业运用产品直接或间接地冲击消费者的感情体验而进行定位。例如,"孝敬父母"的黄金酒、"真诚到永远"的海尔、"我的眼里只有你"的娃哈哈。

情感定位是从消费者购买商品时所具有的购买动机来对产品进行分析定位的。现代心理学研究表明，情感因素直接影响到人们接收信息的程度。现代商家已越来越清楚"推销的不单是商品本身，而是一份情感"，纷纷开始尝试这种超越商品本身之上的情感定位，所收到的营销效果往往是令人意想不到的。企业可以通过多个方面来实现情感定位，如可以通过商品的命名、设计及宣传、独特的销售方式等多种手段体现出来，这其中成功的案例不胜枚举，如"红豆"衬衫，人们穿上它，就会自然而然地想到王维的千古佳句："愿君多采撷，此物最相思"。

在一定水平的产品功能和属性的支撑下，情感已经超过产品属性，成为消费者购买决策的主要推动力。因此，在各种定位要素中融入某种让人心动的人情味，是情感定位的关键，使消费者在感情上产生共鸣。许多大众化日用消费品，如液体奶、牙膏、香波等，产品属性之间的差别空间很小，只有赋予品牌情感上的内涵才能停止其继续流于大众化的趋势，并维系住消费者的注意力。例如，宝洁公司的洗发香波品牌飘柔，在大多数香波仅仅用于洗净头发时，定位于"使秀发飘逸柔顺"，获得了巨大的成功。但当越来越多的竞争对手也推出了具有柔顺功能的香波，"飘逸柔顺"的吸引力渐渐消退时，飘柔明智地进行了品牌二次定位，提出了"飘柔使我更自信"，赋予品牌新的魅力。同时，"自信"这一情感定位使品牌具有了鲜活的个性，其他竞争对手再模仿，只会被消费者认为是"东施效颦"。此外，对于某些高科技产品，如芯片、软件和汽车，升级换代的速度非常快，情感定位可以更持久地保持与顾客的关系。如"Intel，奔腾的芯"，运用"心"和"芯"的谐音为其增添了情感成分，构造了一个非常成功的定位。

6. 根据服务定位

服务价值是对产品价值的延伸。在产品同质化时代，消费者往往难以分辨出核心产品与服务之间的差异，只能根据预期得到的服务以及服务的价值作为选购的标准之一。因此，在日益激烈的市场竞争中，服务因素已取代产品品质与价格，成为竞争的新焦点。商家们已经充分认识到：要在21世纪消费者主导的市场竞争中生存，服务已成为赢得消费者、留住顾客的竞争优势。于是世界各地都在兴起一场"以消费者为中心""以消费者满意为导向"的服务革命，就连美国最杰出的43家企业都以服务业自居，而不管这些公司是属于机械制造业、高科技工业，还是卖汉堡包的食品业。"蓝色巨人"IBM一直坚持"IBM就是服务"的经营理念，致力于创造更多的顾客价值，从而赢得了广大消费者的信赖。即使IBM的电脑价格比竞争对手的同类产品高出15%，但消费者还是会首选IBM。企业得以生存，很大程度依赖于顾客惠顾，要想获得持续的竞争优势，就必须与顾客建立长久的、和谐的、稳定的关系。

7. 根据功能定位

一般说来，产品的功能从心理与行为的角度可以分为两大类：一类是产品的基本功能；另一类则是产品的心理功能，即产品唤起消费者高层需求或满足消费者高层次需求的功能。随着市场经济的发展，人们对产品的心理功能越来越重视。因为它能满足人们对于审美的需要，能提高消费者个人的身份感，起到一种象征社会地位和个人品格的意义等。概括来说，常用的功能定位主要有以下几种：

（1）组合功能定位。

这种定位方法是将两种或两种以上的产品的功能通过一定方式加以组合，从而产生一种具有新功能的产品。方便面就是一种组合产品，是面条与菜料的组合，用开水一冲即食。"康师傅"方便面又把碗、叉组合进来，只要有开水，连碗筷都不用带，方便面就更方便了。

此外，还可以把几种相互关联的商品放置在同一包装物内，形成系列包装，从而给消费者耳目一新的感受，他们也会在不知不觉中接受新产品。例如，商场里经常见到的礼品篮，采用的也是这种包装法。超级市场经常采用的"买一赠一"促销活动，也常常采用组合包装法。还有一个成功的例子是雀巢咖啡。本来对中国人来说咖啡并不是一种受欢迎的饮料，然而，雀巢公司却将咖啡与咖啡伴侣组合在一起，使之成为精美的礼品盒。一时间，雀巢咖啡成了人们的送礼佳品，渐渐地，饮用咖啡也成了年轻人的新时尚。在这一时尚中，人们终于接受了雀巢咖啡的好味道。

(2) 单一功能定位。

顾客购买产品主要是为了获得产品的使用价值，希望产品具有所期望的功能和利益，因而以强调产品的功效为诉求是品牌定位常见的形式。很多产品具有多重功效，定位时向顾客传达单一的功效还是多重功效并没有绝对的定论，但是由于顾客能记住的信息是很有限的，往往只对某一强烈诉求容易产生较深刻的印象，因此，品牌向顾客承诺一个功效点的单一诉求更能突出品牌的个性，获得成功的定位。比如，"怕上火就喝王老吉"，说明王老吉的用途是预防上火。再比如，"云南白药创可贴，有药好的更快些"，说明云南白药创可贴的用途是消炎、止血、治愈创伤。又如，舒肤佳香皂强调有效除去细菌的功效。

(3) 延伸功能定位。

企业除了这种被动地适应市场需求变化、生产经营条件变化和社会观念变化需要所进行的功能定位外，还可以通过主动地创造新的消费需求来拓展自身的生存与发展空间。对于有些高度成熟的商品，企业可以通过改变人们在脑海中对它的颜色、体积、形状、用途等所形成的固定观念，以创造新的需求。同样，如果企业有意识地改变产品的使用环境，也可以使人们在新的环境里感到新的需求和满足。例如，松下公司推出的迷你空调机，其广告词是："松下空调迷你机，宽度缩小三分之一。"

此外，企业若打破消费者的传统观念用另一种眼光去看待产品的用途，也能开创出一片新的市场。例如，所有人都知道刀片这类商品是男人用来剃胡须的，女人无须，自然也用不着它。但吉列公司偏偏推出女性刀片，因为欧洲女性汗毛较重，用化学药品除毛易损伤皮肤，于是女性刀片的出现倡导了一种美容新方法，受到了众多女性的青睐。

应用案例

屈臣氏赢在定位

6.3.3 市场定位的策略

市场定位策略的核心问题是本企业(企业产品)与其他竞争对手的关系问题。

1. 对抗定位策略

这是一种"明知山有虎，偏向虎山行"的市场定位策略。它意味着要与目前市场上占据支配地位的、最强的竞争对手"对着干"，显示了企业知难而上，志在必得的自信心。这是一种风险的战术。这样的企业必须具备以下条件:能比竞争对手生产出更好的产品;该市场容量足够大;比竞争对手有更多的资源和实力。例如,麦当劳在夏天推出1元冰激凌,肯德基马上也推出1元冰激凌。

2. 避强定位策略

这是一种避开较强竞争对手的市场定位策略。避强定位显得较为平和、宽容,既避开了强有力的竞争对手,又给人们留下温和的印象。采用这种定位策略,能够使企业很快地在市场上站稳脚跟,并且能在消费者心目中快速地树立企业形象。避强定位是一种市场风险低、成功率较高的定位策略。例如,娃哈哈的非常可乐在推向市场时,避开可口可乐和百事可乐的主阵地——城市,选择中国广大的农村作为营销主战场,从而站稳了脚跟。

3. 重新定位

重新定位就是根据市场的情况对企业原有的市场定位进行调整后的再定位。现实中,这种定位方式有两类情形:第一类,经过一段时间的市场实践,发现原有的市场定位不准,产品打不开销路,市场反应差,必须对原市场定位进行调整;第二类,企业产品在市场推出后,获得了意想不到的成功,有更多的消费者对产品提出更高要求,这说明企业对市场分析不够透彻,对市场潜力估计不足,原有的市场定位也必须进行调整。例如,万宝路刚进入市场时,是以女性作为目标市场,它的口味也特意为女性消费者而设计:淡而柔和。它推出的口号是:像五月的天气一样温和。从产品的包装设计到广告宣传,万宝路都致力于目标消费者——女性烟民。然而,尽管当时美国吸烟人数年年都在上升,万宝路的销路却始终平平。20世纪40年代初,莫里斯公司被迫停止生产万宝路香烟。后来,广告大师李奥贝纳为其做广告策划时,做出一个重大的决定,万宝路的命运也发生了转折。李奥贝纳决定沿用万宝路品牌名对其进行重新定位。他将万宝路重新定位为男子汉香烟,并将它与最具男子汉气概的西部牛仔形象联系起来,吸引所有喜爱、欣赏和追求这种气概的消费者。通过这一重新定位,万宝路树立了自由、野性与冒险的形象,在众多的香烟品牌中脱颖而出。从20世纪80年代中期到现在,万宝路一直居世界各品牌香烟销量首位,成为全球香烟市场的领导品牌。

重新定位有时需要承担很大的风险,企业在做出重新定位决策时,一定要慎重。必须仔细分析原有定位需要改变的原因,重新认识市场,明确企业的优势,选择最具优势的定位,并通过传播不断强化新的定位。

4. 特色定位

特色定位是指企业通过分析市场中现有产品的定位状况,发掘新的具有鲜明特色的产品,并在市场上找到自己合适的位置,来为企业的产品定位。企业根据市场需求情况与本身条件,尽量突出其产品的特色,这本身就是差异性营销策略。实施这种策略,对企业条件要求很高。利用特色产品来占领市场最有利的位置的是高明的竞争者。这种策略成功率很高。例如,中国全聚德(集团)股份有限公司形成了以独具特色的全聚德烤鸭为龙头,集"全鸭席"和400多道特色菜品于一体的全聚德菜系,备受各国元首、政府官员、社会各界人士及国内外游客喜爱,被誉为"中华第一吃"。

6.3.4 定位时要注意的问题

可以只推出一种差异,即单一差异定位;可以推出两种差异,称双重差异定位;还可以推出几种差异,实行多重差异定位。但值得引起重视的是:企业推出的差异不宜过多,否则会

降低可信度,也影响了定位的明确性。以下是定位时应注意的问题:

(1) 定位混乱。企业推出的差异过多、推出的主题太多、定位变化太频繁,使消费者对其产品或品牌只有一个混乱的印象,难以弄清其主要的功能及好处是什么。

(2) 定位过度。企业过度鼓吹产品的功效或提供的利益,使消费者难于相信企业在产品特色、价格、功效和利益等方面的宣传,对定位的真实性产生怀疑。

(3) 定位过宽。有些产品定位过宽,不能突出产品的差异性,使消费者难于真正了解产品,难以使该产品在消费者心目中树立鲜明的、独特的市场形象。

(4) 定位过窄。有些产品或品牌本来可以适应更多的消费者的需要,但由于定位过窄,使消费者对其形象的认识也过于狭窄,因而不能成为企业产品的购买者。

6.3.5 市场定位的步骤

市场定位的关键是企业要设法在自己的产品中找出比竞争者更具有竞争优势的特性。竞争优势一般有两种基本类型:一是价格竞争优势,即企业在同样的条件下比竞争者定出更低的价格,这就要求企业采取一切措施,力求降低单位成本;二是偏好竞争优势,即企业能提供明确的特色来满足顾客的特定偏好,这就要求企业采取一切措施在产品特色上下功夫。因此,市场定位的全过程遵循以下思路,即确认本企业潜在的竞争优势,准确地选择相对竞争优势和明确展现其独特的竞争优势(见图 6-5)。

确定竞争优势 → 选择竞争优势 → 展现竞争优势

图 6-5 市场定位步骤

1. 确认本企业产品的竞争优势

要确认本企业产品的竞争优势需要做好三个方面的工作:一是要研究竞争对手的产品定位状况;二是要研究目标市场上消费者需求满足程度如何,还有哪些需求没有被满足;三是要研究如何才能使本企业产品更好地满足消费者需求,如何才能投入新产品填补市场空白。企业市场营销人员必须通过一切调研手段,系统地调研和分析研究相关资料,找准本企业产品的竞争优势。

2. 选择相对的竞争优势

选择相对竞争优势就是一个企业各方面实力与竞争者的实力相比较的过程,通常的选择方法是分析、比较企业与竞争者在以下七个方面究竟哪些是强项、哪些是弱项:

(1) 经营管理方面——主要比较分析领导能力、决策水平、计划能力、组织能力及个人应变能力等指标。

(2) 技术开发方面——主要分析技术资源(如专利等)、技术手段、技术人员能力和科研资金来源是否充足等指标。

(3) 采购方面——主要分析采购方法、存储及运输系统、供应商合作及采购人员能力等指标。

(4) 生产方面——主要分析生产能力、技术装备、生产过程控制能力及职工素质等指标。

(5) 市场营销方面——主要分析销售能力、分销网络、市场研究、服务与销售战略、广告、资金来源等是否充足及市场营销人员的能力等指标。

(6) 财务方面——主要考察长期资金和短期资金的来源及资金成本、支付能力、现金流量,以及财务制度与人员素质等指标。

(7) 产品方面——主要考察产品特色、价格、质量、支付条件、包装、服务、市场占有率、信誉等指标。

3. 显示独特的竞争优势

这一步骤的主要任务是企业要通过一系列的宣传促销活动,将其独特的竞争优势准确地传递给潜在顾客,并在顾客心目中留下深刻印象。因此,企业首先应使目标顾客了解、认同、喜欢和偏爱本企业的产品,在顾客心目中树立良好形象。其次,企业通过一切努力强化目标顾客形象,保持与稳定目标顾客的态度与感情。最后,企业应注意目标顾客对其市场定位理解出现的偏差或由于企业市场定位宣传上的失误,造成目标顾客对企业认知的模糊、混乱和误会,及时纠正与市场定位不一致的形象。

企业要避免造成三种误解:一是档次过低,不能显示出自己的特色;二是档次过高,不符合企业实际情况,使公众误认为企业只经营高档高价产品,而企业实际上也经营中档产品;三是混淆不清,在顾客心中没有统一的认识,如对同一种产品或同一服务项目,有人认为是高档的,有人认为是低档的。以上误解由定位宣传失当所致,会给企业造成不利的影响。

应用案例

高露洁牙膏领域的竞争

2018年高露洁将投资隐形眼镜订阅服务公司Hubble,试图通过电商订购方式发展产品的线上购买渠道。据了解,Hubble将为高露洁部分商品开发新的网上订购渠道,开始销售以牙齿护理产品为主的首批产品。面对行业发展,高露洁做出调整参与竞争是明智之举,"领导者必须想尽一切办法捍卫自身领导地位"。

近年来,牙膏市场种类繁多,竞争激烈,高露洁始终在全球市场占据着较高的市场份额。高露洁董事长伊恩·库克曾在回应公司的2017年第一季度报告时表示:高露洁在全球牙膏市场的领导地位持续,全球市场份额达到43.8%。不仅如此,据Chnbrand数据显示,2017年高露洁在中国牙膏品牌满意度C-CSI得分排名第一,超出最后一名整整42.94%,客户忠诚度达到81.3。

高露洁在中国市场的成功,很大程度上取决于其抓住了如今商业竞争的本质——抢占消费者心智。在1992年进入中国市场之前,高露洁曾用时三年做市场调查和竞争环境分析,认为当时防蛀型市场是中国最具发展潜力的市场。因而在进入中国市场时,高露洁聚焦于"科学防蛀",通过广告语反复强调"我们的目标——没有蛀牙"等手段,率先抢占中国消费者心智中"防蛀牙膏"第一的位置。虽然在全球市场上,高露洁并非第一个推出防蛀牙膏的品牌,但其在进入中国市场时先于竞争对手推出防蛀牙膏,抢占了市场先机。"成为第一胜过做得更好是迄今为止最有效的定位方法""如今商业竞争的战场已不在市场,而在消费者心智中。只要让品牌占据消费者心智阶梯的第一位,其地位就很难撼动。"

随着牙膏市场的发展,高露洁也面临着不断增加的竞争压力。在关注竞争的同时,高露洁也在不断进行"自我攻击",通过不断改进、升级、创新产品,保持自己的竞争优势。2018年年初,高露洁就选择与苹果合作推出了"高露洁智能电子牙刷E1",使用苹果公司的

ResearchKit 系统来丰富刷牙数据,为消费者提供更好的口腔护理。

投资订阅服务公司 Hubble 便是高露洁在销售渠道方面做出的创新尝试,高露洁希望借助 Hubble 在家庭订阅服务方面的经验出售自家旗下的产品。面对行业发展,高露洁做出调整参与竞争是明智之举,但在牙刷牙膏市场上,典型的订阅模式平台已经有不少品牌。2017 年刚获得 1 000 万美元投资的纽约智能电动牙刷创业公司 Quip,就为用户提供订购模式,销售定期更换的刷头和牙膏;此外,Goby、Public Goods 等牙刷品牌也都提供订阅购买服务,高露洁如果想占据一席之地,一定要找到不同的差异化,才是其长久发展之道。

(资料来源:东方资讯.http://rich.online.sh.cn 2018-07-19.)

案例讨论:
高露洁何以成为牙膏领域的"常青树"?

知识小结

STP 营销是指目标市场营销的三个步骤:市场细分(Segmenting)、目标市场选择(Targeting)、市场定位(Positioning)。

市场细分是指企业根据消费者需求的差异性,按照一定的标准或细分变量,把整体市场划分为若干个具有类似需求的消费者群体,从而选择和确定企业能有效满足的目标市场(Target Market)的活动过程。

消费者市场细分的标准很多,但主要有四类,即地理因素、人口因素、心理因素和行为因素。细分变量创新是指寻求顾客新的需求或行为特征,细分变量创新是市场细分的本质。

一个细分市场是否有效取决于盈利性、竞争性、营销的差异性。

市场细分的作用:创造新的市场机会,更好地界定竞争对手,有效满足顾客需求,有利于企业发挥竞争优势,有利于企业把握市场变化。

目标市场是企业在市场的细分并对其评价的基础上,企业决定要进入的市场,即企业决定所要销售和服务的目标客户群。企业在市场细分之后的若干"子市场"中,运用的企业营销活动之"矢"而瞄准的市场方向之"的"的优选过程。

目标市场的选择策略,即关于企业为哪个或哪几个细分市场服务的决定。通常企业的目标市场选择模式有五种:市场集中化、选择专业化、产品专业化、市场专业化、市场全面化。

选择目标市场,明确企业应为哪一类用户服务,满足他们的哪一种需求,是企业在营销活动中的一项重要策略。**选择目标市场营销战略**有三种:无差异性战略、差异性战略、集中性战略。上述三种战略各有利弊,企业在进行决策时要具体分析产品和市场状况和企业本身的特点。

影响企业目标市场策略的因素主要有:企业的实力、产品性质、市场需求的差异情况、商品的生命周期、竞争者的目标市场策略。

任何一个管理规范化的现代化企业,在经营管理体制上都必须处理好企业战略计划、管理和市场营销之间的关系,以市场导向为中心的战略计划引导并驱动一个企业进入一个有发展前途的朝阳产业领域。

市场定位是指根据竞争者现有产品在市场上所处的位置,针对消费者或用户对该产品的某种特征、属性或核心利益的重视程度,强有力地塑造出本企业产品与众不同的、给人印象深刻的、鲜明的个性或形象,并通过一套特定的市场营销组合把这种形象迅速、准确而生动传递给顾客,影响顾客对该产品的总体感觉。

市场定位策略主要有四种:对抗定位、避强定位、重新定位、特色定位。

市场定位的方法主要有六种:根据产品特点定位、根据产品用途定位、根据顾客利益定位、根据使用者定位、根据文化定位、根据感情定位。

【关键术语】

市场细分 Market Segmenting	识别变量 Identify Variables
行为变量 Behavior Variable	目标市场 Target Markets
无差异性战略 No Difference Strategy	差异性战略 Difference Strategy
集中性战略 Centralized Strategy	市场定位 Positioning
对抗定位 Antagonistic Positioning	避强定位 Avoiding Strength Positioning
重新定位 Relocation	特色定位 Characteristic Positioning

【应知考核】 进入云班课更多应知应会考核测试

【应会考核】

【实践活动——任务6汇报评价】

扫码查看更多实时更新应知应会考核题

《STP营销战略实践报告》评价标准

项目3 创造顾客价值

项目导入

一旦决定了企业的营销战略,企业就可以开始构建其营销方案(包括四个营销要素,也就是营销4P),将营销战略真正转化为顾客价值,4P体现了创造顾客价值与传递顾客价值的实现策略。"项目3:创造顾客价值",通过产品策略、价格策略实现。企业开发产品并为这些产品创造出强有力的品牌识别,定价使得顾客认知产品价值并实现企业价值,是创造顾客价值的重要内容。

创造顾客价值的具体任务:

任务7:产品策略:通过设计整体概念的产品、构建产品组合、依据产品生命周期针对性地开展营销活动、创建品牌、设计包装等一系列活动完成顾客价值创造。

任务8:价格策略:明确定价的目标、了解定价的因素、确定定价方法、实施定价策略,达成价值创造。

项目导图

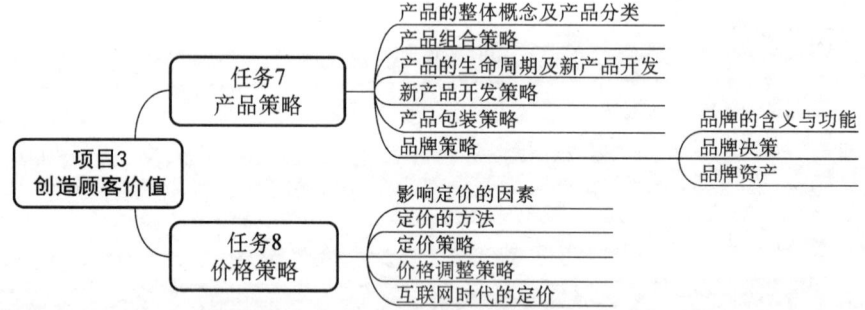

学生通过本项目掌握顾客价值创造的两大策略,学会运用营销学手段设计产品、品牌、包装、价格,运用相关策略极大化地创造顾客价值。

任务 7　产品策略

知识目标

1. 掌握产品及产品整体概念；
2. 掌握产品生命周期的相关概念以及各阶段的策略；
3. 理解产品组合的概念；
4. 掌握产品包装策略。

能力目标

1. 学会利用产品整体概念进行企业产品营销案例分析；
2. 能够根据产品生命周期理论分析产品需求、制定营销策略；
3. 能运用产品包装策略从事包装实践活动；
4. 学会设计品牌。

任务驱动

企业的营销活动是以满足市场需求为中心，而市场需求的满足，只能通过提供满意的产品或服务来实现。产品策略在营销活动中处于十分重要的地位。企业的产品组合是否让消费者满意？如何根据产品生命周期的变化，灵活调整市场营销方案？如何开发新产品，提高企业产品竞争力？让我们带着任务开始学习吧！

项目团队任务："公司"（项目团队）的产品策略

↘ 1. 任务内容：

(1) 具体任务（二选一）：① 制定"公司"（项目团队）的产品策划方案，② "××"公司（自己选定一个研究对象）产品策略分析报告；

(2) 根据产品策划方案（报告）及本项任务实施过程，制作 PPT 用于汇报和展示；

(3) 本项任务结束后，各项目团队通过课堂汇报、交流、答疑，开展任务成果竞赛。

↘ 2. 任务目的：

运用所学的知识制定"公司"（项目团队）产品策略，学会运用产品整体概念设计产品、制定公司的产品组合方案、根据产品生命周期制定营销策略等。

↘ 3. 任务的组织与实施：

参考任务 1：任务的组织和实施。

4. 任务质量要求、参考作品：

《产品策略实践报告评价标准》
片仔癀产品营销策略浅析
扫码查看完整思维导图

任务导图

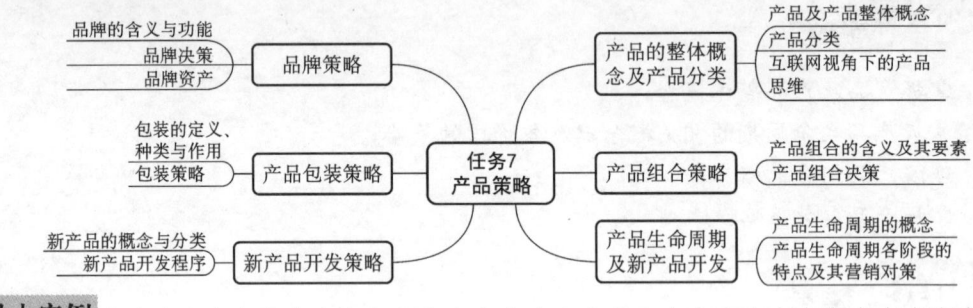

导入案例

江小白：一瓶有创意的小酒

"我是江小白"被誉为"中国白酒时尚化创新第一品牌""中国第一时尚白酒""潮酒引领者"。由江小白酒业推出的青春小酒"我是江小白"，是定位时尚青春群体，富含时代感和文艺气息，根据80后、90后年轻消费人群的口味需求，具有开创性、颠覆性的酒类产品。

江小白的CEO陶石泉最初只有一个隐隐约约的大方向，觉得白酒品牌的年轻化和时尚化是个值得尝试的方向，应该能做出个性化、差异化的产品。2011年，青春偶像剧《男人帮》热播，剧中那个略害羞、略文艺、偶尔装深沉的男主角叫"顾小白"，另一部电视剧《将军》里的主人公则叫"虞小白"。类似的人名让陶石泉突然开窍了，他要为即将问世的产品起个简单通俗、一听就能记住的名字，不如就叫"江小白"。陶石泉业余喜欢卡通漫画，江小白的最初形象就是他亲手塑造的——一个长着大众脸，鼻梁上架着无镜片黑框眼镜，系着英伦风格的黑白格子围巾，身穿休闲西装的帅气小男生。团队在社会化营销尝试中不断赋予这个小男生鲜明的个性：时尚、简单、我行我素，善于卖萌、自嘲，却有着一颗文艺的心。这个形象还有一句常挂嘴边的口号——"我是江小白，生活很简单"。

在包装上，江小白也完全抛弃了传统的酒类产品风格，采用磨砂瓶身，主打蓝白色调，在瓶体上印满个性化的江小白语录："吃着火锅唱着歌，喝着小白划着拳，我是文艺小青年"，"1张绿票票＝2瓶江小白，方便兄弟伙亲切交谈"，"有的时候，我们说错话，我们做错事，是因为受了江小白的诱惑"等萌语层出不穷。

在酒体上，江小白采用单一高粱小曲白酒酿造工艺，工艺标准化，品质稳定，强化单纯、纯净、柔和、甜润的国际化口感特征。由于单一高粱酿造的单纯酒体和稳定品质，江小白具备了作为调味基础酒的先天优势，可根据个人喜好，冰镇冰饮、加入冰块口感更佳，亦可与瓶装冰红茶、绿茶、红牛、王老吉、柠檬、橙汁、苏打水等混合调制充满个性与创意的"小白鸡尾

酒",全新口感体验,全新时尚感觉。例如:

小白放牛:江小白＋红牛饮料(1∶1加冰块),色泽金黄,口感醇和。

午后阳光:江小白＋冰红茶(1∶2加冰块),江小白和冰红茶相辉相映、各得益彰;甘甜味道,富有张力,个性突出,富有午后阳光般的原野气息。加入冰块后口感更好。

白富美:江小白＋鲜牛奶(1∶1),奶香浓郁、醇厚柔和,饮后许久仍香气绕舌、余味氤氲,可谓天上人间之极品。

含情脉脉:江小白＋脉动(1∶1.5),香甜满口、柔软细腻,富含水果香味,道不尽的微妙和意境,特别适宜女士饮用。

江小白在2012年年初产品正式推向市场后,当年销售额就达到了3 000万元,初步展现出这一策略的有效性,也引来了不少传统酒商的跟风。

案例分析:

(1) 总结江小白白酒应用了哪些产品策略,并分析为什么要采取这样的策略。

(2) 面对传统酒商的跟风,未来江小白将怎么打造产品策略?

7.1　产品的整体概念及产品分类

产品策略是4P组合策略之一。企业的一切活动都是围绕着产品进行的。即通过及时、有效地提供消费者所需要的产品而实现企业的发展目标。产品策略涉及正确地认识产品的内涵,巧妙地进行产品的组合,准确地判断产品的生命周期,有效地开发出新的产品,增强产品包装物的吸引力,树立品牌培育企业持续发展的动力等。随着社会经济的发展,人们对产品的选择不仅仅局限于功能上的满足,而是追求在地位、心理等方面的满足。

7.1.1　产品及产品整体概念

在现代市场营销学中,产品概念具有极其宽广的外延和深刻而丰富的内涵,它指通过交换而满足人们需要和欲望的因素或手段。

2003年营销大师菲利普·科特勒(Philip Kotler)提出新的产品整体概念的五个层次论,如图7-1所示。

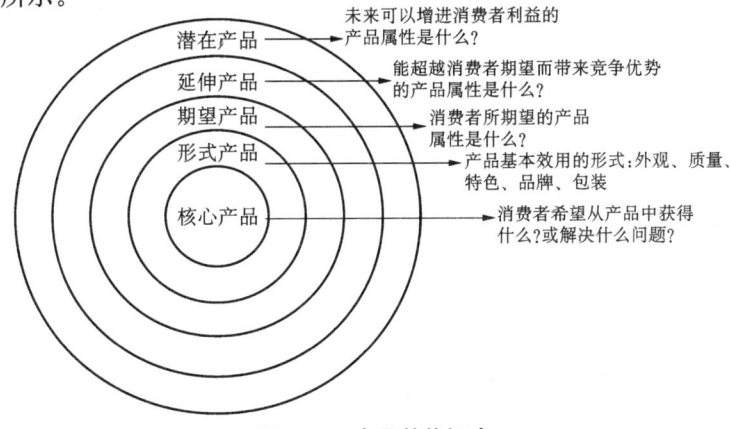

图7-1　产品整体概念

1. 核心产品

核心产品是指向顾客提供的产品的基本效用或利益。这是产品整体概念中最基本和最实质性的，也是顾客需求的中心内容。消费者购买某种产品，并不是为了占有或获得产品本身，而是为了获得能满足某种需要的效用或利益。产品若没有效用或利益，就不能给人们带来满足，也就丧失了存在的价值。例如，人们购买洗衣机，并不为了购买装有开关按钮和电动机的大铁箱，而是为了通过洗衣机的洗涤功能，代替人工、减轻日常家务劳动，方便人们的日常生活。

2. 形式产品

形式产品是指核心产品借以实现的形式或目标市场对某一需求的特定满足形式。形式产品一般通过产品的外观、质量、特色、包装、品牌等表现出来。产品的基本效用必须通过某些具体的形式才能得以实现。

3. 期望产品

期望产品是指购买者在购买该产品时期望得到的与产品密切相关的一整套属性和条件。例如，旅馆的客人期望得到清洁的床位、安静的环境、便利的交通、方便的饮食等。消费者对期望产品的评价往往以行业的平均质量水平为依据，当普遍公认的期望产品得不到满足时，将直接影响消费者对产品的满意度、购后评价及重购率。

4. 延伸产品

延伸产品，也称之为附加产品，是指顾客在购买有形产品时附带获得的全部附加服务和利益，包括免费送货、上门安装、售后服务、技术培训等。

延伸产品的概念源于对市场需要的深入认识，因为，购买者的目的是为了满足某种需要，因而他们希望得到与满足该项需要有关的一切。因此，消费者的需要实际上构成了一个复杂的系统，它要求企业出售产品时也应该系统地、综合地提供所有相关产品实体及服务。特别是随着现代社会科学技术飞速发展，企业的生产和经营管理水平不断提高，不同企业提供的同类产品在核心利益、形体产品和期望产品上越来越接近，因此延伸产品所提供的附加价值的大小在市场营销中的重要性就越来越突出，已经成为企业差异化策略赢得竞争优势的关键因素。

5. 潜在产品

潜在产品是指现有产品包括所有附加产品在内的，可能发展成为未来最终产品的潜在状态的产品。潜在产品指出了现有产品未来可能的演变趋势和前景，以及可能给顾客带来的价值和利益。例如，彩电将来有可能发展成为未来的信息接收终端等。

应用案例

iPad 的产品整体概念分析

7.1.2 产品分类

在市场营销中，企业要根据不同的产品制定不同的营销策略，因此，必须对产品进行有效的分类。

1. 依据产品的耐用程度及是否有形分类

（1）耐用品。耐用品指使用年限较长、价格较高的有形产品，如冰箱、电视机、机械设备等。通常，耐用品的购买频率比较低，需要较多的人员推销和服务。

（2）非耐用品。非耐用品指基本功能消失较快，使用时间较短的有形产品，如香皂、牙膏、调味品等。这类产品单位价值比较低，使用时间较短，消费者购买频率比较高。非耐用品的销售需要广泛设置分销网点，便利消费者及时购买，因此，对企业而言，需要大力进行广告宣传，帮助消费者建立需求偏好。

（3）服务。服务指出售的活动、利益或享受，如理发、旅游等。服务是无形的、不可分、易变和不可储存的。消费者一般要求企业提供更多的质量控制、信用能力和适用性。随着社会经济的发展，服务这种产品越来越显示出其重要性。服务市场的营销管理应特别注意加强服务的质量管理，提供多样化服务产品，注重信誉和提供良好的售后服务，以便吸引更多的顾客。

2. 依据消费者的购买习惯分类

（1）便利品。便利品指消费者频繁购买或需要随时购买的产品。便利品通常价格较低，消费者在购买时不需要花费太多的精力和时间进行比较。便利品可进一步分成日用品、冲动品和救急品。

① 日用品主要是指价值较低、经常使用的产品。

② 冲动品主要是指消费者因一时冲动而临时决定购买的产品。

③ 救急品主要是指在特殊情况下，消费者急需购买的产品。

（2）选购品。选购品指消费者在购买过程中，对产品的式样、实用性、耐用性、价格和品牌等进行比较后才购买的产品，如家用电器、家具、汽车等。选购品又可分为同质选购品和异质选购品。同质选购品是指质地相同或相近的产品，如不同品牌的电视机。异质选购品是指在外观和性能上都有较大差别的产品，如服装等。消费者在选购此类产品时，会根据自己的喜好进行挑选。

（3）特殊品。特殊品指具有特殊效益或特定品牌标记的产品，对于这些产品，消费者一般愿意做出特殊的购买努力，如特定品牌的装饰品、定制的服装、高级乐器等。这些产品对大多数消费者而言，并非普遍需要，但对于某些消费者来说却十分愿意购买。

（4）非渴求品。非渴求品指消费者不了解或即便了解也不想购买的产品，如人寿产品、墓地等。对于这类消费者无兴趣购买的产品，通常需要在更大程度上依靠有能力的推销人员进行介绍和推销。

3. 产业用品分类

根据产业用品进入生产过程的程度以及它们的相对成本，可以把产业用品分为原材料和零部件、资本项目、供应品和服务。

（1）原材料和零部件。原材料和零部件指完全转化为制造商产成品的一类产品，包括原材料、半制成品及部件。原材料包括农产品及天然产品；半制成品及部件包括构成材料（铁、棉纱、水泥等）和构成部件（如小发动机、轮胎、铸件等）。

（2）资本项目。资本项目指部分进入产成品中的产品，在购买者的生产和运作过程中起辅助作用。这类产品在生产过程中长期发挥作用，其价值是逐渐地、分次地转移到产成品中。

资本项目主要包括装备和附属设备两个部分。装备主要包括建筑物（如厂房、办公楼等)和固定设备(如发电机、电梯等)。附属设备主要包括轻型制造工具设备(如手动工具等)和办公设备(如计算机、传真机等)。

(3) 供应品和服务。供应品和服务指维持企业生产经营活动所必需的,但并不构成最终产品的一类项目。供应品(如打印纸、铅笔等)可以被认为是工业领域的便利品,购买者一般只进行最小的努力及产品比较。服务主要包括维护和维修(如清洗、清洁等)以及业务咨询服务,这些服务往往以签订合同的方式提供。

4. 互联网产品

定义互联网产品的概念是从传统意义上的"产品"延伸而来的,是在互联网领域中产出而用于经营的商品,它是满足互联网用户需求和欲望的无形载体。简单来说,互联网产品就是指网站为满足用户需求而创建的用于运营的功能及服务,它是网站功能与服务的集成(见图7-2)。例如,新浪的产品是"新闻""微博";腾讯的产品是"QQ""微信";阿里巴巴的产品是"支付宝""阿里妈妈";网易的产品是"邮件""云音乐";等等。

图7-2 互联网产品

互联网产品发展过程中,按照各种产品拥有的功能和目的分为主要产品、盈利产品和辅助产品。

主要产品也称大众需求产品,是指网站为满足大众需求而创建的产品,这类产品开发初期只为赢得公信力,并非以营利作为主要目的。例如,腾讯的"QQ"就是免费为大众服务,用于增加网站流量,赢得公众信赖。

盈利产品可能只满足小部分用户的需求,也是为这一小部分用户而创立的,但它却有着很大的盈利空间,是网站的主要盈利产品。例如,腾讯的"宠物"、在线小游戏等付费服务。

辅助产品能为网站带来少量流量或收入,产品本身的势力比较弱,以辅助上述两种产品为主,但却是网站中不可或缺的产品,如各种软件中的辅助功能等。

互联网产品需要不断运营、持续打磨,好产品是运营出来的,不是开发出来的。产品若要有立足之地进而占领市场份额,最重要的一点便是提升用户体验度。

7.1.3 互联网视角下的产品思维

1. 互联网迭代思维

迭代是重复反馈过程的活动,其目的通常是逼近所需目标或结果。每一次对过程的重复称为一次迭代,而每一次迭代得到的结果会作为下一次迭代的初始值。它是颠覆式创新的灵魂。从不完美到完美,传统的产品打磨路径是:不断完善产品,等到完美的时候再投向市场,再修改完善就要等到下一代产品了。而互联网思维则不然,在互联网的颠覆下,传统的产品开发与决策过程也随之变化。互联网思维讲究的是快,尽快地将产品投向市场,然后通过用户的广泛参与不断修改产品,实现快速迭代,日臻完美。

应用案例

小米依靠用户定义产品,迭代产品

2. **互联网极致思维**

极致是用来形容"最高程度"的,将极致思维运用到产品的决策中意味着将产品做到力所能及的最好状态,甚至超过客户的预期。极致思维要求产品开发人员保持专注,在产品开发的每个环节都确保最贴近用户的需求,产品的每个功能和服务都可以让客户得到最大的效用。因此,极致思维首先要求产品开发人员能准确把握客户的需求,洞察、创造客户所需;其次,将产品投入的资源利用最大化。在完全满足客户需求的基础上,极致思维还有更高的要求,让客户意想不到,超出心理预期的满足。

3. **互联网简约思维**

传统产品很多时候会设计出很多繁复的功能来吸引用户,而用户使用时则需要花费很大的精力来了解产品,最终忽略了产品的实质。互联网是从门户时代开始的,互联网产品追求的往往是大而全,即一个网站或者一个客户端满足用户的所有需求。在移动互联网发展初期,很多产品的设计思想就是如何打造一个功能很全的产品。但是由于屏幕太小,不得不舍弃很多,也因为用户无法忍受无止境的次级页面,所以一切变得简单了。简约思维要求产品开发人员在产品决策过程中聚焦于产品核心,给用户最简单的呈现方式,以少胜多。总的来说,产品要做到专注和极致。在产品方向上,一定要先学会做减法,而不是做加法。开发产品时首要的是找准核心定位和目标市场,进而切入一个点做到极致精简,让产品和目标客户沟通,而不是营销人员和营销工具。在互联网时代,企业要善于将互联网迭代思维、极致思维、简约思维融入产品创造、打磨和更新中。

 视频链接: 爆款
长尾效应

7.2 产品组合策略

7.2.1 产品组合的含义及其要素

在现代市场经济条件下,企业为了满足目标市场的需要,增加利润、分散风险,往往经营多种产品,形成产品组合。

1. **产品组合的概念**

产品组合是指某一企业所生产或销售的全部产品线和产品项目的组合或搭配,即企业的业务经营范围。

产品线,又称为产品大类,是指一组密切相关的产品,这些产品或者能满足同种需求;或者必须配套使用,销售给同类消费者;或者经由相同的渠道销售;或者在同一价格范围内出售。

产品项目指产品大类中各种不同品种、档次、质量和价格的特定产品。简单地说,产品项目是企业在产品目录中明确表示出来的。

例如,某超市经营家电、服装、百货、文化用品等,这就是产品组合;而其中的"家电""服装""文化用品"等大类就是产品线;每一大类中包括的具体品种、规格等就是产品项目。

2. 产品组合的宽度、长度、深度和关联度

在产品组合中一共包括四个变量,即宽度、长度、深度和关联度。

(1) 产品组合的宽度,指产品组合中所拥有的全部产品线的数目。例如,某家电企业的所有产品大类包括电视机、冰箱、洗衣机、空调,则该企业的产品组合宽度就是4。

(2) 产品组合的长度,指企业所有产品线中的产品项目的数目,即一个企业中不同规格或不同品牌产品的总数目。

表7-1中,该企业产品组合的宽度为5,即拥有5条产品线;产品组合的长度是13,即所有产品线中产品项目的数目。

表7-1 某企业产品组合的宽度和长度

A产品线	B产品线	C产品线	D产品线	E产品线
A1	B1	C1	D1	E1
A2	B2		D2	E2
A3			D3	E3
A4				

(3) 产品组合的深度,指一条产品线所含产品项目的多少。例如,某日化企业的牙膏生产线,企业可向消费者提供三种规格两种配方的产品,则产品组合的深度就是6(=3×2)。

(4) 产品组合的关联度,指企业各条生产线在最终用途、生产条件、分配渠道或其他方面相互关联的程度。例如,宝洁公司生产洗发水、牙膏、香皂、浴液等产品,这些产品都属于日用消费品,通过相同的销售渠道销售,因此,宝洁公司的产品关联度较高。

应用案例

宝洁公司的产品组合(部分)

	产品组合的宽度						
	衣物洗护	洗发护发	美容护肤	个人清洁	口腔护理	妇幼护理	食品
产品组合的深度	碧浪 汰渍 熊猫	飘柔 海飞丝 潘婷 沙宣 伊卡璐	玉兰油护肤 SK-Ⅱ 封面女郎	舒肤佳 玉兰油 激爽沐浴露	佳洁士牙膏 佳洁士牙刷	护舒宝 丹碧丝 帮宝适	品客

7.2.2 产品组合决策

1. 产品线延伸策略

任何企业的产品线都有自己特定的市场定位。所谓产品线延伸策略就是指突破原有的市场定位，使产品线超出目前范围的一种行为。产品线延伸的原因在于企业开辟新的市场，吸引更多的消费者，占领更大的市场份额，或是为了满足现有顾客需求的变化。产品线延伸策略主要有向上延伸、向下延伸和双向延伸三种不同的实现方式。

(1) 向上延伸策略，指原来定位于低档产品市场的企业，在原有的产品线内增加高档产品项目。企业实施向上延伸策略的主要目的是：高档产品市场具有较大的潜在成长率和较高的利润水平；企业的技术设备和营销能力已具备加入高档产品市场的条件；企业要对产品重新进行定位。这一策略的实施，企业同样要面临一些风险：高档产品市场中原有生产企业会设置障碍阻止企业进入；由于企业长期生产低档产品，潜在顾客对其高档产品的信任程度可能会比较低，影响高档产品在该市场销售；改变产品在消费者心目中的地位是相当困难的，如处理不慎，将会影响产品在原有市场的声誉；原有产品的销售渠道可能缺乏高档产品的销售经验和技能，因而企业必须培训或物色新的有经验的销售人员。

应用思考

一样的延伸、不一样的结果，这是为什么呢？

20世纪80年代末，在国内冰箱价格战打得火热时，琴岛—利勃海尔（海尔前身）为提高其自身形象反其道行之，冒着经营失败的危险将全部产品提价10%，取得了巨大成功，并且将海尔冰箱提高到了一个"高质量、高档次"的水平，避免了与其他厂家的"价格大战"，同时也形成了自己的顾客忠诚度。

熊猫手机一直定位为中低档国产手机，在获得一定的品牌认可度之后，熊猫集团不惜花费巨资，推出高档手机，企图打入高档市场，最终碰得灰头土脸，一败涂地。当年的马志平私下聊天时曾不无苦恼地说，熊猫手机的技术及质量并不逊于同类竞争品牌，却始终卖不出好价钱，似乎怎么都改变不了消费者对熊猫手机"低档手机"的印象。

(2) 向下延伸策略，指原来定位于高档产品市场的企业，在原有的产品线内增加低档产品项目。实行这一决策，企业需要具备以下条件：利用高档产品的声誉，吸引购买力水平较低的顾客慕名购买此产品线中的廉价产品；高档产品销售增长缓慢，企业的资源设备没有得到充分利用,为赢得更多的顾客,将产品线向下延伸;企业最初进入高档产品市场的目的是建立厂牌信誉,然后再进入中、低档市场,以扩大市场占有率和销售增长率,补充企业的产品线空白。实行这种策略也有一定的风险:可能会削弱本企业高档商品的竞争力,因为企业资源总是有限的,分散资源不利于保持企业原有的竞争力;企业原有的经销商可能不愿意销售低档产品;可能会影响原有产品的市场形象,尤其是名牌产品。

应用案例

美国的"派克"钢笔向下延伸策略

早年,美国的"派克"钢笔质优价贵,是身份和体面的标志,许多上层人物都喜欢带一支派克笔。然而,1982年公司新总经理上任后,把派克品牌用于每支售价仅为3美元的低档笔上。结果,派克公司非但没有打入低档市场,反而丧失了一部分高档笔的市场,其市场占有率大幅度下降,销售额只及竞争对手克罗斯公司的一半。盲目向下延伸品牌,毁坏了派克在消费者心目中的高贵形象,而竞争对手则利用这一机会进入了高档笔市场。

(3)双向延伸策略,指原定位于中档产品市场的企业在取得市场优势后,可能决定同时向产品线的上下两个方面延伸。

应用案例

华为手机的产品组合

从大的层面来讲,华为手机主要分为华为品牌和荣耀品牌两大类,其中"荣耀"主打互联网品牌,是华为旗下的一个独立子品牌,在性价比方面往往比"华为"系列高一些。

而华为和荣耀两大类,又可分为多个系列,定位不同的性能水平、不同的消费群体。华为品牌P系列主打时尚与拍照,定位高端,多为年轻消费者;华为Mate系列手机主打商务旗舰,定位高端,多为高端商务人群;华为Nova系列手机是2016新年推出的一个系列,定位中端主流,主打线下市场,类似OPPO/vivo策略,主打注重颜值、拍照的年轻消费群体;华为畅享系列,同样是一个华为品牌相对比较新的系列,定住中低端,主打千元机市场;华为G系列/麦芒系列手机均为主打运营商,相当于运营商定制机,结合一些运营商优惠套餐购买。

荣耀系列品牌,主打互联网销售,目前主要分为三个系列。荣耀V系列定位荣耀旗舰机、主打拍照,高额值,并且部分机型加入了VR支持;荣耀系列则主打时尚,目前也多为主流以上旗舰;荣耀Note系列机型,主打大屏,如荣耀Note 8,适合大屏影音娱乐用户考虑;荣维畅玩系列手机主打千元市场,定位入门。

2. 扩大产品组合策略

即扩展产品组合的广度或深度,增加产品系列或项目,扩大经营范围,生产经营更多的产品以满足市场的需要。当市场需求不断扩大,营销环境有利,企业资源条件优化时,就需要扩大企业产品组合以赢得更大发展。或者当企业预测到现行产品线的销售额和利润率在未来可能下降时,就必须及时考虑在现行产品组合中增加新的产品线,或加强其中有发展潜力的产品线。

对生产企业而言,扩大产品组合策略的方式主要有三种:

(1) 平行式扩展,指生产企业在生产设备、技术力量允许的情况下,充分发挥生产潜能,向专业化和综合性方向扩展,增加产品系列,在产品线层次上平行延伸。

(2) 系列式扩展,指生产企业向产品的多规格、多型号、多款式发展,增加产品项目,在产品项目层次上向纵深扩展。

(3) 综合利用式扩展,指生产企业生产与原有产品系列不相关的异类产品,通常与综合利用原材料、处理废料、防止环境污染等结合进行。

3. 缩减产品组合策略

市场繁荣时期,较长较宽的产品组合能给企业带来更多的发展机会,增加盈利水平。但是当市场不景气,需求不旺盛时,适当缩减产品线反而会使企业的经营状况好转。这是因为从产品组合中剔除了那些获利很小甚至亏损的产品线或产品项目,企业可集中力量专心生产经营发展前景好的产品线或产品项目,提高专业化水平。缩减产品组合策略可采用以下几种方式:

(1) 保持原有产品的广度和深度,增加产品产量,降低成本,改革营销方式,加强促销工作。

(2) 缩减产品系列,即根据市场的变化,集中发挥企业的优势,减少生产经营的产品类别,只生产经营某一个或少数几个产品的系列。

(3) 减少产品项目,即减少产品系列内不同品种、规格、款式、花色产品的生产和经营,淘汰薄利产品,尽量生产销路看好、利润较高的产品。

 链接案例: 黄太吉:从"煎饼果子"到"外卖",3年3变为哪般?

7.3 产品生命周期及新产品开发

7.3.1 产品生命周期的概念

1. 产品生命周期的内涵

产品生命周期(Product Life Cycle,PLC),是指产品从准备进入市场开始到被淘汰退出市场为止的全部运动过程,是由需求与技术的生产周期所决定。一个产品的销售历史就像人的生命周期一样,要经历出生、成长、成熟、老化、死亡等阶段。具体可以分为引进期、成长期、成熟期、衰退期四个阶段。

产品(市场)生命周期和产品的使用寿命是两个完全不同的概念。前者指的是产品的经济寿命,即产品在市场上销售的时间,它以产品在市场上的销售额和企业利润额的变化为依据进行分析判断,反映产品的销售情况和获利能力的演变规律。而后者指的是产品的自然寿命,即产品物质形态的变化、产品实体的消耗磨损。有的产品使用寿命很短,但生命周期却很长,如肥皂、爆竹等;而有的产品生命周期很短,使用寿命却很长,如时尚服装、呼啦圈等。

2. 产品生命周期的曲线

在产品(市场)生命周期的各个阶段,销售额随产品推进市场的时间不同而发生变化,通常表现为如图7-3所示曲线,即称为产品(市场)生命周期曲线。

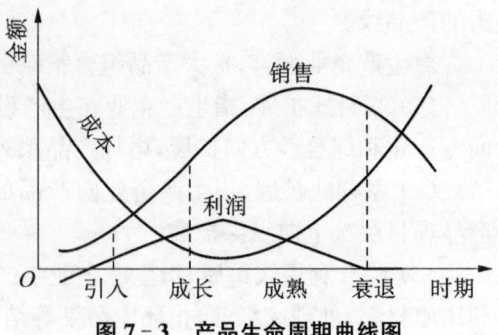

图7-3 产品生命周期曲线图

生命周期曲线的特点是:在产品开发期间,该产品销售额为零,公司投资不断增加;在引入期,销售增长缓慢,初期通常利润偏低或为负数;在成长期,市场销售快速增长,利润也显著增加;在成熟期,市场销售量达到顶峰,但增长率较低,利润在达到顶点后逐渐走下坡路;在衰退期间,产品销售量显著衰退,利润也大幅度滑落,产品即将退出市场。

7.3.2 产品生命周期各阶段的特点及其营销对策

在产品生命周期的不同阶段,产品的销售额、成本、利润、市场竞争态势及消费者行为等都具有不同的特点。企业应该根据这些特点,制定相应的营销对策。

1. 投入期的特点及营销策略

(1) 投入期的特点。

投入期是新产品进入市场的最初阶段。其主要特点如下:

① 生产成本高。新产品刚刚开始生产,数量少,技术不稳定,废品、次品率较高,单位生产成本高。

② 销售数量少、销售增长率低。新产品刚引入市场,未被人们所了解,因而尚未赢得消费者的信赖,未被市场广泛接受,购买者较少,销售量少。

③ 竞争不激烈。新产品刚进入市场,市场前景不明确,生产者较少,竞争尚未真正开始。企业在产品投入期的主要目标是在尽可能短的时间内扩大产品销量。

(2) 投入期的营销策略。

在这一时期,企业销售量的增长往往比较缓慢,生产批量小,试制费用高,企业一般没有什么利润,因此,投入期的营销策略重在一个"短"字,即以最短的时间迅速进入市场和占领市场,为成长期打好基础。这一时期企业可以采用以下策略(见图7-4):

① 快速撇脂策略。

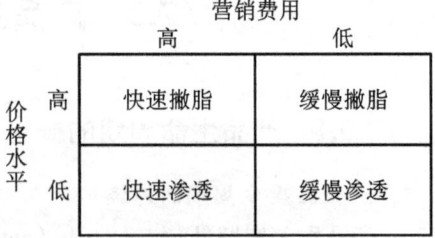

图7-4 投入期营销组合策略

快速撇脂策略是指企业以高价格和高促销费用推出新产品的策略。企业为了迅速弥补产品的研制费用和小批量生产的高成本,以尽快收回投资,而把价格定得比成本高得多,同时配以大量的促销费用,通过广泛宣传新产品的优点以推进销售量的增长。高价、高促销易于使消费者产生"优价优质"的感觉,便于提高产品的知名度,迅速打开市场。另外,高价位可使企业在投入期获得较高利润,然后企业再将价格降低,便于与日后进入的同行竞争。

企业采用这种策略的条件是:潜在市场上的大部分人还不知道该产品,而了解该产品的人急于购买并愿意按照卖主的高定价付款;市场上无替代品或该产品有明显优于同类产品的特点,企业应迅速使消费者建立对本产品的偏好。

② 缓慢撇脂策略。

缓慢撇脂策略是指企业以高价格和低促销费用推出新产品的策略。企业运用这种策略可以节省销售成本,赚取更多的利润。一般来说,企业采取这种策略应具备以下条件:市场容量小,竞争者的潜在威胁不大;市场上的消费者已经了解该产品,并愿意支付高价来购买。

③ 快速渗透策略。

快速渗透策略是指企业以低价格和高促销费用的方式推出新产品,以争取迅速占领市场,取得尽可能高的市场占有率。这种策略价格低、销售费用高,企业的利润微薄,甚至亏损,但其最显著的作用是能以最快的速度取得尽可能大的市场占有率。企业采取这种策略应具备的条件是:市场规模大,大部分顾客对价格反应敏感,并有强大的潜在竞争力量。

④ 缓慢渗透策略。

缓慢渗透策略是指企业以低价格和低促销费用的方式推出新产品的策略。低价格可以促使市场迅速接受新产品,低促销费用则可以降低成本,实现更多的利润。企业采取这种策略应具备的条件是:市场容量大,消费者对产品熟悉但对价格反应敏感。采取该策略还应密切关注潜在竞争者,否则,会被竞争者抢先占领市场。

应用案例

圆珠笔的快速掠取策略

1945年年底,"二战"刚刚结束,战后第一个圣诞节来临之际,美国的消费者都热切希望买到一种新颖别致的商品,作为战后第一个圣诞节的礼物送给亲朋。于是雷诺公司看准这个时机,从阿根廷引进了美国人从未见过的圆珠笔并很快形成了规模生产。当时每支圆珠笔的生产成本只有0.5美元,那么,市场的零售价该定多少呢?如果按照通常的成本导向定价法,定1美元就能赚一倍、1.5美元就是200%的利润。似乎应该满足了。但公司的专家们通过对市场的充分研究后认为:圆珠笔在美国属于首次出现,奇货可居,又值圣诞节,应用高价引导,刺激消费。于是,公司决定以10美元批给零售商,零售商则以每支20美元的价格卖给消费者。事情果然如预测的那样,圆珠笔以生产成本40倍的高价上市,立刻以其新颖、奇特、高贵的魅力风靡全美国。虽然后来跟风者蜂拥而至,生产成本降到了0.1美元,市场价也跌到了0.7美元,但雷诺公司早已狠狠地赚了一大笔。

(资料来源:张俊.市场营销——原理、方法与案例.北京:人民邮电出版社,2016.)

2. 成长期的特点及营销策略

(1) 成长期的特点。

成长期是指新产品试销成功之后,转入大批量生产和销售的阶段。主要特征是:

① 消费者对商品已比较熟悉,市场需求扩大,销售量迅速增加。早期消费者继续购买该产品,其他消费者也开始追随购买;

② 生产和销售成本大幅度下降，大批量生产和大批量销售使单位产品成本降低，企业的利润增加；

③ 企业建立了较为理想的营销渠道；

④ 竞争者相继加入市场，竞争趋向激烈，为了适应竞争和市场扩张的需要，企业的促销费用水平基本稳定或略有提高。

企业在成长期的主要目标是提高市场占有率，以实现市场占有率的最大化。

(2) 成长期的营销策略。

经过投入期，产品已被消费者所接受，产品设计和工艺基本定型，企业投入大批量生产，单位成本降低，销售量和利润都迅速增加。因此，在这一阶段企业应抓住市场机会，迅速扩大生产能力，迅速取得最大的经济效益。但这一时期的竞争加剧，企业必须克服盲目乐观的情绪，制定相应的策略保持自己的竞争优势。这一时期企业可以有以下几种营销策略选择：

① 提高产品品质。

企业通过技术的改进，进一步提高产品质量，增加新的性能、花色品种和款式，改进包装，增强产品的市场竞争能力，满足顾客更广泛的需求，吸引更多的顾客。

② 树立产品形象。

在产品的投入期，企业广告宣传的重点是介绍产品，使消费者或用户知晓产品；到成长期，企业的广告宣传应转移到树立产品形象上，从而增强消费者对本企业产品的信赖程度。例如，可郑重介绍本企业产品的特点、性能和功效，培养消费者的品牌偏好；加大宣传品牌和商标，树立企业和产品的良好市场形象。

③ 开辟新市场。

结合投入期市场销售情况，企业通过市场细分，找到新的尚未满足的细分市场并做好充分的准备工作，一旦时机成熟，迅速进入新的市场。

④ 调整产品价格。

产品的大批量生产和销售致使成本降低，企业可以选择适当时机，灵活采取降价策略，既可以吸引那些对价格敏感的消费者做出产品购买反应，又可以阻止竞争对手的进入，提高竞争力。

⑤ 拓宽销售渠道。

企业可以适当扩大销售网点，方便顾客的购买。值得注意的是，企业在努力开展销售工作、积极开拓市场的同时，必须考虑到企业的生产能力问题。如果企业的生产能力跟不上，较多的促销工作反而会使产品满足不了需求，从而导致产品质量下降，加大企业竞争的难度。

企业采用上述部分或全部市场扩张策略，会加强产品的竞争能力，但也会相应地加大营销成本。因此，在成长阶段，企业面临着"高市场占有率"或"高利润率"的选择。一般来说，实施市场扩张策略会减少眼前利润，但加强了企业的市场地位和竞争能力，有利于维持和扩大企业的市场占有率，从长期利润观点看，更有利于企业发展。

3. 成熟期的特点及营销策略

(1) 成熟期的特点。

成熟期是产品在市场上普及、销售量达到高峰的饱和阶段。其主要特点如下：

① 产品销售量的增长速度趋于放缓,产品的市场需求量趋于饱和;
② 同类产品的市场竞争激烈,导致产品价格降低,促销费用增加;
③ 产品的利润已不再维持增长的势头。

企业在成熟期的主要目标是维持市场占有率,防止与抵制竞争对手的蚕食进攻,争取获得最大的利润。

(2)成熟期的营销策略。

产品进入了成熟期后,就进入了产品生命周期的黄金时代。在这一阶段,产品的销售量达到顶峰,给企业带来了巨额利润留成。但产品在成熟期的市场需求趋于饱和,产品销售量虽然仍有增长,但呈现递减趋势,而且市场竞争十分激烈,企业的促销费用大幅度增加,不但影响眼前的利润,还有可能造成损失。这一阶段可采用以下营销策略:

① 市场改进策略。

市场改进策略的目的是巩固老客户,尽可能赢得新顾客,开拓新市场,扩大产品销售量。这种策略的目的不是改变产品本身,而是发现产品的新用途或改变推销方式,以提高产品的销量。这种策略可以通过寻找新的细分市场、刺激现有顾客、发展产品的新用途等几种方式实现。

② 产品改进策略。

产品改进策略是指产品通过在性能、质量、功能等方面的适当改进,重新推向市场,吸引更多的消费者。具体可通过改进产品品质、改进产品性能、改进产品款式、改进产品服务等方式实现。

③ 市场营销组合改进策略。

这一策略的主要目的是通过营销组合中某一个要素或若干要素的改进来延长产品的成熟期,使企业获得利润。常见的策略有:在产品品质不变的情况下,降低价格,从竞争对手中吸引一部分顾客;加强广告宣传,提高产品的市场知名度;增设销售网点,方便顾客的购买;改进产品包装,吸引不同需求的顾客;增加产品的附加价值,刺激顾客的购买动机等。

应用案例

星巴克是如何进入成熟咖啡市场的

星巴克是世界著名品牌之一。咖啡是一种历史悠久的饮料,咖啡馆也早就在各大城市星罗棋布,星巴克可以以1.4美元一杯的价格销售咖啡,而隔壁商店只能销售0.5美元一杯。作为后来者,星巴克成功进入市场并迅速盈利的关键是创新。

星巴克不仅提供美味的咖啡,更是提供有魅力的生活方式:一种品质更高,更加贴近自然的感受,新鲜的水果蔬菜,刚出炉的烤面包,新炒的咖啡豆,一种对"纯"正产品的追求和享用的感受;对高水平服务的享受,而不是在众多的零售店里随便购买;花费不多的金钱却能享受到顶级的产品和服务。

4. 衰退期的特点及营销策略

(1) 衰退期的特点。

随着科学技术的发展,新产品或新的替代品出现,将使顾客的消费习惯发生改变,转向其他产品,从而使原来产品的销售额和利润额迅速下降。于是,产品进入了衰退期。

衰退期是产品销售量持续下降,即将退出市场的阶段。其主要特点如下:

① 产品销售量由缓慢下降变为迅速下降,消费者的兴趣已完全转移;

② 产品价格已下降到最低水平;

③ 多数企业无利可图,被迫退出市场;

④ 留在市场上的企业逐渐减少产品附加服务、削减促销预算等,以维持最低水平的经营。

企业在衰退期的主要目标是尽快退出市场,寻找新的市场进入机会。

(2) 衰退期的营销策略。

① 集中策略。即把企业的人力、物力、财力集中在具有最大优势的细分市场上,经营规模相对缩小,以最有利的局部市场获得尽可能多的利润。

② 持续策略。即保持原有的细分市场和营销组合策略,把销售维持在一个低水平上。待到适当时机,便停止该项产品的经营,退出市场。

③ 放弃策略。经过认真分析,确认某种产品无法为企业带来利益时,企业决策者应放弃该种产品,而把早已研制成功的新产品推向市场,进入一个新的产品生命周期。

如果企业决定停止经营衰退期的产品,应在立即停产还是逐步停产等问题上做出慎重决策,并应处理好善后事宜,使企业有秩序地转向新产品经营。

表7-2 产品生命周期各阶段的特征和策略

阶 段		引入期	成长期	成熟期	衰退期
特征	销售额	低	快速增长	销售高峰	快速下降
	利润	亏损	利润上升	高利润	利润下降
	平均成本	成本高	成本中等	成本低	成本上升
	顾客	创新使用者	早期采用者	中间多数	落后者
	竞争者	稀少	逐渐增多	数量稳定	数量减少
	营销目标	提高知名度、鼓励试用	扩大市场份额	市场份额最大化,获得最多利润	减少支出、回收利润及资产
策略	产品	基础型产品	改进产品,增加品种、服务和保障	差异化、多元化	逐步淘汰产品
	价格	成本加成法	渗透价格	竞争性价格	降价
	分销	选择性分销	密集型分销	更密集分销	淘汰分销点
	广告	建立知名度,争取早期使用者	大量营销,建立知名度和兴趣	强调品牌差异及利益	减少,维持品牌忠诚者
	促销	大量促销、鼓励试用	利用消费者需求增加	鼓励采用公司品牌	降低促销

7.4 新产品开发策略

在 21 世纪科技日新月异、市场瞬息万变的环境下,产品的生命周期日趋缩短,新产品层出不穷,消费者更乐于接受与使用新产品。因此,对企业而言,开发新产品是应对各种挑战,维护企业生存与实现可持续发展的重要保证,也是企业市场营销战略的重要组成部分。

> **应用案例**
>
> **吉列剃须刀**
>
> 今天,美国到处充斥着一次性尿布、一次性相机等用后即可丢弃的一次性商品。但是当金·吉列在 1903 年开始销售装有一次性刀片的安全剃须刀时,美国人并未随意接受它,因为这与美国人的节俭观念相冲突。当时男人剃须是一件不容易的活,吉列也常常深受其害,因此他决定发明简便的安全剃须刀。吉列花费了 8 年的时间研究如何将刀片变得足够薄、足够便宜,从而在其被用钝之后可以毫不心疼地将其扔掉。功夫不负有心人,在 1901 年,他终于发明了第一把带有一次性刀片的剃须刀并申请了专利,成立了吉列公司。第一次世界大战时,吉列公司更是向美国军队提供了 350 万把吉列剃须刀以及 3 200 万个刀片,赴外作战的美国士兵把吉列安全剃须刀的影响扩展至全世界。

7.4.1 新产品的概念与分类

1. 新产品的概念

所谓新产品,是指与旧产品相比,具有新功能、新结构和新用途,能在某方面满足消费者新需求的产品。从市场营销学角度来看的新产品与从纯技术角度来看的新产品在内涵与外延上都不相同,前者比后者的内容要宽泛得多。市场营销学认为,产品只要在功能或形态上得到改进,与原有产品产生差异,不论任何一部分的创新或变革,为顾客带来了新的利益,或者企业向市场提供过去未生产的产品或采用新品牌的产品都可以称为新产品。

2. 新产品的分类

(1) 全新产品。

全新产品是指应用新原理、新技术、新材料和新结构等研制成功的前所未有的新产品。在这种新产品问世之前,市场上没有与此相同或相似的产品,如汽车、电视机、计算机、电话等。全新产品往往是科学技术取得突破性的成果,适合于人类的新需求,并且对人类的生产和生活都会产生深远的影响。但是全新产品的推出十分困难,绝大多数企业难以做到,并且,它要求消费者必须进行相关知识的学习。

(2) 换代产品。

换代产品是在原有产品的基础上,采用或部分采用新技术、新材料、新结构制造出来的产品。与原有产品相比,换代产品往往在产品外观、性能或者功能等方面具有较大改进,从而为消费者带来了新的利益,如黑白电视到彩色电视再到液晶电视。换代产品要求顾客对原有消费模式有所改变。随着科学技术的迅猛发展,产品更新换代的速度将越来越快。换代产品出现后,将取代原有产品并导致其被市场所淘汰。

(3) 改进产品。

改进产品是指在原有产品的基础上进行适当改进,使得产品在质量、性能、结构、造型等方面有所改善。改进后的产品性能更佳、结构更合理、精度更高或者功能更齐全,这类新产品与原有产品差别不大,改进的难度不高,容易被市场所接受。

(4) 仿制新产品。

仿制新产品指模仿市场上已有的产品而企业自己首次生产,又称为企业新产品。开发生产仿制新产品可以有效利用其他企业的成功经验和技术,风险较小。

(5) 品牌新产品。

品牌新产品指对现有产品稍做改进,突出某一方面的特点,形成某一差异,并使用新的品牌后推向市场的产品。

创新人物

目标星辰大海!现实版钢铁侠,埃隆·马斯克的开挂人生

7.4.2 新产品开发程序

开发新产品对企业满足消费者需求,赢得市场竞争并不断发展壮大至关重要。同时新产品开发又是一项艰巨复杂、风险大、成功率较低的工作。为了提高新产品开发的成功率,为企业创造较大的经济利益,企业开发新产品必须遵循科学的程序,并严格执行和管理。

新产品的开发程序是指从寻求产品创意开始,到最后将新产品的某一创意转化为现实的新产品并成功投放市场,实现商业化的全过程,具体可以划分为产生构思、构思筛选、产品概念的形成与测试、初拟营销规划、商业分析、新产品研制、市场试销、商业化八个阶段,如图7-5所示。

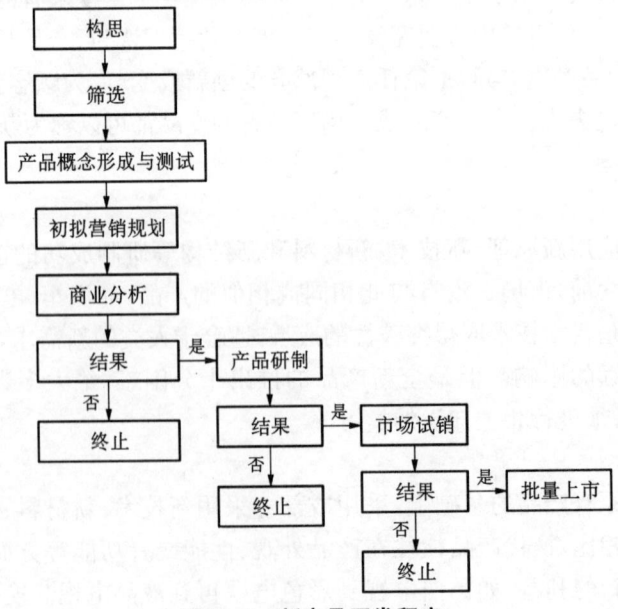

图7-5 新产品开发程序

1. 产生构思

新产品构思是指为满足一种新需求而提出的富有新意、创造性的设想。一个成功的新产品,首先来自一个既有创见又符合市场需求的构思。新产品的构思越多,则从中挑选出最合适、最有发展希望的构思的可能性也就越大。因此,这一阶段企业营销部门的主要任务是:寻找——积极地在不同环境中寻找好的产品构思;激励——积极地鼓励公司员工提出产品构思;提高——将所汇集的产品构思转送公司内部有关部门,征求改进意见,使其内容更加充实可行。企业能否搜集到丰富的新产品构思并从中捕捉开发新产品的机会,是成功开发新产品的第一步。产品构思的来源可以归纳为如下几个方面:消费者和用户;经销商;科研机构和高等院校;企业员工;竞争对手。

2. 构思筛选

对广泛搜集到的各种新产品构思,企业要根据自身的资源条件和发展目标进行筛选,摒弃那些可行性小或获利较少的构思。在筛选中,既要避免漏选掉具有潜在价值的构思,又要避免误选市场前景不佳的构思。为此,企业可以通过制定新产品构思评审表(见表7-3),由产品研发部门或新产品委员会根据表中所列举的各项因素逐一对新产品构思进行评审打分,确定分数等级,保留可行的产品构思,剔除那些与企业目标和资源不协调的构思。

表7-3 新产品构思评审表

产品成功的必要条件	权重(A)	公司能力水平(B)											得分数(A)×(B)
		0.0	0.1	0.2	0.3	0.4	0.5	0.6	0.7	0.8	0.9	1.0	
公司信誉	0.20							√					0.120
市场营销	0.20										√		0.180
研究与开发	0.20								√				0.140
人员	0.15							√					0.090
财务	0.10										√		
生产	0.05									√			0.040
销售地点	0.05				√								0.015
采购与供应	0.05										√		0.045
总　计	1.00												0.720

注:分数等级0.00～0.40为"劣",0.41～0.75为"中",0.76～1.00为"良"。目前可以接受的最低分数为0.70。

表中第一栏是新产品成功地实现商业化所具备的必要条件;第二栏是根据这些条件对新产品成功的重要程度分别给予不同的权重;第三栏是对企业新产品成功的几项重要条件所具备的能力给予不同的评分;第四栏是企业能力水平与各项成功因素权重的乘积,相加后得到该构思是否符合本企业的目标与战略的综合评分。最后根据评分等级的标准划分等级。表中该构思的得分总数为0.72,略高于该评定表设定的最低合格值0.70,说明该构思可以保留。

3. 产品概念的形成与测试

筛选出的构思需要形成具体的准确的产品概念,即可以将已经成型的产品构思,用文字、图像、模型等加以清晰地描述,使之成为对消费者而言有意义的产品方案,有确定特性的潜在产品形象。一个产品构思能够转化为若干个产品概念。

新产品概念形成以后,还需要了解顾客的意见,进行产品概念测试。产品概念测试一般采用概念说明书的方式,说明新产品的功能、效用、特性、规格、包装、售价等,如有需要还应附上图片或模型,连同问卷提交给有代表性的消费者进行测试和评估。测试所获得的信息使企业进一步充实产品概念,以确定吸引力最强的产品概念。

4. 初拟营销方案

通过测试选择了最佳的新产品概念之后,就要制定一个该产品引入市场的初步市场营销方案,并随着产品研发的逐步推进不断地加以完善。初拟营销方案主要包括三方面的内容:

(1) 描述目标市场的主体规模、结构,消费者的购买行为和特点;产品的市场定位以及短期(如三个月)的销售量;市场占有率以及开始几年的利润率预期等。

(2) 概述产品在第一年的预期价格、分销渠道、策略及营销预算。

(3) 概述较长时期(如三至五年)的销售额和利润目标,以及不同阶段的市场营销组合策略等。

5. 商业分析

就是从经济效益方面对新产品概念进行可行性分析,进一步考察新产品概念是否符合企业的盈利性目标,是否具有商业吸引力,具体包括预测销售额和推算成本利润两个步骤。

对新产品销售额的预测可参照市场上同类产品的销售发展历史,并考虑各种竞争因素、市场规模、市场潜量,分析新产品的市场地位、市场占有率,以此推测新产品可能获得的销售额。此外,还应考虑产品的再购率,即新产品是一定时期内顾客购买一次的耐用品,还是购买频率不高的产品,或是购买频率很高的产品。不同的购买频率,会使产品销售量在时间上有所区别。

预测产品一定时期内的销售量以后,就可预算该时期的产品成本和利润收益。产品成本主要包括新产品研制开发费用、市场调研费用、生产费用、销售推广费用等。根据已预测出的销售额和费用额,就可以推算出企业的利润收益以及投资回报率等。

6. 新产品研制

指通过商业分析的新产品概念送交生产部门研制出模型或样品,使产品概念转化为产品实体。同时还要进行包装的研制和品牌商标的设计,对产品进行严格的功能测试和消费者测试。前者主要测试新产品是否安全可靠、性能质量是否达到规定的标准、制造工艺是否先进合理等。后者则是请消费者加以试用,征集他们对产品的意见。在测试的基础上对样品做进一步改进,以确保具有产品概念所规定的所有特征,并达到质量标准。

7. 市场试销

经过测试合格的样品即为正式的新产品,在大批量投放市场之前,还要选择具有代表性的小规模市场进行试销。新产品试销既能帮助企业了解市场的情况,又能检测产品包装、价格、数量、广告的效果,还能发现产品性能的不足之处,为产品正式投入市场打好基础,为企业是否大批量生产该产品提供决策依据。

8. 商业化

新产品试销成功后,便可批量生产,正式推向市场,实现新产品的商业化。为确保新产

品批量上市成功,企业要注意以下几个问题:

(1) 正确选择投放时机。一般而言,季节性产品适宜于在使用季节到来之前投放市场;日用消费品适宜于在每年的销售高峰(如"五一""十一"、元旦、春节等)到来之前投放市场;替代性较强的产品应在企业被替代产品库存较少的情况下投放市场;尚需改进的新产品则应等到产品进一步完善之后再投放市场,切忌匆忙上市而造成初战失利陷入被动。

(2) 正确选择投放地区。新产品不一定立即向全国市场投放,可以先集中在某一地区市场开展公关宣传和广告促销活动,以打开销路,在拥有一定市场份额后,再逐渐向其他地区拓展。

(3) 正确选择目标市场。目标市场的选择以试销或产品的研发以来所搜集的资料为依据。最理想的目标市场应是最有潜力的消费者群体,一般具备如下特征:最早采用该新产品的带头购买者;大量购买该新产品的顾客;其购买行为具有一定的传播影响力的消费者等。

(4) 制定有效的营销组合策略。新产品批量上市时,还要正确制定消费者愿意接受的价格,选择合适的分销渠道,实施多种多样、行之有效、富有创意的促销措施,以使新产品能在市场上迅速提高知名度和美誉度,扩大销路。

7.5 产品包装策略

正如俗语所说:"佛要金装,人要衣装。"商品也需要包装,再好的商品,也可能因为包装不适而卖不出好价钱。据有关统计,产品竞争力的 30% 来自包装。

7.5.1 包装的定义、种类与作用

1. 包装的定义

包装是产品整体概念的重要组成部分。所谓包装通常是指为了在流通过程中保护产品的价值和形态,按一定方法设计并制作容器或包扎物的一系列过程。包装包括两个方面的含义,一是为产品设计包装物的过程;二是指包装物本身。

2. 包装的种类

包装的种类方法很多。通常人们习惯按照包装在流通领域的作用不同把包装分为两大类,即运输包装和销售包装。

(1) 运输包装,又称外包装或大包装,主要用于保护产品品质安全和数量完整,防止在储运过程中发生货损、货差,并最大限度地避免运输途中各种外界条件对商品可能产生的影响,方便检验、计数和分拨。

(2) 销售包装,又称为内包装或小包装,它随产品进入零售环节,与消费者直接接触。因此,销售包装不仅要保护产品,而且更重要的是要美化和宣传商品,便于陈列展销,吸引顾客,方便消费者选购和使用。

3. 包装的作用

(1) 保护产品。这是包装最基本的作用。包装保护商品的作用主要表现在两个方面,其一是保护商品本身,有些商品怕震、怕压、怕风吹、怕雨淋等,需要借助包装来保护;其二是安全(环境)保护,有些商品属于易燃、易爆、放射或有毒物品,对它们必须进行包装,以防泄

漏造成危害。

由于过去我国的企业对包装不够重视,包装技术落后,由此每年造成的损失数以百亿计,令人触目惊心。根据中国包装技术协会的统计,我国每年因包装不善所造成的经济损失在150亿元以上,其中70%是由运输包装造成的。例如,水泥的破包率为15%~20%,每年损失300万吨;玻璃的破损率平均为20%,每年损失高达4.5亿元。另据外贸部门的统计,由于出口商品包装落后,每年使国家至少减少10%的外汇收入。

应用案例

百威啤酒的产品包装创新

(2) 方便储运。有的商品外形不固定,如液态、气态或者粉状,若不进行包装,则无法运输储藏,对此类商品进行包装不仅能保值,而且可以缩短交货时间。

应用案例

榨菜的"旅行"

四川人在销售其拳头产品——榨菜时,一开始时用大坛子、大篓子将商品卖给上海人,精明的上海人把榨菜装进小坛子后出口到日本,在销路不好的情况下,日本商人又将从上海进口的榨菜原封不动地卖给了香港商人,而爱动脑筋、富于创新的香港商人,以块、片、丝的形式把榨菜分成真空小包装后,再返销日本。从榨菜的"旅行"中不难看出各方商人都赚了钱,但是靠包装赚"大钱"的却是香港商人。

(3) 促进商品销售。商品给顾客的第一印象,不是来自产品的内在质量,而是它的外观包装。精美的包装可美化商品,提高商品档次和身价,树立品牌形象,不仅便于顾客识别选购,而且还能激发顾客的购买欲望。

(4) 增加盈利。美观别致的包装给人以款式新颖、质量上乘的印象,消费者愿意以较高的价格购买。此外,包装材料本身也含着一部分利润,因此,可以说,包装能够增加企业的利润。

应用案例

包装,沉默的推销员

早些年我国出口到英国的十八头莲花茶具,原包装是瓦楞纸盒,既不美观,又不知道里面装的是什么,结果无人问津。但伦敦一家百货商店在出售这些茶具时加制了一个精美的包装,上面印有茶具的彩色图案,套在原包装外面,销价一下子由我国出口价的1.7英镑提高到8.99英镑,购者纷纷。可见,良好的包装是一个沉默的推销员。

7.5.2 包装策略

企业在开展市场营销活动时,仅有良好的包装是不够的,还必须同包装策略结合起来才能发挥作用。常用的包装策略主要有以下几种。

1. 类似包装策略

类似包装策略是指企业所生的各种不同产品,在包装上采用相同的图案、色彩体现共同的特征,使顾客极容易发现这是同一企业的产品。

类似包装策略不仅可以节省包装设计成本,易于树立企业整体形象,当企业推出新产品时,可以让顾客首先从包装上辨认出产品,利于迅速打开市场。但这种包装策略有时会因个别产品质量下降而影响其他产品的销售。

类似包装策略适用于质量水平相近的产品,但如果企业的产品包含不同的档次和质量标准,则一般不宜采用这种包装策略。

2. 差异包装策略

差异包装策略是指企业的每种产品都有自己的独特包装,在设计上采用不同的风格、色彩和材料。这种策略可以避免由于某一种产品推销失败而影响其他产品的声誉,但会增加企业包装设计的费用和新产品的促销成本。

3. 等级包装策略

等级包装策略是指企业根据不同产品质量等级和消费者消费档次设计使用不同的包装,以反映产品的等级。这种包装策略可使包装质量与产品品质等级相匹配,对高档产品采用精致包装,对低档产品采用简单包装,以适用于不同需求层次消费者的购买心理,便于消费者识别、选购商品,从而有利于全面扩大销售。

4. 分类包装策略

分类包装策略是根据消费者购买的目的不同,对同一产品采用不同的包装。例如,购买商品用作礼品赠送亲友,则可精细包装;若购买供自己使用,则简单包装。

5. 配套包装策略

配套包装策略是指将几种关联性较强的产品组合在同一包装物内的做法。这种策略能够节约交易时间,便于消费者购买、携带与使用,有利于扩大商品销售,还能够将新旧产品组合在一起,使新产品顺利进入市场。但在具体实践中,必须要注意市场需求的特点、消费者的购买能力和产品本身关联程度大小,切忌任意配套搭配。

6. 再使用包装策略

再使用包装策略也称为双重用途包装策略,指包装物在被包装的产品消费完毕后还能移作他用的做法。如果汁、咖啡等的包装均属此种策略。这种包装策略增加了包装的用途,可以刺激消费者的购买欲望,有利于扩大销售,同时也可以使带有商品商标的包装物在再使用过程中起到延伸宣传的作用。

7. 附赠品包装策略

附赠品包装策略是指在包装物内附有赠品以诱发消费者重复购买的做法。赠品可以是玩具、图片或是奖券。这种策略对儿童和青少年有较大的吸引力。

应用案例

康师傅方便面的包装内曾经就附有小虎队旋风卡,每包方便面中都放有一张卡通的旋风卡,如宝贝虎、机灵虎、冲天虎等,这一包装策略让许多孩子们都爱不释手,渴望拥有整套旋风卡,因此,只得经常购买附有这种卡片的方便面。一时间,鸡肉味、咖喱味、麻辣味等味道各异的康师傅方便面随着各种五彩缤纷的旋风卡进入了千家万户。

8. 更新包装策略

更新包装策略是指企业的包装策略随着市场需求的变化而改变的做法。所谓更新包装是改变原来的包装。当一种包装策略无效时,可应消费者的要求更换包装,实施新的包装策略,这样可以改变商品在消费者心目中的地位,进而收到迅速恢复企业声誉的效果。

应用案例

一个价值 600 万美元的玻璃瓶

说起可口可乐的玻璃瓶包装,至今仍为人们所称道。1898 年鲁特玻璃公司一位年轻的工人亚历山大·山姆森在同女友约会时,发现女友穿着一套筒型连衣裙,显得臀部突出,腰部和腿部纤细,非常好看。约会结束后,他突发灵感,根据女友穿着这套裙子的形象设计了一个玻璃瓶。

经过反复修改,亚历山大·山姆森不仅将瓶子设计得非常美观,很像一位亭亭玉立的少女,他还把瓶子的容量设计成刚好一杯水大小。瓶子试制出来之后,获得众人交口称赞。有经营意识的亚历山大·山姆森立即到专利局申请了专利。

当时,可口可乐的决策者坎德勒在市场上看到了亚历山大·山姆森设计的玻璃瓶后,认为非常适合作为可口可乐的包装,于是他主动向亚历山大·山姆森提出购买这个瓶子的专利。经过一番讨价还价,最后,可口可乐公司以 600 万美元的天价买下此专利。要知道在 100 多年前,600 万美元可是一项巨大的投资,然而,实践证明,可口可乐公司这一决策是非常成功的。

亚历山大·山姆森设计的瓶子不仅美观,而且使用非常安全,易握不易滑落。更令人叫绝的是,其瓶型的中下部是扭纹型的,如同少女所穿的条纹裙子;而瓶子的中段则圆满丰硕,如同少女的臀部。此外,由于瓶子的结构是中大下小,当它盛装可口可乐时,给人的感觉是分量很多的。采用亚历山大·山姆森设计的玻璃瓶作为可口可乐的包装以后,可口可乐的销量飞速增长,在两年的时间里,销售量翻了一番。从此,采用亚历山大·山姆森玻璃瓶作为包装的可口可乐开始畅销美国,并迅速风靡世界。600 万美元的投入,为可口可乐公司带来了数以亿计的回报。

扫码观看:可口可乐弧形瓶的进化史

7.6 品牌策略

7.6.1 品牌的含义与功能

当今时代,建立品牌对企业来说已经变得越来越重要,以至于几乎没有无品牌的产品。

盐装在有品牌的容器里,普通螺母和螺栓的包装上贴有经销商的标签,汽车零部件,如火花塞、轮胎、过滤器等,都有自己的品牌名称,以区别于竞争者的牌子。甚至水果、蔬菜也被打上了品牌,如北京新发地蔬菜、大兴西瓜等。在日常生活中,消费者也视品牌为产品的一个重要组成部分,因此需要营销人员通过各种营销手段创造、维持、保护及提升企业产品和服务的品牌价值。

1. 品牌及其相关概念

(1) 品牌。

美国市场营销协会(AMA)在1960年出版的《营销术语词典》上把品牌(Brand)定义为:用于识别一个或一群产品或劳务的名称、术语、象征、记号或设计及其组合,以和其他竞争者的产品和劳务相区别。因此,品牌是通过某些方式将自己与满足同样需求的其他产品或服务区分开的一种产品或服务,包括品牌标记和品牌名称两部分。

品牌标记是指在品牌中可以被指认,易于记忆,不能用语言表示的部分,如 ⊛ 。品牌名称是指品牌中能够用语言表示出来的部分,如奔驰(Benz)、奥迪 ⊚⊚⊚⊚ (Audi)等。目前,随着企业实施品牌的国际化,越来越多的品牌在品牌标记与品牌名称中已没有明显的区别,如海尔(Haier)、联想(Lenovo)等品牌已将上述二者合二为一。

(2) 商标(Trade Mark)。

商标是一种法定的名称,表示拥有者对品牌或品牌中的一部分享有专有权,并从法律上禁止他人使用。商号名称(Trade Name)是一个组织合法的全称,而不是某个产品的全称,如福特汽车公司。

2. 商标与品牌的关系

从品牌与商标的定义内容上看,两者关系密切,是从不同的角度描述同一个问题。从法律角度讲,可以认为品牌是经申请、核准注册、受法律保护的商标。从经济学角度讲,可以将商标看作是经申请、注册、受法律保护的品牌。而在现实经济中,人们往往将它们等同使用。很显然,受自愿与强制注册的因素影响,品牌与商标是有区别的:首先,商标是个法律概念,一般指经政府机关认定、核准注册、受法律保护的注册商标;而品牌则未必,其含义要广泛得多,不仅包括了商标,还有商品的通用名称、非注册的标识及一些地理标志等。

所以说,品牌是商标概念的扩展及延伸;商标则是品牌的内涵实质。两者的区别在于是否经过一定的法律程序申请与注册。

应用案例

1988年联想在香港创立时取名为"Legend",在2001年进行国际化扩张时发现"Legend"已成为其海外扩张的绊脚石。"Legend"这个名字几乎在欧洲所有的国家都被注册了,注册范围涵盖计算机、食品、汽车等各个领域。2003年4月,联想集团在北京正式对外宣布启用集团新标识"Lenovo联想",以"Lenovo"代替原有的英文标识"Legend"。这个新标识有其特殊的含义,其中"Le"取自原标识"Legend",代表着秉承其一贯传统;新增加的"novo"取自拉丁词"新",代表着联想的核心是创新精神。2004年,联想公司正式从"Legend"更名为"Lenovo",并在全球范围内注册。在国内,联想将保持使用"英文+中文"的标识 lenovo联想;在海外则单独使用英文标识 lenovo。

3. 品牌的构成要素

品牌的作用是使产品或劳务区别于竞争对手的产品及劳务。在营销活动中,品牌并非是符号、标记等的简单组合,而是产品的一个复杂识别系统,该系统包括六个方面。

(1) 属性。属性是指品牌所能够带来的、符合消费者需要的产品特征。比如"奔驰"代表了高贵、精湛、耐用;"海尔"代表了适用、质量及服务等。

(2) 利益。消费者购买某一品牌产品,购买的并不是该品牌所提供的属性,而是该产品属性所能转化而来的功能或利益。

(3) 价值。品牌提供的价值包括营销价值和顾客价值。营销价值,是通常所说的"品牌效应",即品牌若在市场上被广泛接受,则可以为企业节省更多的广告促销费用,带来更多的利润。顾客价值,主要指品牌的声誉及形象可满足的消费者的情感需求。

(4) 文化。市场对品牌的偏好反映的恰恰是消费者对品牌中所蕴含的文化的认同。每个品牌都会从产品中提炼自己的文化。

(5) 个性。品牌个性的塑造是为了使消费者产生一种认同感和归属感。不同的品牌有着不同的个性,如"可口可乐"追求的"尽情享乐"的个性,就迎合了许多青年消费者追求自由和快乐的需要;"奔驰"车则追求的是"雍容华贵、沉稳"的个性。

(6) 使用者。上述五个品牌层次的综合已经基本界定或暗示了购买使用该品牌产品的消费者类型。比如"奔驰"的使用者大多是事业成功人士;"小米手机"的使用者是追求性价比的工薪阶层和学生人群。

4. 品牌的功能

(1) 识别功能。

即把品牌作为区分的标志,这是一个品牌最基本的条件。品牌命名、设计、包装等可以突出品牌的个性,经注册的品牌同时还受法律的保护成为享有专用权的商标。此外,品牌所提供的识别功能不仅仅依靠它的标志或名称,更依赖它提供的核心价值。

(2) 信息浓缩功能。

即把品牌作为沟通的代码,品牌把各种象征符号合并到一起。最终使消费者在众多产品类别信息中搜索出特定产品的信息,实现购买行为。

(3) 安全功能。

即把品牌作为承诺和保证,以品牌提供的特征和利益为基础,满足消费者的需要和欲求,谋求与消费者建立长久的、强劲的关系,博得他们长期的偏好与忠诚。

(4) 价值功能。

品牌能提供给顾客比一般产品更多的价值或利益——功能和情感性利益。顾客对品牌的忠诚说明品牌之中包括了产品功能价值外的其他无形价值。世界品牌实验室发布了2019年《中国500最具价值品牌》分析报告。报告显示,2019年度《中国500最具价值品牌》的总价值为218 710.33亿元,国家电网、工商银行、海尔、腾讯、中国人寿、华为、中化、中国石油、中国一汽、CCTV位居中国500最具价值品牌前10。

7.6.2 品牌决策

品牌决策是品牌管理的基础,在品牌管理体系中占有举足轻重的地位。新成立的企业会考虑是否为自己的产品设置品牌名称,如果设置产品品牌,是为自己的公司和产品设置统一的品牌名称还是选择不同的品牌名称;处于发展阶段的公司会根据市场情况、消费者行为的变化,做出是否应该对品牌进行调整的决策,这些都属于品牌决策涉及的内容。

> **名人名言:**
> 在技术统治一切的年代里,它——品牌带来了温暖、熟悉和信任。它还能创造出一种归属感,在一个没有宗教的(商品)世界里,它为我们提供信仰。它定义出我们是谁,而且还向与我们有关的人发出这样的信号。
> ——雀巢集团董事长 彼得·布莱贝克

1. 品牌建立决策

尽管品牌可以给其所有者和使用者带来很多益处,但并非所有的产品都需要有品牌,企业应视产品及市场需求特点决定是否使用品牌。市场中有一些产品由于生产过程的普遍性,在制造加工过程中不可能形成一定的特性,不易与其他企业生产的同类商品相区别。例如,电力、自来水等,此类产品不管是以何种方式发出总是相同的,因此,可以不使用品牌。另外,有的产品在生产过程中,企业无法保证生产的所有产品都具有相同的品质。例如,蔬菜、矿石等,一般也不使用品牌。

2. 品牌命名决策

品牌设计是品牌管理中不可缺少的组成部分,品牌命名及设计得当,品牌就容易辨认与传播。品牌设计用于表达品牌的内涵,对品牌的防御、生长、繁衍都有着重要影响。心理学的分析结果也印证了这一点:人们凭感觉接收到的外界信息中,83%的印象来自眼睛,剩下的11%来自听觉,3.5%来自嗅觉。品牌设计正是对人的视觉满足。世界知名品牌都比较注重品牌的设计与命名,而知名品牌一般都有较为深刻的含义和超越地理界限的能力。

品牌命名是指企业为了能更好地塑造品牌形象、丰富品牌内涵、提升品牌知名度等,遵循一定的命名原则,应用科学、系统的方法提出、评估、最终选择适合品牌的名称的过程。

一个品牌走向市场,参与竞争,首先要弄清自己的目标消费者是谁,并以此目标消费者为对象,通过品牌名称将这一目标对象形象化,并将其形象内涵转化为一种形象价值,从而使这一品牌名称既清晰地告诉市场该产品的目标消费者是谁,同时又因此品牌名称所转化出来的形象价值而具备一种特殊的营销力。通常,品牌命名遵循下列基本原则:

(1) 可记忆性(Memorability)。

就是品牌的命名应当易于记忆、拼读和发音。

(2) 有意义性(Meaningfulness)。

可记忆和有意义的品牌名称因素有许多优点,既可以减少为建立品牌意识、品牌联想而进行宣传的营销费用,也容易与竞争对手区别,在顾客心目中留下深刻的印象。

(3) 可转换性(Transferability)。

品牌名称的可转换性包括了产品种类和地域两个层面:首先是品牌名称要素能够在多大程度上增加新产品的品牌资产;其次,品牌名称要素能够在多大程度上增加地域间和细分市场间的品牌资产。具体来说就是指某个品牌名称是否能够扩展到其他产品品种上或扩展到不同的国家及市场上。

(4) 可适应性(Adaptability)。

品牌的命名要能够适应市场需求、产品及时代的变化,要具有现代感和当代性,不受时间限制。

(5) 可保护性(Protectability)。

为确保品牌不被竞争者模仿和盗取,通过品牌名称设计保护品牌十分必要。

3. 品牌归属决策

企业经营自身产品或服务时决定是使用自己的品牌,还是使用经销商的品牌,或者两者都兼用,这就是品牌归属性决策。企业如何使用品牌,有下面几种选择:

(1) 制造商品牌策略。

即制造商使用本企业自己的品牌。目前,在国内外市场上的商品绝大多数都使用制造商品牌。制造商使用自己品牌的好处在于:可以建立自己的声誉;制造商拥有的品牌可作为工业产权进行租借和转让;有利于制造商积累品牌资产,形成持续稳定的市场竞争力。

(2) 中间商品牌策略。

一些生产制造企业在向市场提供产品时,一般不使用自己的品牌,而是采用中间商的品牌。这样做可以为企业节省大量的品牌宣传费及产品推销费用,尤其是对中小企业来说,在发展的初期可以利用中间商的市场及品牌声誉,使自己的产品在最短的时间内进入市场,为企业创造利润。

应用案例

耐克,中间商品牌的胜利

耐克作为一个全球品牌已享有高的知名度,年销售额近95亿美元。然而,很多人却不知道它并不拥有自己的生产基地。不设厂,一年可以达到如此之巨的销售额,这似乎难以置信,但是耐克做到了。很多人还没有注意到耐克是一个中间商品牌,这也正是它的核心成功之道。在产品生命周期越来越短的背景下,传统的必须拥有生产基地的做法,其市场的风险很大。耐克以一种新的竞争方式向世人展示了中间商品牌的核心竞争力。

耐克正式命名是在1978年,2009年全年销售额已达191亿美元,跨入《财富》500强行列,超过了原来同行业的领袖品牌阿迪达斯、锐步,并被誉为近20年来世界成功的消费品公司。耐克营销的创新之处,在于它采用中间商品牌路线,为了显示自己在市场方面的核心优势,它没有去建立自己的生产基地,并不自己生产耐克鞋,而是在全世界寻找最好条件的生产商为耐克生产。并且,它与生产商的签约期限不长,这有利于耐克掌握主动权。选择生产商的标准是:成本低,交货及时,品质有保证。这样,耐克规避了制造业公司的风险,专心于产品的研究与开发,大大缩短了产品的生命周期,快速推出新款式。

(3) 制造商品牌与中间商品牌共同使用策略。

这是指企业对部分产品使用自己的品牌,另外一部分产品使用中间商品牌。总的来说,这种策略不仅可以扩大销路,还可以保持本企业的优势。

(4) 许可使用品牌(使用特许品牌,Licensed Brand)。

许可品牌指通过付费形式,使(租)用其他人(企业)许可使用的品牌作为自己产品的品牌。供特许使用的品牌常常见于由其他制造商创建的名称符号、知名人士的姓名、流行影片及书籍中的人物等。"迪斯尼"就是一个著名的特许品牌。它通过特许经营发展起玩偶消费者市场。这些消费品囊括了领衫、手表、书包、玩具、台灯、钥匙扣、蛋糕、冰激凌等领域,每年营销额超过10亿美元,利润超过1亿美元。

知识链接

贴 牌

贴牌俗称代加工,也称OEM或ODM。具体说来,OEM(Original Equipment Manufacturer),即原始设备制造商;ODM(Original Design Manufacturer),即原始设计制造商;OBM(Original Brand Manufacturer),即原始品牌制造商。OEM,又叫定牌生产和贴牌生产,最早流行于欧美等发达国家,它是国际大公司寻找各自比较优势的一种游戏规则,能降低生产成本,提高品牌附加值。近年来,这种生产方式在国内家电行业比较流行,如TCL在苏州三星定牌生产洗衣机,长虹在宁波迪声定牌生产洗衣机等。

举例:A方看中B方的产品,让B方生产,用A方商标,这叫ODM;A方自带技术和设计,让B方加工,这叫OEM;对B方来说,只负责生产加工别人的产品,然后贴上别人的商标,这叫OBM。

4. 品牌统分决策

(1) 统一品牌名称策略。

统一品牌名称策略即企业的全部产品统一使用同一个品牌,统一品牌决策,多见为"品牌名=企业名"的操作方式。例如,我国的海尔集团将"海尔"品牌用于该企业的全部产品。SONY公司的所有产品(随身听、电视机、手机、电脑等)都以"SONY"为品牌,美国通用电气公司,对其产品就只采用一个品牌"GE"。这种策略的好处在于通过建立一个知名品牌可以带动企业的许多种产品,并且节省品牌宣传及推广费用,有利于消除顾客对新产品的不信任感。但这种策略注意避免由于一种产品质量不达标而影响同一品牌下的其他产品以至于整个企业的信誉。

(2) 个别品牌名称策略。

个别品牌名称策略是指企业对不同的产品分别使用不同品牌的策略。上海家用化妆用品公司分别推出"露美庄臣""清妃""白领丽人""雅霜""男宝""伯龙""尤维""友谊""六神""高夫"等许多品牌,以期占有不同的细分市场。这种策略的好处在于,每一个品牌都是相互独立的,不会因其中一个产品的质量问题而影响其他品牌的产品;便于消费者对不同质量、不同档次、不同价格产品的选择;同时也有利于企业的新产品向多个目标市场渗透。但是采用这种策略花费高额的促销费用是不可忽视的。

应用案例

菲利浦·莫里斯公司

提起美国的菲利浦·莫里斯公司,人们立即就会联想到香烟,大名鼎鼎的"万宝路"牌香烟就是这家公司的拳头产品。然而,要是有人问你"卡夫"酸奶和奇妙酱、"果珍"饮品、"麦斯威尔"咖啡以及"米勒"啤酒是哪家公司生产的,许多中国人也许都会发愣,其实发愣的不仅仅是中国人,连美国的消费者都是要么发愣,要么认为是美国通用食品公司的产品。其实,这些产品全部出自美国烟草大王菲利浦·莫里斯公司。菲利浦·莫里斯公司的这一品牌策略获得了巨大成功。全球无数的禁烟主义者在购买上述品牌时，并不知道在这些品牌背后的正是烟草大王——菲利浦·莫里斯公司。

(3) 分类品牌名称决策。

分类品牌(Separate Family Brands)名称决策是指对所有产品使用不同类别的家族品牌名称，给一个具有相同功能水平的产品群一个单独的名称和承诺。也就是说，针对同一类消费者需求的产品，使用同一个品牌，而不属于该类消费需求的产品则使用其他品牌名称。分类品牌名称决策的优点在于：众多的产品分担品牌建设成本，有利于做大品牌；品牌内各产品消费者群需求相近，利于整合传播品牌的核心价值；各产品知名度能为所有产品共享，推动品牌成长和促进品牌麾下其他产品销售，降低营销费用。其缺点是分类品牌决策会模糊品牌核心价值，对进行品牌延伸有限制；品牌内若存在某种强势品牌产品，将不利于其他产品的销售。使用分类品牌名称决策首先要求其品牌大类中的产品有鲜明的细分特点，才易于利用分类品牌突出其差异性；品牌下的产品应该保持面对相同或相近的消费需求，不能盲目进行品牌延伸。

(4) 统一的个别品牌名称决策。

统一的个别品牌名称决策(又称公司名称加个别品牌名称)是指把公司的商号名称和单个产品名称组合起来。其做法是对企业的各种不同的产品分别使用不同的品牌，但在各产品的品牌前面加上企业名称。

统一的个别品牌名称决策的优点是使新老产品统一化，共享企业已有的声誉，利于销售；企业统一品牌后跟上个别品牌，使产品更富于个性化；公司名称使品牌利用公司名称提供品质、技术、信誉上的信任感；分散品牌风险，当某个品牌发生危机时，对公司其他品牌的影响明显低于统一品牌名称。这种名称决策兼备统一品牌和个别品牌的优点，在品牌名称策略中经常使用。其缺点是协调个别品牌核心价值与公司品牌核心价值需要较高的专业性思考和高超的管理智慧，对企业品牌经营者的管理及决策水平要求较高。统一的个别品牌名称决策适用于企业规模比较大、产品涉及领域比较广的情况。

应用案例

宝洁公司的多品牌策略

作为一个日用化妆品公司，宝洁来到中国，带给中国企业营销启蒙教育，它一个又一个的成功品牌，已深入寻常百姓家庭。正是宝洁1931年首创品牌管理系统，使其成为20世纪最具创举的营销史诗。关于品牌，宝洁的原则是，如果某一个种类的市场还有空间，最好由自己的品牌去占领。因此，宝洁利用多品牌策略，给每个品牌以鲜明不同的诉求点。其结果是，宝洁在各行业中拥有极高的市场占有率。

举例来说，在中国，它最先推出的洗发水品牌是海飞丝，其诉求点是去头皮屑；紧接着是飘柔，其诉求点着眼于三合一、柔顺发质；最后是潘婷，其定位于营养发质。三大品牌诉求不同，原因在于，通过对中国消费者的市场调查发现，头皮屑多、头发太干太枯、头发分叉，不易护理等是消费者最主要的烦恼。这三大品牌迎合了不同需求消费者的需要。它后来又推出沙宣,其诉求点为专业护理头发,四大洗发水品牌给消费者提供充分选择。最终结果是,宝洁的多个洗发水品牌占有了中国洗发水市场绝大多数的市场份额。

同样,在美国,宝洁有八个洗衣粉品牌、六种肥皂品牌、四种洗发精品牌和三种牙膏品牌,每种品牌的诉求都不同。依此类推,你会深信,在中国这个庞大的消费品市场,宝洁还会开发非常多的其他品牌。如果成功,会在众多的日用消费品领域占有更大的市场份额。

多品牌策略在日用消费品中是有其好处的,消费者购买是寻求变化的,每次购买可能会转换品牌。因此,多品牌可以迎合消费者的不同偏好,多品牌占据的货架空间也更大,有利于销售。

5. 品牌扩展策略

当企业决定品牌延伸时,有几种方案可供选择。其中包括产品线扩展,是在现有的品牌下增加新规格、新品位等以扩大产品目录;品牌扩展,是把现有的品牌名称扩展到新的产品目录中;多品牌,是在现有的产品目录中引进新的品牌名称;新品牌,是专门为新产品设计新的品牌名称;合作品牌,是把两个或更多的著名品牌组合起来。

7.6.3 品牌资产

品牌是公司最持久的资产。国外某著名品牌创始人曾说过:"如果这个企业要被拆分,我愿意放弃土地和厂房,只要品牌和商标,然后我就会做得比你好。"无独有偶,麦当劳的前任CEO说:"麦当劳的一个董事会成员曾经给我们讨论我们品牌的价值。他说,如果我们拥有的每一项资产(厂房、设备等)都在一次自然灾害中被摧毁,由于我们还有品牌,就可以再借钱使一切都重新恢复。"品牌的价值比一切都贵重,因此品牌是一项特殊的资产,需要好好地经营和管理。

品牌资产(Brand Equity)一词于20世纪80年代被广泛使用。学者法奎汉认为,品牌资产是:"品牌给产品带来的超越其功能的附加价值或附加利益。"美国加利福尼亚大学伯克莱分校的大卫·A.艾克教授认为,品牌资产能够为企业和顾客提供超越产品或服务本身利益之外的价值。同时品牌资产又是与某一特定品牌紧密联系的,如果改变品牌的文字、图形,附属于品牌之上的财产将会部分或全部丧失。

1. 品牌资产的概念

品牌资产是指品牌赋予产品和服务的附加价值。该价值可通过消费者对品牌的联想、感知和行动体现,也可从企业的价格、市场份额和利润中体现。品牌资产是企业一项重要的,具有心理和财务双重价值的无形资产。

品牌资产是一种积极的差异化结果,这种努力使得品牌名称影响到消费者选择产品或服务的决策。衡量品牌资产大小的一个方式,是看消费者愿意为某品牌的产品支付多少。一个强势品牌就具有较高的品牌资产。品牌价值度量就是估计整个品牌金融价值的过程。但是要衡量一个品牌的品牌资产的确切价值非常困难。不过,根据估测,品牌资产价值是可测量出来的。

基于顾客的品牌资产是指消费者因拥有的品牌知识不同,对品牌的市场反应也不尽相同。如果顾客对该产品及其营销活动反应比以往更积极,该品牌就是具有积极反应的基于顾客的品牌资产;反之,如果顾客对该产品的营销活动反应不积极,该品牌就是具有消极反应的基于顾客的品牌资产。2019 年 Brand Z 全球品牌价值 10 强,如表 7-4 所示。

表 7-4　2019 年 Brand Z 全球品牌价值 10 强

品牌标记	2019 排名	品　牌	类　别	2019 品牌价值 (亿美元)	品牌 价值变化	2018 排名
amazon	1	亚马逊	零售	3 155.05	52%	3
	2	苹果	科技	3 095.27	3%	2
Google	3	谷歌	科技	3 090.00	2%	1
Microsoft	4	微软	科技	2 512.44	25%	4
VISA	5	Visa	支付	1 779.18	22%	7
facebook	6	Facebook	科技	1 589.68	−2%	6
Alibaba Grou 阿里巴巴集团	7	阿里巴巴	零售	1 312.46	16%	9
Tencent 腾讯	8	腾讯	科技	1 308.62	−27%	5
McDonald's	9	麦当劳	快餐	1 303.68	3%	8
AT&T	10	AT&T	电信	1 083.75	2%	10

基于顾客的品牌资产有以下特点:第一,品牌资产来自顾客的不同反应。如果顾客的反应相同,竞争的焦点将很可能集中于价格。第二,这些不同的反应是因顾客对品牌的理解不同导致的。品牌知识是指消费者记忆中所有与某品牌相关的想法、感觉、印象、体验和信念等。品牌应使顾客产生强烈、良好、独特的品牌联想,由此带给产品较好的销售绩效。例如,在汽车消费领域,消费者往往将安全与沃尔沃品牌、超值与现代汽车品牌、可信与丰田品牌联系在一起,这种积极正向的品牌联想无疑会带给品牌拥有企业更高的市场价值。第三,由顾客的不同反应所构成的品牌资产,在所有与品牌营销相关的感知、偏好和行为中都有所体现。

2. 品牌资产的构成

从管理者角度看,企业品牌资产是一系列财产的组合。具体由六大要素构成:品牌忠诚度、品牌知名度、品牌认知度、品牌美誉度、品牌联想及其他资产。这些都是与品牌名称及其标志联系在一起的,是一种超越生产、商品等所有有形资产的外在价值。

(1) 品牌忠诚度。

品牌忠诚度是指消费者持续购买同一品牌。即使是面对更好的产品、更多的方便、更低的价格也会如此。一般根据忠诚度的高低可以把消费者分为无品牌购买者、习惯购买者、满意购买者、情感购买者、承诺购买者。

(2) 品牌知名度。

品牌知名度是指某品牌为公众知晓、了解的程度。也就是消费者联想到某一类产品的时候,脑海里能够想到或辨别某一品牌的程度。品牌知名度是评价品牌社会影响力大小的指标。

通常品牌知名度分为四个层次,分别是无知名度、无提示知名度、提示知名度、第一提及知名度。

(3) 品牌认知度。

品牌认知度是指消费者对某一品牌在品质上的整体印象。通常来说,产品品质包括产品的功能、特点、可依赖程度、耐用度、服务质量和高品质的外观等。

(4) 品牌美誉度。

品牌美誉度是指某品牌获得公众信任、支持和赞许的程度。如果说品牌知名度是一个量的指标,那么品牌美誉度就是一个质的指标,它反映某品牌社会影响的好坏。

品牌美誉度的资产价值体现在口碑效应上。通过人们的口头称赞,一传十、十传百,引发源源不断的销售。一些调查报告显示,由口传信息所引起的购买次数是广告引起的购买次数的3倍,口传信息的影响力是广播广告的2倍,人员推销的4倍,报纸和杂志广告的7倍。品牌的美誉度越高,品牌口碑效应就越明显,品牌的资产价值也就越高。

(5) 品牌联想。

品牌联想是指消费者想到某一品牌时能记起的与品牌相关的所有事情。它是品牌资产的重要组成部分,比如,提到海尔,人们可能会想到海尔兄弟的标志或者联想到中国制造。

品牌联想多种多样,包括产品类别的联想、产品用途的联想、产品特征的联想、产品使用者的联想、产品竞争者的联想、产品企业的联想、产品符号的联想、产品个性的联想等。

一般来说,品牌联想可以分为四个层次,即无联想、产品层次的联想、品牌形象的联想及品牌个性的联想。这四个层次显示了消费者对品牌联想内容的深浅,并由此决定了品牌在市场上的状态。

品牌理想的价值主要体现在:差异化产品、提供给消费者购买的理由、给消费者留下正面印象和态度以及作为品牌延伸的依据。

(6) 其他资产。

除了上述几种要素外,品牌还有其他几种构成要素,比如商标、专利等,都属于品牌的资产。

知识小结

产品策略是市场营销组合的首要因素。产品是一个整体概念,可分为核心产品、形式产品、期望产品、延伸产品、潜在产品五个层次。在现代市场营销观念下,通常按产品的耐用性和有形性可将其分为耐用品、非耐用品和服务。产品组合方式由其宽度、长度、深度和关联度等变数决定。产品组合是动态的,企业可借助波士顿矩阵分析法来分析产品组合的合理性,并据此进行决策,使其达到最佳状态。企业可依据不同情况采取扩大或缩减产品组合的策略。扩大产品组合策略包括增加产品线和增加产品项目,其中增加产品项目可通过产品线分别向上、向下和双向延伸实现,也可以通过产品线填补实现。缩减产品组合包括缩减产品线和缩减产品项目。

产品生命周期是指产品从投入市场开始到被淘汰退出市场的全部运动过程。产品生命周期分为四个阶段,即导入期、成长期、成熟期和衰退期。处于不同阶段的产品有着不同的市场特征，相应地要采取不同的营销对策。

  凡是产品整体性概念中任何一部分的创新、改进，都能给消费者带来某种新的感受。只要在功能或形态上得到改进，与原有产品产生差异，不论任何一部分的创新或变革，能在某方面满足消费者新需求的产品，或者企业向市场提供过去未生产的产品或采用新品牌的产品都可以称为新产品。新产品可划分为全新产品、换代新产品、改进新产品、仿制新产品等几类。

  开发新产品必须以满足消费者的需要为出发点，其程序大致经过八个阶段，即新产品构思、构思的筛选、概念形成与测试、初拟营销规划、商业分析、新产品的研制、市场试销、正式上市。新产品扩散是指新产品上市后随着时间的推移不断地被越来越多的消费者采用的过程。

  产品包装一般包括首要包装、次要包装、运输包装三个部分，其作用体现在保护产品、提供便利、易于识别、增加利润四个方面。除了要对包装进行精心设计外，还要正确决策和灵活运用。常用的包装策略包括类似包装策略、配套包装策略、再使用包装策略、等级包装策略、附赠品包装策略和更新包装策略。

  品牌是由企业独创的，用以识别卖主的产品或服务的某一名词、术语、标记、符号、设计或它们的组合，完整的品牌包括品牌名称、品牌标识和商标三部分。品牌策略包括品牌化策略（品牌建立决策）、品牌命名决策、品牌归属决策、品牌统分决策、品牌扩展决策。品牌资产是指品牌赋予产品和服务的附加价值。

【关键术语】

  整体产品 核心产品 形式产品 延伸产品 便利品 选购品 特殊品 非渴求品 产品线 向下延伸 向上延伸 双向延伸 产品项目 产品组合 生命周期 导入期 成长期 成熟期 衰退期

【应知考核】进入云班课测试应知考核，可查看结果
【应会考核】

【实践活动——任务7汇报评价】

扫码查看应知应会练习题

《"公司"（项目团队）产品策略方案》评价标准

附件："××"公司产品策略分析报告（大纲）

任务 8　价格策略

知识目标

1. 了解影响企业定价的因素、企业的定价目标;
2. 掌握企业的三种定价方法;
3. 掌握定价的基本策略与技巧;
4. 理解企业的价格调整策略与企业面对竞争者调价时的应对措施。

能力目标

1. 能根据企业实际情况正确确定企业营销定价目标;
2. 能够掌握营销定价的方法与依据。

任务驱动

营销管理人员应该深刻地体会到,价格是营销组合中唯一能够直接创造收益的因素,其他因素都代表着成本。价格也是营销组合中最灵活的因素之一,与品牌和产品不同,价格会很快变化,因此,定价和价格调整是许多营销人员所共同面临的难题。

项目团队任务:"公司"(项目团队)的定价策略

1. 任务内容:

(1) 具体任务(二选一):① 制定"公司"(项目团队)的定价方案,②"××"公司(自己选定一个研究对象)价格策略分析报告;

(2) 根据价格策划方案(报告)及本项任务实施过程,制作 PPT 用于汇报和展示;

(3) 本项任务结束后,各项目团队通过课堂汇报、交流、答疑,开展任务成果竞赛。

2. 任务目的:

运用所学的知识制定"公司"(项目团队)价格策略,学会运用定价方法、策略、互联网时代的定价思维设计企业定价决策。

3. 任务的组织与实施:

参考任务1:任务的组织和实施。

4. 任务质量要求、参考作品:

《价格策略实践报告评价标准》
河东小区房地产项目营销价格制定与策略示例分析
扫码查看完整思维导图

任务导图

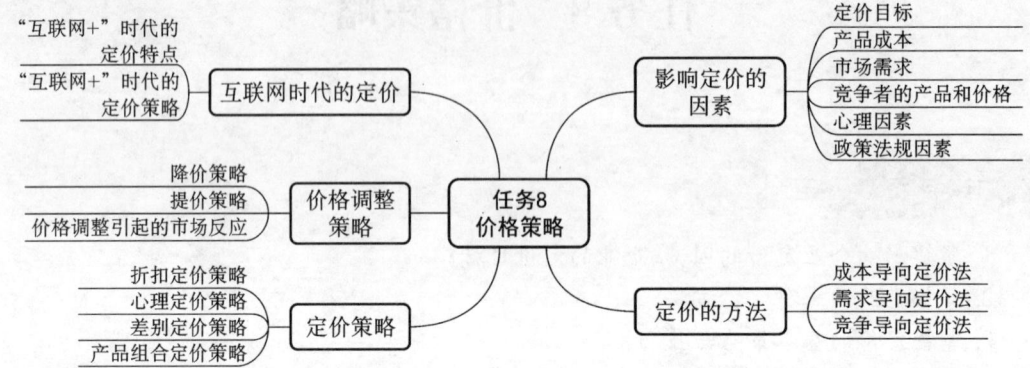

导入案例

一个杯子到底能卖多少钱？

第1种卖法：卖产品本身的使用价值，定价10元/个。如果将杯子仅仅当一只普通的杯子，放在普通的商店，用普通的销售方法，可能最多只能卖10元钱。

第2种卖法：卖产品的创意价值，定价20元/个。可以将杯子设计成时尚、流行的款式，以此吸引消费者的购买兴趣和意愿。

第3种卖法：卖产品的品牌价值，定价30元/个。将杯子贴上品牌标签，品牌意味着承诺和信誉。

第4种卖法：卖产品的组合价值，定价50元/一套。如果将三个杯子组合成一个温馨精美的家庭包装，起名叫"我爱我的家"，一只叫父爱杯，一只叫母爱杯，一只叫童心杯，小孩也许就会拉着妈妈去买这款套装杯。

第5种卖法：卖产品的延伸功能价值，定价60元/个。这只杯子可以用磁性材料制作，可以挖掘出它的磁疗、保健功能并进行促销宣传。

第6种卖法：卖产品的细分市场价值，定价188元/对。如果将具有磁疗保健功能的杯子印上十二生肖，并且准备好时尚的情侣套装礼盒，取名"成双成对"或"天长地久"，可能就会让为给对方买何种生日礼物而伤透脑筋的情侣付完钱后还不忘回头说声"谢谢"。

第7种卖法：卖产品的包装价值，每对定价188/238/268元。如果把具有保健功能的情侣生肖套装做成三种包装：第一种是实惠装，188元/对；第二种是精美装，238元/对，第三种是豪华装，268元/对。可能最后卖得最火的不是188元/对的实惠装，而是238元/对的精美装，甚至268元/对的豪华装。

第8种卖法：卖产品的纪念价值，定价668元/个。如果这个杯子被赋予特殊的纪念意义，在造型设计、制作材料、使用场合、包装设计等方面都被赋予了特殊的创意和纪念内涵，这样的杯子也会吸引特定的人群加以购买并收藏。

案例讨论：
让你们来卖杯子，你们的杯子卖多少钱？怎么卖？

8.1　影响定价的因素

价格是市场营销组合中最重要的因素之一，它直接关系到产品能否为消费者接受、市场占有率的高低、需求量的变化和利润的多少。合理的定价不仅可以使企业顺利地收回投资，达到盈利目标，而且还能为企业的其他活动提供必要的资金支持。因此，企业在制定价格时，既要考虑营销活动的目的和结果，又要考虑消费者对价格的接受程度。

> **名人名言：**
> 没有任何一个地方比错误定价更让你白白送钱给别人。
> ——西蒙，德国管理大师

8.1.1　定价目标

定价目标是指企业通过制定及实施价格策略所希望达到的目的，它是指导企业进行价格决策的主要因素。企业制定价格时都必须按照企业的目标市场战略及市场定位战略的要求来进行。企业常见的定价目标有以下几种。

1. 生存目标

如果企业产品过剩，或面临激烈竞争，或试图改变消费者需求，则需要把维持生存作为最主要的目标。为了确保工厂继续开工、出售存货，企业必须确定较低的价格。

2. 利润最大化目标

企业以获取最大限度的利润为定价目标。获取利润是企业生存和发展的必要条件，是企业经营的直接动力和最终目的。因此，利润目标是企业定价目标的重要组成部分，利润最大化目标为大多数企业所采用。但企业在使用中需要注意以下几点：

（1）利润最大化并不必然导致高价格；

（2）是短期利润最大化还是长期利润最大化；

（3）是单一产品最大利润还是企业全部产品综合最大利润。

3. 市场占有率最大化

市场占有率最大化指企业从市场的角度来制定产品的价格。因为，一个企业的产品市场占有率的高低反映了整个企业的经营状况和竞争能力，甚至关系到企业在市场上的地位和兴衰。当企业具备下述条件之一时，企业就可以考虑通过低价来提高市场占有率。

第一，市场对价格高度敏感，因此，低价可以刺激消费需求的迅速增加；

第二，生产与分销的单位成本会随着生产经验的积累而下降；

第三，低价能抑制现有的和潜在的竞争对手进入。

4. 产品质量最优化

这是指企业要在市场上树立产品质量领先地位的目标。当市场上存在大量关心产品质量胜过价格的消费者时,企业可以考虑采用产品质量领先最优化的定价目标。优质、优价是一般的市场供求准则,高价格能弥补高质量和研发中的高成本。这种定价目标适合于目标市场对产品价格不敏感,且自身具有雄厚的研究和开发能力的企业。

5. 应付竞争目标

应付竞争目标是指企业为了击败竞争对手或抢夺竞争对手的市场份额而作为定价基本目标。一般来说,一个行业中的领袖企业为了打压中小企业或者阻止其他企业的进入,往往以应付竞争作为定价目标;一些中小企业为了抢夺大企业的市场份额和扩大自己的影响力,也往往以此作为自己的定价目标。

8.1.2 产品成本

产品成本是构成价格最重要的因素,因此,企业不能随心所欲地制定价格,产品的最低价格取决于这种产品的成本费用。从长远看,任何产品的销售价格都应该高于成本费用,只有这样才能弥补产品在生产过程中的各种耗费,否则,企业将无法继续经营。因此,企业在制定价格时必须要估算成本。

成本是商品价格构成中最基本、最重要的因素,也是商品价格的最低经济界限。公司制定的价格除了应包括所有生产、销售、储运该产品的成本,还应考虑公司所承担的风险。这里对通常涉及的几个成本概念稍做分析。

1. 固定成本

固定成本是指不随产量变化而变化的成本,如固定资产折旧、房租、行政人员的薪水、利息等。

2. 变动成本

变动成本是指随产量变化而变化的成本,如原材料、生产工人工资等。

3. 总成本

总成本是一定水平的生产所需的固定成本和变动成本的总和。

4. 平均固定成本

平均固定成本等于总固定成本除以产量。虽然固定成本不随产量的增减而变动,但是平均固定成本将随着产量的增加或减少而相应地下降或上升。

5. 平均变动成本

平均变动成本等于总变动成本除以产量。

6. 平均总成本

平均总成本是给定的生产水平的单位成本,简称平均成本,它等于总成本除以产量,一般随产量的增加而减少。企业所制定的价格至少应该包括该单位成本。

7. 边际成本

边际成本是每增减一单位产量所增加或减少的总成本。

8. 机会成本

机会成本是企业从事某一项经营活动而放弃另一项经营活动的代价,即另一项经营活动本应取得的收益。

8.1.3 市场需求

在产品的最高价格和最低价格的幅度内,企业能把产品价格制定多高,在很大程度上取决于市场需求,但需求又受价格和收入变动的影响。因此,由价格与收入等因素而引起的相应需求的变动率,称为需求弹性。需求的价格弹性反映需求量对价格的敏感程度,以需求变动的百分比与价格变动的百分比之比值来计算,即价格每变动百分之一所引起的需求量变动的百分比。不同产品的需求价格弹性不同。因此,企业在制定价格时要考虑具体产品的需求弹性大小。需求的价格弹性的计算公式为:

$$E_d = \frac{需求量变动百分比}{价格变动百分比} = \frac{\Delta Q/Q}{\Delta P/P}$$

式中,E_d——需求的价格弹性,即弹性系数;

ΔQ——需求量的变动;

Q——需求量;

ΔP——价格的变动;

P——价格。

产品的需求弹性通常用弹性系数来表示。

1. 需求富有弹性

即需求弹性系数>1。它表示价格较小幅度的变化将会引起需求较大幅度的变化,这样的产品适合通过制定较低的价格来扩大销售量,获取更多的利润,即薄利多销。

2. 需求缺乏弹性

即需求弹性系数<1。它表示当价格有较大幅度变动时,需求量的变动幅度不大,因此,此类产品不适于通过降价来提升销售量,如一些生活必需品。

造成不同物品需求弹性差异的主要因素有:

(1) 产品对人们生活的重要性。通常情况下,米、盐等生活必需品需求弹性小,奢侈品的需求弹性大。

(2) 商品的可替代性。如果一种商品替代品的数目越多,则其需求弹性越大。因为价格上升时,消费者会转而购买其他替代品;价格下降,消费者会购买这种商品来取代其他替代品。

(3) 消费者对商品的需求程度。需求程度大,弹性小。例如,当医药价格上升时,尽管人们会比平常看病的次数少一些,但不会大幅度地改变他们看病的次数。与此相比,当汽车的价格上升时,汽车的需求量会大幅度减少。

(4) 商品的耐用程度。一般而言,使用寿命长的耐用消费品需求弹性大。

(5) 产品用途的广泛性。用途单一的产品需求弹性小,用途广泛的产品需求弹性大。在美国,电力的需求弹性是1.2,这就与其用途广泛相关,而小麦的需求弹性仅为0.08,与其用途单一有关。

(6) 产品价格的高低。价格昂贵的商品需求弹性较大。

由于商品的需求弹性会因时期、消费者收入水平和地区不同而不同,所以,企业在考虑商品的需求弹性到底有多大时,往往不能只考虑其中的某一种因素,而要全面考虑多种因素的综合作用。在我国,彩电、音响、冰箱等商品刚出现时,需求弹性相当大,但随居民收入水平的提高和这些商品的普及,其需求弹性逐渐变小了。

8.1.4　竞争者的产品和价格

企业必须通过适当的方式,了解竞争者所提供的产品质量和价格。企业获得这些信息后,就可以与竞争者的产品从质量和价格上比较,以便更准确地制定本企业产品价格。如果与竞争者的产品质量大致相当,则价格也应大体一致,否则,本企业产品的销售可能会受到影响。如果本企业产品质量优于竞争对手,则产品价格可以较高;反之,则应较低。当然,竞争对手也可能根据市场状况调整价格或调整其他市场营销组合变量,所以,对竞争对手价格的调整,企业应及时掌握相关信息,采取相应的措施。

8.1.5　心理因素

消费者心理是影响企业定价的一个重要因素。无论哪种消费者,在消费过程中,必然会产生复杂的心理活动来指导自己的消费行为。面对不太熟悉的商品,消费者常常从价格上判断商品的好坏,认为高价高质。在大多数情况下,市场需求与价格呈反向关系,即价格升高,市场需求降低;价格降低,市场需求增加。但在某些情况下,由于受消费者心理的影响,会出现完全相反的反应。例如,"非典"初发期,白醋、板蓝根等商品的大幅涨价反而引发了人们的抢购。因此,在研究消费者心理对定价的影响时,要持谨慎态度,要仔细了解消费者心理及其变化规律。

应用案例

休布兰公司巧定酒价

休布兰公司在美国伏特加酒的市场上,属于营销出色的公司,其生产的史米尔诺夫酒,在美国伏特加酒的市场占有率达23%。20世纪60年代,另一家公司推出一种新型伏特加酒华而夫施密特,其质量不比史米尔诺夫酒低,每瓶价格却比它低一美元。按照惯例,休布兰公司有三条对策可选择:① 降价一美元,以保住市场占有率;② 维持原价,通过增加广告费用和推销支出来与对手竞争;③ 维持原价,听任其市场占有率降低。由此看出,不论公司采取上述哪种策略,都处于市场的被动地位。但是,公司的市场营销人员经过深思熟虑后,却采取了对方意想不到的第4种策略。那就是,将史米尔诺夫酒的价格再提高1美元,同时推出了另外一种品牌雷尔斯卡来同华而夫施密特竞争,并且还生产另一种品牌波波夫,以低于华而夫施密特的售价出售。这一策略,一方面提高了史米尔诺夫酒的品牌形象,同时使竞争对手的华而夫施密特沦为一种普通的品牌。结果,休布兰公司不仅渡过了难关,而且利润大增。实际上,休布兰公司的上述3种产品的味道和成分几乎相同,只是该公司懂得以不同的价格来销售相同的产品的策略而已。

企业在面对竞争对手的价格变动时,具体采用何种对策必须根据具体情况而定。通常要考虑到调价产品所处的生命周期阶段,在企业产品组合中的重要性,竞争者的意图和实力,市场对价格的敏感程度以及成本费用等的变化情况。由于价格变动的突然性,企业一般很难有足够的时间来进行分析并采取措施,所以,最有效的途径就是企业随时做好信息准备,把握价格变动的先机,成为价格变动的主动者。

案例讨论:
如何根据不同因素制定相应的价格策略?

> **名人名言:**
> 如果说有效的产品开发、促销和销售,为商业成功播下了种子,那么有效的定价就是收获。
> ——菲利普·科特勒

 头脑风暴:价格变动能给企业带来多大影响?

8.1.6 政策法规因素

政府为了维护经济秩序,或为了其他目的,可能通过立法或者其他途径对企业的价格策略进行干预。政府的干预包括规定毛利率,规定最高、最低限价,限制价格的浮动幅度或者规定价格变动的审批手续,实行价格补贴等。因此企业制定价格时还必须考虑是否符合政府有关部门的政策和法令的规定。

8.2 定价的方法

在影响定价的几种因素中,成本因素、需求因素与竞争因素是影响价格制定与变动的最主要因素。企业通过考虑这三种因素的一个或几个来定价,但是,在实际工作中企业通常根据实际情况侧重于考虑某一方面的因素并据此选择定价方法,此后再参考其他方面因素的影响对制定出来的价格进行适当的调整。因此,企业的定价导向可以划分为三大基本类型,即成本导向、需求导向和竞争导向。

8.2.1 成本导向定价法

成本导向定价法是以成本为中心的定价方法,指企业在进行定价决策时,主要以成本为依据。这是企业常用的定价方法。

成本导向定价法包括成本加成定价法、目标收益定价法、盈亏平衡定价法等几种具体的定价方法。

1. 成本加成定价法

所谓成本加成定价法就是指按照单位成本加上一定百分比的加成来确定产品销售价格。计算公式为:

$$单位产品价格 = 单位产品成本 \times (1 + 成本加成率)$$

单位产品成本是指单位产品的固定成本与可变成本之和。

【例1】 某种产品的单位产品成本为200元,加成率为20%,则单位产品价格=200×(1+20%)=240(元)。

成本加成定价法中,加成率的确定是定价的关键因素,现实中,不仅各种产品的加成率相差较大,而且不同企业的同一种产品的加成率也不是固定的。因此,使用这种定价方法需视企业与产品的具体情况而确定加成率。

成本加成定价法之所以被企业广泛使用,主要是因为:

第一,成本的不确定性一般比需求小,将价格盯住单位成本,可以大大简化企业的定价程序,而不必根据需求情况的瞬息变化而做出调整;

第二,只要同一行业的所有企业都采用这种定价方法,它们的价格将趋同,价格竞争的变数较少;

第三,许多人感到成本加成定价法对买卖双方都比较公平,尤其是在买方需求强烈时,卖方不利用这一有利条件谋取额外利益而仍能获得公平的投资报酬。

但成本加成定价法的缺点也很明显,它忽视了市场竞争和供求状况的影响,缺乏灵活性,难以适应市场竞争的变化形势。特别是如果加成率仅从企业角度考虑,则很难准确得知可获得的销售量。

2. 目标收益定价法

这种方法又称目标利润定价法或投资收益率定价法,它是在成本的基础上,按照目标收益率的高低计算的方法。其计算步骤如下:

(1) 确定目标收益率。

目标收益率可表现为投资收益率、成本利润率、销售利润率、资金利润率等多种不同方式。

(2) 确定目标利润。

由于目标收益率表现形式的多样性,目标利润的计算也不同,其计算公式分别为:

$$目标利润=总投资额×目标投资利润率$$

$$目标利润=总成本×目标成本利润率$$

$$目标利润=销售收入×目标销售利润率$$

$$目标利润=资金平均占用率×目标资金利润率$$

(3) 计算单价。

$$单价=(总成本+目标利润)÷预计销售量$$

【例2】 某企业年生产能力为200万件产品,估计未来市场可接受的数量为150万件,该厂总成本为1 000万元,企业的目标收益率为20%。该产品的单价应为多少元?

目标利润=总成本×目标成本利润率=1 000万元×20%=200(万元)

单价=(总成本+目标利润)÷预计销售量=(1 000万元+200万元)÷150万=8(元)

目标收益定价法的优点是可以保证企业既定目标利润的实现。目标收益定价法的缺点是只从卖方的利益出发,没有考虑竞争因素和市场需求的情况。另外,这种方法是先确定销售量,再确定和计算出产品的价格,这与理论是矛盾的。一般来说,是价格影响产品的销量而不是销量决定价格。因此,根据这种方法计算出的价格不一定能保证预期销售量的实现。

这种方法一般用于在市场上具有一定影响力的企业、市场占有率较高或具有垄断性质的企业。

3. 盈亏平衡定价法

盈亏平衡定价法即以总成本和总销售收入保持平衡为定价原则,当总销售收入等于总成本时,利润为零,企业收支平衡。计算公式为:

$$单价＝总固定成本÷预计销售量＋单位可变成本$$

【例3】 某企业生产一种产品,总固定成本为100万元,每件产品的单位变动成本为50元,该产品预计销售量为1万件。该产品的单价应为多少元?

单价＝(100万元÷1万)＋50元＝100元＋50元＝150(元)

采用盈亏平衡定价法确定产品单价对企业而言,无利可图,因此,这种方法只是在市场不景气的条件下使用。此外,这种方法的缺点是要先准确地预测出产品的销售量,如果预测不准,成本计算不准,将直接影响最终计算出的产品价格的准确性。

8.2.2 需求导向定价法

现代市场营销观念要求,企业的一切生产经营必须以消费者需求为中心,并在产品、价格、分销和促销等方面予以充分体现。只考虑产品成本,而不考虑竞争状况及顾客需求的定价,不符合现代营销观念。需求导向定价法是指按照顾客对商品的认识和需求程度来制定价格,而不再是根据卖方的成本来定价。这种定价方法的出发点是顾客需求,认为企业生产产品是为了满足顾客的需要,所以产品的价格应以顾客对商品价值的理解为依据来确定,主要包括认知定价法、需求差异定价法和反向定价法。

1. 认知定价法

所谓认知定价法,就是企业根据购买者对产品的认知价值来制定价格的一种方法。认知价值定价与现代市场定位观念相一致。企业在为其目标市场开发新产品时,在质量、价格、服务等各方面都需要体现特定的市场定位观念。因此,首先要决定所提供的价值及价格;其次,企业要估计在此价格下所能销售的数量,再根据这一销售量决定所需要的产能、投资及单位成本;最后,管理人员还要计算在此价格和成本下能否获得满意的利润。

认知价值定价法实际上是企业利用市场营销组合中的非价格因素,如产品质量、服务和广告宣传等来影响消费者,使他们对产品的功能、质量和档次有一个大致的定位,然后再进行定价。如果企业开发高质量、高服务的产品,只要通过宣传让消费者了解,即使产品定价较高,仍能吸引一部分消费者。例如,市场中的名牌产品,虽然价格比其他产品高出很多,但消费者愿意支付高价格来购买认知价值更高的产品。

2. 需求差异定价法

需求差异定价法是指根据不同时间、地点、产品及不同消费者的消费需求强度差异,制定不同产品价格的方法。这种定价方法,对同一商品在同一市场上制定两个或两个以上的价格,可以使企业的定价最大限度地符合市场需求,促进产品销售,从而有利于企业获得最佳经济效益。需求差异定价法通常有以下几种形式:

(1) 因地点而异。即企业根据产品的不同空间位置来确定价格。例如,剧场中不同的位置票价会有很大差异。

(2) 因时间而异。即企业根据消费者在季节、日期上的需求差异来制定价格。例如,旅游景点的门票分为淡季票价和旺季票价;季节性较强的商品如羽绒服,在夏季和冬季价格有明显的差异。

(3) 因用途而异。同一种产品有时会有不同的用途和不同的使用量,因而在价格上也会有所区别。例如,工业用水、工业用电的价格与普通的居民用水、用电的价格有较大的差异。

(4) 因人而异。同一种产品对不同的人实行不同的价格。例如,同一产品对老顾客和新顾客,普通顾客和VIP顾客的价格会有差异。

企业如要采用需求差异定价法,应满足以下条件:

第一,市场必须能够细分,且不同的细分市场显示出不同的需求强度;

第二,要确定该细分市场的竞争者不会以较低的价格进行竞争;

第三,要能防止低价细分市场的买方向高价细分市场转售产品;

第四,该价差不会引起顾客的反感;

第五,企业的这种定价方法不违背有关法律法规。

3. 反向定价法

所谓反向定价法,是指企业依据消费者能够接受的最终销售价格,计算自己从事经营的成本和利润后,逆向推算出产品的批发价和零售价。这种定价方法不以实际成本为依据,而是以市场需求为定价出发点,力求使价格为消费者所接受。分销渠道中的批发商和零售商多采用这种定价方法。计算公式为:

$$批发价格 = 市场可销售价格 \times (1 - 批零差率)$$
$$出厂价格 = 批发价格 \times (1 - 销进差率)$$
$$= 市场可销售价格 \times (1 - 批零差率) \times (1 - 销进差率)$$

企业一般在以下两种情况下采用反向定价策略:

第一,应付竞争。价格是竞争的有力工具,企业为了同市场上的同类产品竞争,在生产之前,需先调查产品的市场价格及消费者的反应,然后制定消费者易于接受又有利于竞争的价格,并由此决定产品的设计与生产。

第二,新产品上市。企业在推出新产品之前,通过市场调查,了解消费者的购买力,拟定市场上可以接受的价格,以保证新产品上市时能旗开得胜,销路畅通。

8.2.3 竞争导向定价法

所谓竞争导向定价法,是指企业通过研究竞争对手的生产条件、服务状况、价格水平等因素,依据自身的竞争实力,参考成本和供求状况来确定商品价格。常用的竞争导向定价法主要有随行就市定价法和密封投标定价法。

1. 随行就市定价法

所谓随行就市定价法,是指企业按照行业的平均现行价格水平来定价。在以下情况下,企业往往会采取这种定价方法:

(1) 难以估算成本;

(2) 企业打算与同行和平共处；

(3) 如果另行定价,很难了解购买者和竞争者对本企业价格的反应。

2. 密封投标定价法

所谓密封投标定价法,是指政府或企业采购机构在相关媒体上发布信息,说明拟采购商品的品种、数量、规格等具体要求,邀请供应商在规定的期限内投标,采购机构在规定的日期开标,选择报价最低、最有利的供应商成交,签订采购合同。

许多大宗商品、原材料、成套设备和建筑工程项目最终的买卖和承包价格就是通过此方法确定的。其具体操作方法是首先由采购方通过刊登广告或发出函件说明拟采购商品的品种、规格、数量等具体要求,邀请供应商在规定的期限内投标。供应商如果想做这笔生意就要投标,即在规定的期限内填写标单,填明可供应商品的名称、品种、规格、价格、数量、交货日期等,密封送给招标人(采购方)。采购方在规定的日期内开标,选择报价最合理的、最有利的供应商成交并签订采购合同。一般说来,招标方只有一个,处于相对垄断地位,而投标方有多个,处于相互竞争地位,因此,最后的价格是供应商根据对竞争者报价的估计制定的,而不是按照供应商自己的成本费用或市场需求来制定的。

8.3 定价策略

价格是企业参与市场竞争的重要手段,其合理与否直接影响企业产品或服务的销售,因此,定价策略的制定与执行是市场营销活动中相当重要的组成部分。价格对市场营销组合中的其他策略会产生很大影响,并与其他营销策略相结合,共同作用,促使营销目标的实现。定价策略是企业营销竞争的重要手段。

8.3.1 折扣定价策略

这是企业为了鼓励顾客及时付清货款、大量购买、淡季购买等所采取的一种价格策略。在必要时,企业还可以考虑酌情降低其基本价格,通常称这种价格调整为价格折扣。

1. 现金折扣

这是企业针对那些及时付清货款的顾客的一种减价促销手段,目的是鼓励顾客提前支付货款,加速资金周转,减少呆账风险。例如,双方约定,顾客必须在 30 天内付清货款,如果 10 天内付清,给 5% 的折扣；如果 20 天内付清,给 2% 的折扣。

2. 数量折扣

这种折扣是企业针对那些大量购买某种产品的顾客的一种减价措施,目的是鼓励顾客购买更多的产品。数量折扣可分为累计数量折扣和非累计数量折扣。

(1) 累计数量折扣。

即规定顾客在一定时间内购买产品累计达到一定的数量和金额时,按总量大小给予不同的折扣,其目的在于吸引顾客经常购买本企业的产品,建立起长期的购买合作关系。

(2) 非累计折扣。

即按顾客每次购买产品数量和金额的多少给予不同的折扣,购买越多,折扣越大,目的在于鼓励顾客一次性地大量购买产品,便于企业大批量的生产和销售。

3. 功能折扣

功能折扣，又称为交易折扣或贸易折扣，是指制造商给予某些批发商或零售商的一种额外折扣，目的是促使他们执行某种市场功能，如推销、储存或服务等。

4. 季节折扣

这种价格折扣是企业给那些购买过季商品顾客的一种减价行为，以鼓励顾客提前购买或在淡季购买，使企业的生产和销售在一年四季都能保持相对稳定和均衡生产。

5. 价格折扣

价格折扣是另一种类型的价目表价格的减价。它没有规定一定的减价比例，有时也没有明确规定减价金额，而是要根据具体情况来确定，如以旧换新就是价格折扣的一种形式。价格折扣的另一种做法是促销折让，即如果中间商同意参加生产企业的促销活动，则生产企业将给予其一定的减价、津贴作为报酬，以鼓励中间商宣传产品，扩大产品的销售。

应用案例

商家打折是常有的事，人们绝不会大惊小怪。但有人能从中创意出"打1折"的营销策略，这实在是高明的枯木抽新芽的创意。

日本东京有个银座绅士西装店，这里就是首创"打1折"销售的商店，曾经轰动了东京。当时该店销售的商品是"日本GOOD"。具体的操作是这样的：先定出打折销售的时间，第一天打9折，第二天打8折，第三天第四天打7折，第五天第六天打6折，第七天第八天打5折，第九天第十天打4折，第十一天第十二天打3折，第十三天第十四天打2折，最后两天打1折。

商家的预测是：由于是让人吃惊的销售策略，所以，前期的舆论宣传效果会很好。抱着猎奇的心态，顾客们将蜂拥而至。当然，顾客可以在这段打折销售期间随意选定购物的日子，如果你想要以最便宜的价钱购买，那么你在最后两天去就行了，但是，你想买的东西不一定会留到最后那两天。

实际情况是：第一天前来的客人并不多，如果前来也只是看看，一会儿就走了。从第三天就开始一群一群地光临，第五天打6折时客人就像洪水般涌来开始抢购，以后就连日爆满，当然等不到打1折，商品就全部买完了。

那么，商家究竟赔本了没有？当然没有。

顾客纷纷急于购买到自己喜爱的商品，就会引起抢购的连锁反应。商家运用独特的创意，当商品在打5折、6折时就已经全部推销出去。"打1折"的只是一种心理战术而已。

8.3.2 心理定价策略

商品价格的高低及表示方法对购买者有很强的心理作用。心理定价策略就是企业在制定价格时，利用消费者的心理因素，采取不同的定价技巧，有意识地将产品价格定得高一些或低一些，起到扩大销售、增加利润的目的。

1. 整数定价

这种定价策略是把商品的价格定为整数,不带零头,一般适用于较为贵重的商品。消费者在购买这类商品时,常把价格看作质量的标志,因此,企业把基础价格定为整数,不仅能在消费者心目中树立高价高质的形象,而且还能使消费者产生高档消费的满足感。

应用案例

金利来领带一上市就以优质、高价定位,对质量有问题的金利来领带决不上市销售,更不会降价处理。这就给消费者传递了这样的信息,即金利来领带绝不会有质量问题,低价销售的金利来绝非真正的金利来产品,从而很好地维护了金利来的形象和地位。

 课堂互动:是不是薄利就一定多销?

2. 尾数定价

尾数定价策略与整数定价策略相反,它采用零头标价,以顺应消费者的求廉心理。例如,本应定价为 100 元的商品,现定价为 98 元,虽然只低了 2 元,却使消费者感觉便宜了很多。此外,尾数定价还会让消费者产生定价准确的感觉,从而对其产生信赖感,激起购买欲望。对于需求价格富有弹性的商品,尾数定价可能会带来需求量的大幅度增加。

心理学家的研究表明,价格尾数的微小差别能够明显影响消费者的购买行为。一般认为,5 元以下的商品末位数为 9 最受欢迎;5 元以上的商品末位数为 9、5 效果最佳;百元以上的商品末位数为 98、99 最为畅销。

营销实验

心理定价:1 元的东西,标价 0.99 元,真的有用吗?

3. 声望定价

所谓声望定价是根据企业或品牌在消费者心目中所享有的声誉和威望,制定高于其他同类产品的价格。消费者购买名牌产品不仅仅是为了消费,还要显示他们的身份和地位,因此,名牌产品价格定得过低,反而不能满足消费者的心理需要。当然,采用这种高价格策略必须以高质量的产品或周到的服务为基础。

4. 习惯性定价

即按消费者习惯了的价格定价。对于消费者经常性重复购买的商品,尤其是日用消费品的价格,往往易于在消费者心目中形成一种习惯性标准。企业对这类产品定价时,要充分考虑消费者的这种习惯倾向,不要随意变动价格。如果必须要调整价格,最好同时采取改变包装规格、成分甚至品牌等措施,避免新价格与习惯价格明显不一致造成消费者的抵触心理,引导消费者逐步形成新的习惯价格。

5. 招徕定价

这种定价策略是指企业为了招徕顾客,将某几种商品以非常低的价格出售,或者在节假日和换季期间对部分商品折价让利销售,以此吸引消费者,带动其他商品的销售。

> **应用案例**
>
> 北京地铁旁有家商场,每逢节假日都要举办"一元拍卖活动",所有拍卖商品均以一元起价,报价每次增加五元,直到最后定夺。该商场举办的该项拍卖活动由于基价定得过低,最后的成交价就比市场价低得多,因此,会给人们产生一种"卖得越多,赔得越多"的感觉。殊不知,该商场用的就是招徕定价策略,它以低廉的拍卖品活跃商场气氛,增大客流量,带动了整个商场的销售额上升。

8.3.3 差别定价策略

所谓差别定价也称为价格歧视,是指企业按照两种或两种以上不反映成本费用比例差异的价格销售某种产品或劳务。差别定价主要有以下四种形式。

1. 顾客差别定价

即对不同的顾客制定不同的价格,也就是企业按照不同的价格把同一种产品或劳务卖给不同的顾客,对某些顾客定较高的价格,而对另一些顾客则给予优惠。根据具体情况灵活掌握价格,差别对待,如一些旅游景点对学生实行较为优惠的价格。

2. 产品形式差别定价

即企业对不同型号或形式的产品分别制定不同的价格,但是,不同型号或形式产品的价格之间的差额和成本费用之间的差额并不成比例。

3. 产品部位差别定价

即企业对处于不同位置的产品或服务分别制定不同的价格,即使这些产品或服务的成本费用没有任何差异。例如,剧院、体育馆虽然不同座位的成本费用都一样,但由于观赏效果不同,因而不同座位的票价有所不同。火车卧铺因位置差异,上、中、下铺票价不一致。

4. 销售时间差别定价

即企业对于不同季节、不同时期甚至不同钟点的产品或服务也分别制定不同的价格。例如,旅游景点在淡季和旺季实行不同的票价。

 **知识链接:** 从 Amazon 到阿里巴巴:互联网时代的差别定价法大全

8.3.4 产品组合定价策略

对于多品种生产经营企业来说,各种产品需求和成本之间的内在关系会受到不同程度竞争的影响,如何从企业总体利益出发,为每一种产品定价,发挥每一种产品的作用,是企业定价过程中经常遇到的问题。

1. 产品大类定价

当企业生产的系列产品存在需求和成本的内在联系时,为了充分发挥这种内在关联性的积极效应,需要采用产品大类定价策略。一般而言,企业首先要确定出产品线中最低价格的产品,使其充当吸引消费者购买的角色,然后再确定某种产品的价格为最高价格,使其代表企业的品牌质量,并实现企业盈利的目的;其他产品分别依据它在产品大类中的角色不同而制定不同的价格。营销者的任务就是确定认知质量差别,促使价格合理化。

2. 选择品定价

许多企业在提供主要产品的同时,还会提供一些与主要产品密切相关的选择品。选择品的定价是否合理,可能会直接影响到主要产品的销售,企业可能对其制定高价以增加盈利,也可能制定低价以吸引顾客。例如,酒店对其酒水制定高价格就是希望以此来增加酒店的盈利水平。

3. 互补产品定价

互补产品就是对一些需要配套使用的产品实行关联性定价的策略。市场上的互补产品有很多,如汽车和轮胎、剃须刀和刀片等。对于互补产品的定价,企业一般都是把主要产品的价格定得相对较低,而将补充品的价格定得较高,以希望通过补充品的连续销售获得利润。

4. 替代品定价

替代品是指功能和用途基本相同,消费过程中可以相互替代的产品。具有替代关系的产品,降低一种产品的价格,不仅会使该产品的销售量增加,而且还会同时降低替代产品的销售量,企业可主动运用这一规律来实行组合价格策略。当产品是某一产品组合的一部分时,企业对定价方法进行调整,研究出一系列价格,会使整个产品组合的利润最大化。例如,企业为了把需求转移到某些产品上,有时会有意抬高某种产品的价格,以牺牲某一种产品,稳定和发展另一些产品,其目的就是为了增加企业其他产品的销售量。

5. 分部定价

分部定价是指企业在其产品组合内实行分段或分部分定价。这是服务业较常使用的一种产品组合定价方式,它们经常先收取一定的固定费用,再定期收取可变的使用费。例如,固定电话用户每月需要先支付一笔较少的使用费,每月还要按照使用时长另外缴费。

6. 副产品定价

在某些产品的加工处理过程中,经常会产生一些副产品,如造纸、化工、石油等行业。这些副产品的加工处理都要花费一定的费用,所以其价值高低与处理费用的多少就直接影响到主产品的定价。如果副产品价值较高、能为企业带来一定的收入,其价格就可以按其价值来定,其主产品的价格就可以定得低一些;如果副产品的价值较低,处理费用也很昂贵,主产品的价格就要定得高一些,以弥补副产品的处理费用。

7. 产品系列定价

产品系列定价就是企业将其所生产或经营的某些产品组合在一起,形成一个产品系列,然后再制定一个整体价格将这个产品系列成套出售。这一系列产品的价格低于单独购买其中每一产品的费用总和,因为顾客可能并不打算购买其中所有的产品,所以这一组合的价格必须有较大的降幅,以此来推动顾客购买。这种定价策略主要是为了吸引消费者购买某些他并不特别想买的商品,甚至可以以畅带滞,减少库存积压。

8.4 价格调整策略

产品定价策略也不能恒久不变。企业处在一个不断发展变化的环境之中,为了生存和发展,有时候需要主动提价或降价,有时候又需要对竞争对手的价格变动做出适当的反应。另外,随着产品生命周期进入不同阶段,企业也需要相应地调整定价策略。

8.4.1 降价策略

降低价格是企业在经营过程中经常用到的营销手段。一般说来,在以下几种情况下,企业可以调低产品价格:
(1) 生产能力增加或过剩,因而需要扩大销售。
(2) 企业现有市场占有率下降。
(3) 成本优势。
(4) 受生产周期阶段变化的影响。相对于产品投入期时较高的价格,在其进入成长期和成熟期后,市场竞争不断加剧,生产成本也有所下降,下调价格可以吸引更多的消费者。
(5) 受宏观政策、法律与经济环境的影响。

8.4.2 提价策略

虽然价格上涨会引起消费者、中间商以及推销人员的不满,但一次成功的提价却能够增加企业的利润。引起企业提价的原因主要有以下几点:
(1) 企业的产品供不应求,不能满足所有顾客的需要。
(2) 成本增加。由于通货膨胀、物价上涨,企业的经营费用上升,迫使企业不得不通过提价以确保获得目标利润。
(3) 造就优质优价的名牌效应。有的企业涨价是为了使产品或服务与市场上同类产品或服务拉开距离,以显示产品的高品位。

值得注意的是,无论出于何种原因,价格的变动都会引起利益相关者的关注,并做出反应。虽然降价会增加消费者利益,但可能引发消费者对品牌形象的怀疑;提价能使企业利润大幅度增加,但任何提价措施都会引起消费者的不满。因此,为了减少不利影响,企业在价格变动时应尽可能地加强与利益相关者的沟通,争取更多的理解。同时,还应先预估消费者和竞争者可能做出的反应,提前准备好应对措施。

8.4.3 价格调整引起的市场反应

1. 消费者对价格调整的反应

企业的价格调整会直接影响消费者的利益,直接影响其购买决策,而且,衡量企业定价是否成功的重要标志是消费者的接受与认可程度。因此,分析消费者对企业产品价格调整的反应,是企业在制定价格调整决策时应当首先关注的问题。

(1) 消费者对企业降价的反应:
① 产品已经老化,很快会被新产品所替代;
② 产品的质量存在问题;
③ 企业可能经营不下去了,要转行,将来产品售后服务可能会受到影响;
④ 产品的价格可能还会继续下降;
⑤ 产品的成本可能降低了。

(2) 消费者对企业提价的反应:
① 产品质量提高了;
② 这种产品很畅销,供不应求,将来价格可能还会上涨;

③ 其他产品价格都在上涨,这种产品价格上调很正常。
④ 企业想多赚钱,随便乱涨价。

应用案例

销售一空的绿宝石

美国亚利桑那州一家珠宝店采购到一批漂亮的绿宝石。因为采购数量很大,老板很怕短期内销不出去,影响资金周转,便决定按通常惯例,减价销售,以达到薄利多销的目的。但事与愿违,原以为会一抢而光的商品,购买者却寥寥无几。老板谜团重重,以为一定是价格定还高,应再降低价格。正在这时,外地有一笔生意急需老板前去洽谈,已来不及仔细研究那批货价格应降多少,老板临行前只好匆匆地写了一张纸条留给店员:"我走后绿宝石如仍销售不畅,可按1/2倍的价格卖掉。"由于着急,关键的字体1/2没有写清楚,店员将其读成"1~2倍的价格卖掉。"店员们先将绿宝石的价格提高1倍,看到购买者越来越多,又将价格提高1倍,绿宝石在几天之内被一抢而空。老板从外地回来深感意外,一问价格,不由得大吃一惊,当知道原委后,店员和老板同时开怀大笑,这可真是歪打正着啊!

2. 竞争者对企业调价的反应

竞争者的反应也是企业在调价时要考虑的因素,并应据此推断出竞争对手可能会采取的行动。分析竞争者的反应,企业需要建立在对竞争市场及竞争者的长期了解上,由于每个竞争者对企业调价的理解不同,所以其采取的措施也会有差异。例如,竞争者对企业降价可能做出不同的理解:一是该企业想与自己争夺市场;二是该企业想促使全行业降价来刺激需求;三是该企业经营不善;四是该企业可能会推出新产品。竞争者对本企业降价的不同的认知将导致采取不同的应对行为。本企业降价时,如果竞争者不降价,企业产品的销售量会上升,市场占有率也会提高。当然,竞争者也可能采用非价格手段来应付企业的降价,但更多的时候,竞争者会追随企业降价,导致企业间进入新一轮价格竞争。

3. 企业对竞争者调价的反应

在现代市场经济条件下,企业经常会遇到竞争者调价的挑战,如何对竞争者的变价做出及时、正确的反应,是企业制定价格策略的一项重要内容。当企业在做出应对策略之前,必须对以下问题做出正确判断:

(1) 竞争者调价的目的是什么,是长期的还是短期的,能持续多久?
(2) 竞争者调价将对本企业的市场占有率、销售量、利润等方面产生什么影响?
(3) 同行业其他企业对竞争者的调价行动有何反应?
(4) 本企业对竞争者的调价反应后,竞争者和其他企业又会采取什么措施?

一般情况下,对调高价格的反应,比较容易,企业可以采用跟随提价和维持价格不变两种策略。但是当竞争者调低价格时,就需要企业慎重对待,企业可以做出的反应主要有以下几种:

(1) 降价。如果市场对价格的敏感性较强,竞争对手的降价会促使其销售量和产量增加,市场占有率提高,这样就必然有损企业的市场份额。当企业的市场份额一旦下降将会很难恢复,这样,企业就必须降价以对。

(2) 维持价格不变。如果企业确定,不降价所减少的市场份额在以后还能够夺回来,降价反而会减少利润收入,这时企业可以维持现有价格水平。

(3) 提价,同时推出某些新品牌,以围攻竞争对手的品牌。

8.5 互联网时代的定价

应用案例

小米手机的价格策略

2011年8月16日,发烧友级重量手机——小米手机发布,作为全球首款拥有1.5 G双核处理器,搭配1 G内存,板载4 G存储空间,最高支持32 G存储卡扩展的小米手机,却仅售1 999元。不同于以往的实体店发售,小米公司敏锐地捕捉到了网络时代的新特点,决定采用官网发售的模式。2011年12月18日,小米手机开放第一轮网上购买,10万台手机3小时内抢购一空。之后推出的小米2、小米3、小米4以及其他支线产品均采取网上发售的模式,以低价格、高配置获得了大量消费者的青睐,在严格控制产品质量的同时限制每次发售的产品数量,迅速打开并占领中低档智能手机市场。小米公司从成立到现在,一直严格把握网络时代的新特点,设立小米论坛并在论坛做恰当的帖子辅助功能,帮助用户提交需求。通过对小米论坛2 000多万注册用户的活动状态以及逾两亿条论坛帖的分析,小米在产品的价格制定方面紧跟竞争对手魅族、华为,将消费群体锁定在学生和工薪阶层;在产品的价格调整方面效仿苹果,当新一代产品推出时,对上一代产品进行价格下调,成功的价格策略为小米赢得了良好的用户口碑。发展到现在,小米公司已从手机领域拓展到电视、平板、路由器、智能硬件等领域,皆以超高的性价比著称,保持了令世界惊讶的增长速度,成为影响整个中国消费电子市场的明星企业。

8.5.1 "互联网+"时代的定价特点

1. 全球化

"互联网+"时代下,企业面对的不再是受地理位置限制的局部市场,而是更加开放的全球市场,因此,企业在对产品定价时必须考虑目标市场范围的变化带来的影响,不能以统一的市场策略来应对差异性极大的全球性市场,需要采取全球化与本地化相结合的策略。

2. 价格动态化

互联网的飞速发展使得企业获得消费者和竞争者的信息成本大幅下降,产品的价格在制定完成之初便会被广泛知晓,因而同行业竞争者可以根据对手的报价及时调自己的价格。

3. 低价位定价

互联网作为企业和消费者交换信息的渠道,从诸多方面降低了企业的成本费用:减少了印刷费用与邮递成本、消除了店面租金、节约了水电费与人工成本等,从而使企业有更大的降价空间来满足顾客的需求。

4. 顾客主导定价

顾客主导定价是指顾客通过充分的市场信息来选择购买或者定制自己满意的产品或服务,在产品与服务的价格制定方面,顾客享有相当的话语权,可以最小的货币成本、精力成本、时间成本等获得这些产品或服务。

 知识链接: "羊毛出在狗身上,由猪买单"

8.5.2 "互联网+"时代的定价策略

1. 免费定价

免费价格策略是一种短期的和临时性的促销策略,在网络营销中是比较常用的一种用于吸引消费者关注产品的策略。从定义上去看,免费价格策略就是将企业的产品和服务免费提供给顾客使用,顾客不需花费金钱即可体验产品。在网络营销的众多策略中,免费价格策略不仅是一种促销策略,还是一种较有效的产品定价策略。

免费价格策略的形式有:

(1) 完全免费。完全免费指的就是产品或者对应服务从购买到使用以及售后服务等所有环节都完全免费。

(2) 有限免费。有限免费即产品可以提供给顾客有限次使用,超过一定次数或者期限后即不再享受免费,现在有部分商家也加入了时间期限,即在规定时间内才能享受到有限免费。

(3) 部分免费。这个定价方式是指产品整体的某一部分或者服务过程的某一环节,顾客可以免费享受。例如,一些软件可以让我们免费试用部分功能,如果需要使用全部功能则需要付费给软件公司;要想在爱奇艺观看全部的影片内容就需要用户付费。

(4) 捆绑式免费。这个方式是指在购买某种产品或者服务的时候可以额外享受到卖方提供的免费赠送的产品或服务。例如,在超市购买东西,达到一定消费金额的时候有些超市会有一些特价商品让用户挑选,或者直接有礼品送给用户。

 知识链接: 互联网2020:免费越来越少,羊毛越来越难薅

2. 动态定价

动态定价是企业利用大数据分析市场需求状况,并结合自身供应能力,对产品的价格进行实时调整,以促成交易,实现收益最大化的定价策略。

在互联网时代,固定价格已是过去式。瞬息万变的市场环境使得企业不得不时刻紧绷神经,根据竞争者的行为以及消费者的偏好,使用先进的软件和大型数据库制定相应的规则,并随时调价,以保证更多的购买率,抢夺更多的用户。此外,企业可以利用网络跟踪器软件,识别消费者的个体差异,并根据这些差异调整价格,最终达成交易,定价愈发趋于动态化。在动态定价这方面做得比较好的是 Uber。

应用案例

Uber 超级动态定价中蕴含的算法

在滴滴打车和快的打车的市场混战中，Uber 也加入了战局。与滴滴和快的争相"烧钱"的策略不同，其核心策略之一是动态定价。早在 2012 年年初，Uber 位于波士顿的研究组发现，每到周五和周六凌晨一点左右，由于大部分 Uber 司机收工回家，而此时结束聚会的人准备回家却叫不到车，会出现大量的"未满足需求"。对此的解决方案是在午夜到凌晨三点适当提高每次乘坐的单价，在市场价格调高后，司机确实更有动力守候在午夜时分，仅仅两周后，出租车的供应量增加了 70%~80%，几乎满足了三分之二的"未满足需求"。

从经济学上来讲，要解决供求不平衡，要么增加供给，要么减少需求，动态定价成功地从两个方面影响了供求关系：消费者因为单价的提高减少对车的需求，而司机因为单价的提高更努力地提高对车的供应。这个研究成功开启了 Uber 动态定价的先头，随后便正式应用在任何高峰时段，当用户等待时间有个比较陡峭的上升趋势时，便会触发该算法。用供需模型来调整供应量，正如他们自己所说"溢价不是计划好的，是依据供求动态平衡"。

3. 情境定价

当亚马逊的官网提示你"购买此书的人也购买了……"的时候，当航空公司的往返机票比单程机票更便宜的时候，我们可以试着去观察此时我们的购物意愿和渠道是如何被这些场景改变的。

通过考虑买家的心理，市场竞争和组织策略，描述客户决策过程和市场条件如何为定价提供相关情境的这种统一化视角，称为"情境定价"。情境定价这个概念中，默认为一些因素（主要是与买方相关的参照物）可以解释大多数的定价行为，并且能为管理层提供改善价格结构和结果的最有力的杠杆。

随着销售过程的推进，更多的情境信息被收集起来，这将进一步表明如何去制定正确的定价，以及什么是满足购买情况所需的正确价格水平。

而对于消费者来说，让他融入设定的情境是远远不够的，更关键的是这个定价是否合理，置信水平如何，是否可以被接受。消费者虽然通过心理作用容易被情境影响接受价格的空间，但是这个空间更需要企业科学地把握和计算。

知识小结

价格是产品价值实现的核心因素，是影响商品销售的关键因素，定价的重要意义在于使价格成为促进销售最有效的手段。定价策略的奥妙，就是在一定的营销组合因素下，把企业产品的价格定得既被消费者接受，又能为企业带来较多的利润，充分发挥价格的杠杆作用，取得竞争优势。

科学合理地制定营销价格，就要从实现企业战略目标出发，运用科学的方法和灵活的策略的同时，综合分析营销产品的成本、市场状况、消费者心理、国家有关政策法规和国际市场价格变动情况等因素，其中成本是营销定价的首要因素。

企业定价的方法很多，有成本导向定价法，包括成本加成定价法、目标利润定价法、盈亏平衡定价法和边际贡献定价法;有需求导向定价法,包括认知价值定价法、需求差异定价法和反向定价法;有竞争导向定价法,包括通行价格定价法、密封投标定价法和竞争价格定价法。

营销定价既是一门科学,也是一门艺术,定价的艺术技巧表现在定价策略上,包括折扣定价、地区定价、心理定价、差别定价和产品组合定价。另外,价格的调整也很重要,包括降价和提价。企业调整价格时要重视顾客和竞争者对调价的反应,且不能违背补偿成本费用和获取目标盈利的一般规律,实践中灵活采用不同的定价方法和技巧,则显示了科学与艺术之中的企业价格决策特点。

互联网时代定价具有全球化、动态化、低价位、顾客主导的特点,可采用的主要策略有免费定价、动态定价、情境定价。

【关键术语】

价格策略　定价目标　总成本　成本导向定价　成本加成定价　目标利润定价
盈亏平衡定价　边际贡献定价　需求导向定价　理解价值定价　需求差异定价
竞争导向定价　定价策略　满意定价　折扣定价策略　价格调整　心理定价策略
产品组合定价

【应知考核】 进入云班课测试应知考核,可查看结果

【应会考核】

【实践活动——任务8汇报评价】

扫码查看应知应会练习题

《"公司"(项目团队)价格策略》评价标准

项目 4 传递顾客价值

项目导入

一个不为顾客所知的需求,品牌和产品是没有意义的。企业对需求、生活方式、商业模式的阐释需要传播,需要为目标顾客所接受。否则,就如同"杨家有女初长成,养在深闺人未识"。更重要的是,还要将价值传递到顾客手中。价值的传播和传递通过渠道和促销传播策略实现。渠道和传播在保证顾客价值实现的同时,更实现了目标顾客与营销者之间的互动交流。

任务 9:渠道策略。

任务 10:促销传播策略。

学生通过本项目学习与实践,掌握通过渠道、促销传播策略传递顾客价值,懂得营销的终极目的是传递、传播顾客价值,实现顾客价值。

项目导图

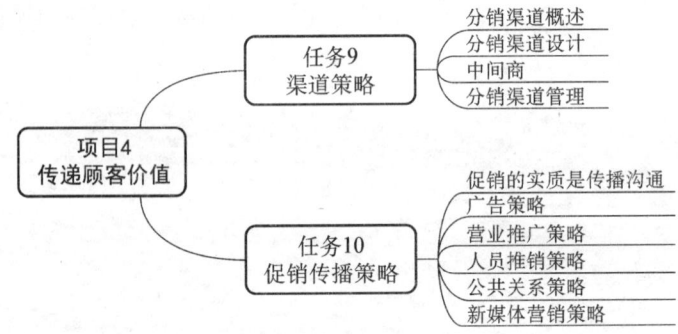

任务 9　渠道策略

📖知识目标

1. 理解分销渠道的概念与职能；
2. 掌握分销渠道设计的程序及其主要影响因素；
3. 了解渠道管理的内容；
4. 掌握批发商、零售商的含义与类型。

⏱能力目标

1. 能够根据不同的分销渠道优势，设计针对企业实际需要的分销渠道；
2. 应用渠道管理的理论解决营销渠道问题。

📌任务驱动

得渠道者得天下！分销渠道是企业的生命线，是企业活力的源泉。渠道也是营销4P组合中较不容易掌握的环节，较容易产生混乱的环节，是营销决胜市场的作战阵地。一个公司通过什么渠道把产品卖给消费者？消费者如何第一时间找到我们的产品？我们如何管理这些渠道商，使他们更好地销售我们的产品？让我们带着问题来开始学习吧！

项目团队任务："公司"(项目团队)的营销渠道方案

▶ **1. 任务内容：**

（1）完成"公司"（项目团队）的渠道方案设计；

（2）根据本项任务实施过程，制作PPT用于汇报和展示；

（3）本项任务结束后，各项目团队通过课堂汇报、交流、答疑，开展任务成果竞赛。

▶ **2. 任务目的：**

运用所学的知识制定"公司"（项目团队）的营销渠道方案，掌握渠道设计模型及其考虑因素。

▶ **3. 任务的组织与实施：**

参考任务1：任务的组织和实施。

▶ **4. 任务质量要求、参考作品：**

《"公司"（项目团队）的渠道策略》质量评价标准

石家庄超冶阀门有限公司营销渠道策略研究

扫码查看完整思维导图

任务导图

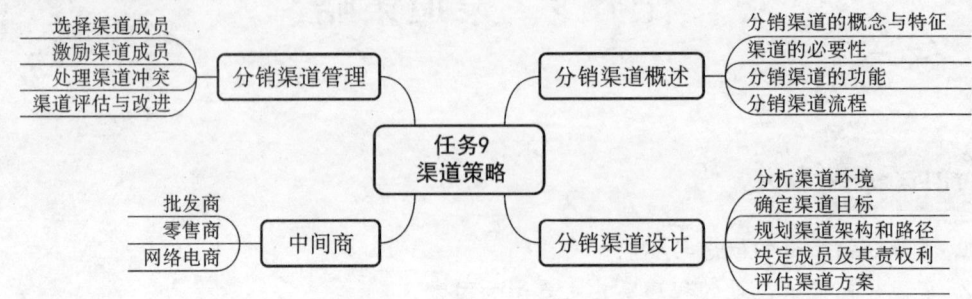

导入案例

Argos 的全渠道实践

Argos 是英国销售额领先的商品零售商,其核心能力体现在实现全渠道购买方式上,包括网站购买、手机应用、电话购买、门店购买、送货上门等方式,以最方便满足顾客的购物需求。

在购买方式上,Argos 与传统的零售商大不相同,如顾客在网站下的单,既可门店自提,也可送货上门。消费者可下载 Argos 手机软件,根据实时更新的价格,折扣和库存变化,在手机上下单或者到店购买。Argos 提供 24 小时的免费咨询电话,随时接受顾客查询和订单下达;在 Argos 的门店里,商品都被储存在门店后或楼上的仓库里,顾客决定购买后,可在收银台付款后凭号在一旁等待门店的拣货员将商品从物流仓库取出。

Argos 的创新并不是简单地开辟一个或几个销售渠道,而是在于将实体销售与虚拟经营进行紧密结合,进行以下经营创新:在陈列方面,Argos 通过共享虚拟网络和纸质目录的巨大商品数据库,解决门店的陈列成本高昂问题;在库存共享方面,消费者可通过网络或者移动终端随时查询库存情况,选择有库存的门店购买;在店铺位置选址方面,Argos 设立手机和网络等虚拟销售方式,极大地方便了交通不便的购买者,规避了门店位置不佳的销售问题;在购物体验方面,消费者只能虚拟沟通成为大部分网店的短板,而 Argos 广泛分布在大街小巷的精巧便利店使得在 Argos 的购物体验更为方便和快捷。

总之,Argos 利用全渠道创新解决传统零售企业的店面局限问题,并且将线下业务与线上业务进行良性互动,规避传统零售企业价格不一、店面成为网络的试用间或样板间的尴尬难题,同时发挥互联网的移动便利性、缩短空间距离、模糊营业时间、存储海量的商品信息等多种优势,结果脱颖而出。

延伸阅读:

顺丰嘿客巨亏 16 亿,败在哪?

案例分析：
1. 全渠道的春天来了吗？
2. 对比分析 Argos 的成功与顺丰嘿客的失败原因。

导入案例

如何让慧眼识得"中华世纪龙"

"中华世纪龙"是极具有收藏价值的艺术品，在千禧年伊始向海外限量发行 2 000 尊。每尊总高 66 cm，重约 15 kg，在摆件艺术品中具有鹤立鸡群的美感。它由主体龙和底座两部分构成：主体龙高 50 cm，圆形基座高 6 cm，合计 56 cm，寓意全国 56 个民族共为一体、和睦相处，材料为铸铜贴金；底座高 10 cm，宽、厚 21 cm，象征人类走进 21 世纪，材料为红木，上面用微雕镶刻中华民族历史上 2 000 位杰出人物或人物群体名称，旨在表现该艺术品激人奋进、龙马精神的信念。该艺术品有公证处出具的绝版公证书，故宫博物院出具的"鉴定证书"等。那么，如何销售这些艺术品呢？

答案1：请文化艺术商品公司代销或者经销。
答案2：通过因特网向海内外收藏者拍卖。
答案3：由艺术研究院举办拍卖会面向全国拍卖。
答案4：经由珠宝商店公开销售。

案例分析：
1. 如果让你来负责销售这些艺术品，你会选择哪个答案？
2. 说明其他的答案有何缺点。

9.1 分销渠道概述

> **名人名言：**
> 企业应当全力以赴地发现分销渠道，分销渠道越多，企业离市场越近。
> ——菲利普·科特勒

大多数情况下，企业不可能把产品直接销售给用户，尤其在消费者市场。在生产商和顾客之间有一个中间层，他们是一些承担不同职能和具有不同名称的中间机构，如批发商、零售商、代理商，以及一些提供各种实体服务的辅助机构，如物流公司、维修公司等。由这些中间商和辅助机构组成的网络即为分销网络，也称分销系统、分销渠道、营销渠道，简称渠道。

渠道是企业的一项关键性外部资源，它的建立和完善需要很长时间，而且不是能轻易改变的。今天，在许多领域，如快餐、饮料等小商品领域，它甚至比企业的其他关键性的内部资源（如制造部门、研究开发部门、工程部门等）更重要。

不管是对顾客还是制造商、中间商，渠道决策都有强大的惯性，任何试图改变渠道现状的尝试都会遭到来自各个方面强烈的抵抗,这是企业高层管理面临的最重要决策之一。企业在进行渠道决策时,既要着眼于今天的营销环境,也要考虑到明天的营销环境。

今天,互联网正以不可阻挡之势,最大限度地席卷分销系统,任何试图抵抗、延缓的努力都是徒劳的,唯一的出路就是适应它。渠道正在建立新的惯性。

9.1.1 分销渠道的概念与特征

1. 分销渠道的概念

所谓分销渠道也叫"销售渠道"或"通路",指产品或服务从企业向消费者转移过程中,所有取得产品所有权或协助产品所有权转移的组织和个人。它主要包括商人中间商、代理中间商,以及处于分销渠道起点和终点的企业和消费者(见表9-1)。

表9-1 现实中分销渠道的基本情况

类 别		示 例
渠道类型	直接销售	波音、中国中铁
	间接销售	别克、OPPO、旺旺、杉杉
	多层次销售	安利
	平台	阿里巴巴、义乌小商品市场
中间商	批发、代理	中国五矿、江苏舜天、神州数码
	零售	苏宁、新百、苏果、联华
辅助商	推广	奥美、分众、慧聪
	物流	顺丰、中铁快运、FedEx

2. 分销渠道的特征

(1) 分销渠道反映某产品(服务)价值实现全过程所经由的整个通道。其起点是制造商,终点是最终消费者或工业用户。

(2) 分销渠道是一群相互依存的组织和个人。

(3) 分销渠道的实体是购销环节。商品在分销渠道中通过一次或多次购销活动转移所有权或使用权,流向消费者或工业用户。购销次数的多少,说明了分销渠道的层次和参与者的多少,表明了分销渠道的长短。

(4) 分销渠道是一个多功能系统。它不仅要发挥调研、购销、融资、储运等多种职能,在适宜的地点,以适宜的价格、质量、数量提供产品和服务,满足目标市场需求,而且要通过分销渠道各个成员的共同努力,开拓市场,刺激需求,同时还要面对系统之外的竞争,自我调节与创新。

9.1.2 渠道的必要性

(1) 产品特性规定了有些产品采取直接销售的方式在经济上是不合理的。例如,口香糖、饮料等快速消费品,它们单价低,生产上规模经济显著,导致生产高度集中,但消费则必然是分散的,消费者的购买活动零星、高频和就近方便,由生产商直接向个体消费者出售(包括通过互联网销售),快递或者建立专门零售店都是不现实的,借助由中间商构成的巨大销售网进行销售在经济上合理得多。

(2) 大多数生产商不可能有足够的财力资源建立自己的直接渠道,必须借助中间商。例如,通用汽车公司在北美通过8 000多个独立经销商出售,要买断全部这些经销商,即使是通用也无法做到。在市场广阔时,依靠自身资源让销售网点遍布全国或全球是难以实现的。

(3) 即使有能力建立自己的销售渠道,生产商也往往通过增加业务投资,专注于自己的专长以获取更大利润,而不是冒险进入自己不熟悉的分销领域。更为重要的是,中间商可以凭借自身的专业技能、区域经验和活动规模,更有效地推动产品对市场的覆盖与渗透,让更多的潜在用户转变为现实顾客,从而扩大市场。显然,作为生产商与顾客之间的桥梁,渠道不仅能服务于市场,更可以创造市场。

9.1.3 分销渠道的功能

(1) 市场调研。收集、整理有关现实与潜在消费者、竞争者及营销环境的信息,并及时向分销渠道其他成员传递。

(2) 促进销售。通过各种促销手段,以消费者乐于接受的、富有吸引力的形式,把商品和服务的有关信息传播给消费者。

(3) 寻求顾客。寻求潜在顾客,针对不同细分市场,针对消费者提供不同的营销业务。

(4) 分类编配。按买方要求分类整理供应产品,如按产品相关性分类组合,改变包装大小、分级等。

(5) 洽谈生意。在分销渠道的成员之间,按照互利互惠的原则,彼此协商,达成有关商品的价格和其他条件的最终协议,实现所有权或持有权的转移。

(6) 物流运输。从商品离开生产线起,就进入了营销过程,分销渠道自然承担起商品实体的运输和储存功能。

(7) 财务信用。分销渠道的建设、运转、职工工资支付、渠道成员之间货款划转、消费信贷实施都需要财务上的支持。

(8) 承担风险。分销渠道成员通过分工分享利益的同时,还应共同承担商品销售、市场波动带来的风险。

9.1.4 分销渠道流程

1. 实体转移流程

实体转移流程是产品实体在渠道中从制造商向消费者转移的运动过程,其主要部分是产品运输和储存(见图9-1)。物流的持续、有效是渠道保证运行质量与效率的重要条件。

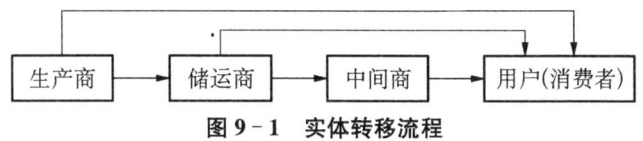

图9-1 实体转移流程

2. 所有权转移流程

所有权转移流程是指产品所有权或持有权从一个渠道成员转到另一成员手中的流转过程(见图9-2)。这一流程通常伴随购销环节在渠道中向前移动。在租赁业务中,该流程转移的是持有权和使用权。

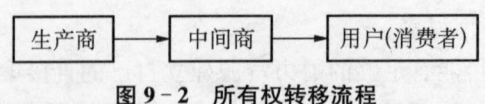

图 9-2　所有权转移流程

3. 货款转移流程

客户通过银行账户向代理商支付货款账单,代理商扣除佣金后再付给制造商,并支付运费和仓储费。货款转移流程如图 9-3 所示。

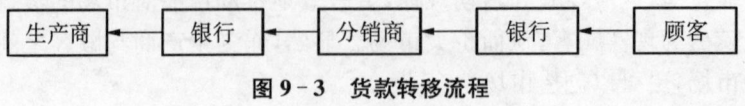

图 9-3　货款转移流程

4. 信息转移流程

市场信息流是各成员之间相互传递信息的流程(见图 9-4)。通常分销渠道中两个相邻的机构之间要进行信息交流,互不相邻的机构之间有时也会有一定的信息交流。

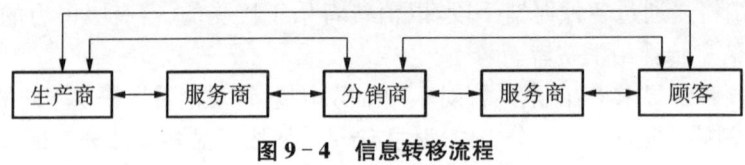

图 9-4　信息转移流程

5. 促销转移流程

促销流是渠道成员的促销活动流程,具体而言,是指通过广告、人员推销、宣传报道、销售促进等活动由一个渠道成员对另一个渠道成员施加影响的过程(见图 9-5)。

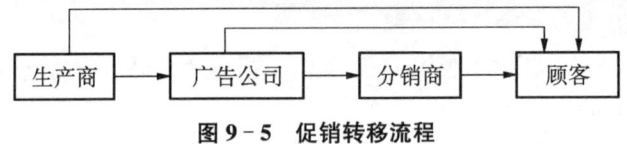

图 9-5　促销转移流程

9.2　分销渠道设计

斯特恩等学者通过对多家大型公司的长期研究,总结出"用户驱动分销系统"设计模型,将渠道设计过程划分为五个阶段,如图 9-6 所示。

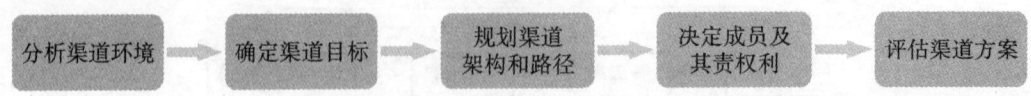

图 9-6　分销渠道设计的五个阶段

9.2.1　分析渠道环境

1. 审视企业渠道现状

通过对企业过去和现在分销渠道的分析,了解企业以往进入市场的步骤,各步骤之间的逻辑关系,后勤、销售职能,公司与外部组织之间的职能分工,现有渠道系统的经济性等。

2. 了解外界环境对企业渠道决策的影响

了解目前的营销系统,即了解外界环境对企业渠道决策的影响,宏观经济、技术环境和消费者行为等要素对分销渠道结构也有重要影响。渠道设计要认真分析行业集中程度、宏观经济指数、当前和未来的技术状况、经济管理体制、市场进入障碍、竞争者行为、最终用户状况(忠诚度和地理分布等)、产品所处的市场生命周期阶段、市场密度与市场秩序等。

3. 分析竞争者渠道状况

分析竞争者渠道状况,即分析主要竞争者如何维持自己的市场份额,如何运用营销的策略刺激需求,如何运用营销手段支持渠道成员等。

4. 分析消费者的服务需求

渠道的设计始于消费者,渠道可以被认为是一个消费者价值的传递系统。在这个系统中,每一个渠道成员都要为消费者增加价值。

产品有效地被交付到顾客手中至少需要借助渠道系统中的三个子渠道:销售渠道、送货渠道和服务渠道。渠道设立的目的就是为更好地服务市场,保障产品高效地交付到顾客手中并保证顾客安全、可靠地使用。因此,渠道模式的千差万别都是基于顾客的服务需要而产生的,包括希望在哪里购买、怎样购买、需要怎样的服务支持及水准等。

9.2.2 确定渠道目标

渠道目标是营销总目标的组成部分,它必须与营销总目标保持一致,为实现营销总目标服务,同时必须与营销组合的其他目标协调一致。

分销渠道的目标包括以下几个。

1. 分销顺畅目标

分销顺畅是分销渠道设计最基本的要求,为了达到这一目标,一般应使渠道扁平化,沟通便利化。

2. 分销流量最大化目标

通过广布网点,提高铺货率,可最大化地增加流量。

3. 分销便利目标

为了使顾客感到便利,企业应使市场分散化,节约顾客的运输成本;同时,提供完备的售后服务,及时为顾客解决问题。

4. 拓展市场目标

一般情况下,在进行市场开拓时,大部分企业更侧重于依赖中间商,等拥有一定的市场份额和自己的顾客群后,再建立自己的分销网络。

5. 提高市场占有率目标

在建立起合适的分销渠道后,应特别注重分销渠道的维护,从而逐步扩大市场份额。

6. 扩大品牌知名度目标

在维护老客户对品牌忠诚度的同时,进一步争取新客户。

7. 分销成本最低化目标

在设计与选择分销渠道时,要考虑到渠道的建设成本、维护成本、改进成本及最终收益。

8. 提高市场覆盖面积和密度目标

厂家为了实现这一目标,大多采用多家分销和密集分销形式。

9. 控制渠道目标

企业可以通过提高自身的管理能力、融资能力,掌握一定的销售经验,建立品牌优势来掌握渠道主动权。

10. 渠道服务创新目标

如延长营业时间,提供主动上门服务,开展网上分销等。

9.2.3 规划渠道架构和路径

1. 影响渠道设计的主要因素

(1) 产品特性因素。

① 产品的自然属性。易损毁、易变质或易腐烂,储存条件要求高,有效期短的产品,应采用较短的分销渠道;过重的或体积大的产品,应尽可能选择最短的分销途径,超限(超高,超宽、超长、超重)的产品,应该直达供应;小而轻且数量大的产品,则可考虑采取间接销售。

② 产品技术性。技术性较强的产品,多数采取较短的分销渠道,尽量减少中间环节,保证提供及时良好的销售技术服务。

③ 产品的标准性与专用性。产品具有一定的品质、规格、式样等标准,则分销渠道可长可短;非标准化的专用品或定制品,需要供需双方面议价格、品质、式样等,并直接签订合同。

④ 产品种类和规格。产品规格少,销售量大,可经批发商销售;产品规格多,销售量小,可由专业商店销售或企业直接与顾客签购销合同。

⑤ 产品时尚性。款式、颜色时代感很强,变化较快的流行性商品,尽量采用短渠道分销。

⑥ 产品价格。一般来说,产品单价越高,越应注意减少流通环节;单价较低,市场面广的产品则通常采用多环节的间接销售渠道。

(2) 市场因素。

① 市场需求。如果产品销售的市场范围大,批量也大,则宜采取宽而长的分销渠道,尤其是在全国范围内销售或出口销售,就需要更多的流通环节。

② 顾客集中程度。若顾客集中于某一区域,则可考虑设点直接销售;而市场范围大而分散的产品宜采取长而宽的渠道。

③ 顾客购买习惯。对于一些价格较低,购买频繁,顾客无须仔细选择的日用产品,多采用中间商,扩大销售网点以增大销量;而一些耐用消费品,由于顾客购买少,则可少设网点。

④ 市场潜力。如果市场规模小但发展潜力大,则分销体系应有扩展延伸的余地;相反,如果潜力不大,则应有缩小和转移的准备。

⑤ 市场竞争性。对同类产品,企业可以采用与竞争者相同的分销渠道与之抗衡,也可选择开辟新渠道推销产品。企业应依据竞争需要,分析对手实力,灵活选择营销流通渠道,或针锋相对,或避其锋芒。

⑥ 市场景气状况。市场繁荣时,生产者可采用长而宽的营销流通渠道以扩大市场;反之,则应以最经济的方式销售产品。

(3) 企业自身因素。

企业应从以下四个方面考虑如何使渠道设计与自身特点相一致:

① 企业销售能力。如果企业自身拥有足够的销售力量,有丰富的经验,则可以少用甚至不用中间商。

② 企业提供的服务层次。如果企业愿意为消费者提供更多服务,则可采用直接销售渠道;如果愿意为零售商提供更多服务,则可选用一阶渠道等,以此类推。

③ 企业管理决策。有些企业(如 IBM 等)管理决策倾向于使用直营体系,只有在企业销售体系无法到达的区域才采用中间商。

④ 企业市场信息收集能力。如果企业市场信息能力弱,缺乏对客户的了解,就需要借助中间商销售产品;反之,就可以采用直接渠道。

(4) 中间商因素。

一般说来,企业可从中间商的可得性、使用成本和服务质量三个方面来选择渠道长度。

① 可得性。可能性是指在选定的市场区域内能否选到有效的中间商。

② 使用成本。中间商可能索取非常高的佣金,此时企业要选择和比较两种分销渠道的成本差异,以决定是否选择中间商和中间商的层次。

③ 服务质量。企业还需要评估中间商向顾客提供服务的能力,如果中间商的实力不能提供有效的服务,企业就要考虑建立自己具有保障服务能力的直接渠道。

2. 设计渠道的性质

按照渠道系统内各成员之间的关系,渠道的性质可分为直销(直营)、代理、合资、加盟等多种类型。随着社会发展与营销技术的进步,更多的成员关系类型还将不断出现。

直销(直营) 是生产商自己设立销售点(店),构建直销网络来分销产品的一种渠道模式。直销模式有利于生产商统一开发和实施经营战略,而分散各地的直销店也通过统一的店面布置、规范的人员管理,有助于生产商品牌形象的建设;但直销模式需要较高的管理成本予以支撑,对物流及资金投入要求较高。

 课堂互动:直销与传销的区别

代理 是指生产商在特定区域内通过代理商来销售产品。在代理过程中,代理商不取得产品所有权,仅以被代理者的名义开展活动,签订合同,一般按照销售额的百分比取得佣金。

经销 关系是最常见的渠道类型,这是指生产商通过经销商来销售产品。在经销过程中,经销商取得产品所有权,以自己的名义销售产品,独立承担合同义务。

合资 则是生产商通过与中间商共同投资,共同经营销售网点,并按比例分享利润、分担风险及亏损的一种合作方式。

加盟 也就是特许经营,加盟者就加盟费用、保证金、责任与权利等与生产商达成协议后,生产商提供技术与培训,授予其品牌使用的权利,但会在店面布置、服务支持、经营模式等方面要求加盟者按规范操作,并予以监控。

实际上,大多数生产商的营销渠道并非只拥有一种关系类型,往往是多种类型并存。在一个区域内既有加盟也有合资,而合资设立的销售机构既可以是代理商也可以是经销商。

3. 规划渠道终端业态

渠道的终端业态(销售店铺)是顾客购买商品和服务的接触点,要求体现顾客对渠道的服务需求,是基于顾客的终端服务需要而产生的,包括顾客希望在哪里购买、怎样购买、多少钱购买、需要怎样的服务支持及水准等,业态不同的店铺满足不同顾客对终端服务输出需求。按照活动空间的不同,终端渠道可分为实体渠道与网络渠道两类。终端业态也反过来对渠道结构设计提出要求。主要的终端业态见图9-7。

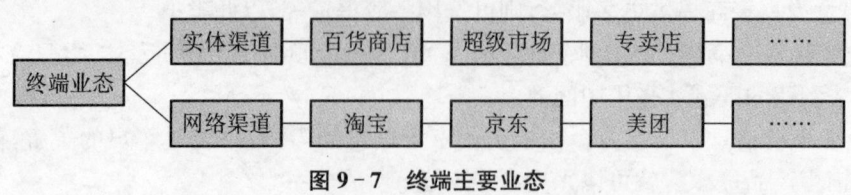

图9-7 终端主要业态

4. 设计渠道结构

(1) 根据中间环节层次的多少划分,分为长渠道和短渠道。

分销渠道的长度是指产品从企业到最终消费者的转移过程中所经历的中间环节数(见图9-8)。

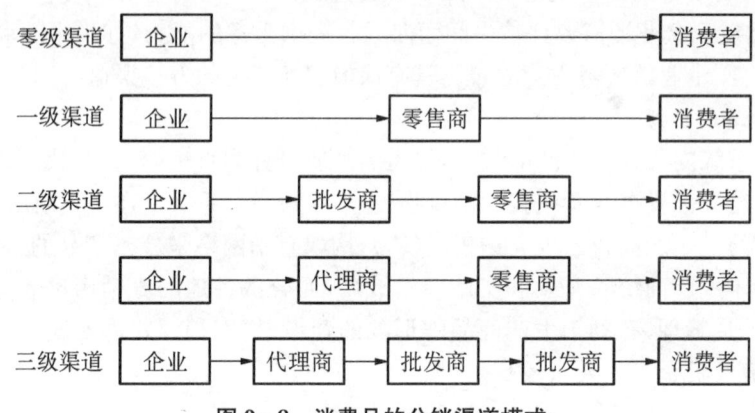

图9-8 消费品的分销渠道模式

长渠道可以使生产商充分利用中间商的资源及其高度专业化优势,减少资金和人员等方面的投入,获得广泛的市场覆盖面,但生产商对产品和渠道的控制减弱,获取市场信息困难。短渠道要求生产商在资金和资源等方面实力雄厚,具有大规模存货和配送的能力,或能有效利用第三方物流,生产商对产品和渠道有较强的控制力,但市场覆盖面较小。渠道长度选择的基本原则是尽可能短。

(2) 根据同一层次中间商多少划分,分为宽渠道和窄渠道。

分销渠道的宽度取决于产品流通过程中每一个层次利用同种类型中间商数目的多少。

独家分销是指生产商在一个顾客半径区域市场内仅选择一家最适合的中间商销售其产品。这一方案只适用于大型专用成套设备,或具有技术诀窍、专门用途的特殊产品。独家分销能够充分控制市场,降低渠道管理难度和费用,提高经销商的积极性。

密集分销也称广泛分销,是指生产商通过发展尽量多的中间商以促进产品销售。这一方案的主要目标是建立尽可能大的市场覆盖面,使顾客可以方便地、随时随地地购买产品。当顾客对购买的空间便利性极为重视时,生产商必须采用密集分销。密集分销主要适用于日用品(如香烟、打火机、饮料、口香糖、盐等),以及工业用品中的通用产品(如标准件、五金工具、一般劳保用品和小型通用设备等)。

选择分销界于独家分销与密集分销之间,强调生产商在一个顾客半径区域市场内挑选几个中间商来经营其产品。以使顾客有一定的中间商选择比较余地。

（3）根据企业采用分销渠道的多少,划分为单渠道系统和多渠道系统。

单渠道系统是指企业只通过一条分销渠道销售产品。多渠道系统（复式渠道和混合渠道）是指企业对同一或不同细分市场,同时采用多条渠道的分销体系,并对每条渠道或至少对其中一条渠道拥有较大控制权。

9.2.4 决定成员及其责权利

各种中间商是构成渠道的主体。在明确了渠道的长度与宽度之后,生产商需要为每个渠道环节选择和确定中间商,明确其权利与责任,并通过激励、控制等管理手段使各成员分工有序,协同一致,保证渠道运作的高效。

1. 中间商选择

生产商拥有技术资源、产品资源、品牌资源等,中间商拥有当地的社会关系资源、资金资源、人力资源、品牌资源等。生产商选择中间商是为了资源的最大化利用和最优匹配,实现厂商共赢。但由于中间商自身的经营机制、营销能力、声誉等对营销效果有着直接的影响,因此,生产商在选择中间商时应格外慎重,遵循以下原则：

（1）战略匹配。生产商在选择中间商时,不仅要考虑到当前的市场利益,更要考虑到市场的发展变化和自身长期战略,应当选择那些在经营理念、战略目标和企业文化等方面与自己相对一致的中间商。

（2）市场匹配。一是指中间商的市场目标和生产商基本一致,即目标市场重合度高,这样才能有效防止分销过程发生窜货行为；二是指两者在目标市场的相对市场地位基本一致；三是指对竞争格局,各竞争产品之间关系的看法基本一致。

（3）能力匹配。它是指要选择那些有能力或至少有潜力达成分销目标的中间商。为此,生产商要对中间商进行全面考察,包括经营实力（如经营年数、成长情况、人员素质、发展潜力、盈利能力、偿付能力等）、营销意识、市场能力（市场覆盖范围、品牌运作、销售服务水平、物流水平等）、管理能力、口碑声誉等,还要评估他们经销的其他品牌、产品的数量与性质；对零售商还要评估商店的位置和经常光顾的顾客类型等。

2. 渠道成员的责权利

生产商必须真诚对待每位渠道成员,协商确定双方权利与责任,实现合作共赢。其中最重要的因素就是价格政策、销售条件、市场区域划分以及各方承担的具体服务功能。

销售条件是指付款条件和生产商的承诺保证。大多数生产商都对提前付款的中间商给予现金折扣,同时也向中间商承诺次品处理的特殊保证,这可以使中间商解除后顾之忧,促使其大量采购。价格政策要求生产商制定中间商认为是公平合理的价格目录和折扣表。

地区权利的划分是各地区的经营权在中间商中的分配。除非是独家分销,否则中间商的经营区域总是有一定重叠。对于消费者市场而言,这种重叠一般不会带来太大的问题,但对组织市场就有可能造成顾客无所适从,他们不知道到底该从哪里购买更为合适的产品,甚至顾客还可能会利用两个中间商之间的竞争从中获利。因此,如何在中间商之间分配所辖区域内的销售权益,就成为生产商必须决定的重大问题。

最后,一定要明确的是各方在交易功能方面的分工,如由谁来提供售后服务,双方如何分摊市场活动与费用,以及产品如何展示等。

9.2.5 评估渠道方案

对初步形成的渠道方案,生产商需要从经济性标准、协调性标准和适应性标准三个方面对渠道方案加以评估与调整,以确定最终的方案。

(1) 经济性标准。每一渠道方案都有其特定的成本和销售额,生产商必须决定分销成本和销售额的最佳组合,以确定最大利润的方案。

(2) 协调性标准。如果生产商采用直接渠道,则可以完全控制销售网络,分销机构及人员必须按照企业要求去进行销售。但若采用间接渠道,中间商根据自身的利益诉求把注意力放到客户更感兴趣的其他品牌上,对于他们来说很正常,为了成交,贬低一家,抬高一家的事时有发生。

(3) 适应性标准。强调选择的渠道方案与产品对渠道的要求是吻合的,是能满足顾客的服务需求的。

知识链接

中国渠道的 4 大变化趋势

9.3 中间商

中间商是指在企业与消费者之间,专门从事产品流通活动的经济组织或个人,或者说是企业向消费者出售产品的中间机构。按其在产品流通中所起的作用不同,又可分为批发商和零售商。

9.3.1 批发商

批发是指将实体产品以大批量为单位进行销售的活动,相对于零售商以批量进货、单件产品甚至称重的方式销售而言,批发的主要特征是买进卖出都是大批量的。批发商则是指以批发业务为主的商业企业,实际上则既有批发商兼营零售业务,也有零售商兼营批发业务。

批发商与零售商还有一些其他不同:首先批发商较少注意气氛和店址,因为它们的交易对象主要是大批量购买的商业顾客,商业顾客行为相对理性;第二,批发商的产品组合一般较窄,只经营一类或几类同类产品;第三,批发商以人员推销为主要沟通形式,采取有针对性的个性化人际沟通方式,而不似零售商以大众沟通为主;第四,在有关法律条令和税收方面,政府对批发商和零售商也是区别对待的。

根据在分销过程中所起的作用及产品是否发生所有权转移,批发商可分为四类:商业批发商、经销商、代理商和经纪商。

1. 商业批发商

商业批发商是最典型的批发商,一般也就简称为批发商,是指那些专门从事消费品批发经营活动的企业。他们大批量买下所经销的产品,取得产品所有权,然后独立自主地小批量售出,批零差价是他们获利的基础。独立承担产品滞销的风险,也独享产品溢价的利益。实际上,批发商和零售商、上游批发商或生产商之间有各种利益分配模式,远不是简单地赚取差价。

2. 经销商

经销商一般是指那些经营产业用品(工业原材料、设备等)的中间商,商业批发商有时也被称之为经销商。所以,经销商可以被定义为面向非消费者顾客进行产品销售活动的销售(商业)机构,而批发商在广义上是指非零售商,狭义上即指商业批发商。

3. 代理商

代理商又称商务代理,是指在其行业惯例范围内接受委托人委托,为委托人促成或缔结交易的商业机构。代理商以委托方的名义活动,不取得产品所有权,代理商可以代表买卖双方的任一方,代表卖方为销售代理商,代表买方为采购代理商。销售代理商根据代理契约规定销售委托人的产品,在价格、交易条件等方面代表委托人与用户谈判,达成销售协议。采购代理商则代表买主,为其采购产品,甚至为买主收货、验货、储存和送货。代理商的收益方式一般为按最终销售量或销售额收取佣金。

4. 经纪商

经纪商俗称中介,主要功能是向买方或卖方提供交易操作,为买卖双方牵线搭桥,协助完成交易和手续,由委托方付其佣金。在整个交易过程中,经纪商不存货,不卷入财务,不承担风险。最常见的经纪商是保险经纪人、不动产经纪人(房产中介)和证券经纪人。证券经纪商的存在是由证券交易必须通过会员才能进行操作的特殊性决定的。在其他领域,随着信息化的发展,仅仅基于信息的中介服务将越来越少。

另外,在某些特定的经济领域,也存在另外一些特殊的批发商,如农产品集货商。他们从农民处收购农产品,然后化零为整,运销给食品加工企业或政府,通过整车运送和地区差价,赚取利润。

9.3.2 零售商

零售是指将产品以一件或小批量直接销售给最终消费者,供其非商业使用的活动。从经营形式上看,目前零售商的类型主要分为商店零售、无店铺零售、零售组织和新零售。

1. 商店零售

商店零售是指在固定的产品展示场所销售产品的零售活动。从事店铺零售的组织主要包括专卖店、专业店、超市、百货店、购物中心、便利店、仓储会员店等。

专卖店是指只销售同一品牌各种产品的零售商店,所以也称品牌专卖店,如海尔厨卫专卖店、李宁专卖店、海澜之家、LV 旗舰店等。专卖店通过提供和专卖品牌形象相称的购物氛围来表现品牌的特定形象,所以在强调品牌的产品领域,专卖店是其主要零售形式。实践中,既可能是单独的门店,也可能是百货店、购物中心中的店中店。随着品牌在生活中作用的不断提升,大多数非日用品都通过不同形式的专卖店进行销售。

专业店是以专门经营某一类产品为主的零售组织,如药店、琴行、书店、渔具店、鲜花店、家具店等。专业店以产品线长、提供专业服务为特征,经营同一产品类别的多种品牌。适合专业店销售的产品一般都要求提供较高水平的专业服务,如药品、乐器等,或具有特殊性,消费者一般不和其他产品同时购买,如书籍、鲜花、体育用品、家具等。

超市是相对规模较大,开架自选售货、集中收款,满足消费者日常生活需要的一种自助服务式的零售业态。根据满足对象的不同,超市还可以分为便利超市、社区超市、综合超市、大型超市。超市主要经营日常生活用品,拥有较宽的产品线,销售的产品大多都是定量定价的,不需要讨价还价,不提供或只提供很少的服务。

百货店,传统百货商店经营规模大,产品线较宽,涉及消费者生活的多个方面,实行统一管理、分区销售。20世纪中期以后,随着生活水平的提高和专卖店、专业店和超市等其他零售业态的兴起与发展,在许多国家和地区,百货商店已处在衰退期,产品线收缩,目前主要经营服装、箱包、饰品、化妆品等,而且大多采取店中店的品牌专卖店形式。

购物中心又称 Shopping Mall 或联合商店,是一种面向消费者的各种商店的大规模联合体。大型购物中心的零售产品包罗万象,几乎涵盖所有消费品,并以相应的专卖店、专业店或超市的形式存在于其中,几乎可以满足消费者的全部购物需要。同时,购物中心还提供儿童教育、休闲娱乐、餐饮等服务。购物中心的出现迎合了现代消费者生活方式的变化,多业态的集合还为联合促销以吸引顾客提供了便利。

便利店是指那些设在居民区附近、面积较小、以满足消费者便利性需求为目的的小型商店。便利店营业时间长,主要经营周转率高的便利品,品种范围有限,经营成本较高,因此其销售价格要高一些。消费者主要利用它们做"填充"式的购买。

仓储会员店以会员制为基础,实行储销一体、批零兼营,以提供有限服务和低价商品为主要特征。仓储会员店主要销售食品、厨房器具、洗涤用品和其他日用品。由于经营规模大、服务少、设施简陋,因此其成本较低。

2. 无店铺零售

无店铺零售是指不经过店铺销售产品的零售形式。由于科技发展及竞争关系,越来越多的企业采用无店铺零售的方式出售产品,其中最普遍的有直销、直复营销、自动售货等。

3. 零售组织

零售组织是以多店铺联盟的组织形式来开展零售活动的。参与组织的商店可以是同一个所有者开办的若干店铺,也可以是不同所有者的若干商店。通过商店之间的联合,可以避免过度竞争,提高零售的规模经济效益,节约成本。具体形式主要有连锁商店和特许经营。

4. 新零售

新零售,英文是 New Retailing,即个人、企业以互联网为依托,通过运用大数据、人工智能等先进技术手段,对商品的生产、流通与销售过程进行升级改造,进而重塑业态结构与生态圈,并对线上服务、线下体验以及现代物流进行深度融合的零售新模式。

> **案例应用**
>
> #### 亚马逊收购全食超市,新零售走出融合之路
>
> 2017年6月16日,美国电商巨头亚马逊宣布将以每股42美元,合计共137亿美元的高价收购美国全食超市(Whole Foods Market),由此切入生鲜电商领域。消息一出,美国三大实体零售巨头沃尔玛、克罗格(Kroger)和塔吉特(Target)的股价集体重挫。
>
> 业内对亚马逊和全食超市的"牵"手并不感到意外,作为全美最大的线上零售商,在收购

全食超市以前,亚马逊早已不断试水线下领域。2015年年底,亚马逊在美国的西雅图开了第一座实体书店;2016年12月,亚马逊推出科技超市Amazon Go;2017年3月,亚马逊的生鲜自提业务在总部西雅图进行内测;2017年6月16日,则不惜斥巨资一把拿下全食超市。

与大举进军线下的亚马逊相对,实体零售起家的沃尔玛却在不断加码电商板块。2016年以来,沃尔玛一直在不停歇地"买,买,买";2016年8月,沃尔玛宣布以约33亿美元的价格收购美国新兴电商网站Jet.com;2017年1月,Jet.com宣布以7 000万美元收购鞋履电商Shoebuy;随后,户外服装电商Moosejaw、线上女装零售商ModCloth先后被沃尔玛收归麾下。

作为全球重要的市场之一,沃尔玛也在中国深耕电商领域。沃尔玛在深圳罗田店推出全国首家"沃尔玛京东之家"体验店,无疑是沃尔玛和京东深化战略合作的又一项创新尝试。

事实上,不论是亚马逊还是沃尔玛,类似的战略收购在中国并不新鲜,国内两大电商巨头阿里巴巴和京东,这几年一直忙于与实体零售开展合作或提出并购,以打破线上线下渠道的销售壁垒。

案例启示:

结合以上营销事件,不难看出伴随着线上线下的打通,电商与"坐商"之间的关系也在发生变化。新兴网络零售业不仅正在实现对现有实体零售业的"存量转移",扮演一个"颠覆者"的角色,而且正在成为渠道经销商和实体零售业的"补缺者"。

9.3.3 网络电商

网络电商(网络购物)主要是指互联网购物和移动互联网购物,尤其是移动互联网购物。虽然目前大多数产品还是主要由实体店铺实现销售,但是近十多年来,网络购物比店铺零售的发展快得多,在零售中的比例不断上升,成为最主要的零售方式已经为时不远。

1. 网络电商的优势

(1) 方便快捷。消费者可以利用碎片时间完成网络购物,不再需要占用整段、整块的时间,也不再需要专程去商店,在时间、空间上都非常方便。快递的发展,使网购产品在第二天甚至当天就能送达购物者,或其指定的地点,随着电子商务的进一步完善,还会更快。

(2) 反馈。买方可以对收货、使用等信息进行反馈,发表自己使用体会和评价,帮助其他购买者提高产品、品牌、商家选择效率。这种反馈在传统零售店是很难实现的。

(3) 透明。信息不对称现象大规模减少,价格比较、参数比较变得异常方便,用户评价的数量、评分、口碑使卖方利用信息不对称谋取不当利益变得非常困难。

(4) 便宜。由于不需要在城市中心设立店铺、不需要大量的产品展示货架空间、不需要大量的现场服务人员,网络零售成本大大低于店铺零售成本,购物价格更低。

(5) 产品齐全。由于不需要实际的货架空间来展示产品,而是通过计算机的多媒体手段展示产品,网络商家的产品组合无论在宽度还是在深度方面都几近可以无限延伸,形成了一些规模巨大的网上商城,为消费者选择、一站式购物带来更多便利。零售的地域限制被无限释放,地方零售巨头的概念将逐步消失。

(6) 可靠。网络购物的反馈对网络商家形成巨大的压力,迫使其守法经营。消费者从来没有像现在这样获得和卖方平等的话语权。

(7) 精准。商家能通过大数据分析更精准地了解消费者行为,比如,何种信息交流方式使顾客产生反应行为,并且能够知道顾客反应的具体内容是什么,目标顾客是想订货还是要获取更详细的资料等,也可以知道顾客当前的位置和状态,从而更有针对性地向其发布促销信息,激发需求并立即付诸实施。

2. 网络电商模式

C2C 模式,指消费者对消费者的电子商务,简单地说就是消费者本身提供服务或产品给消费者。目前主要的 C2C 电子商务平台:淘宝。

B2C 模式,指商家对消费者的电子商务,商家通过自己架设的网上商城与客户进行交易往来。目前主要的 B2C 电子商务企业:唯品会。

B2B 模式,指企业对企业的电子商务,这种模式与上一种明显的区别就是,客户由个人变成了企业与企业之间的商贸批发往来。目前主要的 B2B 电子商务企业:阿里巴巴。

B2B2C 模式,指多商家对消费者的电子商务,一个平台上可以有多个商家开设店铺,与客户进行销售往来。目前主要的 B2B2C 电子商务平台:天猫、京东等。

C2C、B2C、B2B、B2B2C,都不过是一种提法,完全不必为此困惑,生产商(B)-销售商(B)-消费者(C),这三种角色原本互相联系、互相转化只是以不同的形式体现。

O2O,是 Online To Offline 的缩写,即在线离线/线上到线下,是指将线下的商务机会与互联网结合,让互联网成为线下交易的平台,这个概念最早来源于美国。O2O 的概念非常广泛,既可涉及线上,又可涉及线下,可以通称为 O2O。

9.4 分销渠道管理

渠道管理是制造商为使渠道运作发挥最大的绩效并不断改进渠道结构,而对渠道进行的管理,以确保最佳的渠道架构与成员组成,渠道成员间及公司和渠道成员间的相互协调和通力合作。渠道管理的主要内容有选择渠道成员、激励渠道成员、处理渠道冲突和渠道评价改进。

9.4.1 选择渠道成员

渠道各层次成员中间商的选择,要从各个中间商过去的营业状况、经营历史、信誉,销售能力及管理能力,业务人员的素质和工作态度,产品销售组合内容,储存、运输等设备条件,市场覆盖范围,顾客类型及购买力,目标市场的一致性,地理位置及合作意愿高低等方面进行查核选择。

9.4.2 激励渠道成员

激励渠道成员的方式有正、反两种。正面激励的方式包括销售奖金、交易折扣折让、销售竞赛等奖励的方式;负面激励包括提高产品售价,减少销售优惠等惩罚的方式。然而正确的激励方式应该注意渠道成员间的长期性配合,根据彼此的基本需要及利益,建立互助互利的合作关系。可考虑下述的概念与方式。

其一,合作:采用"胡萝卜加大棒"的做法,激励与处罚兼具,既使用积极的激励手段,也采用适当的处罚措施。

其二,合伙:着眼于与中间商建立一种长期的合伙关系,达成一种协议,仔细研究并明确自身应该为中间商做些什么,如产品供应、技术指导、售后服务等,也让中间商明白自身的责任和义务。

其三,营销计划:建立一个有计划的、实行专门化管理的垂直营销系统,把生产者和中间商的需要结合起来。

9.4.3 处理渠道冲突

处理渠道冲突,包括渠道的水平冲突和垂直冲突。水平冲突是指发生在同一渠道层次内的公司间冲突,可通过限制经销商的销售区域的方法使其不至于产生低价越区销售,争抢顾客而导致冲突。垂直冲突是指发生在不同渠道层次的公司间冲突,为避免冲突发生,需明确渠道各层次成员之间彼此所应有的权利及义务。

渠道冲突是每个企业都不愿意看到但又不得不面对的现实。渠道冲突往往会带来恶性的循环,导致渠道间相互窜货、价格混乱,经销商无利可图之下会纷纷要求生产商降低供应价格或者干脆不再经销其产品,而生产商一旦调价,渠道又会陷入新一轮的价格大战中,最后甚至会引发整个市场的混乱。

产生渠道冲突的主要原因有四个方面:

第一,目标不一致。渠道成员在各自的经营过程中所设定的目标不一致,是引起渠道冲突最主要的一个原因。比如,生产商的目标是增加市场份额,力求在短时间内占领市场,而分销商则是为了短期的销售利润,要求生产商给予最优惠的价格。如果分销商在短期内无法盈利,他们就会去寻找别的生产商合作。再比如,分销商希望通过更高的毛利率、更快的存货周转率、更低的支出及更高的销售提成来谋求利润的最大化,而生产商却未必如此。还有,生产商可能想要通过低价策略实现快速市场渗透,而经销商则可能更偏爱高毛利和追求短期的盈利。

第二,角色和权利不明晰。渠道成员应该明确各方的权利和义务,如果没有明确双方的权利,最容易产生冲突。比方说,某大型生产企业把一定地理区域的产品经销权授于特许经销商,但是生产企业的销售人员也在这一区域内销售产品,在这种地理区域划分不明确的情况下就会产生利益冲突。

第三,认知差异。生产商和中间商由于对问题的感知不同而发生分歧。比如,生产商可能对近期经济前景较为乐观,并希望经销商多备存货,但经销商却未必看好前景。再比如,生产企业派出销售人员到销售现场促销并培训经销商的营业员,但经销商却很可能认为生产商是想监督和控制自己,于是不予配合。

第四,中间商对生产商的依赖。渠道成员互相依赖的程度越大,发生冲突的可能性就越大。比如,独家经销的依赖程度大,双方在利益分配等方面引起的矛盾和冲突就多。企业要想顺利地化解渠道冲突,首先就要找准"病灶",明确到底是什么原因导致渠道冲突,然后才可能对症下药。

9.4.4 渠道评估与改进

制造商必须定期对渠道进行评估,并根据渠道的整体运作情况、渠道成员绩效表现、市场发展变化趋势,加以改进以维持渠道竞争优势。评估中间商业绩的指标有销售定额完成情况、平均存货水平、向顾客交货时间等。可将一定时期内各中间商的销售额列出,且依销售额大小排出名次,促使先进的中间商努力保持已有的荣誉,后进的中间商为了自己的荣誉奋力上进。此外仍有两种办法可供使用,即将每一中间商的销售绩效与上期的绩效进行比较和将各中间商的绩效与根据该地区的市场环境、销售实力所设立的销售定额相比较。也可考虑对绩效表现较差的中间商进行边际分析及替换分析:分析增加或减少某一家中间商,对整体销量、利润及成本的影响及变化;以及分析由一家中间商取代另一家中间商时所产生的正、负影响,分析除了包括销售、利润、成本的影响外,同时也要考虑渠道功能的整体性问题及变化。

渠道评估与改进的具体内容还应该包括:

一是渠道结构评估,主要是评估渠道结构、布局、覆盖是否理想或是否需要改进,使产品销售完全达到市场最大潜能,以实现企业可持续最佳获利的目标。

二是渠道成员评估,主要是评估渠道中间商的销售业绩表现,以及如何辅导表现较差的成员达到应有表现,如何协助整体成员业绩持续亮丽增长。

三是渠道改进评估,主要是评估整个渠道结构、布局是否需要改进,如何改进,是否需要进行中间商的增减、替换,使产品销售完全达到市场最大潜能,以实现企业可持续、最获利的目标。

案例应用

娃哈哈集团的渠道管理

1. 实行保证金制度

为确保企业与经销商资金链安全运转,1994年年初,娃哈哈集团总经理在经销商大会上宣布实行保证金制度,就是经销商先付货款,企业后交货。在渠道不断优化的过程中,首先剔除那些资金不够雄厚的经销商,选择实力强大的经销商合作,要求所有经销商必须按年度缴纳一定的保证金,在经营过程中进货一次结算一次。娃哈哈集团承诺给予更多的优惠政策,并按高于同期银行利率对经销商支付利息。娃哈哈的品牌美誉度相当高、产品销量节节攀升,许多经销商都全力拥护娃哈哈集团的保证金制度,自此,娃哈哈集团基本掌握了分销渠道的主动权。在诚信和利益的合力拉动下,保证金制度实施得非常成功,实现了生产商与经销商的双赢。一方面,娃哈哈集团规避销售额拖欠风险,充分利用收付款的时间差,尽量不动用自有资金实现企业的顺利运转和生产,实现资金的良性循环,而销售人员将全部精力用于产品促销,销售业绩自然快速上升。同时,娃哈哈集团将这笔现金用于企业采购原辅材料,减轻银行信贷的利息偿付,给企业经营成本减负。另一方面,经销商也乐于保证金制度的实施。由于娃哈哈集团信誉良好,有时娃哈哈集团同意经销商货到付款,且月清月结,经销商不必担心付钱拿不到货。另外,经销商将保证金交给娃哈哈集团,就如同去存款,只要按时交款、顺利完成销售任务,经销商年底就将获得一笔远高于银行存款利息的保证金利息。此外,保证金制度也令一些缺乏资金实力、市场开拓能力差的经销商难以进入娃哈哈集团的联销体,保证了娃哈哈集团的经销渠道能够最大限度地促进其产品销售。

2. 建立共赢的联销体

建立共赢的联销体是指制造商与销售商通过协议规范自身行为。双方实现风险共担、利益共享的经济联合体。娃哈哈集团在联销体这一分销渠道模式的建设上主要包括以下内容：首先，继续实施保证金及保证金贴息奖励的营销政策。其次，着手实施区域销售责任制。公司根据经销商的能力和他们当地的客户关系，对所有经销商进行区域合理布局，严格划分责任销售区域，努力消灭销售盲区，以杜绝窜货现象，同时避免了因经销商销售区域交叉导致的内耗式竞争。第三，理顺销售渠道的价差体系。即通过合理的一批商、二批商和零售终端价差体系设计，明晰销售渠道不同层次经销商的合理的利润空间，同时实施利益的有序分配。第四，建立专业的市场督导队伍和督导制度。为此，娃哈哈集团制定了一套销售业务员工作规范，并建立了一支专业的市场督导巡检队伍和督导巡检制度，确保公司各项营销政策、策略及指令的执行。营销联合体模式并不是对所有企业都有效，要使营销联合体产生作用，需要具备以下三个条件：① 企业需要有较高的盈利水平；② 企业产品适销对路、成长速度很快；③ 企业实力强、信誉好、品牌知名度高。

3. 对窜货问题的管理

窜货又称为倒货、冲货，是产品越区销售，也是对分销区域任务和权利的模糊和混乱而导致的渠道冲突。按窜货的不同动机、目的和窜货对市场的不同影响，可将窜货分为：恶性窜货、自然窜货、良性窜货。根据窜货的区域，窜货可分为同一市场内的窜货、不同市场之间的窜货、交叉市场之间的窜货等三类。一般来说，良性窜货和自然性窜货暂时不会危及厂商的渠道。但必须明确的是这几种窜货是可以互相转化的，必须对恶性窜货的危害有清醒的认识。娃哈哈集团为解决窜货问题而采取的对策主要体现在以下几个方面：① 在合同中明示奖惩原则，制定严明的奖罚制度，面对窜货行为有严明的奖罚制度，并将相关条款写入合同。另外，在企业内部业务员之间也签订不"窜货"协议，同时制定严格明确的处罚条款，起到警戒作用。② 建立明确的价格级差体系。娃哈哈分销网络构成是公司—特约一级经销商—特约二级经销商—二级经销商—三级经销商—零售终端。③ 产品包装区域差别化。在产品跨区域分销时，为防止窜货产生，在不同区域间分销的不同产品采用不同的包装标志。④ 采取全面的激励措施，为诚信关系的维持提供持久动力。⑤ 建立规范的执行机构。娃哈哈集团专门成立一个机构，巡回全国，严厉查处经销商的窜货和市场价格，严格保护各地经销商的利益，并把制止窜货行为作为日常工作常抓不懈，这是该制度产生实效的关键点。

知识小结

分销渠道是介于生产者和消费者之间的桥梁。分销渠道的起点是生产者，终点是消费者。在生产商与消费者联系的过程中，根据是否有中间商参与，可将分销渠道分为直接渠道和间接渠道。根据商品在流通过程中的销售环节，可将分销渠道分为长渠道和短渠道。

当企业将产品向一个目标市场投放时，按使用中间商的多少，可将分销渠道划分为宽渠道和窄渠道。

中间商是指在生产者与消费者之间，参与商品交易业务，促使买卖行为发生和实现的具有法人资格的组织或个人，包括批发商、零售商、代理商和经纪人。

分销渠道的任务是完成五大流程：商流（所有权流）、物流（实体流）、资金流（货款流）、信息流、促销流。

"用户驱动的分销渠道系统"设计模型有五个步骤：分析渠道环境，确定渠道目标，规划渠道架构与路径，决定成员及其责权利，评估渠道方案。

影响渠道设计的因素有商品因素、市场因素、中间商、企业自身、环境因素。

渠道管理是指企业为实现公司分销的目标而对现有渠道进行管理，以确保渠道成员间、公司和渠道成员间相互协调和通力合作的一切活动。

渠道冲突指的是某些渠道成员从事的活动阻碍或者不利于本组织实现自身的目标，进而发生的种种矛盾和纠纷。渠道冲突包括水平冲突、垂直冲突和不同渠道间冲突。

互联网极大地拓展了渠道的时间和空间，线上线下渠道融合代表着渠道的发展方向。

【关键术语】

营销渠道　供应商　中间商　代理商　批发商　零售商　直接渠道　间接渠道
渠道层次　密集分销　选择分销　独家分销

【应知考核】
【应会考核】

进入云班课测试应知考核，可查看结果

【实践活动——任务10促销方案评价】

扫码查看应知应会练习题

《"公司"（项目团队）的渠道策略》质量评价标准

任务 10　促销传播策略

知识目标

1. 理解促销的实质是传播沟通,理解促销组合及其作用;
2. 掌握广告的 5M 决策;
3. 掌握营业推广流程;
4. 掌握人员推销步骤;
5. 了解公共关系的特点及其主要活动方式;
6. 理解新媒体营销的主要方式。

能力目标

1. 能够设计结构完整的促销组合方案;
2. 能够结合真实项目开展广告宣传、推广、销售、新媒体营销实践。

任务驱动

促销是市场营销组合的四个策略之一,一个企业在开发出适销对路的产品、制定出有吸引力的价格和拓展出有效的分销渠道之后,还必须组织实施一系列以说服顾客采取购买行动的活动。这些活动使潜在顾客了解产品,引起其注意,激发其购买欲望和购买行为,从而实现扩大销售的目的。那么,如何才能达成这些目标呢? 让我们带着问题来开始学习吧!

项目团队任务:"公司"(项目团队)的促销方案

➥ **1. 任务内容:**

(1) 设计完成"公司"(项目团队)的促销方案;

(2) 根据上述促销方案及本项任务实施过程,制作 PPT 用于汇报和展示;

(3) 本项任务结束后,各项目团队通过课堂汇报、交流、答疑,开展任务成果竞赛。

➥ **2. 任务目的:**

运用所学的知识根据"公司"(项目团队)的主营业务设计促销方案,掌握促销方案设计过程;掌握广告、人员推销、公共关系、营销推广、新媒体促销技能。

➥ **3. 任务的组织与实施:**

参考任务 1:任务的组织和实施。

➥ **4. 任务质量要求、参考作品:**

《"公司"(项目团队)的促销传播策略方案》评价标准

淘宝网店的双十一促销方案

新媒体环境下的文化传播策略

扫码查看完整思维导图

任务导图

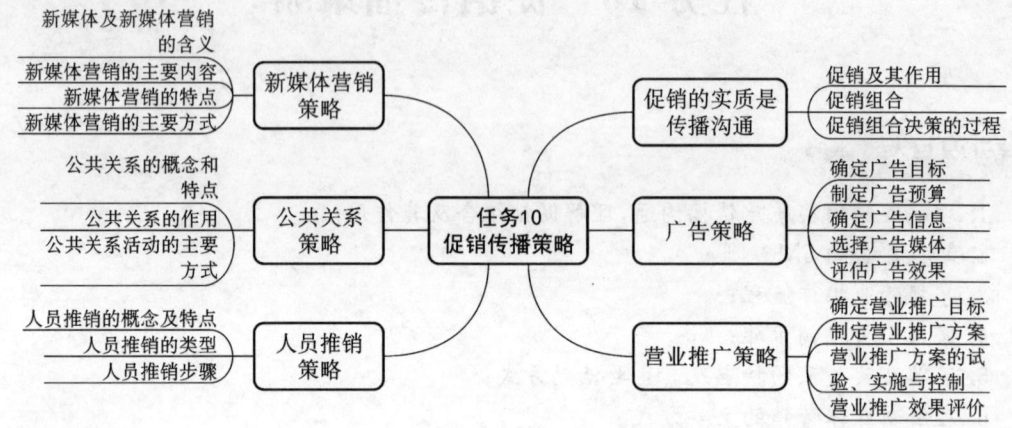

导入案例

"双11"购物狂欢节

"双11"购物狂欢节,是指每年11月11日的网络促销日,源于淘宝商城(天猫)2009年11月11日举办的网络促销活动,当时参与的商家数量和促销力度有限,但营业额远超预想的效果,于是11月11日成为天猫举办大规模促销活动的固定日期。"双11"已成为中国电子商务行业的年度盛事,并且逐渐影响到国际电子商务行业。

阿里巴巴集团董事局主席马云表示:"双11",是一年一度的消费者狂欢节,也是激发内需的最好路径。"双11",显示了中国的强大内需,我们希望成为激发、唤醒、引领中国内需的一个小小的发动机。

2015年,打造首届"双11春晚"。天猫"双11"指挥部移师北京,并联手湖南卫视,由冯小刚坐镇总导演,为消费者举办了一场"双11春晚"——天猫2015年"双11"狂欢夜。

2019年11月11日,2019双十一购物狂欢节正式开始。天猫"双11"开场14秒销售额破10亿元;1分36秒成交额破100亿元。17分06秒,成交额超过人民币571亿元,超过2014年"双11"全天成交额。2019天猫"双11"全天成交额为2 684亿元人民币,超过2018年的2 135亿元人民币,再次创下新纪录。

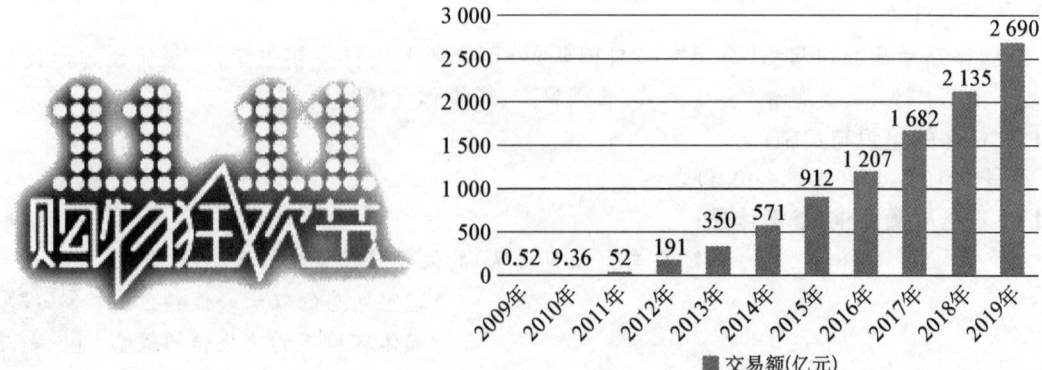

| 视频链接： | "双11"的前世今生 |  |

案例分析：

1. "双11"为什么能够成为全民购物狂欢节？阿里巴巴针对"双11"开展了哪些促销活动？

2. 根据本"公司"（项目团队）的经营业务，设计"双11"促销方案；或者为某个网店设计"双11"促销方案。

10.1　促销的实质是传播沟通

现代市场营销的丰富实践表明：即使一个企业能够开发出优秀的产品，也并不代表能在市场上取得成功。企业必须与现有的及潜在的顾客进行有效沟通，向他们传播并使他们接受企业的经营理念、品牌形象、产品信息以及所代表的生活方式。

在今天的信息社会，信息传播的成本越来越低，各种信息充斥在我们周围，没有伟大的创意，你的信息就如海洋中的一滴水，根本不会受到关注。"酒香不怕巷子深"的经营理念在当今社会已经失去了其意义，对于大多数企业来说，问题不在于是否要进行传播，而是如何进行传播。

10.1.1　促销及其作用

促销就是营销者向消费者传递有关本企业及产品的各种信息，说服或吸引消费者购买其产品，以达到扩大销售量目的的一种活动。

促销实质上是一种沟通活动，即营销者（信息提供者或发送者）发出刺激消费的各种信息，把信息传递到一个或更多的目标对象（即信息接收者，如听众、观众、读者、消费者或用户等），以影响其态度和行为。常用的促销手段有广告、人员推销、营业推广、公共关系、新媒体营销。

企业可根据实际情况及市场、产品等因素选择一种或多种促销手段的组合。

在社会化大生产和商品经济条件下，一方面，生产者不可能完全清楚谁需要什么商品、何地需要、何时需要、什么价格消费者能够接受等；另一方面，广大消费者也不可能完全清楚什么商品由谁供应、何地供应、何时供应、价格高低等。正因为客观上存在着这种生产者与消费者间"信息分离"的"产""消"矛盾，企业必须通过沟通活动，利用广告、宣传报道、人员推销等促销手段，把生产、产品等信息传递给消费者和用户，以增进其了解、信赖并购买本企业产品，达到扩大销售的目的。随着企业竞争的加剧和产品的增多，消费者收入的增加和生活水平的提高，在买方市场上的广大消费者对商品要求更高，挑选余地更大，因此企业与消费者之间的沟通更为重要，企业更需加强促销，利用各种促销方式使广大消费者和用户加深对其产品的认识，以使消费者愿意多花钱来购买其产品。

企业引发和刺激消费者产生购买行为的促销活动一般具有以下几个作用：

（1）传递信息。企业通过促销手段及时地向中间商和消费者提供信息，引起社会公众广泛的注意，吸引他们注意这些产品和服务的存在。

（2）刺激需求。通过介绍产品，展示合乎潮流的生活方式，从而唤起消费者的购买欲望，创造出新的消费需求。

（3）突显特色。通过促销活动，可以显示产品的突出性能和特点，或者显示产品消费给顾客带来的利益，促使消费者加深对本企业产品的了解，从而增加购买。

（4）增加销售。企业针对反馈的市场信息，加强促销的目的性，使更多的消费者对企业及品牌由熟悉到偏爱，形成惠顾动机，从而稳定产品销售。

10.1.2 促销组合

1. 促销组合的概念

促销组合是指企业根据产品的特点和营销目标，综合各种影响因素，对人员推销、广告、公共关系和营业推广和新媒体营销等促销方式的选择、编配和综合运用，形成整体促销的策略或技巧。

促销组合体现了现代市场营销理论的核心思想——整体营销。促销组合是一种系统化的整体策略，四种基本促销方式则构成了这一整体策略的四个子系统。每个子系统都包括了一些可变因素，即具体的促销手段或工具，某一因素的改变意味着组合关系的变化，也就意味着一个新的促销策略。

2. 促销组合的方式

（1）人员推销。即指企业派出推销人员或委托推销人员，直接与消费者接触，向目标顾客进行产品介绍、推广，促进销售的沟通活动。

（2）广告促销。即指企业按照一定的预算方式，支付一定数额的费用，通过不同的媒体对产品进行广泛宣传，促进产品销售的传播活动。

（3）营业推广。即指企业为刺激消费者购买，由一系列具有短期诱导性的营业方法组成的沟通活动。

（4）公共关系活动。即指企业通过开展公共关系活动或通过第三方在各种传播媒体上宣传企业形象，促进与内部员工、外部公众良好关系的沟通活动。

（5）新媒体营销。新媒体营销立足于现代营销活动，以服务消费者为导向，借助新媒介传播，宣传企业形象和文化，强化产品诉求，达到销售产品、宣传品牌的营销效果。

3. 影响促销组合决策的因素

公司面临着把总的促销预算分摊到广告、人员推销、营业推广、公共关系和新媒体营销活动上。影响促销组合决策的因素主要包括以下几个：

（1）促销目标。

促销目标是影响促销组合决策的首要因素。每种促销工具——广告、人员推销、营业推广、公共关系和新媒体营销活动都有各自独有的特性和成本。营销人员必须根据具体的促销目标选择合适的促销工具组合。

（2）市场特点。

除了考虑促销目标外，市场特点也是影响促销组合决策的重要因素。市场特点受每一地区的文化、风俗习惯、经济政治环境等的影响,促销工具在不同类型的市场上所起作用是不同的,所以应该综合考虑市场和促销工具的特点,选择合适的促销工具,使它们相匹配,以达到最佳促销效果。

(3) 产品性质。

由于产品性质的不同,消费者及用户具有不同的购买行为和购买习惯,因而企业所采取的促销组合也会有所差异。

(4) 产品生命周期。

在产品生命周期的不同阶段,促销工作具有不同的效益。在导入期,投入较大的资金用于广告和公共关系活动,能产生较高的知名度,促销活动也是有效的。在成长期,广告和公共关系活动可以继续加强,促销活动可以减少,因为这时所需的刺激较少。在成熟期,相对广告而言,营业推广又逐渐起着重要作用,购买者已知道这一品牌,仅需要引起提醒作用的广告。在衰退期,广告仍保持提醒作用,公共关系活动已无必要开展,销售人员对这一产品仅给予最低限度的关注,然而营业推广要继续加强。

(5) "推动"策略和"拉引"策略。

促销组合较大程度上受公司选择"推动"或"拉引"策略的影响。"推动"策略要求使用销售队伍和贸易促销,通过销售渠道推出产品。而"拉引"策略则要求在广告和消费者促销方面投入较多,以建立消费者的需求欲望。

(6) 其他营销因素。

影响促销组合的因素是复杂的,除上述五种因素外,本公司的营销风格、销售人员素质、整体发展战略、社会和竞争环境等不同程度地影响着促销组合的决策。营销人员应审时度势,全面考虑才能制定出有效的促销组合决策。

知识链接

整合营销传播

IMC,指整合营销传播(Integrated Marketing Communication),是将与企业进行市场营销有关的一切传播活动一元化的过程。整合营销传播一方面把广告、促销、公关、直销、CI、包装、新闻媒体等一切传播活动都涵盖于营销活动的范围之内,另一方面则使企业能够将统一的传播资讯传达给顾客。其核心思想是以通过企业与顾客的沟通满足顾客需要的价值为取向,确定企业统一的促销策略,协调使用各种不同的传播手段,发挥不同传播工具的优势,从而使企业实现促销宣传的低成本化,以高强冲击力形成促销高潮。

10.1.3 促销组合决策的过程

促销组合决策的过程如图 10-1 所示。

明确对象 ▶ 确定目标 ▶ 设计信息 ▶ 选择渠道 ▶ 设计组合 ▶ 制定预算

图 10-1 促销组合决策过程

1. 明确促销对象

通过企业目标市场的研究与市场调研,界定其产品的销售对象是现实购买者还是潜在购买者,是消费者个人、家庭还是社会团体。明确了产品的销售对象,也就确认了促销的目标对象。

2. 确定促销目标

不同时期和不同的市场环境下,企业开展的促销活动都有着特定的促销目标。短期促销目标,宜采用广告促销和营业推广相结合的方式。长期促销目标,公关促销具有决定性意义。须注意企业促销目标的选择必须服从企业营销的总体目标。

3. 促销信息的设计

必须重点研究信息内容的设计。企业促销要研究目标对象所要表达的诉求是什么,并以此刺激其反应。诉求一般分为理性诉求、感性诉求和道德诉求三种方式。

4. 选择沟通渠道

传递促销信息的沟通渠道主要有人员沟通渠道与非人员沟通渠道。人员沟通渠道向目标购买者当面推荐,能得到反馈,可利用良好的"口碑"来扩大企业及产品的知名度与美誉度。非人员沟通渠道主要指大众媒体沟通。

5. 设计促销的具体组合

根据不同的情况,将人员推销、广告、营业推广、公共关系和新媒体营销五种促销方式进行适当搭配,使其发挥整体的促销效果。设计促销的具体组合应考虑的因素有产品的属性、价格、寿命周期、目标市场特点、"推"或"拉"策略。

6. 确定促销预算

企业应视自己的经济实力和宣传期内受干扰程度大小等状况决定促销组合方式。如果企业促销费用宽裕,则几种促销方式可同时使用;反之,则要考虑选择耗资较少的促销方式。

10.2 广告策略

> **名人名言:**
> 除非你的广告中有了不起的大创意,不然它就会像黑夜中行驶的船只一样,无声无息,不留痕迹。
> 你不可能让顾客因为被你说得不耐烦而买你的产品,你只能引起他们的兴趣,吸引他们购买。
> ——大卫·奥格威

"商品如果不做广告,就好像一个少女在黑暗中向你暗送秋波。"西方流行的这句名言充分表现了广告在营销中的独特地位。

随着生产力的高速发展,具有同一属性、同一用途的商品有数种或数百种之多,人们对它们的最初认识主要来自广告宣传。广告这一传媒工具已经架起了商品与用户之间的需求桥梁,在一定程度上也可以说是已经成为我们每个人的信息之窗。企业仅有优质的产品和服务是不够的,只有配以良好的广告宣传,才能形成自己的品牌并使其丰满起来,从而使企业在激烈的竞争中永立潮头。

应用案例

京东商城成功的广告宣传

《男人帮》在全国五大卫视同时热播,除了幽默的台词和出色的演技引人关注,演员们在剧中的服装鞋帽也迅速成了都市白领们追捧的热门商品。顾小白的长款围巾、罗书全的羽绒马甲……一夜之间成了网络热搜的明星产品,而这些热门商品指向了一个方向——京东商城。京东商城第一次尝试在电视剧中植入广告,并迎来了意想不到的巨大商机。

除了在剧中植入广告,京东商城在剧外也下足了功夫。京东商城在《男人帮》热播的5个卫视台投放了广告,孙红雷为京东商城代言的广告词红遍全国。"不想 Out? 教你一个词:Fashion,《男人帮》全剧潮服在京东商城都能找到,便宜你了。"《男人帮》中赤裸而直接的京东商城广告,虽然引起了争议,但是电视剧开播以来京东商城的销售数字却证明了这是一次娱乐营销的成功范例。

广告的产生和发展有着悠久的历史,它是社会发展到一定阶段,人们从事商品买卖和物质交换的辅助手段。从汉语的字面意义上解释,广告即"广而告之",表示向公众通知某一件事。菲利普·科特勒认为"广告是指通过使用付费的媒体向消费者沟通企业或品牌的价值主张,以达到告知、劝说及提醒消费者的目的"。

在营销管理中广告是企业向顾客沟通价值的重要方式,营销管理层在制订一个广告计划时必须要做出五个方面的重要决策,简称 5Ms 决策,即任务(Mission):广告的目标是什么? 资金(Money):广告需要花费多少钱? 信息(Message):企业通过广告要向顾客传递什么信息? 媒体(Media):广告在什么媒体上播放? 衡量(Measurement):如何评价广告的效果?

10.2.1 确定广告目标

广告目标是企业通过广告活动所要达到的目标,它是制定广告决策的首要步骤,将直接影响广告的效果。广告目标可根据通知、说服和提醒的作用分为以下三类。

1. 通知性广告

它主要向目标市场介绍产品,提高消费者的认知程度,以唤起消费者的需求。通知性广告一般用在产品的开拓性阶段,即用于新产品的广告。

2. 说服性广告

在产品生命周期中的成长期,企业为增强产品的竞争力,建立消费者需求偏好,一般采用说服性广告。

3. 提醒性广告

在产品生命周期中的成熟期,企业市场地位相对稳定,为保持消费者对产品的记忆以及稳定市场需求,提醒性广告十分重要。

10.2.2 制定广告预算

广告预算是广告主从事广告活动而投入的预算。在制定广告预算时,企业应考虑产品生命周期、市场份额和消费者基础、竞争与干扰、广告频率、产品替代性等关键因素。制定广告预算的方法主要有比例预算法、竞争对等法、量力而行法以及目标任务法等。

1. 比例预算法

比例预算法是按销售额的一定百分比来确定广告预算的方法，其中销售额可以是上一年的实际销售额、本年的计划销售额或平均销售额等。

2. 竞争对等法

竞争对等法是指企业根据竞争者的广告支出决定自己广告预算的方法，其目的通常是为保持企业竞争地位。

3. 量力而行法

量力而行法是指企业按照自己的财务状况进行广告费用安排的方法，财务状况好时有较高的广告预算；反之，广告预算会降低。

4. 目标任务法

目标任务法是指企业根据预定广告目标达成所需的广告活动来确定广告费用的方法。一般有如下步骤：一是明确广告目标；二是确定达成广告目标所要采取的广告活动；三是计算这些活动所需要的费用。

10.2.3 确定广告信息

广告的效果并不主要取决于企业投入的广告经费，关键在于广告的主题和创意。广告主题决定广告表现的内容，广告创意决定广告表现的形式和风格。只有广告内容迎合目标受众的需求，广告表现具有独特性，广告才能引人注意，并给目标受众带来美好的联想，从而促进销售。

广告的信息决策一般包括三个步骤。

1. 确定广告的主题

广告主题是广告所要表达的中心思想。广告主题应当显示产品的主要优点和用途以吸引消费者。

广告信息的产生，可以通过对顾客、中间商、有关专家甚至竞争对手的调查获得创意。西方的营销专家认为消费者购买商品时期望着从中获得四种不同的利益：理性的、感性的、社会的和自我实现的。产品使用者从用后效果的感受、使用中的感受和附加效用的感受等三种途径中实现这些满足。将上述四种利益和三种途径结合起来，就产生了 12 种不同的广告信息，从每一则广告信息中可以获得一个广告主题。在企业广告活动中，常用的广告主题主要有快乐、方便、传统、健康、3B(宠物、小孩和美女)等。

2. 广告信息的评估与选择

一个好的广告总是集中于一个中心的促销主题，而不必涉及太多的产品信息。"农夫山泉有点甜"，就以异常简洁的信息在受众心中留下深刻的印象。如果广告信息过多过杂，消费者往往不知所云。

广告信息的载体就是广告文案。对广告文案的评价标准有许多，但一般要符合三点要求：其一，具有吸引力。即广告信息首先要使人感兴趣，引人入胜。其二，具有独特性。即广告信息要与众不同，独具特色，而不要人云亦云。其三，具有可靠性。广告信息必须从实际出发，实事求是，而不要以偏概全，夸大其词，甚至无中生有。

3. 信息的表达

广告信息的效果不仅取决于"说什么",更在于怎么说,即广告信息的表达。广告表现的手段包括语言手段和非语言手段。

语言在广告中的作用是其他任何手段所不及的,因为语言可以准确、精炼、完整、扼要地传达广告信息。例如,铁达时手表的"不在乎天长地久,只在乎曾经拥有"、统一润滑油的"多一份润滑,少一份摩擦"、中国移动通信公司的"我的地盘听我的"等,既简明扼要,又朗朗上口,都取得了意想不到的效果。

非语言就是语言以外的、可以传递信息的一切手段,主要包括构图、色彩、音响、体语等。进行广告表现,要做到图文并茂,善于根据不同产品的不同广告定位,把语言手段和非语言手段有机地结合起来。

应用案例

世界经典广告语

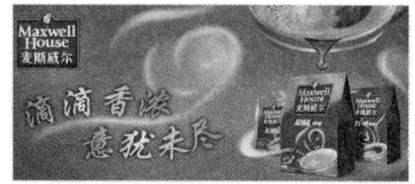

戴比尔斯钻石:钻石恒久远,一颗永流传
麦斯威尔咖啡:滴滴香浓,意犹未尽
IBM:四海一家的解决之道
柯达:串起生活每一刻
山叶钢琴:学琴的孩子不会变坏
雀巢咖啡:味道好极了
人头马 XO:人头马一开,好事自然来
百事可乐:新一代的选择
德芙巧克力:牛奶香浓,丝般感受
可口可乐:永远的可口可乐,独一无二好味道

 案例链接: 中国广告史上最成功的 10 大广告

10.2.4 选择广告媒体

选择广告媒体时,应考虑不同的媒体在广告接触、频次和效果等方面的差异。

1. 广告目标

广告目标是广告活动的最终归宿,所有广告活动都必须服务于广告目标。如果广告目标是迅速打开某一市场,形成高知名度,那么广告媒体就必须是发布频率快、影响大的主流媒体。如果广告目标是维持市场占有率,提醒消费者记住某品牌,则宜选择常规的、渗透性较好的媒体。

2. 广告传播对象

媒体必须是目标消费者能够接触的、喜欢接触的、可信任的。不同的消费者有不同的媒体接触习惯。

3. 产品特点

广告背后所依附的产品也会对媒体的选择产生影响。例如,对产业用品而言,在专业杂志上刊登广告效果可能要好于电视广告;相反,对日常消费品而言,则更倾向于选择网络和电视作为广告媒体。

4. 信息特点

广告播出的时段和信息内容也会对媒体的选择产生影响。对于一条明天就要播出的促销广告,可以选择广播、电视或网络作为媒体;而对于一些包含大量技术资料的广告信息,则更适宜选择专业性杂志作为媒体。例如,途牛旅行网在《非诚勿扰》独家冠名期间,还为全国消费者带来了时下最热门的"1块去旅游"《非诚勿扰》专场,节目结束半小时内登陆"途牛旅游"App,点击"1块去旅游"《非诚勿扰》专场专题页面,即可享受"1块去旅游"的全新体验。

5. 广告成本

一个广告主所能承担的广告费用是决定广告媒体选择的重要因素。另外,不同的广告媒体收费也相差很大。

10.2.5 评估广告效果

广告的效果主要体现在三个方面,即广告的传播效果、广告的促销效果和广告的社会效果。广告的传播效果是前提和基础,广告的促销效果是广告效果的核心和关键,企业的广告活动也不能忽视对社会风气和价值观念的影响。

(1) 广告传播效果的评估。主要评估广告是否将信息有效地传递给目标受众。这种评估传播前和传播后都应进行。传播前,既可采用专家意见综合法,由专家对广告作品进行评定;也可以采用消费者评判法,聘请消费者对广告作品从吸引力、易读性、好感度、认知力、感染力和号召力等方面进行评分。传播后,可再邀请一些目标消费者,向他们了解对广告的阅读率或视听率,对广告的回忆状况等。

(2) 广告促销效果的评估。促销效果是广告的核心效果。广告的促销效果,主要测定广告所引起的产品销售额及利润的变化状况。测定广告的促销效果,一般可以采用比较的方法。在其他影响销售的因素一定的情况下,比较广告后和广告前销售额的变化;或者其他条件基本相同的甲和乙两个地区,在甲地做广告而在乙地不做广告,然后比较销售额的差别,以此判断广告的促销效果等。

(3) 广告社会效果的评估。主要评定广告的合法性以及广告对社会文化价值观念的影响。一般可以通过专家意见法和消费者评判法进行。

> **名人名言:**
> 我们生产的是口红,但我们的广告销售的是希望。
> ——查尔斯·露华浓

 **案例链接:** 奔驰广告营销策划案例分析

10.3 营业推广策略

营业推广是营销活动的一个关键因素。如果是广告提供了购买的理由,而营业推广则是提供了购买的刺激。营业推广主要包括三大类:针对消费者的促销、针对中间商的促销、针对销售员的促销。相对其他促销工具而言,营业推广表现形式直观、灵活多样,具有让利性、吸引力强、起效快、适应性强等特点,因此,营业推广是最常使用的促销工具。

所谓营业推广,是指企业运用各种短期诱因,鼓励购买或销售企业产品或服务的倾销活动。它作为一种最直接且对推广对象最具刺激的促销方式,在国内外越来越被企业重视。十多年前,美国广告和营业推广的比例是 60∶40;今天,在许多美国日用消费品公司里,情况已经发生了改变,营业推广已占总预算的 50%～70%。和广告每年 7.6% 的增长率相比,营业推广费用每年增长 12%。在我国,营业推广也越来越引起企业的重视,各种营业推广方式随处可见,营业推广的发展势头越来越高。

 课堂互动:营业推广效果好,是否可以经常开展?

一般来讲,企业营业推广策略包括确定推广目标、制定方案、实施和控制方案、营销推广效果评价(见图 10-2)。

图 10-2 营业推广流程

10.3.1 确定营业推广目标

营业推广目标是企业开展营业推广活动的出发点和归宿。营业推广目标是由基本的市场营销沟通目标推演出来的,营业推广的特定目标将依目标对象的不同而有所差异。对消费者的营业推广活动,营业推广目标经常是鼓励老的消费者多购买,刺激没有使用过本企业产品的顾客试用本企业的产品,促使竞争者品牌的忠诚者改变品牌观念,对付竞争者的营业推广活动等;对中间商的营业推广活动,营业推广的目标是鼓励中间商销售新产品,协助企业开展某些营销活动,提高存货水平,促进中间商在销售淡季进行购买,提高中间商的品牌忠诚度,吸引新的中间商加入本企业的销售渠道等;对推销人员的营业推广活动,营业推广的目标主要是鼓励他们积极推销新产品,支持企业的新产品开发活动,扩大企业的产品销量等。

10.3.2 制定营业推广方案

1. 选择营业推广的方法

有许多不同的营业推广方法可以用来实现不同的目标,而且各种不同的新方法仍不断地被发掘出来。选择营业推广的方法,必须充分考虑营业推广方法的成本效益等各种因素。

(1) 针对消费者的营业推广。

① 样品赠送。即在新产品上市或商品还不为消费者所认知时,把商品分装成小包装或公开广泛分送,或借助于特定的条件赠送,从而让市场广泛接触商品。

② 销售奖励。即在一段时间内,对购买数量达到一定标准或购买某些企业指定商品的顾客给予一定的货币或商品奖励,以吸引顾客,扩大销量。

③ 现场示范。现场实地介绍商品用途、性能和使用方法给顾客观看,刺激其购买欲望。

④ 特殊包装。即利用商品的包装向消费者提供一种附加利益,最终吸引购买的做法。例如,在包装中附加一张代价券,凭券在以后的购买中给予一定的折扣或金额减免;也可以在习惯使用精装的商品中增加简装或小包装品种;还有的可在包装内放置彩票,以吸引顾客,扩大销量。

⑤ 廉价包装。商品包装上标明折价率,消费者购买这种商品时,可按包装的折价率打折付款。例如,商品包装上说明折价10%,购买时只付原价的90%。

⑥ 赠品。通过赠送便宜商品或免费品,以此介绍产品的性能、特点、功效等,这样既可以使顾客得到实惠,又可刺激顾客的购买行为。例如,赠送印有本企业名称、地址、经营宗旨的日历、台历、挂历、打火机等。馈赠方式也灵活多样,有随货赠送、批量购买赠品、随货中彩奖品等多种形式。

⑦ 展销会。厂商通过资助举办产品展销会增强消费者对产品的了解与关注。

⑧ 服务促销。通过周到的服务使顾客得到实惠,促进销售。

⑨ 消费信贷。通过赊销等方式向消费者推销商品。采用这种方式,消费者不用支付现金却可购买商品,具体有分期付款、信用卡等形式。

 课堂互动:淘宝"双11"采取了哪些营业推广方法?

(2) 针对中间商的营业推广。

① 销售折扣。即对长期合作或努力销售的中间商给予一定的折扣。销售折扣包括批量折扣、现金折扣和季节折扣。

② 资助奖励。生产企业为鼓励中间商经营本企业产品,采用资金奖励或补贴形式,其中包括经销补贴,即当中间商第一批订货或大量订货时,给予购买补贴;展品补贴,即免费赠送橱窗、柜台的陈列样品;此外,还有广告津贴、清货津贴、降价津贴等。

③ 节日公关。在节日来临之际,集中举办各类招待活动、免费旅游等活动,邀请中间商参加以加强彼此的合作。

④ 业务会议。即每年在销售旺季来临之前,举行多方参加的购销业务会议,在短期内集中订货,促成大量交易。

⑤ 代销。企业的任何商品都可以代销,其中对新产品、进行市场渗透的产品、滞销产品开展代销业务对企业利益最大。代销的形式有两种:企业寻找合适的代理商;企业委托经销商开展本企业产品销售的代理业务。

(3) 针对推销人员的营业推广。

① 销售红利。即事先规定推销人员的销售指标,对超指标的推销人员按比例提成一定的红利,以鼓励推销员多推销商品。

② 推销竞赛。即在推销人员中发动销售竞赛,对推销产品有功的人员或销售额领先的推销员给予奖励,用以鼓励推销员,调动推销员的积极性。

③ 特别推销金。企业给予推销人员一定的现金、礼品或本企业的产品,以鼓励其努力推销本企业的产品。

促销目标与促销工具之间的对应关系如表10-1所示。

表10-1 促销目标与促销工具之间的对应关系

促销目标＼促销工具	优惠券折扣	样品试用	降价	赠品	特价包装	承诺	竞赛积分	教育	展览
引起尝试		※				※		※	※
改变购买习惯			※		※	※			
增加每次购买量	※		※		※				
刺激潜在消费者	※	※	※	※	※				※
刺激中间商	※	※	※			※	※	※	※
刺激产业用户	※	※			※		※		

2. 传播造势、渲染营销推广氛围

营业推广策略要取得好的效果,首先要引起顾客注意、唤起顾客兴趣,通过传播造势、渲染氛围来达到吸引眼球、引发围观。可采用线上线下相结合,与营销沟通其他方式(如广告、人员销售、公共关系等)整合起来,相互配合,共同使用,从而形成营销推广期间的更大声势,取得单项推广活动达不到的效果。现如今,通过新媒体广告、新闻发布会、事件营销、软文推广、病毒式传播效果都很好。

应用案例

近几年"双11"造势营销案例

"双十一"倒计时电商平台"营销"造势白热化
风景这边独好 "双11"造势哪家强?
电商平台依托晚会为"双11"造势

商业氛围对于激发消费者的购买欲望具有极其重要的作用,因此,商店布局(网店装修)必须精心构思,使其具有一种适合目标消费者的氛围,从而使消费者乐于购买。尤其应该注意营业场所设计和商品陈列设计。

3. 确定营业推广实施的关键因素

(1) 诱因规模。即确定使企业效益/成本最佳的诱因规模。诱因规模太大,企业的促销成本就高；诱因规模太小，对消费者又缺少足够的吸引力。因此，营销人员必须认真考察销售和成本增加的相对比率，确定最合理的诱因规模。

（2）刺激对象的范围。企业需要对促销对象的条件做出明确规定，比如赠送礼品，是赠送给每一个购买者，还是只赠送给购买量达到一定要求的顾客等。

（3）促销媒体的选择。即决定如何将促销信息传递给目标受众，比如印制宣传单在街上派送或者放置销售终端供顾客取阅，在新媒体上做广告等。

（4）促销时机的选择。企业可以灵活地选择节假日、重大活动和事件等时机进行促销活动。

（5）确定推广期限。推广期限要恰当，不可太短或太长，根据西方营销专家的研究，比较理想的推广期限是3个星期左右。

（6）确定促销预算。一般有两种方式确定预算。一种是全面分析法，即营销者对各个推广方式进行选择，然后估算它们的总费用；另一种是总促销预算百分比法，这种比例经常按经验确定，如奶粉的推广预算占总预算的30%左右，咖啡的推广预算占总预算的40%左右等。

10.3.3 营业推广方案的试验、实施与控制

为了保证营业推广的效果，企业在正式实施推广方案之前，需要对推广方案进行测试，内容包括推广诱因对消费者的效力、销售工具选择是否恰当、媒体选择是否恰当、顾客反应是否足够等，发现不恰当的部分，要及时进行修正。

营业推广方案的实施是指企业制订实施营业推广方案的计划，以及按照计划完成企业的营业推广任务。对于实施计划，应对实施营业推广方案各环节所需的时间及每段时间应完成的任务做出具体安排，以保证营业推广方案有条不紊地执行。对于营业推广方案的控制，主要是对营业推广方案实施的各个环节加以控制，并对实施过程中出现的各种问题及时进行调整，以保证实现预期的营业推广效果。

10.3.4 营业推广效果评价

营业推广效果好坏的评估，对整个市场营销战略的实施具有重要意义，它可以为今后的市场营销活动提供依据。常用的评价方法有以下两种。

1. 销售量变化比较评价法

销售量变化比较评价法是通过比较营业推广前期、中期、后期各时期销售量的变化情况，以评价推广效果的一种方法。

2. 参与者调查评价法

参与者调查评价法是通过对营业推广的参与者进行调查，了解参与者对营业推广促销的反应和行动，以评价营业推广效果的一种方法。

营业推广促销虽在短时间内可以刺激产品销量迅速提高，并能吸引新的试用者，但营业推广促销不可频繁使用，以免影响企业声誉，对具有竞争优势的名牌产品应谨慎使用。

使用营业推广促销时，应特别注意与其他促销方式的配合，没有其他促销方式的配合，营业推广促销的作用很难充分发挥。

10.4 人员推销策略

人员推销是企业最基本的一项营销活动,也是企业最主要的一种促销方式。在美国,人员推销所花的费用几乎是广告的 2 倍;在我国,人员推销所花的费用比广告要高更多倍。

有人认为,人员推销就是多磨嘴皮、多跑腿,把手里的商品卖出去而已,无须什么学问和技术。有人认为人员推销就是欺骗,推销技术就是骗术。其实,人员推销是一项专业性很强的工作,是一种互惠互利的推销活动,它必须同时满足买卖双方的不同需求,解决各自不同的问题。尽管买卖双方的交易目的大不相同,但总可以达成一些双方都可以接受的协议。人员推销不仅是卖的过程,而且是买的过程,即帮助顾客购买的过程。推销员只有将推销工作理解为顾客的购买工作,才能使推销工作进行得卓有成效,达到双方满意的目的。

> **名人名言:**
> 推销的要点不是推销商品,而是推销自己。
> ——乔·吉拉德

营销人物

世界上最伟大的推销员

乔·吉拉德,1928 年 11 月 1 日出生于美国底特律市的一个贫民家庭。9 岁时,乔·吉拉德开始给人擦鞋,送报,赚钱补贴家用。乔·吉拉德 16 岁就离开了学校,成为一名锅炉工,并在那里染上了严重的气喘病。后来他成为一位建筑师,到 1963 年 1 月止,盖了 13 年房子。35 岁以前,乔·吉拉德是个全盘的失败者,他患有相当严重的口吃,换过 40 个工作仍一事无成,甚至曾经当过小偷,开过赌场。35 岁那年,乔·吉拉德破产了,负债高达 6 万美元。为了生存下去,他走进了一家汽车经销店,3 年之后,乔·吉拉德以年销售 1 425 辆汽车的成绩,打破了汽车销售的吉尼斯世界纪录。这个人在 15 年的汽车推销生涯中总共卖出了 13 001 辆汽车,平均每天销售 6 辆,而且全部是一对一销售给个人的。他也因此创造了吉尼斯汽车销售新的世界纪录,同时获得了"世界上最伟大的推销员"的称号。

淘宝第一主播——薇娅

薇娅,本名黄薇,1985 年出生于安徽省庐江县,全球好物推荐官,淘宝第一主播,2018 年雅加达亚运会火炬手,阿里巴巴 2019 脱贫攻坚公益主播,淘宝十大公益扶贫主播、"一带一路"泰国商品推荐大使。

2016年,薇娅与淘宝直播结缘,当年5月正式成为淘宝直播的一名主播,四个月后引导成交额便达到了1亿元。2018年引导销售总额27亿元,"双11"销售额3.3亿元。

 视频链接: 薇娅星空演讲:"卖东西也能卖出理想"

 为什么用"伟大"来形容卓越的推销员?伟大的推销员应具备怎样的素质?

10.4.1 人员推销的概念及特点

1. 人员推销的概念

人员推销是指企业派出销售人员与现实或潜在顾客进行口头陈述和交流,介绍企业和产品,以促进和扩大销售的一种传播活动。人员推销不仅仅是展示、介绍产品,更是建立一种长期合作。在许多场合下,团队推销正逐渐取代"单枪匹马"式的个人沟通,对推销人员单纯的销量管理也逐步向销售效率的管理转化。

2. 人员推销的特征

(1) 注重人际关系,与顾客进行长期的情感交流。情感的交流与培养,必然使顾客产生惠顾动机,从而与企业建立稳定的购销关系。

(2) 具有较强的灵活性。推销员可以根据各类顾客的特殊需求,设计有针对性的推销策略,诱发顾客的购买欲望,促成购买。

(3) 具有较强的选择性。推销员在对顾客调查的基础上,可以直接针对潜在顾客进行推销,从而提高推销效果。

(4) 及时促成购买。推销员在推销产品和劳务时,可以及时观察潜在顾客对产品和劳务的态度,并及时予以反馈,从而迎合潜在消费者的需要,促成购买。

(5) 营销功能的多样性。推销员在推销商品过程中,承担着寻找客户、传递信息、销售产品、提供服务、收集信息、分配货源等多重功能,这是其他促销手段所没有的。

10.4.2 人员推销的类型

1. 上门推销

它是由推销人员携带产品的样品、说明书和订单等走访顾客推销产品的方式。这种形式可以针对客户的需要而提供有效的服务,方便顾客,因而被广泛接受、认可。

2. 柜台推销

柜台推销又称门市推销,是指企业在适当地点设置固定的门市,由营业员接待进入门市的顾客,向其推销产品。这种等客上门式的推销方式,由于门市里的产品种类齐全,能满足顾客多方面的购买要求,为顾客提供较多的购买品,并且还可以保证商品安全无损。因此,这一方式顾客乐于接受。柜台推销适合于零星小商品、贵重商品和容易损坏的商品。

3. 会议推销

会议推销是指企业利用各种会议向与会人员宣传和介绍产品,开展推销活动,如在订货会、交易会、展览会、物资交流会、产品研讨会等会议上推销产品。这种推销形式接触面广，推销集中，可以同时向多个推销对象推销产品，成交额较大，推销效果好。

4. 直播营销

直播营销是指在现场随着事件的发生、发展进程同时制作和播出节目的营销方式，该营销活动以直播平台为载体，达到企业获得品牌的提升或是销量的增长的目的。直播营销作为新型人员推销方式，借助直播视频网站的发展，体现出了前所未有的生命力。

知识链接

直播推销的优势

（1）当前，直播营销就是一场事件营销。除了本身的广告效应，直播内容的新闻效应更明显，引爆性也更强。一个事件或者一个话题，可以轻松地进行传播和引起关注。

（2）能体现出用户群的精准性。在观看直播视频时，用户需要在一个特定的时间共同进入播放页面，这其实是与互联网视频所宣扬的"随时随地性"背道而驰。但是，这种播出时间上的限制，也能够真正识别出并抓住这批具有忠诚度的精准目标人群。

（3）能够实现与用户的实时互动。不仅仅是单向的观看，还能一起发弹幕吐槽，喜欢谁就直接献花打赏，甚至还能动用民意的力量改变节目进程。这种互动的真实性和立体性，也只有在直播的时候才能够完全展现。

（4）深入沟通，情感共鸣。这种带有仪式感的内容播出形式，能让一批具有相同志趣的人聚集在一起，聚焦在共同的爱好上，情绪相互感染，达成情感气氛上的高位时刻。

10.4.3 人员推销的步骤

人员推销的步骤如图10-3所示。

图10-3 人员推销的步骤

1. 寻找并确定目标

人员推销的第一步是寻找顾客，识别潜在顾客。尽管企业可能提供顾客线索，但推广员还是需要有自己开发顾客线索的技能。通常寻找顾客线索的方法有：① 向现有顾客询问和寻找潜在顾客的姓名；② 培养其他能提供线索的来源，如供应商、非竞争性的推广人员、银行和有关协会负责人；③ 加入潜在客户所在的组织；④ 从事能引人注意的演讲和写作活动；⑤ 通过电话寻找线索；⑥ 通过逐户访问开发准顾客，俗称扫楼、扫街等。

互联网时代的顾客开发有两种思维：一是充分利用互联网已有数据、资源开发潜在客户；其二是通过网络发布企业资源吸引潜在客户注意与兴趣，俗称吸粉。运用搜索引擎、电子邮件、社群、论坛、即时通信、交友软件、软文推广、公司自媒体平台等新型工具开发目标顾客，展现出强大的能力。

推销人员应把重点放在那些有财力、有意愿和有权力购买产品的潜在顾客上。

2. 访问准备

推广人员在访问顾客之前必须做好充分的访问准备工作,包括:① 企业及其产品的详细情况、资料或样品等。② 竞争者的相关产品的特点、价格、竞争能力和市场定位等。③ 顾客情况。推广人员应尽可能多地了解潜在客户企业的情况(需要什么、谁参与购买决策)和购买者的情况(性格特征、购买风格)。④ 确定访问目标、时机和方式。

3. 接近潜在顾客

在接近潜在顾客时要给对方一个良好的第一印象,因为第一印象往往是能否成功推销产品的关键。凡是能了解每个顾客特殊情况的推销人员,大多都能形成良好的第一印象,并能达成交易。

4. 介绍、演示产品

推广人员可以按照"刺激—反应"模式(AIDA 模式)向顾客进行推销,具体可采用讲解、示范表演等方式,即争取顾客关注产品(Attention)→引起兴趣(Interest)激发欲望→(Desire)→付诸行动(Action),推广人员在该过程中应以产品性能特点为依据,强调产品能给消费者带来的利益(如价格低廉、省力、美的享受或给消费者的更多优惠等)。一般顾客如能亲眼看到或亲身体验产品,会更好地记住产品的特点和优点。

5. 处理异议

消费者对于推销几乎都会表现出抵触情绪,这些抵触有心理上的,也有逻辑上的。心理抵触包括对外来干扰的抵触、喜欢已建立的供应来源或品牌、生性淡漠、不愿放弃某些东西、不喜欢做决定、对别人的不愉快联想、对金钱的敏感。逻辑上的抵触包括对价格、交货安排或产品服务与质量的抵触。对于这些抵触,推销人员应采取积极应对措施——化解,如请顾客说出反对的原因,或将对方的反对意见转化为购买理由。有经验的销售员对于出现的异议在销售前就有了事先准备,往往能随机应变,有效排除障碍,达成交易。

6. 缔结成交

推广人员必须懂得如何从顾客那里发现可以达成交易的信号,包括顾客的动作、语言、评论和提出的问题。达成交易有几种方法:推销人员可以直接要求顾客订货;重新强调一下协议的要点;帮助秘书填写订单;询问顾客是要 A 产品的还是 B 产品,让顾客对颜色、尺寸等次要内容进行选择,或者告诉顾客如果现在不订货将会遭到什么损失。推广人员也可以给予购买者特定的成交劝诱,如特价、免费赠送额外数量、赠送礼物等。

如果没有成交,销售人员也要豁达应对,因为经验表明,成交前平均要进行四次推销接触。

7. 后续服务

在交易达成后,还要做好后续工作,如送货、产品使用知识说明、保修、保养等。这样会给顾客留下一个好印象,并为未来推销铺平道路。总之,推销人员的职责并不随销售工作的结束而结束,它将随着销售者与顾客之间保持良好、有效的相互关系而延续下去,并可请求顾客转介绍。

10.5 公共关系策略

企业的公共关系与其他的整合传播工具不同,它并不是直接地进行产品的促销,而是通过宣传强化企业在社会公众中的形象,处理或消除不利的传言、事件等,为企业发展创造最佳的社会关系环境,从而在潜移默化中使企业长期受益。

10.5.1 公共关系的概念和特点

1. 公共关系的概念

公共关系,源自英文 Public Relations,简称公关,是企业在从事市场营销活动中正确处理企业与社会公众的关系,以便树立企业的良好形象,从而间接促进产品销售的一种活动。

公共关系在现代企业的营销传播活动中,已经成为一个重要的策略。市场经济的充分发展以及现代化的交通工具和大众传播媒介的广泛应用,为公共关系的应用提供了前提条件和物质技术基础。企业在获得利润的同时,还要承担一定的社会责任,企业的营销活动必须争取社会公众和舆论的支持和理解,争取良好的协作关系和营销环境,如强生公司对公共关系的巧妙运用,在挽救濒临危机的泰诺时起到了重要的作用。

2. 公共关系的特点

公共关系是一个公司或机构为了与它的各类公众包括消费者、政府、社会团体、新闻媒介、企业内部公众以及其他企业建立有利的关系,而采取的有计划、有组织的活动。公共关系作为整合传播的一个重要组成部分,具有如下特点:

(1) 注重长期效应。

公共关系是为了树立企业良好的社会形象,创造良好的社会关系环境。实现这一目标并不强调即刻见效,而是一个长期的过程。企业通过各种公共关系的活动,能树立良好的产品形象和企业形象,从而能长时间地促进销售和占领市场。

(2) 注重双向沟通。

公共关系处理各种社会关系,包括企业内部和外部公众两大方面,强调企业与公众之间的真情传播与沟通。如果各种关系处理得当,企业就会左右逢源,获得良好的发展环境。企业通过公共关系听取公众意见,接受监督,也有利于企业全面考虑问题,追求更高的社会形象目标。

(3) 注重间接促销。

公共关系传播信息,并不是直接介绍和推销商品,而是通过积极参与各种社会活动,宣传企业营销宗旨,联络感情,扩大知名度,从而加深社会各界对企业的了解和信任,达到间接促进销售的目的。

10.5.2 公共关系的作用

1. 构建与相关的社会公众之间良好的关系

企业作为独立的经济实体,要想求得生存与发展,必然要从外部获取资源,然后在内部进行一系列的活动。这就要求企业既要处理好与外部的顾客、竞争者、金融界、新闻和政府机关等方面的关系,又要处理好内部股东与职工等方面的关系。为此,企业必须将协调这些关系的行为纳入管理的轨道,有组织、有计划地通过大众传播等信息沟通渠道进行联系与交往,进而达到企业内部和外部各种关系的和谐统一。

2. 传播沟通,树立良好的企业形象

企业形象是指一个企业在受到它的行为和政策影响的社会公众心目中所形成的看法和

评价。企业形象包括两个要素:一是企业的知名度,二是企业的美誉度。在现代社会中,良好的企业形象是一个企业最重要的无形资产。企业运用公共关系的各种传播手段就是要扩大企业的知名度,提高企业的美誉度,塑造企业良好的形象,为企业生存与发展创造最佳的社会关系环境,促使企业步入良性发展的轨道。

3. 妥善处理营销危机,维护企业声誉

在经营活动中,企业总会遇到一些无法事先预测的事件,如工厂突发事故、产品问题、竞争对手或消费者投诉、政府政策的变化等。此时,企业必须要在第一时间做出反应,采取恰当的公共关系行为,消除事件对企业形象的负面影响,并努力使危机转为机会,维持良好的公共关系和良好的形象,保持企业的持续经营。

10.5.3 公共关系活动的主要方式

公共关系的活动方式,是指以一定的公关目标和任务为核心,将若干种公关媒介与方法有机地结合起来,通过提高企业形象,实现与公众有效沟通来促进产品的销售,形成一套具有特定公关职能的工作方法系统。常见的公关促销的主要方法有以下几种。

1. 新闻宣传

发现或创造对企业或产品有利的新闻,这是企业公关人员的一项主要任务。一则具有影响力的新闻,对树立企业形象、扩大产品销量具有不可估量的作用。在利用新闻进行公关宣传时,与有关新闻媒介建立良好的关系,将新闻及时传播出去是新闻宣传活动取得成效的关键。

制造新闻指公共关系人员有意识地进行引起公众兴趣的工作,从而促成新闻事实的发生,以达到宣传组织形象、提高组织知名度的目的。

2. 演讲(新闻发布会、新产品发布会)

通过各种演讲活动开展宣传,也是公关促销的一种手段。对于一个企业来说,可以利用的演讲机会很多,如新闻发布会、新产品发布会、推销演示与讲解等,这些类型的演讲都可以对企业或产品进行直接宣传,起到促进产品销售的作用。在利用各种演讲机会进行宣传时,演讲者必须经过认真的准备,以提高演讲的宣传效果。

3. 赞助和支持各项公益活动

企业可以通过赞助、公益捐赠的方式,来提高其公众信誉。例如,支持企业所在地的一些社区活动,向希望工程、孤寡老人、残疾人员、受灾地区的灾民、失业人员、无力救治的危重病患者、见义勇为者捐赠;为改善生活环境、提高生活质量,向社会有关团体、部门的捐献等。这些活动往往为万众瞩目,各种新闻媒介会进行广泛的报道,企业能从中得到特殊的利益,树立一心为大众服务的形象。

> **应用案例**

冰桶挑战

2014年有一个在国内国外都掀起风潮的活动——冰桶挑战,全称为"AIS冰桶挑战赛",要求参与者在网络上发布自己被冰水浇遍全身的视频内容,然后该参与者便可以要求其他人来参与这一活动。活动规定,被邀请者要么在24小时内接受挑战,要么就选择为对抗"肌肉萎缩性侧索硬化症"捐出 100 美元。该活动旨在让更多人知道被称为"渐冻人"的罕见疾病，同时也达到募款帮助治疗的目的。

AIS 冰桶挑战可以说是 2014 年夏天的大赢家，它由国外传入，并经国内最大的社交平台微博不断发酵。事先接受挑战的是科技界类似于雷军、李彦宏这样的大佬们。随后，娱乐圈的各路明星也纷纷加入这项活动，使之持续升温。随着社会关注度的提高，政府方面对此的态度也很不错，并且建议活动的组织者更加注重活动的实效，避免娱乐化、商业化的倾向。

4. 举办专题活动

专题活动是企业与公众直接面对面接触的沟通形式。企业通过举办各种专题活动，可扩大企业的影响。在公关专题活动中，形式可多种多样，有传播性质的、公益性质的、交流性的、娱乐性的，等等。常用活动形式有举办开幕式、庆祝活动、研讨会、开展竞赛活动等。

5. 组织宣传展览（宣传资料、形象识别）

企业可通过组织编印宣传性的文字、图像材料、拍摄宣传视频以及组织展览等方式开展公共关系活动。通过一系列形式多样、活泼生动的宣传，让社会各界认识企业、理解企业，从而达到树立企业形象的目的。

在一个高速交往的社会中，企业需要努力去获得高的关注度。因此企业应努力创造一个公众能够迅速辨认的视觉形象。视觉形象可通过公司的标志、文件、小册子、招牌、名片、建筑物、制服标记等来传播。

知识链接

企业形象设计（企业识别系统 CIS）

企业形象设计又称 CI 设计。CI 是英语 Corporate Identity 的缩写，指企业的经营理念、文化素质、经营方针、产品开发、商品流通等有关企业经营的所有因素。从信息这一观点出发，从文化、形象、传播的角度来进行筛选，找出企业具有的潜在力，找出它的存在价值及美的价值，加以整合，使其在信息社会环境中转换为有效的标志。这种开发以及设计的行为就叫"CI"。CIS，作为企业形象识别系统，包括理念识别（Mind Identity, MI）、行为识别（Behavior Identity, BI）和视觉识别（Visual Identity, VI）。

6. 危机公关

机构或企业为避免或者减轻危机所带来的严重损害和威胁，从而有组织、有计划地学习、制定和实施一系列管理措施和应对策略，包括危机的规避、控制、解决以及危机解决后的复兴等不断学习和适应的动态过程。

知识链接

黄金准则——危机公关 5S 原则

承担责任原则（Shoulder the Matter）：不管当事组织有没有责任，责任轻还是责任重，宣布承担责任,是组织作为社会一员,必须履行的道德义务,也是组织化解危机的最佳选择。

真诚沟通原则(Sincerity):只有真诚沟通,才是有效的,任何非真诚的做法,都只能激化矛盾,引发更大危机。

速度第一原则(Speed):第一时间采取正确的传播手段传播正确的内容,几乎就等于奠定了成功处理危机的胜局。

系统运行原则(System):从国家到地方,从公共行政管理到具体社会组织内部的方方面面,都应建立危机管理制度和危机管理体系。

权威证实原则(Standard):只能是政府主管部门,或第三方权威机构经过缜密调查研究,给出最终结论。任何自下结论的做法,不仅于事无补,还会激怒受害者,加剧危机。

10.6 新媒体营销策略

应用案例

"三只松鼠"的新媒体营销运作

"三只松鼠"上线仅65天,其销售数量在淘宝天猫坚果行业跃居第一名,花茶行业跃居前十名,其发展速度之快,创造了中国电子商务历史上的一个奇迹。在2012年天猫"双11"大促中,成立刚刚4个多月的"三只松鼠"当日成交额近800万元,一举夺得坚果零食类冠军宝座,并且成功在约定时间内发完10万笔订单,创造了中国互联网食品历史。2013年1月份,单月业绩突破2 000万元,

轻松跃居坚果行业全网第一。食品袋上印有可爱的"三只松鼠",因互联网极大地缩短了厂商和消费者的距离与环节,这也是"三只松鼠"坚持做"互联网顾客体验的第一品牌"和"只做互联网销售"的原因。

10.6.1 新媒体及新媒体营销的含义

1. 新媒体

联合国教科文组织给出的新媒体定义是,以"数字技术为基础,网络为载体进行信息传播的媒介"。也有学者认为,新媒体是区别于传统媒体而言的,具有多种传播形式与内容形态的不断更新、不断涌现的新型媒体。

新媒体优势表现为: 跨时空,由于新媒体运作特点,使其脱离时空成为可能,全天24小时可在互联网环境下收发信息,没有时间空间束缚;覆盖范围广,新媒体为信息传播提供了更加广阔的空间,由于互联网快速发展移动终端的普及,网络可以说覆盖了所有人群,新媒体因此可以向更多人传递信息;可视性强,新媒体可以实现视频、图片、声音等多种信息的即

时传递，而不是单一的文字，这就为新媒体纵深发展铺平了道路，更加直观易懂、方便理解；互动性强，新媒体依托网络优势，使得民众不再被动地接收信息，而是可以参与交流讨论提出建议意见，通过移动技术支撑，受众可以决定自己的喜好，对信息的意见表达实现了高度自由。

2. 新媒体营销

伴随互联网快速发展，Web 2.0革新的网络时代，营销思维也产生了巨大变化，营销更重视体验性、沟通性、创造性和关联性，这加速了营销变革。正是基于伴随互联网出现的微信、微博、搜索引擎、视频等媒体形态，企业借助新媒体进行产品形象塑造宣传，扩宽营销渠道、开拓市场，最大可能满足客户要求，实现企业盈利。

新媒体营销立足于现代营销活动，以服务消费者为导向，借助新媒介传播，宣传企业形象和文化，强化产品诉求，达到销售产品、宣传品牌的营销效果。

应用案例

瑞幸咖啡新媒体营销的成功之道

10.6.2 新媒体营销的主要内容

1. 消费者行为分析

新媒体营销面对新兴市场环境，做到及时了解和分析消费者行为方式变化，为营销活动提供数据分析和营销参考。针对与传统消费市场不同的消费群体，清楚消费者动机和购买行为，是行为分析的关键。

2. 市场调研

面对新兴消费市场，研究企业所处的市场环境，制定合适的营销策略。由于新媒体的便捷性，不受时空环境限制，覆盖面广、周期短，可以方便地掌握消费者购买偏好和动机。

3. 成立网络品牌

新媒体营销依靠网络便利性和自身优势，搭建自有品牌，提高企业竞争力，构建品牌文化。

4. 消费者服务

新媒体营销不同于传统媒体售后服务，可以有效利用网络优势，全天候无间断地向顾客提供产品服务，追踪交易过程。

5. 促销活动

新媒体平台为企业创造丰富的营销手段，提供多种媒体交互方式，生动形象地展示企业产品，方便消费者直接购买及交易。

6. 制定营销策略

凭借新媒体平台，企业可以更清楚地发现自身问题和不足，产品竞争力和优势，进而制定细化营销策略，有的放矢地实现卓越的营销效果。

10.6.3 新媒体营销的特点

新媒体营销优势与传统营销相比，新媒体营销更加符合现代社会用户的消费特点和消费习惯。它不仅使企业的宣传方式更加多元化、精准化，同时也进一步降低了企业的营销成本。具体的优势表现为以下六个方面。

1. 内容丰富

企业通过大数据信息的收集和分析,有效判断出用户的基础信息、偏好以及购买力,以此精准地进行品牌推广和产品营销。

2. 双向互动

新媒体双向互动的特性能够使企业在与用户日常的互动中准确地了解到用户需求,从而得到及时反馈,改进服务或提高产品质量。

3. 营销成本低

企业可以通过电商平台销售产品,通过资讯平台进行品牌推广,甚至让消费者成为营销活动的传播者,通过便利的新媒体分享功能,达到高频传播。与传统媒体中的广告相比,营销成本较低。

4. 及时传播

基于网络的新媒体,相较于传统媒体,传播平台多样,传播成本低,传播速度快,能在短时间内迅速引起关注,引发讨论。

5. 海量用户

新媒体随移动互联网的发展快速普及,截至 2020 年 4 月,中国的网民数量达到 9.04 亿人,海量用户为企业营销带来更多机会。

6. 精准度高

新媒体营销的精准度较高,能及时捕捉热点新闻话题,依据关键词关注度、大数据技术更准确地调整营销策略。

 案例链接: 新媒体运营|2017 年 10 大经典营销案例

10.6.4 新媒体营销的主要方式

1. 社交网络营销

随着互联网发展速度加快,多媒体技术进步,人们日常生活中社交属性不断强化,社交网络营销就是以社交平台为基础的营销方式。其营销核心内容是关系营销,与消费者建立联系,巩固关系。现在火爆的微信、微博等都是主要的社交网络营销模式(见图 10-4)。

当今环境下,微信已经成为第一大信息交流沟通平台,集沟通、交易、社交属性于一身,移动互联网的普及使得微信成为第一应用软件。微信拥有庞大的用户基础,而微信公众号是其创造性的设计,让企业和用户有了信息发布沟通平台,既为企业进行广告宣传,又方便了用户之间互动。

微博营销是公司利用微博平台进行营销活动的营销方式。我国微博使用发展迅猛,据统计,新浪微博注册用户数已突破 1 亿,每日登录数超过 6 000 万,这样的群体对新鲜事物充满兴趣,同时也是潜在的消费群体,微博营销既有利于商家进行营销活动,同时又加强与用户沟通互动。现今人们沟通交流时间环境碎片化,微博用户数不断提升,基于网络环境微博营销在新媒体营销中具有独特优势。

图 10-4 社交网络营销模式

社交网络营销凭借自身多媒体技术优势,可以满足企业不同的营销策略,通过事件营销、话题营销、产品植入等形式实现营销效果;同时借助用户群体参与、互动、分享扩大营销影响范围。在投入成本上,社交网络营销远低于传统广告投入,可以降低企业营销成本。另外,在目标用户选择上,社交营销更具针对性,可以实现精准营销,提升用户体验。

知识链接

微信营销

微信营销是网络经济时代企业或个人营销模式的一种,是伴随着微信的火热而兴起的一种网络营销方式。微信不存在距离的限制,用户注册微信后,可与周围同样注册的"朋友"形成一种联系,用户订阅自己所需的信息,商家通过提供用户需要的信息,推广自己的产品,从而实现点对点的营销。

商家通过微信公众平台,结合转介率微信会员管理系统展示商家微官网、微会员、微推送、微支付、微活动,已经形成了一种主流的线上线下微信互动营销方式。

微信营销具有以下特点。

1. 点对点精准营销

微信拥有庞大的用户群,借助移动终端、天然的社交和位置定位等优势,每个信息都是可以推送的,能够让每个个体都有机会接收到这个信息,继而帮助商家实现点对点精准化营销。

2. 形式灵活多样

漂流瓶:用户可以发布语音或者文字然后投入"大海"中,如果有其他用户"捞"到则可以展开对话。

位置签名：商家可以利用"用户签名档"这个免费的广告位为自己做宣传，附近的微信用户就能看到商家的信息。

二维码：用户可以通过扫描识别二维码身份来添加朋友、关注企业账号；企业则可以设定自己品牌的二维码，用折扣和优惠来吸引用户关注，开拓O2O的营销模式。

开放平台：通过微信开放平台，应用开发者可以接入第三方应用，还可以将应用的Logo放入微信附件栏，使用户可以方便地在会话中调用第三方应用进行内容选择与分享。

公众平台：在微信公众平台上，每个人都可以用一个QQ号码，打造自己的微信公众账号，并在微信平台上实现和特定群体的文字、图片、语音的全方位沟通和互动。

3. 强关系的机遇

微信的点对点产品形态注定了其能够通过互动的形式将普通关系发展成强关系，从而产生更大的价值。通过互动的形式与用户建立联系，互动就是聊天，可以解答疑惑，可以讲故事，甚至可以"卖萌"，用一切形式让企业与消费者形成朋友的关系，你不会相信陌生人，但是会信任你的"朋友"。

2. 搜索引擎营销

搜索引擎营销是依据用户使用搜索引擎的习惯和方式，利用互联网对信息检索机制，将公司信息精准投放给目标用户的营销方式。即企业付费给搜索引擎实现公司信息推广，让用户发现信息并点击进入了解公司网页，达到公司与用户互动的目的，引导消费。借助互联网技术发展，企业在搜索引擎上对产品进行推广宣传、品牌传播、服务介绍等营销活动，在消费者进行产品搜索过程中，引擎根据用户搜索词进行相关信息推送，并且实时分析消费者兴趣爱好，实现信息的精准投放。目前搜索引擎平台主要有百度、谷歌、360、搜狗等。搜索引擎营销已经发展成为现在企业必不可少的营销方式，通过对信息的搜索和传播，精准投放用户群，为公司带来更多的关注度和点击量，有效提升公司知名度和影响力。

3. 移动App营销

随着互联网技术和移动终端的不断发展，智能手机已经在消费用户中普及，通过手机、平板电脑就可以进行购物消费。调查显示，移动设备已经成为最主要的上网工具。移动营销即是面对移动终端用户，向目标群体精准定向地传递公司产品信息和促销活动，并通过互动交流实现营销目的。为满足消费者对产品信息的需求，各互联网公司都已经使用App进行公司营销推广，建设自己的移动客户端满足消费者个性化需求。移动营销具有成本低、服务不间断、持续性强等特点，可以全面展示公司形象和产品信息，在与消费者互动过程中实现差异化、个性化的营销效果。因此对于企业来讲，移动App营销能显著增加公司知名度，扩大影响力，及时了解反馈用户信息，提高消费者忠诚度。

4. 内容营销及其视频营销

内容营销，指的是以图片、文字、动画、视频、直播等介质传达有关企业的相关内容来给客户信息，促进销售，通过合理的内容创建、发布及传播，向用户传递有价值的信息，从而实现网络营销的目的。它所依附的载体，可以是企业的Logo(VI)、画册、网站、广告，甚至是T恤、纸杯、手提袋等，根据不同的载体，传递的介质各有不同，但是内容的核心必须是一致的。

近些年短视频火爆,视频短小信息量巨大,方便了快节奏人群对于信息的获取和分享。短视频不仅需要事件包装也依靠剧情吸引用户,企业将品牌产品信息巧妙地融入视频情节中,通过网络转发分享,比传统广告针对性更强,成本更低。短视频对于企业来说营销效果独具一格,制作精良短小的视频既起到广而告之作用又给人印象深刻,有助于企业品牌形象推广宣传。

直播营销是指在现场随着事件的发生、发展进程同时制作和播出节目的营销方式,该营销活动以直播平台为载体,达到企业品牌提升或是销量增长的目的。

思维拓展: 　　　　直播营销:下一个风口我们该如何把握

5. LBS 位置营销

LBS 英文全称为 Location Based Services,包括两层含义:首先是确定移动设备或用户所在的地理位置;其次是提供与位置相关的各类信息服务,意指与定位相关的各类服务系统,简称"定位服务",另外一种叫法为 MPS——Mobile Position Services,也称为"移动定位服务"系统。例如,找到手机用户的当前地理位置,然后在上海市 6 340 平方千米范围内寻找手机用户当前位置处 1 千米范围内的宾馆、影院、图书馆、加油站等的名称和地址。所以说,LBS 就是要借助互联网或无线网络,在固定用户或移动用户之间,完成定位和服务两大功能。

LBS 营销就是企业借助互联网或无线网络,在固定用户或移动用户之间,完成定位和服务销售的一种营销方式。通过这种方式,可以让目标客户更加深刻地了解企业的产品和服务,最终达到企业宣传品牌、加深市场认知度的目的。

应用案例

星巴克的位置营销

早在 2011 年星巴克推出了服务,它是基于 LBS 位置营销的创新,当你在路上走着,突然想喝咖啡,通过 Mobile Pour App,允许星巴克知道你的位置,点好你要的咖啡,然后你就接着走你的,走啊走,不一会儿一个星巴克小伙子或者大姑娘就会踩着滑轮车给你送一杯来。目前该 App 已经在美国 7 个大城市实现应用。

知识链接

新媒体营销方式有哪些?

知识小结

现代市场营销不仅要求企业开发适销对路的产品，制定吸引人的价格，使顾客有容易取得所需产品的渠道，还要求企业通过促销活动，传播企业产品的特色、性能、购买条件及产品能给消费者带来的利益等方面的信息，树立企业和产品在市场上的形象，以此扩大企业及其产品的影响，促进企业产品的销售。

促销方式主要包括人员推销、广告、公共关系、营业推广和新媒体营销五个方面，由于它们具有不同的特点，需要在实际促销活动中组合运用。各种不同的促销方式组合形成不同的促销策略，作用各不相同。明确促销组合各种促销形式的意义和特点，掌握运用各种促销手段和技巧，对于优化营销效果具有重要意义。

【关键术语】

促销　促销组合　传播　沟通　广告　人员推销　公共关系　营业推广　新媒体营销　整合营销传播

【应知考核】　　进入云班课测试应知考核，可查看结果
【应会考核】

【实践活动——任务 10 促销传播策略方案评价】

扫码查看应知应会练习题

《"公司"（项目团队）促销传播策略方案》质量评价标准

参考文献

[1] 吴晓云.市场营销学[M].北京:高等教育出版社,2017.
[2] 钱旭潮,王龙.市场营销管理[M].第4版.北京:机械工业出版社,2016.
[3] 纪宝成.市场营销学教程[M].第6版.北京:中国人民大学出版社,2017.
[4] 杨剑英,张明亮.市场营销学[M].第4版.南京:南京大学出版社,2018.
[5] 涟漪.市场营销学[M].第3版.北京:北京理工大学出版社,2019.
[6] 伍应环,刘秀.市场营销理论与实务[M].北京:北京理工大学出版社,2019.
[7] 杨洪涛.市场营销——超越竞争,为顾客创造价值[M].北京:机械工业出版社,2017.
[8] 皮菊云,袁华.市场营销实务[M].南京:南京大学出版社,2017.
[9] 加里·阿姆斯特朗,菲利普·科特勒,王永贵.市场营销学[M].第12版.北京:中国人民大学出版社,2017.
[10] 杨芳玲,勉敬惠.市场营销原理与实务[M].北京:中国传媒大学出版社,2018.
[11] 吴建安,聂元昆.市场营销学[M].第5版.北京:高等教育出版社,2017.
[12] 吕一林,陶晓波.市场营销学[M].第5版.北京:中国人民大学出版社,2014.
[13] 郭国庆.市场营销学通论[M].第7版.北京:中国人民大学出版社,2017.
[14] 潘金龙.市场营销学[M].第2版.北京:教育科学出版社,2018.
[15] 胡文静.新编市场营销[M].武汉:华中科技大学出版社,2018.
[16] 陈子清.市场营销理论与实务[M].上海:上海财经大学出版社,2018.
[17] 赵俊仙,褚颜魁.市场营销学[M].北京:北京理工大学出版社,2018.
[18] 尹小悦.市场营销理论与实务[M].北京:北京理工大学出版社,2016.
[19] 王月辉,杜向荣,冯艳.市场营销·习题·案例·经典推介[M].北京:北京理工大学出版社,2018.
[20] 张青辉.市场营销实务[M].北京:北京理工大学出版社,2018.
[21] 孙琳,刘璐.市场营销实务[M].北京:对外经济贸易大学,2017.
[22] 郑文坚.市场营销原理[M].厦门:厦门大学出版社,2017.
[23] 谭蓓.市场营销[M].重庆:重庆大学出版社,2017.
[24] 卓骏.市场营销学[M].杭州:浙江大学出版社,2015.
[25] 张莉莲,彭雷清.市场营销学[M].成都:西南财经大学出版社,2012.
[26] 吴晓薇,王钰.市场营销理论与实务[M].北京:北京理工大学出版社,2015.
[27] 王便芳.市场营销学[M].北京:清华大学出版社,2018.